김대중의 사상과 정치:
평화·민주주의·화해·협력
2

김대중의 사상과 정치 2

평화·민주주의·화해·협력

2023년 9월 27일 1판 1쇄

지은이 박명림 · 백학순 · 임혁백 · 최영태 · 황인구
장훈각 · 정현백 · 김귀옥 · 노명환

펴낸곳 연세대학교 출판문화원
주소 서울특별시 서대문구 연세로 50
등록 1955년 10월 13일(제9-60호)
전화 02) 2123-3378~80
팩스 02) 2123-8673
전자우편 ysup@yonsei.ac.kr
홈페이지 http://press.yonsei.ac.kr
인쇄 화신문화(주)

ISBN 978-89-6850-759-5(94340)
978-89-6850-757-1(세트)

값 35,000원

김대중의
사상과 정치

평화·민주주의·화해·협력

박명림 · 백학순 · 임혁백 · 최영태 · 황인구
장훈각· 정현백 · 김귀옥 · 노명환

2

연세대학교 출판문화원

차 례

차 례

PART 2부 정치, 인권, 민주주의

PART 3부

용서와 화해, 연대와 연합

2부

정치 인권 민주주의

4장

김대중의 인권사상과 인권정치: 초국가적 운동과 코즈모폴리턴 비전[1)]

황인구
보스턴 칼리지

1. 서론

한국과 세계 정치에서 민주주의와 인권, 그리고 평화에 대한 위기의식이 커지는 가운데, 김대중의 정치 사상과 활동은 주목할 만하다. 본 연구는 김대중의 인권 사상과 그의 인권을 통한 정치를 역사적으로 고찰 하면서, 인권에 관한 그의 생각과 관점이 어떻게 형성되어 왔는지 분석하고 어떤 주목할 만한 점이 있는지 살펴보고자 한다. 사고와 판단, 그리고 행동의 일관된 체계를 사상이라고 할 때, 김대중의 인권사상은 그의 정치 참여와 활동의 과정에서 지속적으로 형성되어 왔다고 볼 수 있다. 그의 민주화 운동 시기 경험한 정치적 탄압과 이에 대한 대응 과

1) 본 연구에 김대중 도서관이 발행한 *김대중 전집*을 활용할 수 있도록 도움 주신 연세대학교 박명림 교수께 깊이 감사드린다. 연구 초기 김대중의 민주화 시기 활동과 코즈모폴리터니즘의 다양한 시각의 연관에 대해서 조언해 주신 보스턴 칼리지 에릭 오웬스(Erik Owens) 교수께도 진심 어린 감사 드린다.

정에서 그가 제시한 정치적 비전과 이를 구현하기 위한 행동은 그의 인권 사상이 체계화하고 향후 인권 사상이 정책화하고 제도화하는 과정의 중요한 역사를 구성한다.

김대중의 인권사상과 인권정치에 관한 기존 연구는 예상과 달리 많지 않다. 김대중의 인권사상 문제에 관한 연구는 대부분 소위 "아시아적 가치"(Asian Values) 논쟁에서 비롯된 인권의 특수성과 보편성 논의에 집중되어 있다. 대표적 연구자인 사회학자 한상진은 아시아적 가치 논쟁에서 김대중이 서구사상의 보편성을 부정한 것이 아니라 점을 강조한다. 오히려, 한국과 동양 사상 속에 존재하는 보편성의 기원을 강조한 것으로 볼 수 있다는 것이다.[2] 즉, 김대중의 말과 생각, 그리고 정책이 아시아와 한국 전통사회에 기초해 있지만, 서구 민주주의적 가치와 상충하거나 배치되지 않는다고 주장한, 사회학자 김동노의 연구는 인권 주제에 집중하지는 않지만, 이러한 논점을 세계화 시대의 맥락에서 접근한다. 서로 대립할 수 있는 '민족주의'와 '세계주의'(globalism) 지향의 지점에서 김대중은 '열린 민족주의' 지향과 '실용성'에 기반한 접근으로 보편주의를 추구할 수 있었다고 논한다.[3] 김대중의 1990년대 '지구적 민주주의'(global democracy) 주창에 관한 논의도 주목할 만하다. 노명환은 김대중이 동양사상과 서구정치사상이 변증법적 융합의 과정을 통해서 지구차원의 보편적 가치인 '신인도주의' 관점

2) Sang-jin Han, ed., *Asian Tradition and Cosmopolitan Politics: Dialogue with Kim Dae-jung*, forwarded by John Dunn (New York: Lexington Books, 2018); Sang-jin Han, "From the Asian Value Debate to Cosmopolitanism: An Active Interpretation of the Political Thoughts of Kim Dae-jung," *Korea Journal* 51, no. 3, (2011): 196-222; 한상진, "내가 본 인간 김대중과 그 사상," 김대중 사이버 기념관, 2009년 7월 4일, http://www.kdjhall.org.

3) 김동노, "김대중의 민족주의와 세계주의," *통일과 평화* 12권, 2호 (2020): 103-140.

을 제시했다고 본다.[4] 한편, 한상진은 김대중의 지구적 민주주의론을 비롯해서 김대중의 민주주의와 인권에 관한 입장이 코즈모폴리터니즘(cosmopolitanism 또는 세계시민주의) 비전을 적극적인 해석을 통해서 보여줄 수 있다고 주장한다.[5] 이러한 선행 연구들은 김대중의 인권사상과 인권정치에 관한 폭넓은 역사적 이해를 제공하지 않는 한계가 있지만, 한국과 동아시아 지역 사회와 구성원 개인이 글로벌 차원의 정치체제와 어떤 관계 형성을 구상하고 실행했는지 엿볼 수 있도록 돕는 다는 점에서 의미가 있다.

김대중에 대한 정치적 탄압과 억압이 초국가적 민주화 인권 운동으로 발전하는 역사에 대한 연구도 있다. 이미숙은 1980년 김대중 내란음모 조작 사건 이후 일한연대가 일본 지식인과 활동가 사회에서 김대중의 1973년 납치사건에 대한 책임의식과 식민 역사에 대한 부채의식 등을 통해서 일본의 민주주의를 반추하는 과정이었다고 논한다.[6] 황인구는 1976년 3·1 민주구국 선언사건 등 1970년대와 1980년대 한국의 민주화 과정에서 발생하는 초국가적 인권 운동과 정치의 중심에 김대중이 있었음을 서술한다.[7] 이러한 연구는 김대중의 인권사상에 관한 부분을 직접적으로 분석하지는 않지만, 김대중 또는 김대중 사건이 어떻게 지정학적 경계를 넘어 국가와 비국가(non-state) 세력과 연관되고 연대운동을 통해서 국내와 국제정치의 영역으로 확장하는지 볼 수 있도록

---

4) 노명환 "김대중 화해 사상의 특수성과 보편성: 이분법의 극복과 '다양성 속의 통일'의 변증법," *통일과 평화 12권*, 2호 (2020): 53-102.

5) Han, "From the Asian Value Debate to Cosmopolitanism."

6) 이미숙, "1980년 '일한연대' 활동의 성격과 의미: 일본 시민사회의 광주 5·18과 '김대중 구명운동' 자료를 중심으로," *민주주의와 인권* 19권, 4호 (2019): 59-96.

7) Ingu Hwang, *Human Rights and Transnational Democracy in South Korea* (Philadelphia: University of Pennsylvania, 2022).

한다. 김대중이라는 역사적 주체와 실체를 통해서 발생하는 역사적 맥락과 범주, 그리고 영향을 가늠할 수 있게 한다.

김대중의 인권에 관한 연구는 그의 집권기 인권정책에 집중하기도 한다. 1990년대 초반 이래 글로벌 인권 정의 시대의 도래와 함께 등장하는 민주화 시기 이후 국가 단위에서 추진하는 국가인권위원회의 설치와 과도기 정의를 위한 정책에 관한 연구다.[8] 한편, 1990년대 글로벌 냉전 후기 시대 북한의 정치경제체제와 글로벌 인도주의 개입의 맥락에서 발생하는 북한 인권문제와 김대중 정부의 대북정책에 관한 논의도 중요하게 다뤄지는 주제이다.[9] 다시금, 김대중과 김대중 정부의 인권 정책에 관한 보편성에 대한 논의와 김대중 개인의 정치적, 철학적 근원과 기반에 대한 논의가 포괄적으로 이뤄질 수 있는 시기로 볼 수 있다.

본 연구는 김대중의 인권사상과 인권정치의 형성의 역사적 과정의 맥락에서, 세 가지 주목할 만한 지향점을 조명하려고 한다. 첫째는, 김대중의 인권사상은 그의 민주주의에 관한 신념의 실현의 관점에서 발생하였다. 냉전질서 하에서 반공주의 이념으로 자유민주주의를 제약하는 것이 제3세계 민주주의 진영의 승리를 보장하는 길이라는 지배적 담론이었다. 하지만, 이와 같은 민주주의에 대한 상대주의적 관점에 맞서서, 김대중은 자유민주주의의 보편적 가치로서 냉전 대립을 극복하고 보편적 가치로서

8) Jeong-Woo Koo, "Origins of the National Human Rights Commission of Korea: Global and Domestic Causes," in *South Korean Social Movements: From Democracy to Civil Society*, ed. Gi-Wook Shin and Paul Y. Chang (New York: Routledge, 2011), 77-95; Dong-Choon Kim, "The Long Road toward Truth and Reconciliation: Unwavering Attempts to Achieve Justice in South Korea," *Critical Asian Studies* 42, no. 4 (2010): 525-552.

9) Jong-Yun Bae and Chung-in Moon, "South Korea's Engagement Policy: Revisiting a Human Rights Policy," *Critical Asian Studies* 46, no. 1 (2014): 15-38; 박명림, "한국의 북한 인권문제에 대한 접근: 반성과 대안 모색," 윤영관, 김수암 편, *북한인권 개선, 어떻게 할 것인가: 평화적 개입 전략과 국제 사례* (파주: 한울, 2010), 22-60.

안보와 안녕을 가져올 수 있다는 주장을 하였다. 그의 이러한 입장은 권위주의 정권이 김대중을 반체제 인사로 낙인하고 탄압하는 프레임으로 작용하였지만, 다른 한편에서는 민주주의 이념에 따른 인권 주창자의 최전선에서 설 수 있는 토대가 되었다. 이와 같이, 김대중의 민주주의와 인권의 비전 추구는 국제 냉전정치의 지배적 프레임에 대한 수용에서 시작한 것이 아닌, 비판적 개입에서 비롯되었다는 점이다.

둘째는, 김대중은 민주주의와 인권의 인식과 비전을 제시하는 과정에서, 국내 정치와 국제 지정학적 관계의 상호연관에 집중하였다. 민주주의와 인권의 발전이 각 국가의 정치적 변화와 개혁의 과제에 있다는 점을 분명히 하면서도, 김대중은 일국주의의 관점에서 접근하지 않았다. 이와 대조적으로, 영토주권의 정치적 사회적 경계를 넘어서는 초국가적 상호작용의 동학과 세계체제론의 관점에서 이해하고 접근했다는 점이다.[10] 그의 민주적 개혁을 위한 인권 운동과 인권의 정치에 대한 전략적 사고와 행동은 글로벌 차원의 접근이었고, 코즈모폴리턴 비전의 제시와 추구였다는 점이다.[11] 셋째는, 김대중은 초국가적, 코즈모폴리턴 관점을 유지하면서도, '현장'(field)과 '민중'(people)을 중심에 두는 '아래로부터'(bottom-up) 접근을 추구하였다. 인권의 보편적 가치를 주창하고 실현하는 과정에서 글로벌 지정학적 권력의 '중심부'(global center) 대신 '주변부'(periphery) 또는 '로컬'(local)의 이해와 맥락에서 접근했다는 점이다. 이러한 로컬과 현장 기층의 관점에서 세계 국가

---

10) "초국가적"(transnational)에 대한 개념 논의는, Akira Iriye, "Internationalizing International History" in *Rethinking American History in a Global Age*, ed. Thomas Bender (Berkeley: University of California Press, 2002), 51–52; C.A. Bayly, S. Beckert, M. Connelly, I. Hofmeyer, W. Kozol, and P. Seed, "AHR Conversation: Transnational History," *American Historical Review* 111, no. 5 (2006): 1441–1464.

11) "코즈모폴리터니즘"의 개념과 다양한 관점에 관해서는 본 연구 3장과 4장에서 다루도록 한다.

와 비국가 세력과 상호작용으로, 보편적 가치를 세우고 실현하려는 코즈모폴리턴 지향을 추구했다는 점이다.

이와 같이, 본 연구는 김대중의 인권주창, 인권운동, 그리고 인권정치는 국내적, 초국가적, 글로벌 차원의 운동과 정치의 다층적 과정에서 이루어졌고, 그리고 그의 비판적 코즈모폴리턴 비전형성의 과정을 이루었다는 점을 강조하고자 한다. 본문 첫 번째 장은 김대중이 참여하고 주도한 민주화 운동에서 어떻게 자신과 한국의 문제를 '인권' 언어로 발성하고 국제화하는 과정을 검토한다. 김대중이 사건과 리더십의 중심이 되는 초국가적 인권 운동과 연대의 발전을 통해서 한국의 로컬 문제가 국제적 보편의 문제로 번역되고 변화할 수 있었는지 로컬과 글로벌 차원의 역사적 맥락과 동학을 살펴본다. 이어서 두 번째 장에서는 정치적 박해를 받는 민주화 인사로서 국가주도의 국제정치에 어떻게 인권의 운동과 정치를 활용하여 개입하였는지 검토한다. 김대중이 냉전질서와 정치논리를 인권의 보편성 관점에서 비판하고, 특히 코즈모폴리턴 '책임'의 관점에서 비판적으로 개입하면서, 한국 민주화 과정을 한 국가의 문제가 아니라 글로벌 차원의 문제로 위치시켜서, 보편성 추구의 문제로 지역과 글로벌 사회에 제시하려는 김대중의 인권의 이상과 정치를 검토한다. 세 번째 장에서는 김대중이 전통과 민족의 문제를 어떻게 코즈모폴리턴 시각에서 이해하고 해석하였는지 살펴본다. 로컬과 글로벌의 경계를 이분화된 특수성과 보편성의 대비에 두는 것이 아니라, 로컬 또는 지역의 역사와 조건을 다른 지역과 글로벌 차원에서 연관시키려고 한 김대중의 '내재적 보편주의' 시각을 분석하는 것이다. 본 글의 3장과 4장에서 논의되는 것처럼, 지역적 특성과 보편적 이상이 공존할 수 있는 '근원 있는 코즈모폴리터니즘'의 시각의 관점에서 김대중의 다원주의적 보편주의 사고를 살펴보도록 할 것이다.

2. 민주화 운동과 초국가적 인권 운동

김대중은 민주화 운동 시기에 1970년대 글로벌 차원의 인권 언어와 운동의 확산에 주의를 기울이면서, 한국의 정치적 탄압과 저항의 문제를 인권 프레임과 네트워크를 통해서 국제화를 시도하였다. 김대중은 민주화 과정에서 한국 국내 정치 사회 문제를 보편적 인권의 문제로 번역하려고 하였다. 탄압이 강화되고 국내의 직접적 저항이 힘들수록, 이러한 인권을 통한 국제적 공론화와 정치화 방식은 국외에서 큰 반향을 일으켰다. 이어서 국내 정치의 공간을 확장하는데 큰 역할을 하였다. 이러한 경계를 넘는 인권 연대와 운동을 형성하는 과정에서, 김대중은 내재적 초국가적 관점을 유지하였다. 또한 보편적 인권운동을 추구하면서도, 국가체제 내의 민주화를 우선하였다. 다시 말해서, 이어지는 장에서 더 면밀히 검토하듯이, 민주화 문제를 국가 대 사회의 대립의 관점에서 이해하는 대신 세계체제적 분석 시각을 근본적으로 유지하면서도, 인권 실현의 근본 구도는 국가체제의 민주화에 있다는 것이다. 이러한 구도에서 인권의 실현이 가장 효과적으로 이루어진다고 생각하였다. 이렇게, 김대중은 권위주의 체제에 대한 저항의 공간을 초국가적 인권 연대로 창출하려는 전략적 접근을 유지하는 가운데, 궁극적으로 한국 내 민주화가 보편적 인권실현의 중대한 토대가 될 것으로 이해하였다.

계몽시기 '인간의 권리'(rights of man)에 대한 선언과 근대국가의 권리 의식이 유럽과 미국을 중심으로 태동하였으나, 글로벌 범주에서 모든 개인에게 인간으로서 평등한 권리가 부여되는 보편적 '인권'(human rights)의 언어는 1940년대 중반의 제2차 세계대전의 대혼돈의 맥락에서 발생하기 시작한다. 그리고 1948년 세계인권선언을 통해서 전환적 시점을 맞이한다. 하지만, "태어나자마자 죽는"(death from birth) 것과 같이, 강제성 없는 선언문이 국제규범으로 발전하고, 개인, 국가, 국제사회의 상호관계에서 중요한 논쟁과 협력의 매개체로서 작동하게 되기까지 20여 년이 더 걸린다. 1966년 인권레짐의 두 축이 되는 '시민적 정치적 권리'(ICCPR)와 '사회적 문화적 경제적 권리'(ICESCR)에 관한 국제조약이 체결되고, 다시 10년 후인 1976년부터 효력을 발휘하게 된다. 이렇게 선언문이 국제 규범으로 전환되는 과정은 세계적 탈식민화의 가속화와 냉전정치에 대항하는 서구 유럽의 대규모 시위, 미국 사회의 민권운동과 국제정치의 데탕트 국면의 역사적 맥락에서 발생하였다.[12]

이러한 전환기의 중요한 변수 중의 하나로, 인권, 환경, 여성 등의 문제에 국경을 초월하는 아젠다와 네트워크 형성으로 세계 곳곳의 국제정치에 개입하는 비국가(non-state) 행위자들의 역할을 빼놓을 수 없다. 이들의 활동으로 로컬은 글로벌 차원의 인권 담화(talk)와 운동에 함께 할 수 있게 되었고, 영토주권에 기반한 기존 국가 주도의 국제정치에 개입할 수 있게 되었다. 국제앰네스티(Amnesty International)나 세계교회협의회(World Council of Churches)와 같은 비국가 단체들이 1960년대 말부터 '인권' 주창 확산을 이끌게 되었다.[13] 이후 "인

12) Samuel Moyn, *Last Utopia: Human Rights in History* (Cambridge, MA: Harvard University Press, 2010); Eric Posner, *The Twilight of Human Rights Law* (New York: Oxford University Press, 2014).

13) 1970년대 글로벌 인권 운동과 정치의 등장에 주목하는 예시할 만한 저서는, Moyn, *Last Utopia*; Mark Bradley, *The World Reimagined: Americans and Human Rights in the Twentieth Century* (New York: Cambridge University Press, 2016); Barbara Keys, *Reclaiming American Virtue: The Human Rights Revolution of the 1970s* (Cambridge, MA: Harvard University Press, 2014); Hwang, *Human Rights and Transnational Democracy in South Korea*.

권주창 혁명"(advocacy revolution)으로 불리는 이런 세계적 흐름은 경계를 넘은 참여, 협력, 그리고 갈등 공간을 제공하였다. 마이클 이그나티에프(Michael Ignatieff)는 비국가 세력들은 이러한 인권주창 혁명으로 국가독점의 국제사회 논쟁의 체제를 끝내고, 소위 '세계시민사회'(global civil society)가 참여하게 되는 권한을 부여받았다고 평가한다. 비국가/비정부 단체들 간의 심각한 논쟁적 경쟁이 발생하기도 했지만, "응집력 있는 도덕적 운동"의 존재를 보여주었다고 논한다.[14]

새롭게 형성되는 국제정치 질서와 동학의 맥락에서, 제3세계 국가의 민주화 운동이 발생한다. 1972년 박정희 대통령이 유신헌법으로 자신의 종신집권 체제를 출범시키자, 김대중은 가장 선두에서 유신체제의 문제를 비판하기 시작하였다. 1973년 8월 박정희 정권이 일본 도쿄에서 해외에서 국제사회를 향해서 유신체제를 비판하는 김대중을 납치하고 살해하려던 사건인, 소위 '김대중 납치사건'이 발생하는데, 이 사건은 즉시 국내외에서 '인권'의 문제로 발전하게 되었다. 인권 프레임은 국내 정치 문제가 어떻게 글로벌 차원의 정치문제로 확산하게 되었는지 그 과정을 보여주었다. 1976년 '3.1 구국선언' 사건도, 1980년 김대중 내란음모 조작 사건도 유사한 과정을 통해서 인권문제로 국제화하게 된다. 이러한 변화 발전의 과정은 김대중의 경험과 사고가 국내사회뿐만 아니라 국경을 초월한 국제사회와 끊임없는 상호작용 가운데 발전해 가는 것을 살펴볼 수 있도록 한다. 이 과정은 개인적이고 지역적인 사건이 글로벌 보편 아젠다로 변화화는 것을 의미하였다.

14) Michael Ignatieff, *Human Rights as Politics and Idolatry,* with Commentary by K. Anthony Appiah, David Hollinger, Thomas W. Laqueur, and Daiane F. Orentlicher (Princeton and Oxford: Princeton University Press, 2001), 8,

사회구성주의적 접근은 김대중의 인권운동과 인권정치의 사회적 역사적 의미를 분석하는데 유용하다. 사회운동론 학자 닐 스태머즈(Neil Stammers)가 인권과 권력의 관계 문제를 분석하면서,[15] 특정 사회적 역사적 조건과 맥락에서 행위자들의 인권에 관한 사상(idea)이나 실행(practice)의 형성과 재형성을 분석하면서, 국가 이외의 행위자들의 역할을 간과하는 현실주의나 구조주의적 관점과 거리를 둔다. 대신, 비국가 세력 행위자들이 주도하는 '새로운 사회운동'에 집중하면서, 권력의 개념을 통상적 국가 정치권력에 한정하지 않은 사회구성주의적 분석을 시도한다. 권력 유지와 저항의 상호관계를 사회 문화적 물질적 관계까지 포괄하는 넓은 범주에서 이해하면서, 인권을 다층적 사회관계와 국내와 국가를 초월하는 과정에서 이해하도록 한다.[16]

사회구성주의적 관점과 더불어, 본 연구는 인권은 자연법처럼 시간을 초월한 추상적 보편성에 기반한다고 보는 전통적 관점과 거리를 둔다. 이러한 이해는 인권 개념의 연속성과 지속적 상승과 같은 목적론적 이해와 단절하는 것을 또한 의미한다. 다시 말해서, 인권 개념, 사상 등이 사회적 역사적 맥락에서 생성하고 변동한다고 이해하려는 최근 발생하고 있는 수정주의 인권사 관점에서 접근한다.[17]

---

15) Neill Stammers, "A Critique of Social Approaches to Human Rights," *Human Rights Quarterly* 17, no. 3 (1995): 488-508; Neil Stammers, "Social Movements and the Social Construction of Human Rights," *Human Rights Quarterly* 21, no. 4 (1999): 980-1008.

16) Stammers, "Social Movements and the Social Construction of Human Rights," 980-983.

17) 수정주의 인권사 논쟁에 관한 예시할 만한 저서는, Kenneth Cmiel, "Emergence of Human Rights Politics in the United States," *The Journal of American History* 86, no. 3 (1999): 1231-1250; Akira Iriye et al., eds., *The Human Rights Revolution: An International History* (New York: Oxford University Press, 2012); Jan Eckel and Samuel Moyn, eds., *The Breakthrough: Human Rights in the 1970s* (Philadelphia: University of Pennsylvania Press, 2014).

1) 김대중의 초국가적 민주화 인권운동

한국 민주화 운동은 1970년대 글로벌 인권운동 확산의 대표적인 현장이었다.[18] 1960년대 말 국제앰네스티와와 세계기독교교회의회가 글로벌 차원의 인권 주창운동 프로그램을 진행하였다. 이러한 배경에서, 한국 재야와 에큐메니칼 활동가는 한국의 정치적 사회적 상황과 이해, 그리고 자신들이 상상과 기대감 속에서 적극적으로 인권의 언어와 규범을 적극적으로 수용하고 토착화하였다. 1972년 3월 국제앰네스티 한국지부가 되는 '한국앰네스티위원회'가 설립되고, 민주화 운동 시기 등장하는 첫 '인권' 단체가 된다. 1973년 11월 한국기독교교회협의회는 세계교회협의회가 글로벌 인권 프로그램의 한 과정으로 제시한 각국 인권간담회를 실시해서 한국의 사회, 정치, 경제적인 문제를 담은 "인권선언문"을 발표한다. 민주화 운동시기 등장한 첫 '인권' 선언문이 되었다. 1973년 12월 국제 인권기념일과 인권주간을 통해서 인권은 한국 민주화 운동과 깊이 결합하게 되었다.

1974년 1월 박정희 정권이 유신체제에 대한 저항을 억압하기 위해 긴급조치 발동하기 시작하는데, 그해 4월 긴급조치 4호로 민주화 운동 중심 세력인 학생운동을 탄압하려 한다. 그러자, 한국의 정치적 수난은 국제 인권문제로 발전하게 된다. 1973년 가을부터 미국 의회가 기존 현실주의 대외정책을 인권 중심의 외교정책으로 수정하려는 시도를 하면

---

18) Hyug Baeg Im, "Christian Churches and Democratization in South Korea," in *Religious Organizations and Democratization*, ed. Tun-jen Cheng and Deborah Brown (Armonk: M.E. Sharpe, 2006): 136-156; Misook Lee, "South Korea's Democratization Movements of the 1970s and 80s Communicative Interaction in Transnational Ecumenical Networks," *International Journal of Korean History* 19, no. 2 (2014): 241-70; Hwang, *Human Rights and Transnational Democracy in South Korea*.

서, 향후 미국 의회는 글로벌 인권운동과 인권정치의 중심으로 발전하게 된다. 1974년부터 시작되는 미국 의회의 인권청문회는 로컬의 정치적 수난의 문제가 글로벌 사회에 공론화되고 미국의 냉전안보 정책을 비판하는 중요한 포럼으로 작용하게 되었다. 1974년 6월 국제앰네스티가 '민청학련'과 '인혁당' 사건에 대한 사실조사를 실시하고 다음 달에 미국 의회에서 한국 관련 첫 인권 청문회가 열리게 되었다. 이후, 한국의 국내정치 상황이 더욱 악화하는 가운데, 한국에 관한 초국가적 인권운동은 더욱 활성화하고, 국제 인권정치 논쟁은 더욱 심화하게 되었다.

김대중은 이러한 국내외 정치 흐름을 민감하게 살피고 있었고, 스스로 한국 민주화를 위한 초국적 인권운동과 국제 인권정치의 중심에 서게 되었다. 1973년 납치사건에서 생환한 이후 가택연금 상황에서도 해외 네트워크를 가동해서 민주화 운동의 지평을 넓히려고 노력하였다. 1975년 5월 긴급조치 9호로 어떤 정권에 대한 비판도 허용하지 않는 상황에서, 그해 12월 미국 의회 인권정치로 돌파구를 마련해보고자 하였다. 미국 워싱턴에 있는 처남 이성호에게 서신을 보내서, 국내에서 정치적 탄압을 비판하는 자신의 성명서와 기독교 인사들의 인권 옹호 집회조차도 알려지지 않으니, 미국 국무성 한국 과장을 역임한 후, 현재 한국의 민주화와 인권 증진을 위한 캠페인을 벌이고 있는 도널드 라나드(Donald Ranard)의 협조를 구할 것을 촉구하였다.[19] 라나드는 1975년 6월 미국 의회 한국 인권 청문회에서 현 한국 인권상황은 1945년 해방 이후 "어느 때보다 더 비민주적"이라고 강하게 박정희 정권을 비판하는

---

19) 김대중, "처남 이성호에게 보내는 서신(1975.12.7.)," 연세대학교 김대중도서관 편, *김대중 전집II 8권: 반유신투쟁으로 군부독재의 종식을 이끌다* (서울: 연세대학교 대학출판문화원, 2019), 187-189.

증언을 하였다.[20]

그즈음, 김대중은 한국 개신교와 재야운동 단체의 저명한 지도자로서 국제앰네스티 한국지부 초대 이사장을 맡았던 김재준 목사에게도 비슷한 서신을 보낸다. 그는 최근 캐나다로 이주해서 북미주 지역의 한국의 민주화와 인권을 위한 운동을 주도하고 있었다. 김대중은 가장 중요한 활동방향으로 "미국의 정책을 올바르게 변화시키는 것"이라면서, 미국의 외교정책을 새롭게 하는 "라비(lobby)"활동을 제시하였다. 덧붙여, 1975년 6월 동일 인권 청문회에서 증언한 이재현과 연대할 것을 제안하였다. 주미 공보관장을 역임한 후 유신체제에 반대하면서 정치적 망명을 한 이재현은 박정희 정권이 미국의 정치지도자를 매수하려 했다는 증언을 한다. 이 증언은 1976년 8월 미국 정계를 뒤흔든 박정희 정권이 일으킨 미국 의회와 정계 부패사건인 '코리아 게이트'로 발전하는 시발점이 되었다. 이와 같이, 김대중은 긴급조치 9호 상황에서 에큐메니칼 인권예배조차 탄압받는 상황에서 해외에서 돌파구를 찾아야 하는 절박함을 전달하였다.[21] 1973년 출범한 재일 한국민주통일연합 (한민통)의 김종충에게도 비슷한 메시지를 전하였다. 김대중은 "미국서는 지금 국회에서 상당한 변화가 일어나고 있으며 정부도 서서히 변하고 있는 것" 같다고 인식하면서, 일본 정부는 미국 정책을 추종할 것으로 진단하였다. 이어서, 김대중은 라나드, 이재현, 이성호와 협의해서 한국 민주화

20) Subcommittee on International Organizations and Movements, Committee on International Relations, US Congress, *Human Rights in South Korea and the Philippines: Implications for US Policy: Hearings before the Subcommittee on International Organizations of the Committee on International Relations, House of Representatives, Ninety-fourth Congress* (Washington: US Government Printing Office, 1975), 226.

21) "김재준 목사에게 보내는 서신(1975.12.21.)," *김대중 전집II 8권,* 192-196.

를 위해서 나서 줄 것을 촉구하였다.[22] 김대중의 한국 민주화를 위한 전략은 이처럼 한국과 동아시아 헤게모니를 쥔 미국의 대외 정책의 변화를 추구하는 것이고, 한국, 일본, 미국을 연결하는 초국가적 인권연대를 통하는 것이었다.

두 달 후, 1976년 3·1절을 앞두고 민주화를 위한 직접행동에 참여하였다. 윤보선, 문익환 등과 공동으로 작성한 '민주 구국 선언문'을 발표한 것이다. 이 선언문은 박정희 정권의 유신체제에 대한 비판과 함께 유신체제 이후 시대의 민주주의와 경제정의, 민족통일, 그리고 인권에 대한 포괄적 비전을 담고 있었다. 우선, "민주주의는 대한민국의 국시"임을 확인한다. "경제력이 곧 국력"이라는 정권의 좁은 시각을 비판하면서, 경제정의의 실현의 중요성을 강조한다. 또한 민족통일을 지향하지만, 통일정책 또한 "국민에게서 나와야 한다"점을 분명히 한다. 즉, 민주주의 기반 위에서 국력 증진도, 민족의 분단 문제도 해결할 수 있다는 것으로서 민주공화주의 입장을 선포한 것이다. 더 나아가, 한국의 민주화가 아시아와 세계의 민주주의에 대한 선도적 지향임을 확인한다. "3·1 운동과 4·19에 쳐들었던 아시아의 횃불을 다시 쳐드는 일"로서 "민주주의와 공산주의 틈바구니에서 당한 고생을 살려 민주주의 진면목을 세계만방에 드날리는 일이다. 이것이야 말로 통일된 민족으로, 정의가 실현되고 인권이 보장되는 평화스런 나라 국민으로, 국제사회에서 어깨를 펴고 떳떳이 살게 하는 일이다."[23] 선언문은 "국내외에 선포"하기 위해 마련되었음을 밝히는데, 운동의 기획부터 영문 번역과 초국가적 네트워크를 통한 국외 반출과 공표로 국제사회의 공감과 지지의 획

---

22) "김종충과 사토에게 보내는 서신 (1975.12.21.)," 1975년 12월 21일, *김대중 전집 II 8권,* 199-203.

23) "민주구국선언 (1976.3.1)," *김대중 전집 II 8권,* 220-224.

득 과정을 염두에 두고 준비하였다.[24] 선언문의 작성과 발표하는 행동은 한국 민주화 운동에 대한 코즈모폴리턴 시각과 접근을 보여주고 있었다.

박정희 정권이 김대중과 재야 에큐메니칼 인사에 대해 전례 없이 즉시 탄압 하는데, 김대중의 구속은 초국가적 인권문제와 외교문제로 비화하게 되었다. 한편, 이어지는 재판 과정은 김대중이 스스로 인권에 대한 입장을 분명히 해가는 과정이 되었다. 1976년 6월 19일 1심 6차 공판에서 선언서를 작성한 배경으로 유신헌법이 이전 헌법과 달리 단결권, 교섭권, 행동권의 노동 3권이 제한될 수 있다는 점을 지적하였다.[25] 1976년 12월 13일 2심 6차 공판에서는 피고인의 인권의 관점에서 진술하면서, 하버드 대학 법대 한국과 동아시아 인권전문가 제롬 코헨(Jerome A. Cohen) 교수의 의견을 부각하였다. 코헨 교수는 한국 방문 중에 3·1 구국선언문이 한국 민주주의 가능성에 대한 희망과 확신을 갖게 했다 메시지를 전달하였다. 이로써, 3·1 민주구국선언 사건이 국제적 인권사건으로 인지되고 초국적 지지를 받고 있음을 확인한다.[26]

1977년 3월 1일 김대중은 상고이유보충서를 작성하면서, 글로벌 인권의 역사발전과 현시대 인권부흥과 인권정치 논쟁의 맥락에서 초국가적 코즈모폴리턴 관점을 분명히 보여준다. 검찰은 3·1 민주구국선언을 외세와 결탁하여 정권탈취를 위한 민중봉기를 기도하였다고 주장하였다. 한편, 법원은 이러한 검찰의 주장에 대한 판단을 보류하고 있었다. 김대중은 이러한 정권과 사법기관의 정치적 억압을 "인권" 사건이라고

---

24) Hwang, *Human Rights and Transnational Democracy in South Korea*, Chapter 4.

25) "3·1 민주구국선언사건 1심 6차 공판에서의 진술 (1976.6.19)," *김대중 전집 II 8권*, 225-234.

26) 위의 글, 235-258.

규정하였다. 선언자들의 동기와 행동은 인권에 기반했고, 세계적 인권 지향과 일치하는 것이라는 점을 확인하였다. 인권은 “시간과 공간을 초월한 권리”이고 “하느님이 주신 초국가적 권리”라고 명시하였다. 또한 김대중은 자신의 문제를 국제 인권논쟁에 견주었다. 1977년 1월 취임한 미국의 지미 카터 행정부가 소련과 동구권 국가의 인권침해 사태에 대해 비판하자, 이들 국가는 이러한 비판을 내정간섭이라고 반박하였다. 그러자, 카터 행정부는 인권위반 지적은 세계인권선언(UDHR)과 헬싱키 조약(The Helsinki Accords)에 근거했다고 맞섰다. 동일 선상에서, 김대중은 “인권문제는 내정이니 국가니 하는 것이 방벽이 될 수 없”다고 확인하였다. 국제연합(UN)에 의해서 탄생된 한국이, 미국과 영국 등 국가들과 민주주의 이념을 같이 하고, 피를 흘리면서 지켜왔기에 “한국이 그 인권문제에 있어서 예외가 될 수 없음”이 분명하다는 것이다. 더불어, 김대중은 서구 법률에 있는 자연법 사상이 인권의 근간으로 작동하기 때문에, “실정법보다 우위에 있는 인간의 양심이나 신앙”에 의해서 “자연법적 저항권”이 허용되는 것이 민주주의 국가라는 것이다. 이와 같이, 김대중은 자신의 민주주의를 위한 선언문 작성과 행동이 보편적 인권의 신념에 따른 것임을 주장한다.[27]

인권의 담화와 운동을 역사화하는 최근 학계의 논의가 보여주듯, ‘인권’ 사건은 주어진 것이 아니라, 만들어진다. 한 사건이 “인권” 언어로 발성하면서, ‘개인적’(personal) 사고와 행동이 ‘정치적’(political)으로 변화 발전하고, 때때로 언어적 번역이나 인식의 변화를 수반하기도 한다. 인권의 발성은 ‘증언’(testimony)을 통해서 법리논쟁의 증거가 되는, ‘증언의 정치’를 포괄하기도 한다. 이러한 변환과 전달의 과정은 기계적 확산

---

27) “3·1 민주구국선언 상고이유보충서 (1977.3.1),” *김대중 전집II 8권*, 259-290.

이 아니라, '인도주의적 감수성'(humanitarian sensibility)이 발생하는 과정이기도 하다. 고난에 대한 '동감'(empathy) 창출을 수반하기도 하고, 상상의 연대를 만들거나, 인권의 규범화의 과정이 될 수도 있다.[28] 이와 같이, 보편적 인권은 주어진 것이 아니라, 개인과 국내/국제 사회의 경계를 재규정하고, 경계 내의 토착화와 경계를 가로지르는 국제화의 과정을 의미하기도 하다. 바로 위에서 검토한 김대중이 참여한 3.1 민주구국 선언문과 법정 진술과 상고이유서를 통해서, 김대중은 분명하게 자신의 개인적 입장을 정치적인 것으로 발전시켰다. 또한 초국가적 인권운동과 글로벌 냉전 인권 논쟁의 맥락에서 자신의 수난을 인권문제로 분명히 연결하려고 하였다. 한발 더 나아가서, 김대중은 수인으로 있으면서, 고난의 총체로서 국제 인권정치에 더욱 깊이 개입하였다.

3·1 민주구국선언 사건은 초국가적 인권운동으로 발전하는 한편, 박정희 정권이 김대중에 대한 국제적 관심을 이용하면서 미국 정부와 외교적 거래를 시도하려는 국제적 외교사건으로 발전하였다.[29] 카터 대통령 취임과 함께 이 사건은 미군철수 정책과 '코리아 게이트' 사건 등 최고 외교 현안과 결합되었다. 카터는 김대중을 비롯한 3·1 민주구국선언 사건 수감자들을 인권사건으로 특정하고 박정희 정권에 대한 공개적 비난과 근본적 정치개혁을 요구하는 대신 정치적 수감자의 상징적 석방을 추구하는 '조용한 외교'(quiet diplomacy)의 방식으로 접근하였다. 박정희 정권은 김대중과 3·1 민주구국선언 사건에 대한 국제적 관심과 압박에 대응하면서, 김대중의 안녕을 적극적으로 정권의 이익을 위해서 활용하였다. 즉, 카터 행정부의 미군철수에 대한 정책 변화를 위한 전략

---

28) Bradley, *The World Reimagined*, 128–155.

29) Hwang, *Human Rights and Transnational Democracy in South Korea*.

적 협상 수단으로 3.1 민주구국선언 사건 구속자의 석방을 인권향상의 상징적 조치로 인정하도록 활용하였다. 이러한 맥락에서, 1977년 12월 박정희 정권은 김대중을 제외한 모든 관련 수감자를 석방하는 한편, 김대중의 신병치료 사유를 수용하 듯 공표하면서 서울대 병원에 입원시키면서 인도주의적 방침을 공표하였다. 하지만, 실상은 적절한 신병치료 없이 구속상태를 유지하는 것이었고, 되려 신체적 심리적 탄압을 강화한 것이었다. 사실상, 김대중의 안녕에 대한 국제사회의 관심을 끊어내고 구속을 연장하여 탄압을 강화하는 것이었다.

역설적으로, 1978년 말까지 1년간 지속된 병원 수감은 김대중의 민주주의와 인권을 위한 그의 강고한 신념을 보여주는 시기가 되었다. 주목할 점은 이 고립된 공간에서 감시의 시선을 피하면서, 유일하게 접근 가능한 그의 아내 이희호의 조력으로 생산된, 때때로 못으로 눌러쓴, 비밀 메모는 그의 국제 인권정치에 대한 분석과, 초국가적 인권운동의 비전, 그리고 보편적 인권운동의 성취로 민주주의를 증진시키겠다는 그의 관점과 동기를 증거 하게 되었다. 이들 메모는 이희호와 초국가적 네트워크를 통해서 국내와 국제사회에 배포되고 코즈모폴리턴 대화와 연대의 토대를 이루었다.

김대중은 부인 이희호를 통해서 국내와 국제 정세 판단을 위한 정보를 취합할 뿐 아니라, 그의 정세판단에 따른 국내와 초국가적 연대단체들의 구체적 운동 방향을 제시하였다. 인권이슈와 인권운동, 그리고 인권정치는 중심 주제가 되었다. 예를 들면, 1978년 8월 5일 못으로 눌러쓴 메모에서 이희호에게 특별한 부탁을 하였다. 집으로 찾아오는 외국 기자들을 통해서 국내와 국제 정세 판단에 필요한 정보를 얻도록 요청하였다. 미국 정부의 인권정책에 대한 전망, 미군철수 정책 변경 가능성, 한국 인권에 대한 미국 여론 등이었다.[30] 이처럼, 국제 기자들은 취재의 기본 역할을 넘어서, 인권과 민주주의를 위한 협력, 그리고 초국가적 운동과 이어지는 환태평양 인권정치를 위한 가교 역할을 하는 것이다. 뉴욕 타임스의 동아시아 지역 담당 도쿄 주재 특파원인 리처드 할로란(Richard Halloran)은 김대중의 정보 제공자로 활동하였고, 그와 민주화 단체들의 소식을 국제적으로 알리는 역할을 동시에 수행하였다. 또한, 박정희 정권과 권위주의 세력의 요청도 응하면서, 그가 말하는 소위 '환태평양 정치'를 구성하는 중요한 연결고리로 자임하였다.[31]

김대중은 자신의 고난과 병실수감을 국내와 국제 사회에 한국 민주주의와 인권을 위한 연대시위의 초국가적 현장으로 삼았다. 못으로 눌러쓴 메모는 1978년 8월 6일 양심범 가족들의 유신체제 철폐, 인권과 민주주의 회복, 모든 정치범 석방을 위한 단식기도에 동참한 사실을 담고 있다. 김대중은 자신의 도쿄 납치사건 5주년을 맞아서 한일 양국 정부의 진상 규명을 촉구하였다.[32] 몇칠 후, 8월 10일에는 자신에 대한 탄압이 강화될 것을 염두에 두면서 김수환 추기경, 지학순 주교, 박형규 목사, 윤보선 전 대통령 함석헌 선생 등 재야와 에큐메니칼 지도자들과 긴밀한 유대를 유지하는 한편, 진주교도소에서 작성한 옥중서신을 하나의 문서로 모아서 가톨릭과 개신교 인사와 지식인에게 배포하도록 제안하였다. 더불어, 3·1 사건 출소자를 중심으로 전국양심범협회를 만들어서

30) "서울대학교병원 감옥병실에서 못으로 눌러 쓴 메모 2 (1978.8.5)," *김대중 전집 II 8권*, 329-330.

31) Hwang, *Human Rights and Transnational Democracy in South Korea*, Chapter 3; Patrick Chung, "The 'Pictures in Our Heads': Journalists, Human Rights, and U.S.-South Korean Relations, 1970-1976," *Diplomatic History* 38, no. 5 (2014): 1136-1155.

32) "서울대학교병원 감옥병실에서 못으로 눌러 쓴 메모 3 (1978.8.6.)," *김대중 전집 II 8권*, 331.

재소 중인 사람들의 '인권문제'를 다룰 것을 주문하였다.[33] 그해 8월 21일에는 국제적 압력의 영향으로 박정희 정권이 자신을 출국시키려는 시나리오를 가정한 논의도 진행하였다.[34] 1주일 후, 이 문제를 다시 논의하면서, 1973년 납치사건에서 생환한 이후 자신의 주장은 일관되게 자신의 "자유" 의지에 따른 "자유출국"을 주장했기 때문에, 자신은 강제출국을 반대할 것이라고 정리하였다.[35] 국내와 국제 정세의 이해를 바탕으로, 민주화 운동에 동참할 뿐 아니라, 재야와 에큐메니칼 민주화 운동 활동가와 단체에 비전을 제시하고 자신의 신변문제까지 직접 결정하였다.

김대중은 병원 감옥에서 신체적으로 고립되어 있었지만, 자신의 수난과 한국 민주주의의 향방에 대한 국내와 국제 상황을 함께 진단하고 있었다. 진단과 전망을 하면서, 김대중은 인권을 중요한 연결고리이자 핵심요소로 고려하였다. 1978년 8월 22일 김대중은 전반적으로 미국과 일본 사회에서 한국의 "인권투쟁 관계에 대한 관심이 하강상태"라고 진단하였다. 그러면서, "다시 인권에 관심이 돌아올 때를 (틀림없이 오니) 기다리며 이를 촉진하기 위해서 우리의 투쟁방법을 다양화해야" 한다고 진단하고 전망하였다. 미국에서 인권에 대한 관심을 보이면 일본은 곧 뒤따를 것이라는 동아시아 지역 역학관계와 인권정치에 대한 통찰력 있는 진단도 덧붙였다. "미국은 이제 그때가 온 듯"하니 "이를 촉진시키는 일은 우리 투쟁의 다양화와 일대 혁신"이라고 다시 한번 강조하였다.[36] 자신과 한국을 한국과 세계의 인권현장으로 삼고, 현장에서 비롯

---

33) "서울대학교병원 감옥병실에서 쓴 메모 2 (1978.8.10.)," *김대중 전집II 8권*, 333-336.

34) "서울대학교병원 감옥병실에서 쓴 메모 5 (1978.8.21.)," *김대중 전집II 8권*, 338.

35) "서울대학교병원 감옥병실에서 쓴 메모 8 (1978.8.27.)," *김대중 전집II 8권*, 341.

36) "서울대학교병원 감옥병실에서 쓴 메모 6 (1978.8.22.),"*김대중 전집II 8권*, 339.

되는 코즈모폴리턴 접근을 잘 보여주고 있었다.

1978년 여름, 김대중은 자신의 고난과 한국 민주주의를 위한 인권 중심의 투쟁의 전망을 제시하는 장문의 메모를 작성하였다. 8월 29일 재야 민주화 운동의 지도 인사인 문익환 목사에게 "인권"이 중요한 아젠다로 등장할 시점과 그렇게 되도록 어떤 노력을 기울여야 하는지 구체적으로 정리되어야 한다는 의견을 전하였다. 김대중의 글로벌 차원의 현실정치의 개입에 대한 통찰을 엿볼 수 있다. 미국 외교정책의 가능성을 논하면서, 하버드 대학 코헨 교수가 아시아 월 스트리트 저널(Asian Wall Street Journal)에 기고한 글과 유사한 전망을 내놓았다. 1978년 9월 미국 의회의 '코리아 게이트' 조사가 마무리되면, 반드시 인권에 대한 논의가 미국 외교정책의 중심이 될 것이라는 진단이었다. 아직 공식화하지 않은 1979년 한미정상회담에 대한 상황도 고려하였다. 일본에 대한 논의와 더불어, 서독을 기점으로 유럽에서도 계기 마련의 가능성을 찾기 위한 노력이 필요하다고 지적하면서, 국제앰네스티와 정보와 자료를 공유하기 위한 긴밀한 협력이 필요하다는 의견도 덧붙였다. 이러한 전략적 접근을 제시하면서, 중요한 원칙으로 "세계의 이목을 다시 한국 인권문제로 집중시켜야 한다"는 것이다. 이러한 원칙을 실현하기 위해, 정치적 인권탄압으로 구속되었다 출감한 각계 인사와 에큐메니칼 지도자들의 연대를 제안하였다. 더불어, 언론 탄압에 대응해 교회나 신문제작으로 전국적 정보 확산 체계 구축과 투쟁방식의 다양화를 촉구하였다. 무엇보다, 정권에 대한 사소한 비판도 중대한 범죄가 되는 긴급조치 9호의 상황을 고려하면서, 마하트마와 마틴 루터 킹 목사의 비폭력 저항운동을 모델로 한 비폭력 대중적 구속 시위를 제안하였다. 비폭력 저항운동에 대한 신념은, 다음 장에서 깊이 논의하는데, 김대중의 코즈모폴리턴 '책임'의 원칙으로 이해할 수 있을 것이다. 메모는 이어서 정치적 탄압에 대한 저항뿐 아니라, 부의 불균형과 노동자 생존권 문제 등 경제적 권리의 문제도 다뤄야 한다는 의견 또한 제시하였다.[37]

김대중은 자신과 한국의 인권문제에 대한 글로벌 관심과 지지를 얻기 위한 비폭력적 대중 투옥투쟁 등의 운동을 적극적으로 기획하고 실행해야 한다는 의지를 못으로 눌러쓰는 메모를 통해서 계속 전달하였다.[38] 김대중은 1978년 8월과 9월 부인 이희호를 통해서 축적해 온 구상을 토대로 9월 23일 서울대병원 병실감옥에서 메모를 작성하였다. 간디나 킹 목사의 방식을 따라서, 전 국민의 0.1퍼센트인 3만 5,000명이 비폭력 자진 투옥으로 민주주의를 쟁취하자는 아이디어를 내놨다. 이어서, 카터 대통령의 인권정책은 "20세기 최대의 위대한 도덕적 결단"이라면서, 미국이 10년만 일찍 이 정책을 취했다면, 베트남과 캄보디아가 공산화되지 않았을 수 있다고 회고하였다. 카터의 인권정책의 역사적 위대성에 비해서, 지난 2년간 민주주의를 표방하는 우방국의 인권유린은 간과한 채 소련과 동구권 인권 유린만 집중하는 정책집행은 "상당히 실망적"이라는 견해도 덧붙였다. 인권과 민주주의, 냉전안보, 그리고 평화의 연관에 대한 의견도 이어서 전한다. 안보를 위한 최선의 길은 한국의 민주적 개혁과 미국과 일본의 외교관계를 강화하고, 그리고 한반도 주변 4 대국에 의한 평화의 보장을 촉구하는 김대중이 1971년 대선에서 제시한 4 대국 평화보장론을 재확인하였다. 이러한 장기적 거시적 구상의 가장 중요한 기본이자 시작은 "민주적 내정개혁"임을 재차 강조하였다. 이와 같이, 바로 아래서 논의하는 것처럼, 코즈모폴리턴 시각을 유지

---

37) "서울대학교병원 감옥병실에서 쓴 메모 10 (1978.8.29.)," *김대중 전집 II 8권,* 343-348.

38) "서울대학교병원 감옥병실에서 못으로 눌러쓴 메모 5 (1978.8.31.)," *김대중 전집 II 8권,* 349.

하면서도, 그 중심에는 한국 사회의 민주화를 중심에 두었다. 김대중은 자신의 기독교 신앙에 따르겠다는 다짐으로 메모를 마친다. 이 장문의 메모는 이후 "옥중면회요지"로 불리고 종종 "×"로 표기되면서 국내는 물론 미국 등 세계 곳곳으로 전달되었다.[39]

김대중은 이 "옥중면회요지"와 자신의 단식 투쟁의 경위, 병원 구속의 실상 등을 국내의 주요 인사에 배포하는 것과 함께 영문으로 번역되어 세계 각지에 배포되었다. 카터 대통령을 비롯한 미국 행정부, 의회와 학계 주요 인사는 물론이고, 윌리엄 글리아스틴(William Gleysteen) 주한 미 대사 1974년 국제앰네스티 사실조사단 대표로 서울을 방문한 저명 미국인 변호사 윌리엄 버틀러(William J. Butler)에게도 보내진다. 미국 교포사회와 워싱턴 로비 활동을 담당하는 김재준 목사와 이근팔에게도 전달된다. 또 서독의 정치 지도자 리처드 폰 바이체커(Richard von Weizsacker), 빌리 브란트(Willy Brandt)와 일본의 지도자도 수령인 목록에 있었다. 그리고 한국을 다녀간 외국 학자도 포함되었다.[40]

1978년 여름과 가을 김대중은 병원 수감으로 고립된 상황에서도 대중적 비폭력 인권투쟁을 통한 한국 민주주의와 동아시아 안보와 평화를 성취하기 위한 전략을 제시하고 국내 사회의 민주화 운동을 견인하면서, 국제사회의 협력과 지지를 결집하기 위한 운동을 전개하였다. 인권을 통한 협력이 정부 지도자들에 대한 호소에 머물지 않고, 전 세계 폭넓은 구성원과의 교감과 동감, 협력을 기반으로 코즈모폴리턴 비전을

---

39) "서울대학교병원 감옥병실에서 쓴 메모12 (1978.9.23.)," *김대중 전집II 8권*, 370-380.

40) "서울대학교병원 감옥병실에서 쓴 메모13 (1978.9.24.)," 1978년 9월 24일, *김대중 전집II 8권* (서울: 연세대학교 김대중도서관, 2019), 381-382; 김대중, "서울대학교병원 감옥병실에서 쓴 메모20," 1978년 10월 4일, *김대중 전집II 8권* (서울: 연세대학교 김대중도서관, 2019), 391-393.

추구했다는 점은 주목할 만하다. 1978년 10월, 코리아게이트 조사가 마무리되어 발표되는데, 김대중은 한국 민주주의와 안보에 대해 깊은 관심을 보여온 미국사회 구성원이 가질 "딜레마와 불쾌감"을 염려하였다. '인권투쟁'이 미국 시민들이 가질 실망감과 복합적 감정을 탈피하도록 돕고, 한편 그들이 능동적이고 적극적으로 한국 민주화를 지지하도록 안내할 것이라는 견해를 냈다. 인권과 자유라는 공통된 가치를 통해 미국인들의 "체면과 이익"을 위한 협력의 길을 찾을 수 있다는 것이다.[41] 김대중의 통찰은 한 주목할만한 최근 역사 연구에서도 강조되는 지점이다. 바바라 키즈(Barbara Keys)는 1970년대 베트남전쟁과 워터게이트 사건과 같은 미국의 냉전 현실주의 정책의 실패에 대한 트라우마가 미국 사회가 도덕적 가치를 재발견하는 과정을 이끌었고, 이 과정은 곧 글로벌 인권 부흥의 주목할 만한 역사라고 서술한다. 김대중의 세계정세 이해와 코즈모폴리턴 비전에 근거한 인권운동 방식은 이러한 역사적 발전과정을 적절히 반영한 것으로 이해할 수 있다.[42]

1978년 12월 27일 김대중은 형집행정지로 서울대 병원 수감생활을 마치게 되었다. 1976년 3·1 민주구국선언 사건 마지막 수감자였고, 이로서 사건은 종결되게 되었다. 석방 직후 발표한 성명서에서 김대중은 다시 한번 "민주회복"만이 "자유와 정의와 안보와 통일의 길"이며 한국이 "제2의 월남이나 제2의 이란이 되는 것을 막는 유일한 길"이라는 자신의 신념이라고 거듭 확인하였다.[43] 김대중은 석방 후 재야 민주화 운동 단체인 '민주주의와 민족통일을 위한 국민연합' (약칭, 국민연합)의 지

41) "서울대학교병원 감옥병실에서 쓴 메모42 (1978.10.29.)," *김대중 전집II 8권,* 421.

42) Keys, *Reclaiming American Virtue.*

43) "서울대학교 병원 감옥병실에서 석방된 직후에 발표한 성명서 (1978.12.27.),"*김대중 전집II 8권,* 426-428.

도부로 활동하면서, 1979년 3월 1일에는 1976년 3·1 구국선언문을 계승하고 확장한 선언문을 발표하였다.[44] 김대중은 국민연합 결성과 이 선언을 계기로 다시 가택연금을 당하게 되었다. 그러자 자신의 상황을 "인권 탄압"의 문제로 규정하고 김수환 추기경과 김관석 목사 등 가톨릭과 개신교 에큐메니칼 지도자와 활동가들에게 이러한 "인권침해"에 반대하는 지원 행동을 호소하였다.[45]

이처럼, 김대중은 자신의 정치적 탄압 문제를 글로벌 차원에서 부흥하는 인권 담화와 운동에 적극적으로 결합시켰다. 자신의 문제를 인권의 문제로 규정하였을 뿐 아니라, 초국가적 인권 단체와 연대를 통해서 자신의 저항과 민주적 개혁과 인권 향상에 대한 코즈모폴리턴 비전을 적극적으로 밝혀 나간다. 이러한 교류와 연대, 협력의 과정을 통해서 김대중의 수난은 개인과 한국이라는 지엽적, 지역적, 지리적 공간에 머물지 않고, 지정학적 경계를 초월한 보편적 글로벌 정치적 문제로 변모하게 되었다. 이 과정은 지식의 담론과 담화를 뛰어넘는 행동과 연대 장으로 확대되는 것을 의미하였다.

2) 김대중의 내재적 정치민주화

국경을 초월한 인권 연대운동을 추진하면서도, 김대중은 두 가지 원칙을 유지하였다. 하나는 한국 민중이 중심이 되어야 한다는 것이고, 다른 하나는 국내 정치민주화가 우선해야 한다는 것이다. 먼저, 민중론에 대한 김대중의 생각을 검토하고, 그리고 그 역사적 의미를 글로벌 지평에서 살펴보겠다. 1997년 6월 대통령 선거를 앞둔 시점에 진행한 대담

---

44) "민주주의는 기본신념, 통일은 지상목표, 평화는 절실한 소망 (1979.3.1.)," *김대중 전집II 8권*, 458-460.

45) "김수환 추기경과 김관석 목사에게 보내는 서신 (1979.3.26)," *김대중 전집II 8권*, 461-464.

에서, 김대중은 전 국민이 참여하는 직접민주주의 시대를 열겠다는 포부를 밝힌다. 영국 역사학자 아널드 토인비(Arnold J. Toynbee)의 문명사적 관점을 언급하면서, "역사를 움직이는 원동력의 존재는 밑바닥 민중"이라고 밝힌다.[46] 이 발언은 미래를 위한 다짐이었지만, 사실은 민주화 운동 시기 쌓아온 자신의 민중 중심의 세계관과 신념의 재확인이었다.[47]

1980년대 민주적 전환의 시기를 넘어서는 1990년 7월 21세기 한국 정치의 비전을 제시하면서, 김대중은 "지금 우리 한국에서 역사를 밀고 나가는 제일 기본적인 힘은 어디서 나오느냐?"로 묻는다. 이어서, 군주도, 귀족도, 엘리트도 아닌 "국민대중"이고 "민중이라고 일컬어지는 이런 사람들이 해냈습니다"라고 답한다. "그 사람들이 독립투쟁의 중추가 되고 또 그 사람들이 오늘날 민주화의 중추가 되었습니다,"라면서 민중 중심의 역사관을 전하였다.[48] 국내 시민사회의 발선이 중요하다는 것이다. 즉, 초국가적 연대와 코즈모폴리턴 비전을 추구하지만, 한국 민중과 시민사회의 이해와 관점을 반영하고 포괄해야 한다는 것이다. 이와 같이, 김대중은 로컬 현장 중심의 내재적이고 상향적 접근의 관점을 유지하였다.

마이클 이그나티에프는 김대중의 내재적 사회운동과 글로벌 인권 확산의 연관에 관한 시사점을 준다. 글로벌 인권의 확산은 근본적으로

46) 김대중, "'WIN'과의 인터뷰 (1997.6.14.)," 연세대학교 김대중도서관 편, *김대중 전집II 19권* (서울: 연세대학교 대학출판문화원, 2019), 293-295.

47) 민주화 운동 시기 민중 중심의 역사관에 관한 김대중의 주요 발언에 관해서, 류시현, "김대중의 역사인식과 한국사 이해의 특징," *역사학연구* 80집 (2020): 85-88.

48) 김대중, "'제11차 하계 인간 개발 경영자 세미나' 특별강연 (1990.7.22.)," 연세대학교 김대중도서관 편, *김대중 전집II 14권* (서울: 연세대학교 김대중도서관, 2019), 496-513.

권력자의 이해를 위한 것이 아니라 권력 없는 사람들의 이익을 증진시키고 있음을 반영하는 것이라고 이그나티에프는 단언한다. 글로벌 인권 확산의 과정은 "서구 사회와 동떨어진 문화와 세계관"이 내재되어 있는 로컬에서 비롯되는 것이고, 바로 이 현장이 국가의 부정과 사회의 억압에 대항한 일반 민중(people)이 투쟁을 유지할 수 있는 보루라고 이그나티에프는 설명한다. 이러한 "인권 문화의 글로벌 확산"은 "일종의 도덕적 진보"로 불리는데, 이러한 진보를 추구하는 사람들의 동기가 불분명하고 의구심을 떨쳐내지 못할지라도 그렇다고 말한다.[49] 바로, 로컬 이슈와 활동가는 글로벌 인권 확산과 도덕적 진보에서 중요한 현장이라는 의미이다. 초국가적 연대를 구성하는 아젠다의 핵심은 바로 로컬 시민사회의 이해와 전망에서 나와야 한다고 이해할 수 있다.

김대중은 2000년대 중반 민주화 운동을 전개하고 있는 미얀마 사회에, 1970년대와 1980년대 한국 민주화 운동 시기에 미국과 세계 지도자에게 요구한 것과 같은 선상에서 지지의 메시지를 전한다. 미얀마 사회 스스로 민주화의 결정적 국면을 만들기를 기원하면서 도덕적 지지를 보낸 것이다.[50] 이렇게 도덕적 인도주의적 지지를 보내면서도, 김대중은 정책적 정치적 방향의 주도권은 로컬 (시민)사회에 있다는 관점이다. 북한과 중국의 인권 문제에 대한 논의에서도 같은 입장을 취한다.[51] 2022년 현재, 신냉전질서가 부상하고 인권의 정치화가 심화되는 이 시점에서 다소 오해를 야기할 수 있다. 하지만, 김대중의 입장은 분명하였다. 2008년 김대중이 독일 사회학자 울리히 백(Ulrich Beck)과의 대담에

---

49) Ignatieff, *Human Rights as Politics and Idolatry*, 7.

50) Kim Dae-jung, "Democracy Will Eventually Win in Burma."

51) 김대중의 햇볕정책과 북한 인권 문제에 관한 주요 관점에 대한 검토는, Bae and Moon, "South Korea's Engagement Policy."

서 중국의 민주화에 대한 대담에서 이와 같은 입장을 밝힌다. 중국 스스로 자신들의 전통을 해석하고 재해석하면서 변화하고 발전하는 과정을 통해서 인권과 민주주의 보편적 가치를 지향할 수 있다고 전망한다. 중국 정권의 권위주의 집권의 방식과 별개로 중국 사회 전체의 변화를 조망하면서, 국경을 초월한 상호 대화와 이해, 연대, 협력의 중요성을 확인하였다.[52]

김대중의 초국가적 연대의 또 다른 원칙을 살펴보자. 국내외 초국가적 인권운동을 추진하지만, 다른 비서구 지역 인권운동에서 어떤 논쟁보다도 국내 정치민주화를 전략적으로 우선에 둔다. 이러한 사고는 로컬 현장의 이기적 심리 또는 단기적 관점으로 치부될 수도 있지만, 김대중은 개인의 권리 보장과 보편적 인권 가치의 실현은 국가의 정치 체제의 틀을 통해서 실질적으로 이루어질 수 있다고 보았다. 다시 말해서, 개인의 인권 증진을 위해서 민주적 국가 체제를 세우는 것은 필수적 조건으로 이해하였다. 한나 아렌트(Hannah Arendt)는 국가주권과 개인주권의 보편적 실현에 대한 역설적 관계에 대한 논의를 통해서 유사한 통찰 주고 있다. 국적 없는 사람들이 마주하게 되는 현실적 문제를 통해서, 정치적 공동체의 구성원이 됨으로써 개인은 "권리를 가질 권리"(right to have rights)를 가진다는 점이다.[53] 김대중의 국내 민주화에 대한 열망과 비전은 한국의 역사적 발전의 관점만 고려되었다기 보다는, 코즈모폴리턴 비전과 연관에서 구상되었음을 가늠해 볼 수 있다. 보편적 인권가치 실현의 문제, 특히 인권 제도와 집행의 효과성 문제에

52) Han, ed., *Asian Tradition and Cosmopolitan Politics,* 206.

53) Hannah Arendt, *The Origins of Totalitarianism,* new ed. (NY: Harcourt, Brace, and World, 1966), esp. Ch. 9.

관해서, 김대중은 국내의 민주화가 실질적 구현 방법으로 고려될 수 있다고 생각한 것이다. 집권 후 인권 제도의 개선과 국가인권위원회의 설치는 이러한 역사적 맥락과 관점에서 이해할 수 있다.

위에서 검토한 것처럼, 김대중은 민주화 운동을 추진하면서, 국내 정치, 사회, 경제 문제를 국내와 국외에 공론화하고 정치적 국면을 만들기 위한 인권 운동을 전개하였다. 한국에 관한 문제였지만 한국의 지역적, 국제적 지정학적 연계 접점에서 민주화 이슈를 인권 문제화 하였다. 초국가적 네트워크와 연대활동을 적극적으로 지지하고 스스로 참여하기도 하였다. 한국 문제의 글로벌 관심과 논쟁 형성에서, 인권 네트워크와 운동, 그리고 정치는 매우 효과적인 방식으로 인식되었다. 국내 헌법의 영역을 초월한 보편적 가치와 권리의 지형에서 한국 권위주의 정권의 정치적 정당성을 약화시키면서, 동시에 민주화 운동과 인권 주창자들의 권한을 세우는데 인권 논쟁은 매우 효과적인 방식으로 이해되었다. 이처럼, 김대중은 이러한 초국적 인권 연대운동을 전개하면서, 또한 아래 장에서 논의하는 것처럼, 인권을 활용한 국제 정치에 참여하게 된 것이다.

한국의 민주화 과정에서 형성되는 초국가적 연대를 통해 발생하는 공론장은 국경을 넘는 타자와의 대화와 연대의 장을 마련하도록 하였고, 지역과 역사적 시간의 경계를 초월한 논의 민주주의의 효과를 통해서 공통된 인식을 형성하게 하는 과정에 기여하였다. 일본 지식인과 활동가들이 1970년대 한국 민주화 운동에 대한 참여와 1980년대 이후 김대중 구명운동과 한국 민주화를 지지하는 '일한연대'가 발전하는 과정에서 식민역사와 신식민주의적 한일관계에 대한 "부채의식"과 1973년 김대중의 납치사건에 대한 "책임의식"은 일본 시민사회의 일본사회를 위한 "민주주의 운동"을 전개하는 과정으로 발전하기도 하였다.[54] 비판 지식인이자 예술가인 토미야마 타에코는 식민후기 지식인의 고뇌와 책임의식을 한국 양심수와 민중운동에 대한 예술작품 활동을 통해서 초국가적 감수성으로 표현해 냈다.[55] 이미숙은 경계를 초월한 대화와 한국 사회와 나눈 상호작용과 그리고 일본사회를 반추하는 인식의 형성과정을 "재귀적 민주주의"라고 칭하였다.[56] 이러한 코즈모폴리턴 의식과 영향의 흐름은 김대중은 초국가적 인권정치에서도 나타났다. 그는 냉전안보정치를 코즈모폴리턴 '책임' 논쟁으로 확장하면서, 한국 정부의 정책을 넘어서 미국의 대외정책에서 나타나는 냉전안보와 같은 지배적 개념과 정책에 대한 비판적 시각을 제시하였다.

3. 냉전 인권정치와 코즈모폴리턴 "책임" 논쟁

김대중은 민주화운동 시기 정치적 탄압으로 가택연금, 수감자, 사형수, 정치적 망명 인사, 그리고 민주화 운동가로 지내는 모든 기간 동안에 인권은 가장 중요한 정치적 사안이자 민주화 이후 시기 사회를 구성하는 중심 의제로 설정하였다. 이러한 목표를 실현하기 위해서 한편으로는 국내와 경계를 초월한 인권연대운동을 추구하면서, 다른 한편에

54) 이미숙, "1980년 '일한연대' 활동의 성격과 의미."

55) Laura Hein, "Postcolonial Conscience: Making Moral Sense of Japan's Modern World," in *Imagination without Borders: Feminist Artist Tomiyama Taeko and Social Responsibility*, ed. Laura Hein and Rebecca Jennison (Ann Arbor: Center for Japanese Studies, the University of Michigan, 2010), 1-28.

56) Lee, "South Korea's Democratization Movements of the 1970s and 80s Communicative Interaction in Transnational Ecumenical Networks."

서는 인권 논쟁을 제기하면서 국제정치에 적극적으로 개입하면서, 한국 민주화의 코즈모폴리턴 지향의 관점을 제시하였다. 즉, 김대중은 민주화를 국내적 맥락으로 이해하기보다는 국내, 지역(region), 세계의 다층적 상호연계 지점에서 이해하고 있었다. 이번 장에서는 김대중이 어떻게 인권 프레임을 통해 형성한 초국가적 공론장을 통해서 한국 민주주의의 현실과 미래에 대한 지역과 국제사회의 책임에 대한 논쟁을 발전시켜 가는지 조명한다.

법학자 에릭 포즈너(Eric Posner)는 1970년대와 1990년대 초까지 시기를 글로벌 인권의 '황금기'라고 지칭하면서, 글로벌 범주의 인권의 긍정적 확산과 발전으로 이해하였다.[57] 이와 같이, 미국의 대외 인권 정책 또한 인권의 글로벌 확산과 냉전 종결의 긍정적 결합을 논하기도 한다. 한편, 미국의 동맹국이지만, 다른 식민시기를 경험한 제3세계 국가처럼, 탈식민 프로세스, 정치적, 사회적, 경제적 민주화, 그리고 한반도 분단과 냉전정치까지 이중, 삼중으로 겹치고 뒤엉켜서 발생하는 현장의 현실은 간단히 인권의 긍정적 진보와 낙관의 단면만 보고 안주하도록 김대중은 인권탄압의 중심에 있었고, 국제 정치의 안보와 인권 논쟁의 중심에 있었기에, 그가 어떻게 이들 문제를 대면했는지는 주목할 만하다. 그래서, 김대중이 국제 냉전정치의 통치 이념이 되는 안보 개념을 어떻게 민주주의와 인권의 관점에서 패권국의 도덕적 책임 논쟁을 제기하였는지 조명해 볼 가치가 있다.

닐 스태머즈(Neil Stammers)는 사회구성주의적 관점에서 인권 개념과 사상을 논의하면서, 인권의 권리뿐만 아니라 '의무' 또한 형성된다고 강조한다. 인권의 보호와 책임의 의무가 개인이 속한 국가에 한정된

57) Posner, *The Twilight of Human Rights Law.*

다고 이해하는 전통적 관점과 달리 "다른 나라의 책임"이 있다는 점을 지적한다. 다국적 기업에 의한 인권 침해를 막거나 보호해야 할 의무나 다른 나라 인권 피해자를 조력할 도덕적 의무를 언급한다. 초국가적 제도와 기관 등 물질적 사회문화가 글로벌 차원에서 팽창하는 맥락에서 더욱 긴요하다는 것이다.[58] 본 연구는 사회구성주의적 인권 발생의 관점에서 김대중의 인권 사상, 운동, 그리고 정치를 분석하면서, 김대중의 인권에 대한 의무와 '책임' 논쟁에 관해 논의한다. 김대중이 어떻게 인권운동을 조직하고 발전시키는지 분석한다. 가령, 초국적 저항의 연대 구성, 국제 인권정치에 참여, 인권과 민주주의의 관계의 문제에 대한 논의를 시도한다. 특히, 그가 한국의 민주주의 문제를 지정학적 관점에서 인권에 대한 의무와 책임의 문제를 제기하는데, 이 사안에 주목한다.

1) 김대중의 초국가적 인권정치와 민주주의의 코즈모폴리턴 시각

김대중은 유신체제 아래 한국의 민주주의 억압의 문제를 글로벌 정치의 맥락에서 비판적으로 접근하였다. 1972년 10월 유신체제의 등장 이래 일본에서 비판적 목소리들 내오던 김대중은 그해 11월 도쿄의 외신기자클럽에서 진행한 연설에서 세계와 지역 질서의 역설적 발전을 지적한다. 닉슨 독트린과 미중 화해정책으로 세계질서가 데탕트로 이행하는 과정과 정반대로 아시아 지역에서 반공기치 아래 군사독재정권이 강화되고 있다는 것이다. 한국과 필리핀 등 아시아 지역에서 급증하는 군부독재를 "미국의 전후 아시아 정책의 실패"라고 주장하고, 미국의 아시아 지역 대외정책에 근본적 이유가 있다는 것이다. 2차 세계대전 이후 아시아 지역에서 미국이 패권을 구축하면서, "독재정권, 부패정권이

58) Stammers, "A Critique of Social Approaches to Human Rights," 496–498.

라 할지라도 반공노선만 주창한다면 밀착해 무기 및 자금을 주저 없이 원조" 하는 미국의 냉전정책이 문제라는 것이다. "반공은 자유를 지키기 위한 수단에 불과한데 목적을 잊어버린 채 수단만 존중 한 것"이라고 김대중은 지적한다. 더불어 미국 학계와 정계에서 아시아 국가의 민주주의 시기상조론으로 독재정권의 출현을 당연시하는 경향 또한 미국의 책임 회피의 태도라고 지적한다. 미국 대외정책의 문제와 같은 선상에서 일본 또한 비판한다. 그러면서, 그는 "냉전의 종결은 '반공'의 기치 아래 강요 받아 왔던 아시아 인민의 인내와 복종의 종결을 의미" 한다고 주장한다.[59]

미국과 일본의 대외정책의 문제를 김대중은 한국인이자 아시아인의 관점에서 각 국가의 구성원이 어떻게 한국과 아시아의 정치적 변동에 연관되어 있는지 논의하였다. 1972년 11월 덴 히데오 일본 사민당 의원과의 대담에서 일본 정부의 역할을 비판하였다. 1950년대 이래 아시아 국가들이 도미노처럼 공산화될 것이라는 이론에 빗 데어서, 김대중은 타이, 필리핀, 한국 등 우익 독재 정권의 등장이 "'독재정권' 도미노 이론"으로 불릴 수 있다고 주장하였다. 일본의 정책을 이 지역의 "정부가 아니라 그 나라 국민들"이 "꼭 기억" 해야 한다고 덧붙였다. 한국인은 공산주의를 반대하지만, "동시에 민주주의를 파괴하고자 하는 우익 독재정권도 용서할 수 없다" 면서, "우리들이 공산주의에 반대하는 이유가 바로 자유를 위해서"라고 분명히 정리하였다. 이러한 입장에서, 일본 외교정책은 한국 정부가 평가하는 것이 아니라고 단언한다. 이어서, 김대중은 일본인들이 박정희 정권에 대한 일본의 지지정책은 한국인들

59) 김대중, "일본 외신기자클럽에서의 연설 (1972.11.10.),"연세대학교 김대중도서관 편, *김대중 전집II 7권* (서울: 연세대학교 대학출판문화원, 2019), 10-13.

이 기억하고, 또한 "일본에 대한 불신"을 불러올 것이라는 점을 기억해야 한다고 지적한다.[60]

김대중의 세계 냉전정치의 맥락에서 한국과 아시아의 민주주의 실패를 이해하고, 또한 코즈모폴리턴 시각에서 비판적 참여와 연대를 추구한 것이다. 김대중은 미국으로 활동 무대를 확장하기 위해 1972년 11월 13일 출국하면서, "한반도 상황과 나의 신념" (Korean Situation and My Belief)으로 제목이 붙여진 영문자료에 자신의 비판적 견해를 담았다. 아시아 군사독재 출현의 도미노 현상에 대한 중대한 책임이 미국의 냉전외교 정책에 있음을 분명히 하고, 미국 사회에 보내는 권고안을 담았다. 미국과 일본이 아시아 국가 지도자들에게 민주주의 정책을 위한 개혁을 촉구할 것을 주문하였다. 1969년 닉슨 독트린 이후 새로운 아시아 정책이 요구되는 상황에서 민주주의야 말로 변함없이 지향해야 할 가치임을 확인하였다. 미국의 군사적 경제적 지원이 민주주의를 억압하는 세력에게 사용되는 대신, "진정한 민주세력"을 계속 지원하는데 쓰여야 한다는 것이다. 이어서 유럽에서 발생하고 있는 유럽안보협력회의(CSCE)에 비견되는 동아시아 모델을 제시하였다. 즉, 1971년 대통령 자신의 선거 공약이었던 주변 4국(미국, 소련, 중국, 일본)이 한반도 안전보장과 불가침조약을 보장하는 방안을 통해서 미국의 아시아 방어부담을 줄이면서도 안보를 견인할 수 있다는 모델이었다.[61]

미국에 도착한 이후 인터뷰와 강연을 통해서 김대중은 민주주의 실패의 책임론과 코즈모폴리턴 연대를 주창한다. 1972년 12월 7일 웨스트민스

---

60) "덴 히데오와의 대담 (1972.11.17.)," *김대중 전집II 7권*, 14-19.

61) "한반도 상황과 나의 신념 (Korean Situation and My Belief) (1972.11.○○)," *김대중 전집II 7권*, 25-31.

터 대학(Westminster College) 강연에서, 미국의 아시아 냉전 개입은 옳은 것이지만, 최근 한국의 민주주의 후퇴 등을 볼 때 "미국의 비극적인 실수는 미국의 관여 방식"에 있다고 연설하였다.[62] 김대중은 이러한 입장은 "아시아에 대한 조언"(Advice on Asia)라는 제목의 투고문으로 1973년 2월 뉴욕 타임스에 게재되었다.[63] 비슷한 시기, 1973년 1월, 일본이 미국의 외교정책의 실패를 반복하지 말아야 한다고 일본 월간 문예 잡지 '주오고론'(中央公論)에 "일본 국민에게 드리는 제언"이라는 제목의 기고문을 통해 밝혔다. "아시아 각국의 국민에게 일본이 독재 부패 정권과 밀착하고 결탁하고 있다고 확인되는 행동을 해서는 안된다"라고 경고하였다. 그러면서, "아시아 민주 공동체" 건설에 나설 것을 촉구하였다. 일본의 대 아시아 외교정책의 근간은 "(독재 부패) 정권이 아니라 자유와 행복을 추구하고 바라는 국민"임을 명심해야 한다는 것이다. 경제협력은 "어디까지나 상대국 국민에게 그 혜택이 돌아갈 수 있게끔 철저한 방향 전환을 하지 않으면 안된다"라고 촉구하면서, 그렇지 않을 경우 "아시아 각 국민들로부터 강한 지탄을 피할 수 없을 것이다"고 경고하였다.[64]

김대중의 미국과 일본의 현실주의 외교정치에 대한 비판과 민주주의를 위한 코즈모폴리턴 연대 주창은 1973년 가을 미국 의회를 중심으로 발생하는 새로운 미국 외교 정책을 통해서 상당히 수용되는 지점이 있었다. 1940년대 후반 이래 미국의 글로벌 냉전패권 확장의 메커니즘이 되는 안보국가(national security state) 론과 함께 성장한 냉전안보 외교는 안보 분야 관료의 압도적 영향력과 의회의 안보 대외정책에

62) "웨스트민스터대학(Westminster College)에서의 강연 (1972.12.7.)," *김대중 전집 II 7권*, 35-39.

63) "'뉴욕타임스 (The New York Times)' 투고문 (1972.12.30.)," *김대중 전집 II 7권*, 43-46.

64) "조국 한국의 비통한 현실 – 독재정치의 도미노적 파급 (1973.1.1.)," *김대중 전집 II 7권*, 47-56.

관한 민주적 논의의 결여, 냉전 비밀주의, 그리고 글로벌 도덕 리더십 부재 등의 문제와 결합해서 발생하였다.[65] 그런데, 미국이 개입한 베트남 전쟁의 상황이 1960년대 말 이후 미국 국내와 국제 사회에 알려지면서 미국의 도덕적 위상이 추락하는 상황이 발생하였다. 이어지는 '워터게이트' 사건은 존슨-닉슨-포드-키신저로 이어지는 미국의 초당적 현실주의 외교정책에 대한 초국가적 반발을 마주하게 되었다. 도날드 프레이저(Donald Fraser) 민주당 하원의원 등이 주도하는 미국 의회는 미국의 외교정책의 근간을 '인권'(human rights)을 중심에 두는 자유주의적 국제주의(liberal internationalism) 비전을 추구하였다.[66]

미국 의회가 인권을 중심에 둔 대외정책 방향의 (재)설정은 국내적으로는 의회의 외교정책에 관한 민주적 개입의 회복을 의미하는 것이었고, 국제적으로는 초국가적 인권운동과 인권정치의 장이 미국의 의회를 통해서 열리게 되는 과정을 의미하였다. 1973년 말 미국 의회는 외교지원법(Foreign Assistance Act) Section 32를 개정해서 자국민을 정치적으로 난압하는 국가에 대한 경제적 군사적 지원을 미국 대통령이 부인해야 한다는 의사를 확인하였다.[67] 기존 미국이 주도한 냉전질서

---

65) 미국 냉전 패권을 위한 "안보국가" 구축과 동아시아 맥락에 관한 논의, Michael Hogan, *A Cross of Iron: Harry S. Truman and the Origins of the National Security State, 1945-1954* (New York: Cambridge University Press, 1998); Bruce Cumings, *Dominion from Sea to Sea: Pacific Ascendancy and American Power* (New Haven: Yale University Press, 2009), chapter 15; Samuel F. Wells Jr. *Fearing the Worst: How Korea Transformed the Cold War* (New York: Columbia University Press, 2019), 237-489 .

66) 1960 년대 후반 이래 미국의 자유주의적 국제주의 등장과 세계인권정치의 등장의 접점에 관해서는 Keys, *Reclaiming American Virtue*.

67) Subcommittee on International Organizations, House Committee on Foreign Affairs, US Congress, *International Protection of Human Rights: The Work of International Organizations and the Role of U.S. Foreign Policy, Hearings, Ninety-Third Congress, First Session* (Washington DC: US Government Printing Office, 1974).

에 대한 도전이 시작된 것이다. 1974년에는 미국 의회는 수혜국인 칠레나 한국 등 개별 국가의 정치상황을 평가하는 '인권' 청문회를 개최하였다. 이러한 청문회를 기반으로 1974년 12월 말, 미국 의회는 외교지원법을 더욱 강화해서 "국제적으로 인식되는 지속적이고 중대한 인권 위반의 패턴"을 보이는 수혜국에 대한 미국 안보지원의 중단을 요구하는 법안인 Section 502B를 마련하였다. 미국 의회는 미국의 대외정책을 인권을 중심으로 재설정하면서, 그 대상을 군사, 경제 등의 분야로 확장해 가고, 국무성 아래 인권과 인도주의 업무를 담당하는 부서를 설치하고 연간 인권 보고서를 작성하도록 하였다.[68]

1974년 한국은 긴급조치 1호와 4호로 유신헌법 반대에 대한 탄압과 학생/청년 운동과 재야 단체와 에큐메니칼 활동가에 대한 탄압이 가속화하면서, 민청학련/인혁당 사건이 발생하였다. 이러한 배경에서, 미국 의회에서 한국 관련 첫 인권청문회가 그해 7월 개최되고, 한국과 제3세계 민주주의를 위한 저항은 미국의 의회를 통해서 글로벌 인권문제로 논의되기 시작하였다. 국제앰네스티와 에큐메니칼 인권 주창 단체의 초국적 네트워크와 연대운동이 서울과 워싱턴을 잇는 환태평양 인권정치로 발전하게 되었다. 1974년 가을 미국 제럴드 포드 대통령이 서울을 24시간 방문하는 문제가 전례 없이 한미간의 외교문제로, 특히 미국의 외교정책에 대한 초국가적 인권 논쟁으로 확대되었다.

이렇게 긴박하게 재설정되는 국제정치와 국내정치의 연결지점의 문제에 관해서 김대중은 한국 현실 정치의 근원에 있는 딜레마인 민주주의와 반공주의의 역학관계를 지적하고, 미국의 책임과 역할에 대해서 비판적 목소리를 냈다. 특히, 안보의 개념에 대한 비판적 논의를 진

68) Hwang, *Human Rights and Transnational Democracy in South Korea*, 2장과 3장.

행하였다. 1974년 12월 크리스천 사이언스 모니터(Christian Science Monitor)와의 인터뷰에서 안보의 중요성을 부인하지 않지만, 안보를 위해서 독재를 받아들일 수 없다고 분명히 밝혔다. "한국 국민들이 진정한 민주주의를 누릴 때에만 공산주의자들과 싸워 진정으로 우리의 자유를 유지할 수 있을 것"이라고 확인하면서, 김대중은 포드 정부에게 "우리는 단지 민주주의 회복을 위한 도덕적 지원과 협조를 바란다"라고 촉구하였다. 미국 정부의 역할을 논의하면서, 미국의 군사적 경제적 지원이 민주주의의 탄압으로 활용되는데 대한 분명한 책임을 요구하였다. "미국이 한국민을 억압하는데 사용된 무기에 대해 일정의 책임을 지기를 바란다"는 것이다. 이어서, 1972년 박정희의 계엄령 선포에서 미국 무기를 사용하여서 한국민이 억압되었다는 점을 확인하였다.[69] 한편, 하버드 대학 에드윈 라이샤워(Edwin Reischauer) 교수 등 한국 민주화와 인권 증진을 지지하는 인사들이 한국 관련 인권청문회에서 미국 대외정책의 개선의 관점에서, 미국정부의 군사원조 삭감과 더불어 미군철수를 주장하는 의견을 내고 있는데, 이러한 입장에는 분명한 선을 그었다. 그럼에도, 미국 냉전안보 정책이 민주주의와 인권의 관점에서 수정되어야 한다는 점은 논란의 여지를 남겨두지 않았다.[70]

1974년 가을 포드 대통령의 서울 방문 계획으로 촉발된, 미국 대통령의 방한과 결부된 민주주의와 인권에 대한 정치적 논쟁은 민주화 시기에 반복되고 또한 심화되었다. 1979년 봄 카터 대통령의 방한이 공식화되기 전, 위에서 서술한 바와 같이, 1978년 여름 1976년 3·1 민주구국

---

69) "'크리스천 사이언스 모니터(The Christian Science Monitor)'와의 인터뷰 (1974.12.24)," *김대중 전집II 8권*, 30-31.

70) "'신동아'와의 인터뷰 (1975.2.1.)," *김대중 전집II 8권*, 52-81.

선언 사건으로 서울대학교 병원에 수감되어 있을 때, 카터의 방문이 인권정책과 연관되어야 한다고 김대중은 못으로 눌러쓴 메모를 통해서 한국과 세계에 그의 입장을 전하였다. 1978년 12월 석방되고 가택연금 중에 있을 때, 인권 탄압의 피해자로서, 재야 민주화운동 단체 '국민연합'의 지도자로서, 한국과 아시아 민주주의와 평화 증진을 위한 시민으로서, 카터 방문의 정치적 의미와 미국의 대외정책에 대한 문제를 인권의 관점에서 비판적 논의를 펼쳤다. 1979년 4월 미국 시사주간지 뉴스위크(Newsweek)와 나눈 인터뷰에서, 과거 미국 대통령의 방한이 미국 정부의 한국 정권에 대한 지지의 표시로 활용되면서 민주주의 대의에 도움이 되지 않았음을 지적한다.[71] 국민연합 공동의장인 윤보선, 함석헌과 함께 카터의 방한에 관해서 발표한 5월 1일 성명에서 최근 발생하는 인권침해 상황을 볼 때 카터의 방한이 본인의 의도와 달리, "한국의 민주주의와 인권에 대한 결정적 타격이 될 것을 깊이 우려한다"라고 밝혔다.[72] 워싱턴 포스트와 5월 15일 인터뷰에서 김대중은 유신체제가 변화하지 않는 상황에서 카터의 방문은 박정희 정권의 정당성을 키워주면서, 한국 민주화운동 인사들을 탄압하는 수단을 강화할 수 있는 결과를 낳을 것이라고 보았다. 카터 인권정치의 역설을 지적한 것이다.[73]

1979년 6월 김대중은 "오늘 한국이 직면한 문제"에 관한 개인 메모를 남겼는데, 카터의 인권정책과 한국의 문제를 조명한다. 카터의 인권정책에 대한 비판적 제안으로 인권탄압에 대한 비판은 소련 등 공산주의 국가에 앞서 미국의 동맹국에 우선적으로 향해야 하고, 정치범 석방

---

71) "'뉴스위크(Newsweek)'와의 인터뷰 (1979.4.9.)," *김대중 전집 II 8권*, 468-471.

72) "카터(Jimmy Carter) 미국 대통령 방한 관련 성명 (1979.5.1.)," *김대중 전집 II 8권*, 473-476.

73) "'워싱턴포스트(The Washington Post)'와의 인터뷰 (1979.5.15.)," *김대중 전집 II 8권*, 482-483.

에 국한되기보다, 인권 탄압의 근본적인 원인들에 방향이 맞춰져야 한다는 것이다. 한국의 인권상황을 고려할 때, "일본과 미국 지도자의 태도가 매우 부적절하다"면서, 존슨, 닉슨, 포드 대통령에 이르기까지 한국에서는 "안보가 우선이고 민주주의는 그 다음"의 입장을 견지했다고 지적한다. 김대중은 이러한 미국의 현실주의 냉전 대외정책에 대비되는 민주주의와 '인권'의 역할을 제시하였다. "인권을 보장해야 할 또 하나의 이유는 인권 이야말로 북한 공산주의에 대항할 가장 강력한 무기"라고 주장하였다.[74] 인권 정책을 표방하고 있는 카터 행정부까지 사실상 지속되고 있는 현실주의 냉전안보 정책에 대해, 김대중은 인권과 민주주의에 기반한 안보관을 제시하면서, 근본적으로 차이가 나는 자신의 시각을 보여주었다.

카터의 방문 하루 전인 6월 28일, 향후 일본 시사 월간지 '세카이'(世界) 1979년 9월 호에 게재되는 인터뷰에서, 김대중은 민주주의와 인권의 관점에서 카터의 외교정책을 재차 비판하였다. 우선 카터의 방문이 긴급조치 9호의 폐지와 같은 근본적 변화 대신, "일시적이고 표면적인 것에 그칠" 것이라고 전망하였다. 박정희 정권이 인권상황 개선이라면서 하고 있는 것은 "미국 측 요구의 최저 부분을 충족시키는 정도에 불과"한 것이며, "국제적 비판을 잠재우기 위해, 국내 불만의 일부를 가라앉히기 위해서"라고 진단하였다. 이러한 양국 정부의 인권정치를 비판하면서, 김대중은 "한국의 민주주의와 인권 회복은 카터 대통령의 일이 아니라, 우리 국민이 해야 할 일"이라고 분명한 선을 그었다. 그러면서, 김대중은 한국 시민들이 카터 대통령에게 요구하는 것은 다음의 두

74) "'오늘날 한국이 직면한 문제에 관한 개인 메모 (A Personal Memorandum Concerning Problems Faced by Korea Today) (1979.6.○○)," *김대중 전집II 8권*, 513-526.

가지라고 정리하였다. “1) 한국 국민과 국민의 인권에 대한 강한 도덕적 지지를 표명하는 것, 2) 군사상의 안전이나 경제성장을 구실로 행하는 억압에 대한 지지를 멈출 것.”[75] 이와 같이, 김대중은 내재적 자기 결정권을 강조하면서, 냉전 안보정치의 수정, 도덕적 지지를 중심으로 한 민주주의와 인권 발전 비전을 재차 확인하였다.

한 달이 지난 7월 29일, 부인 이희호가 대필한 원고에서, 구속자 석방이나 긴급조치 9호에 대한 변화가 없는 현실을 반추하면서, 김대중은 카터의 방한은 “쓰라린 실망과 좌절감”을 야기했다고 평가했다. 자신을 비롯한 “인권투쟁의 지도적 입장에서 싸워 온 재야인사를 만나지 않고 간 사실” 또한 지적했다. 인권운동과 인권정치를 전략적으로 접근할 것을 제시하고 지향해 온 김대중은 “우리 재야 민주세력은 깊은 고뇌에 빠지게 된다”라고 고백했다.[76] 김대중은 외적으로 알려진 카터의 인권외교 정책과 상반된 “조용한 외교” 집행에 대한 통찰과 냉전안보 중심 정책의 지속을 예리하게 비판하고 있었다.[77]

김대중의 카터 행정부의 인권정책을 존슨, 닉슨, 포드 행정부의 연장 선상에서, 특히 현실주의 냉전안보 정치의 비교적, 비판적 관점에서 평가한다. 김대중은 민주주의와 인권의 발전을 안보에 대한 비판적이고 대안적인 관계 설정을 제시하였다. 패권국가 정책이 일방적으로 확산하는 것이 아니라 로컬 사회를 통해선 내재적이고 자기 결정권(self-determination) 실현의 실질적인 과정으로 이해했다. 인권과 민주주의의 지향을 또한 구축하려 하였다. 이러한 김대중의 접근은 글로벌 차원의

75) “‘세카이(世界)’ 인터뷰 (1979.6.28.),” *김대중 전집II 8권*, 501-512.

76) “카터(Jimmy Carter) 대통령의 방한이 한국의 인권에 미친 영향 (1979.7.29.),” *김대중 전집II 8권*, 529-532.

77) Hwang, *Human Rights and Transnational Democracy in South Korea*, 4과 5장.

보편성이 아래로부터/주변부로부터 비판적 개입의 과정을 통해서 비전을 형성하는 것이었다. 게다가, 안보와 인권, 정치발전과 경제발전의 통합적 연관의 이해는 정치적 권리와 사회적 경제적 권리의 불가분성에 대한 이해를 반영하는 것을 의미하였다. 이러한 관점은 당시 "개발권"을 중심에 둔 채 문화적 상대주의 토대에서 민주주의와 인권의 보편적 발전을 외면하고 있는 제3세계 (이후 글로벌 남부)의 관점과도 거리가 있었다.

김대중은 1980년대 로널드 레이건 행정부를 향해서도 위에서 언급한 민주주의와 인권의 내재적 발전과 안보에 대한 민주주의와 인권의 관점을 일관되게 요구하였다. 1980년 5월 신군부 세력에 의해 국가반란음모죄로 사형 선고와 감형으로 수감생활을 이어오던 김대중은 1982년 12월 신병치료와 이후 학문연구 사유로 미국으로 망명한다. 1983년 10월 망명 중 진행한 강연과 연설에서 한국의 민주주의와 인권 상황이 국내적 요인에만 기인한 것이 아니라 미국 외교정책과 깊은 연관이 있음을 강조하였다. 한국을 제3세계 사회의 한 좋은 사례로 규정하면서, 특히 한국에서 1980년 광주 학살진압 이후에 급속히 심화하는 반미운동을 미국 외교정책의 반복된 실패에 기인한다고 주장하였다. 미국의 외교정책이 소련을 봉쇄하기 위한 정책이 목적이 되어서는 안 되고, "자유와 정의, 인간 존엄성 실현을 목적으로 하는 민주주의를 증진시키고자 하는 수단"이 되어야 한다는 것이다.[78]

김대중은 한국 민주주의 발전이 국내적 관점이 아닌 코즈모폴리턴 시각에서 이해하고, 민주주의 보편성 추구의 관점에서 미국의 대외정책을 비판하였다. 1983년 4월 프린스턴 대학 리처드 포크(Richard Falk)

---

78) "미국의 정책: 한국의 상황, 중앙아메리카 그리고 제3세계 (United States Policy: The Korean Situation, Central America, and the Third World) (1983.10.12.)," *김대중 전집 II 10권,* 549–557.

교수와 오스트레일리아 리처드 탠터(Richard Tanter) 교수와 함께 나눈 대담에서 김대중은 미국의 외교정책을 수정할 기회가 있다면 어떻게 하겠느냐 라는 질문에, 역사학자 토인비를 언급하면서, "당신들 미국인에게 남아 있는 유일한 길은 미국 본래의 정신으로 돌라가는 것뿐이다"라고 응답하였다. 즉, 미국의 냉전 패권정치를 비판하면서, 군사안보를 우선하는 정책 대신, 민주주의를 우선에 두고 "제3세계 국민의 요구에 훨씬 더 많은 관심을 기울여야 한다"라고 설명하였다. 김대중은 한국에서 유혈 진압을 겪지 않고, 미국에 대한 "공공연한 적대행위도 하지 않은 채 민주주의를 회복하려면 미국의 정책 변화가 필수적"이라고 견해를 밝혔다. 광주학살 이후 미국정책을 비판하는 반미운동과 미국 정부 시설을 점거하고 방화하는 한국의 반미시위 현실에 대한 근본 해결 방향이 민주주의를 우선하는 미국 대외정책의 복원이라는 것이다. 김대중은 민주주의를 위한 하나의 중요한 정책으로 미국 정부와 주한미군이 한국군의 정치적 중립을 지지하는 것이라고 강조하였다.[79] 한국군의 정치적 중립과 미국정부의 책임은 민주화 과정에서 가장 중요한 정치개혁의 과제로 제출되었다. 이러한 바탕에는 군대의 역할을 긍정적으로 인정하고 포용한 미국의 근대화 정책에 있었음을 고려할 때,[80] 그 비판은 한국에 한정되기보다 보편적 관점의 지적으로 이해될 수 있다.

---

79) "리처드 포크(Richard Falk) 프린스턴 대학교 교수, 리처드 탠터(Richard Tanter) 오스트레일리아 스윈번 과학기술 연구소(Swinburne Institute of Technology) 교수와의 대담 (1983.4.21.)," *김대중 전집 II 10권*, 218-237.

80) 미국의 냉전근대화 정책에 대해서, Odd Arne Westad, "The Empire of Liberty" in *The Global Cold War* (New York: Cambridge University Press, 2005), 8-38; David C. Engerman and et al., eds., *Staging Growth: Modernization, Development, and the Global Cold War* (Amherst and Boston: University of Massachusetts, 2003); Tae-Gyun Park, "W.W. Rostow and Economic Discourse in South Korea in the 1960s," *Journal of International and Area Studies* 8, no. 2 (2001): 55-66.

1984년 여름 전두환의 방일 문제가 등장하자, 8월 세카이와 인터뷰에서 김대중은 일본의 대외정책을 비판하면서 미국정책까지 비판하였다. 우선 전두환 정권이 취한 일부 정치적 자유화 시행이 현상적 조치라고 지적하면서, 헌정체제로 복귀하는 것이 진정한 정치적 자유화의 선결조건이라고 말하였다. 이어서, 미국 정부가 공산진영의 독재보다 정치적 탄압이 심하지 않다는 논리로 미국 진영의 독재정부를 지지하는 논리를 비판하였다. "더 가혹한 공산독재를 피하기 위해 현재의 독재를 지지해야 한다고 설득"하고 있는 미국의 정책은 미국 대통령과 집권자만의 문제가 아니라, "미국인의 제3세계에 대한 사고방식에" 문제가 있다고 지적하였다. 이와 같이, 미국 외교정책 결정자뿐 아니라 미국 사회의 도덕적 책임 인식의 문제까지 제기하였다. 1983년 11월 미국 의회가 마틴 루터 킹 목사의 생일을 국경일로 채택하면서 미국의 민주주의의와 도덕성을 증명해 보이면서도, 일주일 전에는 전 세계의 비난을 감수하면서까지 그라나다(Granada) 침공을 지지하였는데, 미국 시민들의 국내정치와 국제외교 차원의 역설적 이중성이라고 지적하였다. 국내문제에 대한 도덕성이, 국제문제에서는 예외적으로 "지극히 비도덕적"일 수 있다는 임마누엘 칸트의 통찰을 언급하면서, 김대중은 미국의 외교정책의 문제를 지적하였다.[81]

한편, 김대중은 미국의 대외정책을 비판하면서, 냉전 근대화론과 급격히 등장하고 있는 신자유주의 정책까지 포괄적으로 비판하였다. 1984년 11월 김대중은 그의 지난 2년간의 미국 망명 생활을 마치고 한국으로 귀국하기에 앞서서 "한국의 인권과 미국의 대외정책"이라는 제

---

81) 김대중, "'세카이(世界)'와의 인터뷰 (1984.8.20)," 연세대학교 김대중도서관 편, *김대중 전집II 11권* (서울: 연세대학교 대학출판문화원, 2019), 230-246.

목의 강연을 카네기 재단, 국제앰네스티, 미네소타 대학, 외교문제협의회 등 인권과 외교에 관한 유수 기관에서 연설을 하였다. 한국 인권상황을 전하면서, 경제적 빈곤의 문제를 지적하였다. 한국 노동자 중 59퍼센트가 최저생계비보다 낮은 100불 정도의 임금을 받고 있고, 농민 중 92퍼센트가 무거운 채무를 지고 있다는 것이다. 경제적 성장이 민주적 자유를 견인할 것이라는 미국의 근대화론이 내재된 한국과 미국의 집권자들의 지배적 인식과 담론이 문제라고 지적하였다. 현 1인당 국민 소득이 2,000불이지만 한국전쟁 당시 1인당 60불에 누렸던 민주적 자유보다 크지 않다는 점도 강조하였다.[82] 한국의 1980년 광주 유혈사태와 레이건 정부의 지지 속에 전두환의 집권이 안정되고, 이어서 가속화하는 경제 자유화와 경제적 불평등의 심화는 억압적 정치 상황과 긴밀한 연관에 있다는 점을 강조하였다. 즉, 한국의 인권 상황은 정치적 권리 문제에 한정된 것이 아니라, 경제적 권리까지 결합된 포괄적 인권의 문제이고, 이 문제의 해결의 지점은 국내에 한정된 것이 아니라 국제질서의 개선 문제까지 포괄하는 것이라는 견해를 피력하였다.

1985년 1월 김대중은 다음 달 귀국을 공식화하면서, 한국의 민주화 세력과 협력하여 민주제도 회복에 기여하겠다는 포부를 밝혔다. 2월 6일 출국에 앞서, 다시 한번 미국과 일본의 인권문제에 관한 외교정책을 개선해야 한다고 촉구하였다. 권위주의 동맹국의 인권 탄압에 대한 공개적 비판과 압력을 가하지 않는 레이건 행정부가 명명한 "조용한 외교"(quiet diplomacy)는 선명히 입장을 밝히는 "열린 외교"(open diplomacy)로 전환해야 한다는 것이다. 미군 사령관이 한국군의 병력

82) "한국의 인권과 미국의 대외정책 (Human Rights in Korea and U.S. Foreign Policy) (1984.11.20.)," *김대중 전집II 11권*, 370-378.

이동을 지휘하기 때문에, 한국군이 정치개입을 하지 못하도록 할 책임이 있다는 것이다. 1979년 12월 12일 군대 내 쿠데타와 1980년 5월 광주 학살이 이러한 책임을 다하지 못한 사례로 언급하였다.[83] 2월 7일 귀국 중 일본 나리타 공항에서, 1973년 8월 도쿄에서 발생하고 여전히 미해결 상태로 남아 있는 자신의 납치사건이 "보편적 가치"로서 "인권의 문제이자 주권의 문제"라고 확인하면서, 한일관계를 올바로 정립하는데 "필수 불가결한 선결조건"이라고 주장하였다.[84] 김대중은 다시 한번 자신의 고난을 인권의 문제로 재명명하고 일본의 대외정책이 보편성 추구의 궤도에 이르러야 한다고 지적한 것이다. 개인의 정치적 고난이 한 국가의 범주에 있지 않고, 지역과 세계 정치의 책임문제와 연관되어 있음을 분명히 예시하고 있는 것이다.

2) 반패권적 코즈모폴리턴 인권정치

한상진은 김대중이 자신의 입장을 '코즈모폴리턴'(cosmopolitan)의 용어로 정의한 적은 없다는 것을 인정하면서도, 김대중이 주창하고 개념화하는 "지구적 민주주의"와 "보편적 세계주의"(universal globalism)는 "코즈모폴리턴 비전"(cosmopolitan vision) 제시로 이해될 수 있다고 말한다. 그러면서, 김대중의 입장은 소위 "패권적 세계주의"(hegemonic globalism)와 다르다고 강조한다. 위르겐 하버마스(Jürgen Habermas)가 서구의 가치와 문화가 비서구 사회와 상호작용이 부재한 채 가정한 "보편"의 틀에 기반해서 일방적이고 강제적으로 확대 적용하는 현상을 비판하면서 "패권적 자유주의"(hegemonic

---

83) "귀국을 앞두고 밝힌 입장 (1985.1.19.)," *김대중 전집 II 11권*, 460-462.

84) "일본 나리타 공항에서 발표한 성명 (1985.2.7.),"*김대중 전집 II 11권*, 488-489.

liberalism)로 개념화하였는데, 김대중의 입장을 같은 선상에 두고 있다.[85] 한상진은 개인과 집단이 지역과 경계를 초월한 상호이해와 "타자의 내재화"나 심의적(deliberative), 재귀적(reflexive) 개방성의 시각에서 대안적 코즈모폴리턴 관점을 제시하면서, 김대중의 관점을 적극적으로 해석하려고 한 것으로 이해할 수 있을 것이다.[86] 그래서 김대중이 한국의 민주주의와 인권 증진의 문제에 관해서 지정학적 패권 블록에 대한 코즈모폴리턴 '책임'론을 제기한 것은 '반패권적' 코즈모폴리터니즘으로 불릴 수도 있을 것이다.

사실, 반패권적 코즈모폴리턴 비전을 추구하는 김대중의 인권정치는 인권단체들이 보편성 실현의 명분 아래 채택한 '반정치'(anti-politics) 또는 정치적 중립성(political neutrality 또는 impartiality)의 원칙과는 거리가 멀다. 국제앰네스티가 정치적 중립성 원칙의 채택과 적용의 예시를 잘 보여준다.[87] 하지만, 마이클 이그나티에프가 지적하듯, 실제에서는 효과적인 인권운동은 한쪽의 입장을 정하고 정치적인 활동을 한다는 것을 의미한다. 김대중의 입장은 이와 같다고 할 수 있다. 그렇다면, 어떻게 보편성을 추구할 수 있을 것인가에 대한 문제가 다시 제기될 수 있다. 이에 대해서 이그나티에프는 다른 편에 있는 사람의 권리에 대한 동등한 책임감을 가지는 원칙 아래 자신의 입장을 제약함으로써 도덕적 보편성(moral universals)을 추구하게 된다는 것이라고 설명한다.[88] 이러한 도덕적 보편성을 위한 '절제된 편파성'(disciplined partiality)은 '원칙 있

85) Han, ed., *Asian Tradition and Cosmopolitan Politics*, 197.

86) Han, ed., *Asian Tradition and Cosmopolitan Politics*, 200.

87) Moyn, *Last Utopia*; Hwang, *Human Rights and Transnational Democracy in South Korea*.

88) Ignatieff, *Human Rights as Politics and Idolatry*, 9-10

는 인권정치'(principled politics of human rights)를 의미할 수도 있다고 폴 그리디(Paul Gready)는 말한다.[89]

철학자 콰메 앤서니 아피아(Kwame Anthony Appiah) 또한 유사한 통찰을 제공한다. 버나드 윌리엄스(Bernard Williams)가 보편적 도덕성은 거의 모든 사람들의 세계관의 일부로 존재한다는 견해를 인용하면서, 이러한 보편적 도덕성을 구현하는 원리의 핵심은 "피할 수 없는 의무"(inescapable obligation)에 있다고 재확인한다. 즉, 자신에게는 가하지 않는 해를 타자에게 가할 때는 이를 정당화할 수 있어야 한다는 것이고, 자신과 타자에게 다른 기준을 세울 때는 반드시 이를 정당화하는 설명을 해야 한다는 것이다.[90] 다시 말해서, 김대중이 인권정치를 통해서 내재적이고 지정학적 관점에서 냉전 패권정치의 책임문제를 제기하는 접근은 철저히 자신의 입장을 제약하고 스스로 동등한 책임감을 가지는 원칙을 통해서 스스로 노넉적 보편성을 만들어간다는 점을 시사할 수 있는 것이다. 김대중은 분명히 정치적 운동으로서 인권의 주제를 삼았다. 하지만, 정치적 탄압자와 인권 위반자, 그리고 그들의 옹호자를 포함하여 그들의 권리 또한 분명히 보장하는 원칙을 분명히 하면서, 도덕적 보편성을 견지하였다고 말할 수 있다. 김대중의 용서, 정치적 보복 금지, 비폭력 저항의 정신은 이러한 인권정치의 책임 논쟁을 이끌어 갈 수 있게 하는 중요한 근거로 이해할 수 있다.

위와 같이, 김대중은 민주화 시기, 인권의 프레임을 통해서 한국 민주주의의 지역과 세계의 지정학적 연결성의 관점에서 비판적으로 접근

---

89) Paul Gready, "The Politics of Human Rights," *Third World Quarterly* 24, no. 4 (2003): 755.

90) Bernard Williams, *Ethics and the Limits of Philosophy* (Cambridge, MA: Harvard University Press, 1985), 174; Kwame Anthony Appiah, *Cosmopolitanism: Ethics in a World of Strangers* (New York: W.W. Norton & Company, Inc., 2006), 151.

하였다. 특히, 인권의 보편성 추구의 차원에서 코즈모폴리턴 '책임' 논쟁을 제기하면서, 권위주의 정권과 패권국의 인권의 정치적 활용을 경계하고 비판하는 한편, 한국의 민주주의와 인권의 증진에 대한 올바른 책임을 다할 것을 촉구하였다. 김대중에게 사회의 구성원으로서 책임감은 중요한 주제이다. 같은 선상에서, 그는 냉전 인권정치를 형성하는 각 정치 세력이 한국의 민주화를 글로벌 차원에서 그리고 코즈모폴리턴 관점에서 '책임'을 묻는 방식으로 보편적 인권과 도덕적 진보, 그리고 민주주의의 발전을 추구할 수 있다고 가정하였던 것이다.

4. 민족적 전통과 코즈모폴리터니즘

민주화 운동시기 김대중은 초국가적 인권운동을 전개하면서, 다양한 개인과 단체와 문화적, 정치적, 지리적 경계를 넘어서는 대화를 진행하였다. 김대중이 가택연금 중에도 서신교류와 인터뷰를 진행하였고, 수감 중에도 옥중서신으로, 미국 망명 중에는 대중강연과 개별 서신과 미디어를 통해서 경계를 넘는 대화를 시도하였다. 이러한 대화에서 김대중은 한국과 아시아의 전통과 역사적 근원, 민족성의 주제를 인권의 보편적 가치실현과 민주화의 전망에 대한 관점을 논의하였다. 1990년대 초반에 김대중이 리콴유의 아시아적 가치 대담에 개입하면서 알려진 아시아적 논쟁은 종종 특수성과 보편성의 논의로 확대되고 회자된다. 이러한 논쟁이 발생하기 이전인 민주화 운동 시기 김대중은 어떻게 로컬의 전통과 정체성이 보편적 인권과 민주주의 가치와 긍정적인 관계를 설정할 수 있는지 통찰력 있는 시각을 제시하고 있다.

1982년 12월부터 시작해서 1985년 2월까지 미국에서 망명생활을 하는 동안 김대중은 미국 정치인, 국제기관과 국가지도자, 재미교포사회, 미국 시민사회 등 정치적, 문화적, 인종적, 지리적 경계를 넘어서는 다양한 방식의 교류를 하게 된다. 대중 강연과 토론, 서신 교류와 캠페인, 책과 간행물을 통해서 김대중은 민주주의와 인권에 관한 자신의 견해를 폭넓은 인사들과 교환하였다. 한국의 전통가치와 정치발전, 남북분단과 통일, 미국의 대외정책의 문제 등 다양한 주제를 포괄하였다. 이 장에서는 망명시기 김대중이 어떻게 민주주의와 인권에 관한 내재적 정체성과 지향성에 근거한 보편적 민주주의와 인권 가치 발전이라는 코즈모폴리턴 시각과 신념을 보여주었는지 살펴보겠다. 김대중의 시각은 특수성과 보편성의 구분에서 접근했다고 이해하기보다는 로컬의 입장에서 어떻게 코즈모폴리턴 비전을 일관되게 제시하고 추구해 나가면서 보편성의 토대를 쌓아갔는지에 초점을 맞추고자 한다. 먼저, 전통과 정체성의 문제에 대해서 논의하고, 다음은 민족주의와 민주주의 문제를 코즈모폴리턴 다양성의 관계를 통해서 탐구하도록 하겠다.

1) 전통, 정체성, 그리고 코즈모폴리턴 보편성

다양한 역사적 지역적 배경을 가진 각 개인과 지역사회는 인류의 보편적 가치를 지향하고 형성할 수 있을까? 코즈모폴리턴 비전과 사회를 제시하는데, 지역의 특정한 요소는 장애물인가 아니면 긍정적 역할을 할 수 있는가? 철학자 마사 누스바움(Martha Nussbaum)은 지역사회의 현실과 코즈모폴리턴 이상의 긍정적 연관관계의 가능성에 대한 통찰을 제시한다. 무엇보다, 인간의 갈망과 도덕적 의무에 기인한 코즈모폴리터니즘을 피상적으로 이해할 필요가 없다고 전제한다. 오히려, 출생으로 부여된 인종, 성정체성, 또는 종교와 같은 로컬 또는 지역 사회의 정서나 신분과 연관된 정체성은 코즈모폴리터니즘의 중요한 토대가 될 수 있다는 것이다. 특정 지역 요소가 사회적 정치적 경계를 넘어서 다층적 상호 공통요소에 대한 정치적 숙고를 통해서 인류사회의 동심원적(concentric) 확장을 이룰 수 있다는 것이다.[91] 다시 말해서, 로컬 현장 중심과 내재적 관점이 곧바로 지역주의나 특수주의로 치부되기보다는, 보편주의를 지향하는 구체적인 지향의 토대이자 시작으로 받아들일 수 있다는 의미이다.

철학자 아피아 또한 코즈모폴리턴 지향의 현실적 시작으로 로컬 현장의 잠재성과 가능성을 논한다. 우리가 속한 작은 집단에 대한 "사랑"(love)이 정치적 공동체를 이루는 기반이라는 에드먼드 버크(Edmund Burke)의 직관을 따른다. 우리 개개인이 소속한 "작은 소대"(little platoons)를 사랑하는 것이 "대중적 애정"(public affections)의 첫 원칙이라는 것이다. 작은 소대에 대한 사랑이 국가와 인류를 향한 사랑의 첫 발판이 된다는 것이다.[92] 한편, 아피아는 지역에 대한 충성이 서로에 대한 책임을 부인하는 것을 정당화할 수 없다는 점 또한 분명히 한다. 대신, 인류에 대한 보편적 가치를 어떻게 획득해갈 것인가에 대한 물음에 현실적 인식과 가능성에 대한 의견을 제시한 것이다. 이처럼, 현실적 맥락에서 코즈모폴리터니즘은 하나의 이상과 지향이자 과정으로 본 것이다.

정치사상학자 제라드 델란티(Gerard Delanty) 또한 유사한 관점을 제시한다. 그는 코즈모폴리터니즘의 개념의 중요한 요소를 반폐쇄성에서 찾는다. 그래서, "사람과 사회, 조직, 제도의 도덕적 정치적 지평을 확

---

91) Martha C. Nussbaum, "Patriotism and Cosmopolitanism," *Boston Review*, October 1, 1994, https://bostonreview.net/articles/martha-nussbaum-patriotism-and-cosmopolitanism/.

92) Edmund Burke, *Reflections on the Revolution in France*, ed. J.C.D. Clark (Stanford: Stanford University Press, 2001), 202; Appiah, *Cosmopolitanism*, 152-153;

장"하는 개방성이라는 광의적 시각을 유지한다. 이에 더해서, 소위, "근원 있는"(rooted) 코즈모폴리터니즘 개념을 제시한다. 그는 개방적 포용성은 현상의 대안을 탐색하는 의미이면서 완전한 정치적 중립을 의미하는 것과 같은 이상사회를 염두에 두기도 하지만, "현실 지역사회"(real communities)를 부정하지 않는다고 본다. 그래서, 코즈모폴리터니즘을 고정되고 절대적 개념이라고 보는 대신 현실 사회에서 의미가 구성되는 과정으로 이해할 수 있다는 것이다. 이러한 관점에서, 코즈모폴리턴 비전은 실질적이고 실재하는 경험과 현상으로 이해될 수 있고, 이러한 토대에서 발생하는 도덕적 정치적 해석으로 볼 수 있을 것이다.[93]

위에서 검토한 것처럼, 김대중은 한국의 유신체제 등장과 정치적 탄압, 그리고 민주주의와 인권 증진 비전의 역사적 경로와 전망을 한국 국내의 맥락이 아닌 지역과 세계 정치의 관점에서 이해하였다. 코즈모폴리턴 인식과 초국가적 연대 운동을 추진하면서 아시아 냉전정치와 아시아 전체의 민주주의 증진을 주창하였다. 김대중에게 한국, 동아시아, 아시아적 범주 인식은 어떻게 이해될 수 있었는가? 사회학자 조효제는 사회운동의 현실적 관점에서 한 시각을 제시한다. 코즈모폴리턴 시고를 지향한다 할지라도, 국가체제 패러다임을 쉽게 넘어갈 수 없기 때문에, "어떤 연결고리"가 필요하다고 주장한다. 한국의 위치에서는 코즈모폴리터니즘과 일국체제의 중간범주 개념의 차원에서 아시아나 동아시아를 하나의 연결고리로 볼 수 있다고 본다. 그래서, 동아시아적 차원에서 인권을 인식하는 것이 지역주의를 의미하기보다는 코즈모폴리턴 접근

---

93) Gerard Delanty, *Routledge Handbook of Cosmopolitanism Studies* (New York: Routledge, 2012), 2, 7-8; Han, ed., *Asian Tradition and Cosmopolitan Politics*, 200.

의 실질적 가능한 수준의 범주로 이해할 수 있다는 것이다.[94] 한편, 아시아나 동아시아의 인식적 범주는 고정된 것이 아닌 끊임없는 변화와 형성의 지속에 있음을 또한 부정하는 것이 아니어야 할 것이다. 한상진은 김대중의 아시아적 가치 논쟁이 아시아적 가치의 존재 여부에 있지 않고 문화적 다양성과 차이의 구도에서 어떻게 다른 문화적 가치를 포용할 것인가가 중심이었다고 이해하면서 정체성의 역할에 주목한다. 아시아적 정체성은 동양과 서양의 양분 구도를 초월하는 것이고, 코즈모폴리턴 정체성의 조건으로 유지된다고 본다.[95]

1983년 봄 김대중은 미국의 여러 대학에서 한국 역사, 민주화, 그리고 인권에 관한 강연을 진행한다. 3월 10일 "한국 역사에서의 민주주의"라는 제목 아래 한국 사회의 "자유, 정의, 인간 존엄"의 민주적 이상 추구는 단군 신화까지 거슬러 올라갈 수 있고, 그 중심 사상은 모든 인간을 하늘처럼 공경하고 이롭게 한다는 '경천애인'과 '사인여천'으로 요약된다는 강연이었다. 그러면서, 1945년 이후 권위주의 정권들의 집권과 박정희 유신정권의 역사적 성격과 한국 현대사의 민주주의에 관해서 역사적 민중의 저항을 조명한다.[96] 김대중은 왜 역사적 문화적 전통에 주의를 기울였을까? 같은 해, 9월과 10월 콜롬비아 대학교와 하버드 대학교에서 "한국의 문화 전통과 민주주의"라는 제목의 강연에서 한 설명을 찾을 수 있다. 한국사회가 "보다 평등한 사회와 참여적인 정부"로 변하는 과정에서 "도움이 될 만한 요소들이 존재하는 사회였다"는 주장을 펼친다. 그러면서, 김대중은 민중들이 왜 민주적 변화를 원하고, 민주

---

94) 조효제, *인권의 문법* (서울: 후마니타스, 2007), 239.

95) Han, "From the Asian Value Debate to Cosmopolitanism."

96) 김대중, "한국 역사에서의 민주주의 (Democracy in Korean Political History) (1983.3.10.)," 연세대학교 김대중도서관 편, *김대중 전집 II 10권* (서울: 연세대학교 대학출판문화원, 2019), 119-130.

주의 실현을 가능하게 하거나 또는 방해하는 실제적 요인이 무엇인지 논의하였다. 또한 19세기말 서구에서 유입된 자유민주주의 이데올로기가 조선왕조와 일제시대를 거쳐 발생한 변화의 욕구를 실현하고자 하는 "일관된 사고체계"의 기반이 되었다고 주장하였다.[97]

이들 강연의 논지는 김대중의 망명시기뿐 아니라, 망명 전후 민주화 시기에 그가 진행한 여러 강연과 인터뷰에서 거듭 확인할 수 있는 한국 역사와 전통, 그리고 민주주의의 접점에 관한 그의 일관된 관점이다. 리콴유의 '아시아적 가치' 논쟁처럼 동양의 전통적 사회적 개념과 가치가 서양의 보편적 가치와 양립한다는 주장을 펼치지 않았다.[98] 대신, 강연에서 김대중은 서양과 동양의 인위적 구분속에서 양립하는 가치 확인 차원이 아닌, 지리적 문화적 정치적 경계를 넘어서는 상호 연관과 작용을 통한 보편적 가치의 형성 과정에 주목하였다. 그래서, 김대중은 역사적, 내재적, 민중적 근원에 대한 이해를 제공하면서도, 경계를 넘는 대화와 보편적 가치 형성이라는 코즈모폴리턴 시각을 제시하였던 것이다.

김대중의 인권에 관한 민주국가 인권론과 내재적 접근론에 관해 1983년 3월 28일 콜롬비아 대학(Columbia University) 인권연구소에서 진행한 "한국의 인권과 민주주의"라는 제목의 강연은 주목할 만하다. 한국과 아시아적 가치와 정체성에 대한 확장된 논의를 제공하는 이 강연을 이틀 후 조지아주 에모리 대학(Emory University)에서 진행하였다. 사실 이 논의는 망명시기 여러 차례 진행된 민주주의와 인권 주제 강연에서 거듭 강조된 내용이다. 김대중은 지난 2월에 미국 국무부가 발행한 한국

97) "한국 전통에서의 민주적 측면 (Democratic Aspects of Korean Tradition) (1983.9.16.)," *김대중 전집II 10권,* 522-530.

98) Kim Dae Jung, "Is Culture Destiny? The Myth of Asia's Anti-Democratic Values," *Foreign Affairs* 73, no. 6 (1994), 189-94; 한상진, "내가 본 인간 김대중과 그 사상."

연간 인권보고서의 서술을 비판하였다. 강연을 시작하면서, 국제앰네스티와 세계교회협의회에서 발행한 자료를 토대로, 레이건 행정부가 권위주의 동맹국을 소련과 공산권 우방국가에 대한 인권 비판과 달리 "조용한 외교" 정책아래 공개적 비판을 하지 않고, 오히려 옹호하였다고 지적하였다. 이렇게 인권에 관한 초국가적 관점을 유지하면서, 김대중은 인권운동과 한국 민주주의 회복의 상관관계를 설명하였다. 김대중은 "어디서나 마찬가지로, 한국에서도 인권은 진정한 민주정부 없이는 보호되거나 증진될 수 없습니다"라고 전제하였다. 이어서, "한국의 인권운동은 민주정부를 수립하는 것을 궁극적 목표로 삼고 있습니다"라 주장하였다.[99] 앞서 논의했던 것처럼, 한나 아렌트가 "권리를 가질 권리"에 대한 논의에서 제출한 통찰을 반영하고 있다. 즉, 근대국가의 역설로서 국가의 악마적 인권탄압의 속성의 위험에도 불구하고 글로벌 범주의 보편적 인권은 공교롭게도 국가를 통해서 보장될 수 있다는 점이다. 이와 같이, 김대중은 개인의 인권 증진과 보장을 목표로 하지만, 이에 대한 가장 안정적 실현은 국가의 민주적 제도 확립이라고 봤던 것이다. 종종 한국 1970년대와 1980년대 역사를 "민주화-인권 운동"을 표제로 활용하는데, 민주주의와 인권의 깊은 연관 속에서, 코즈모폴리턴 비전을 담고 있음을 가늠할 수 있다.

인권 실현을 위한 민주국가론의 관점에 더해서, 김대중은 1945년 해방 이후 안정적 민주정부를 세우지 못한 국내외의 역사에도 민주화 운동이 지속될 낙관의 근거를 제시하였다. 역사적, 사회적, 문화적 정체성에서 그 근거를 찾고 있다. 한국사회가 외부문화 수용과 토착화로 "동북아 국가 가운데 유일하게 자기 정체성을 확립한 나라"라고 확인하였다.

---

99) "한국의 인권과 민주주의 (Human Rights and Democracy in Korea) (1983.3.28.)," *김대중 전집 II 10권*, 174-181.

근대 이전의 문명화에서 "시종일관 민주적 가치와 자유, 정의 그리고 인간의 존엄성을 중시해 왔다"는 것이다. 18세 이래 한국과 대면한 기독교가 성별, 신분별 차별을 넘어선 "평등" 개념을 소개한 예를 들었다. 기독교를 통해서 "오랜 역사와 전통에 내재되어" 있는 "민주적 정신과 원칙"이 구체적으로 표출되었고, 지난 100년간 "민주주의"는 "국가 차원의 열망"으로 존재했고, 한국인들은 민주주의를 위한 교육과 문화적 소양을 갖췄다고 설명하였다. 끝으로, 기독교가 "한국의 현대화와 민주화 과정에서의 정신적 지도력을 제공"하고 있다는 점을 강조하였다.[100]

한편, 이 강연에서 김대중은 한국 민주주의와 인권의 역사적 발전에서 미국의 역할을 보편성의 관점에서 비판하였다. 1882년 한미 외교관계가 맺어진 이래, 미국의 민주주의 제도에 대한 감탄과 1945년 독립과 한국전쟁에서 한국의 민주주의 제도화와 생존에 기여한 점에 대한 감사를 표하는 것과 함께, 미국정부의 정책이 이러한 이해와 상충하고 보편성에 반한다는 것이다. "1960년대 중반부터 미국은 한국 국민들의 신뢰와 고마움을 뒤흔드는 일련의 행동"을 하였다고 지적하였다. 미국정부가 1960년대 말 한국의 베트남 파병 약속과 맞물려 박정희의 3선 개헌을 찬성하고, 1972년에는 안보와 안정을 이유로 박정희 정권의 유신체제 등장을 "묵인"하고, 1970년대 한국의 민주화를 "조심스럽게 지지"하다가 1980년 전두환이 광주 시민의 저항을 유혈 진압으로 권력을 획득하는 과정에서 "미국이 보인 행동은 민주주의를 지지했던 이전의 태도와 일관되지 않았다"라고 지적하였다. 레이건 대통령이 1981년 전두환

---

100) 위의 글.

을 첫 국빈으로 맞이한 사실 또한 덧붙였다.[101] 이와 같이 현장의 경계를 넘어서는 대화와 코즈모폴리턴 시각에서 역사적 가치와 이해는 고정된 것이 아니라 보편성의 관점에서 비판적으로 이해되고 있음을 강조하는 것이다.

비슷한 시기, 김대중의 민주국가론에 대한 신념에 기반하여, 초국가적 담화와 연대를 실행하였다. 1983년 8월 미국에서 같이 망명 중이던 필리핀 정치 지도자인 베니그노 아키노(Benigno Aquino Jr.)가 귀국길에 피살된 직후, 이러한 죽음이 미국의 외교정책의 실패에 기인하였다고 판단하였다. 이러한 관점에서, 필리핀의 민주사회 건설을 위한 미국사회의 관심과 지지를 호소하는 글을 1983년 9월에 워싱턴 포스트에 기고하여 보도되었다.[102] 1983년 11월 필리핀과 한국의 민주주의와 인권 그리고 아시아 평화에 관한 메시지에서도, 미국과 일본 정부의 두 권위주의 정권에 대한 지지가 민주주의와 평화를 방해하는 중요한 부정적 요인이라고 지적하였다. 한편, 레이건 대통령이 11월로 예정된 필리핀 방문을 취소되자, 김대중은 국제사회의 연대로 그 성과를 돌렸다. 이와 같이, 김대중은 코즈모폴리턴 대화를 시도하면서, 아시아 국가의 민주주의와 인권 증진의 해결을 모색하였다.[103]

김대중은 문명화와 전통적 문화적 가치를 논의하면서, 한국 사회와 구성원이 자신의 정치적 문화적 범주 밖의 세계와 어떤 관계를 (재)형성해 왔는지 주목하였다. 외부 세계와 교류하면서 배척의 길도 종속의 길

---

101) "한국의 인권과 민주주의 (Human Rights and Democracy in Korea) (1983.3.28.)," *김대중 전집 II 10권*, 174-181.

102) "필리핀 추방자의 운명, 한국 추방자의 경고 (A Filipino Exile's Fate, a Korean Exile's Warning) (1983.9.2.)," *김대중 전집 II 10권*, 495-497.

103) "멧세지 (1983.11.1.)," *김대중 전집 II 10권*, 577-578.

도 아닌 독창적 수용으로 자신의 문화를 지켜왔음을 강조하였다. 내재화 또는 토착화로 불릴 수 있는 문화적 사회적 결합(hybridity)을 통한 문화적, 사회적, 정치적 정체성과 가치와 규범의 (재)생산을 의미할 수 있다고 봤다. 이러한 김대중의 관점을 "본원적 민족주의"의 배타성과 거리가 있는 "열린 민족주의"라고 칭할 수도 있다.[104] 이렇듯, 김대중은 근대, 전통, 민족의 주제를 보편적 가치와 규범에 배치되는 상대주의 관점의 특수성 요소로 해석되는 방향에서 접근하지 않았다. 대신, 위에서 언급한, "근원 있는" 코즈모폴리터니즘의 구도에서 역사적, 사회적, 문화적 정체성의 형성과 역할을 국가의 사회와 경계의 범주를 넘은 글로벌 보편성 추구의 관점에서 이해하였다.

이와 같이, 한국과 아시아적 정체성에 대한 인식과 기대가 특수성과 보편성의 이분법에 존재한다고 단정할 수 있기보다는, 현실사회에 근거하면서 보편적 가치와 코즈모폴리턴 비선을 추구하는 구체적이고 실질적 행위와 과정으로 볼 수 있을 것이다. 위에서 논의하였던 것처럼, 김대중은 민주주의 전망과 보편적 인권의 실현의 장치로서 국가체제의 패러다임을 포기하지 않았고, 오히려 민주성이 강화된 국가를 상정하였다.

2) 민족주의, 민주주의, 그리고 코즈모폴리턴 비전

김대중은 민주화운동 시기 꾸준히 민주주의와 통일문제로 대표되는 민족주의의 문제의 상관관계에 관한 일관된 입장을 밝혀왔다. 소위 '선 민주 후 통일' 입장이다.[105] 국내 민주주의를 우선에 두고 임한 후에

---

104) 김동노, "김대중의 민족주의와 세계주의."

105) 민주화운동 시기 '선 민주, 후 통일' 논의에 대해서는, 고지수, "1970년대 '한국민주회복통일촉진국민회의 미주본부'의 '선 민주 · 후 통일' 노선과 자유연합 – 김재준의 의장활동을 중심으로," *역사학연구* 80집 (2020), 33–70.

통일 문제를 접근하겠다는 것이다. 이러한 입장에서 국내 사회를 넘어서 해외 교포사회를 포함한 국제사회와 구체적 대화와 논의를 진행하였다. 필자는 이 과정을 민주주의와 인권 증진의 관점에서 검토함으로써, 김대중의 다양성에 기반한 사회의 건설과 코즈모폴리턴 비전 제시의 전략을 재조명할 수 있을 것으로 기대한다.

'자기 결정권'(self-determination)은 근대 국민국가 형성의 중심적인 개념이었고, 제1차 세계대전 이후 우드로 윌슨(Woodrow Wilson)의 주창을 통해서 전 세계로 인식되었다. 그리고 1945년 이후 국제연맹을 발전시킨 국제연합이 마련한 유엔헌장과 세계인권선언과 그리고 국제인권법에서 기본 원칙이자 정신으로 자리 잡게 되었다. 이렇듯 자기 결정권이 보편적 인권의 근간으로 성장해 오면서, 세계인권선언과 국제인권규약의 근간을 이루었다. 하지만, 집단적 권리의 관점에서 1945년 이전에 존재하던 자기 결정권에 대한 이해는 1948년 이후 인류역사에서 처음으로 개인의 보편적 권리를 증진시키는 과정에서, 두 권리의 가치는 충돌하는 양태로 발전하게 되었다. 조효제가 논하는 것처럼, 1945년 이전 자기 결정권은 '민족적 정체성'의 요소로 작용했다면, 이후 반식민주의와 탈식민의 국제적 흐름에서 '영토적 근거'로 작용하는데 인민이 하나라고 간주되는 지배적 경향으로 나타났다.[106]

식민지배에서 해방된 국가는 자기결정권을 영토적 국가주권의 정

---

106) 조효제, *인권의 문법*, 257; 1919년 이후 "자기결정권" 독트린이 한국과 아시아에서 정치적 근대화 프로젝트와 깊이 연관되었다는 지역적, 코즈모폴리턴 역사적 시각도 최근 제출되고 있다. Myung-Lim Park, "A Paradigm Shift of the March 1st Movement from Independence to Restoration, from Anti-Japanese Struggle to Peaceful Coexistence, and from Nationalism to Cosmopolitanism," *Korea Observer* 50, no. 2 (2019): 235-260; Youngseo Baik, "The 1919 Independence Movement in Korea and Interconnected East Asia: The Incremental Unfolding of a Revolution," *The Asia-Pacific Journal, Japan Focus* 19, Issue 21, no. 3 (2021), https://apjjf.org/-Youngseo-Baik/5647/article.pdf.

당성의 근간으로 삼았고, 1950년대 제3세계 국가들의 중요한 정치적 경향으로 나타났다. 1955년 반둥회의(Bandung Conference)로 큰 계기가 되었다. 이러한 흐름이 계속 발전하면서, "개발권" 논쟁으로 발전하고 지구 남반부(Global South)의 사회적 정치적 개념으로 확대되기도 하였다. 하지만, 자기 결정권은 개인의 권리와 함께 긍정적 관계를 설정하지 못하였다.[107] "자기 결정권"에서 '자기'(self)가 중의적이고 상보적 또는 경쟁적이고 상충되는 개념을 내포할 수 있어서 논쟁이 불가피한 역사로 남게 되었다.[108] 그럼에도, 자기 결정권의 의미는 점차 민족과 국가의 의미에서 개인의 의미로 확장하게 된다.[109] 한편, 한국에서 "자기 결정권"은 "민족 자결권"으로 해석되면서, 민족의 정체성뿐만 아니라 국가주권 정당성의 근간이 되었다. 1945년 분단과 냉전정치의 심화 과정에서 '민족적 민족주의'(ethnic nationalism) 또는 '본원적 민족주의'로 나타났다.[110] 민족주의는 권위주의 국가의 국가주권과 정치적 정당성의 토대가 되었고, 때때로 저항 이데올로기로 작동하였지만, 민주주의와 민족주의 관계는 모호한 관계로 남아 있었다.

이러한 맥락에서, 김대중의 "선 민주, 후 통일" 논의를 글로벌 인권 논쟁의 관점에서 살펴볼 수 있다. 남북통일과 평화의 중요성을 충분히

---

107) Roland Burke, *Decolonization and the Evolution of International Human Rights* (Philadelphia: University of Pennsylvania Press, 2010).

108) 조효제, *인권의 문법*, 253-259.

109) 크레이그 칼훈은 민족주의(nationalism)는 근대세계의 형성에서 정치적 자기 결정권(political self-determination)의 중요한 요소로 작동하였으나, 시민사회의 발전으로 "nation"의 개념이 집단을 의미할 뿐 아니라 개인을 의미할 수 있게 되면서, 이러한 다양한 개인의 자기 결정권이 수용될 수 있는 다양성이 존중되는 사회로의 지향이 요구된다는 것이다. Craig Calhoun, "Nationalism and civil society: democracy, diversity and self-determination," in *Legacies of the Collapse of Marxism, ed. John Moore* (Fairfax, VA: George Mason University Press, 1994), 81-106.

110) 김동노, "김대중의 민족주의와 세계주의."

인지하면서도 어떻게 전략적으로 성취할 수 있을 것인가에 대한 물음이다. 김대중은 1983년 미국 망명기에 미국 교포사회와 대면이 가능할 때마다 그가 1970년대 초반 이래 줄곧 주장해 오던 "선 민주, 후 통일"에 대해서 강조하였다. 민주주의 확립이 안보, 평화와 같은 다른 중요한 이슈의 해결의 토대를 제공한다고 설명하였다. 1983년 3월 27일 『미주동아』와 인터뷰에서도 재확인하였다.[111] 1984년 가을에는 자신의 귀국을 공론화하면서, 미국에서 진행한 한국 민주화와 인권 운동을 위한 지원의 한계를 인정하였다. 그래서 자신이 귀국하여 "민주주의와 인권회복을 위한 국민들의 투쟁에 동참"하겠다고 밝혔다.[112] 그해 11월 워싱턴에서 한국 기자들과 회견에서 한국에 있는 민주세력과 협력을 재확인하면서, 자신의 민족문제와 연관된 민주주의론을 다시 한번 분명히 하였다. "민족주의는 어디까지나 민주적이어야 합니다. 민주주의가 병행되지 않는 민족주의는 배타의 잘못된 방향으로 흐르게 됩니다"라고 주장하였다.[113]

전두환 정권은 정권의 정치적 정당성 결핍을 채우는 방향에서 이산가족 상봉과 남북화해를 위한 행사를 추진하였고, 민주화 운동 세력에게도 분단 문제는 피할 수 없는 근본적 사안이었지만, 김대중은 분명한 어조로 전략적 접근을 제시하였다. 이와 같이 김대중은 자신의 민족주의론을 밝혔다. 즉, 한국의 민주화가 선행해야 하고, 분단 극복을 위한 통일과 평화 문제에 대한 접근은 민주적 과정을 통해야 영구적 안보와 평화적 공존을 이룰 수 있다는 것이다. 그는 자신의 논의를 한국 국내와 교포사회와의 민주주의와 통일에 대한 비전에 한정하지 않았다. 미국과

---

111) "'미주동아'와의 인터뷰 (1983.3.27.)," *김대중 전집II 10권*, 166-171.

112) 김대중, "귀국 의사를 밝히는 성명 (1984.9.12.)," 연세대학교 김대중도서관 편, *김대중 전집II 11권* (서울: 연세대학교 대학출판문화원, 2019), 263-264.

113) "한국 기자들과의 기자회견 (1984.11.4.)," *김대중 전집II 11권*, 323-356.

일본의 한반도 분단과 안보에 관한 외교정책의 방향에 대한 논의가 민주주의와 인권의 관점에서 왜 필수적인지 또한 주장하였다. 한편, 김대중은 민족주의에 대한 냉정한 비판적 이해를 추구하면서도, 민족주의의 긍정적인 측면과 부정적인 방향을 구분하였다. 1983년 6월 한국 현대사를 추적하면서, "외연적, 침략적" 민족주의는 규탄되어야 하지만, "자기를 지키기 위한" 민족주의는 긍정적이라고 평가하였다. 한국의 독립운동이나 제3세계 권리를 위한 민족주의가 후자에 행당한다고 봤다.[114] 김대중은 저항 담론으로서 민족주의도 인식하면서, 민주주의 관계에 관한 논의로 확대되었다.

김대중은 1970년대 초반 제1차 망명 시기와 마찬가지로, 1982년 말부터 시작되는 제2차 망명시기에도, 한인 교민사회와 유기적으로 협력하고 연대하기 위한 활동을 조직하였다. 1983년 7월에 한국인권문제연구소를 설립하였고, 이 연구소는 1984년 1월, 월간지 『행동하는 양심』을 출간하기 시작하였다. 창간사에서 김대중은 한국 "민족"의 역사적 문제로서 한국의 민주주의와 남북한의 통일의 실현이라고 언급하고, 이들 문제가 "개인적 행복과 민족의 사활을 좌우하는 조건들"이라고 확인하였다. 이 문제를 해결하는 방향으로 "우리가 시민으로서 민족으로서 사물을 바르게 보는 양심과 양심의 명령대로 행동하는 '행동하는 양심'이 되느냐의 여하에 있는 것이다"라고 재미 70만 교포들의 연대를 촉구하였다.[115] 이와 같이 교포들의 한국인으로서 인종적, 민족적 조건과 미국 시민권자로서 법적 사회적 조건, 그리고 도덕적 인간의 요소를 결합하

114) 김대중, "'세카이(世界)' 편집장 야스에 료스케와의 대담 (1983.6.16.)," 연세대학교 김대중도서관 편, *김대중 전집II 10권* (서울: 연세대학교 대학출판문화원, 2019), 385-394.

115) "우리의 과업과 행동하는 양심 (1984.1.1.)," *김대중 전집II 10권*, 656-661.

였다.

김대중은 『행동하는 양심』 창간호에서 한국의 민주주의 문제를 제기하면서, 계속 민족적 관점을 강조하였다. 그즈음 "민족의 한을 안고"라고 명명된 자신의 옥중서신을 모은 책 출판 기념회 연설문을 게재하였다. 자신의 민주주의와 민족통일을 위한 여정에서 겪는 수난을 "민족"과 한국의 문화적 역사적 고난과 갈망의 개념인 "한"으로 구성하였다.[116] 교포사회의 구성원에게 미국의 시민사회의 구성원으로서 지위를 인정하면서도, 한국이라는 정체성의 근원에 대한 주의와 행동을 촉구하고 있는 것으로 이해할 수 있다. 즉, 문화적, 인종적 요소와 인류사회의 가치가 충돌하는 것이 아닌, 상호 보완적 협력적 관계로 결합하고 상승의 전망을 제시하고 있는 것이다.

『행동하는 양심』은 이러한 한국민과 한국이라는 민족적, 지리적 근원에서 기반했지만, 민주주의와 인권이라는 보편적 가치를 형성하는 중요한 창구 역할을 하였다. 김대중이 스스로 밝힌 바에 따르면, 『행동하는 양심』은 북미, 유럽, 일본에서 5만 부를 발행하고, 또한 한국에도 밀반입해서 배포되었다. 중요하게 게재되는 내용으로 김대중 자신의 입장문이나 자신의 생각을 담은 글뿐만 아니라, 김대중의 한국 인권문제에 관한 서신교류를 진행한 내용을 포함하였다. 특히, 미국 의회를 통한 인권 향상 로비를 위한 서신운동은 주목할 만하다. 1984년 4월 호 『행동하는 양심』은 김대중이 캘리포니아 출신 제리 패터슨(Jerry M. Patterson) 민주당 의원 외 19명의 미 하원 의원과 교류한 서신을 번역해서 소개하였다. 이들 의원은 김대중이 주도하는 지난 1984년 2월 레

116) "옥중서신 '민족의 한을 안고' 출판기념회에서의 연설 요지 (1984.1.8.)," *김대중 전집II 10권*, 664-666.

이건 대통령이 적극적으로 한국 인권 향상을 위한 정책을 펼 것을 촉구하는 편지를 보내는 캠페인에 참여한 정치인들이었다. 한국 신문과 김대중이 스스로 정리한 한국 상황에 대한 타개책을 담은 글, "십자로에 선 조국의 운명: 타개책에 대한 나의 소신," 그리고 레이건 대통령에게 보낸 편지를 보도한 한국 신문을 번역해서 보냈다.[117]

사실, "십자로에 선 조국의 운명"은 김대중이 직접 작성한 4월호 서문이다. 1984년 봄 민주주의를 위한 격렬한 투쟁을 예감하면서, 또한 비폭력 운동에 대한 소신과 국가 폭력에 대한 반대의 의지를 담아서 민주개혁과 평화통일의 비전에 대한 구체적 입장을 담았다. 우선, 민주개혁의 길로서 1988년 전두환 집권 이후 평화적이면서 민주적 정권교체를 이루기 위한 방안을 제시하였다. 더불어, 인권의 향상은 민주적 제도 개선을 통해서만 이루어진다는 점을 확인하였다. 또한 민주정부의 수립이 국가안보를 향상하는 길임을 확인하였다. 또한 소비자와 노동자의 권리를 보장하는 자유경제체제 실현을 주창하였다. 한편, 평화와 통일의 길에 관해서는 그의 기본 입장인 "선 민주, 후 통일"의 기조에 맞춰서, 민주회복이 통일의 전제라는 것과 한국의 민주화가 주변 4대 강국의 협력이 필수적이라는 소위 "4 대국 보장론"을 확인하였다.[118] 김대중은 이 입장문을 약간의 수정해서, 5월 4일 개스턴 시거 (Gaston J. Sigur Jr.), 레이건 행정부의 국가안전보장회의 아시아 문제 담당 겸 대통령 자문위원에게 보냈다. 미국이 1960년 4월 혁명 시기처럼 한국 시민에게 미국 정부가 한국의 민주주의와 인권을 지지한다는 확신을 주어야 한다는 대

117) "제리 패터슨(Jerry E. Patterson) 외 19명의 미국 하원의원에게 보내는 서신 (1984.4.5.)," *김대중 전집II 11권*, 62-63.

118) "십자로에 선 조국의 운명 – 타개책에 대한 나의 소신 (1984.4.10.)," *김대중 전집II 11권*, 65-74.

목은 주목할 만한다.[119]

한편, 1984년 4월에 발행된 『행동하는 양심』은 민주주의 발전과 인권 향상에 대한 입장문을 담고 있었고, 김대중은 이 내용을 번역해서 다시 150명의 미국 사회의 주요 인사에게 보냈다. 그는 자신과 지지자들의 의회 민주주의와 자유시장 경제체제, 사회적 경제적 정의, 공산주의 반대, 정치적 보복 반대 등 정치적 입장을 재확인하면서, 미국과 일본이 한국의 민주주의와 인권, 평화와 통일에 대한 열망을 지지하고 이러한 열망에 협력하는 것이 필수적임을 강조하였다.[120] 이와 같이, 김대중이 생각하는 민주주의는 한국과 지역, 세계의 관계에서 접근되는 포괄적이고 장기적 관점이고, 김대중 스스로 1970년대 이래 일관되게 발전시켜 온 입장이다. 이러한 대화의 시도는 한국의 교포사회를 넘어서 미국의 정치와 시민 사회 그리고 글로벌 사회와 적극적인 대화를 전개한 것을 의미하였다.

글로벌 사회와 대화를 시도하면서, 김대중은 미국 망명 중 유럽 방문 계획도 세운다. 1984년 『행동하는 양심』과 서신을 통한 대화를 넘어서 직접 만나서 한국과 글로벌 민주주의와 평화에 관한 대화를 기획하였다. 1984년 말이나 1985년 초로 예정되는 한국 귀국 이전에 서독의 사민당과 프리드리히 에베르트 재단의 초청으로 1984년 9월 말 서유럽 여행을 계획하였다. 폰 바이츠제커, 빌리 브란트 같은 정치 명망가, 그

119) "개스턴 시거(Gaston J. Sigur Jr.) 미국 국가안전보장회의(National Security Council) 아시아 문제 담당 겸 대통령 자문위원에게 보내는 서신 (1984.5.4.)," *김대중 전집 II 11권*, 99-109.

120) "'행동하는 양심(Conscience in Action)'에 실린 성명서 요약문을 150명의 인사들에게 보내는 서신 (1984.4.6.)," *김대중 전집 II 11권*, 64.

리고 교회 지도자와 만남도 포함하고 있었다.[121] 그의 방문을 조율하는 하인츠 헬트(Heinz Joachim Held) 목사와의 서신에서, 그의 유럽 방문 목적 중 하나가 유럽 지도자들의 지지를 통해서 한국 국민들의 민주화 투쟁을 고무시키면서, 동시에 "미국 정부의 태도 변화에 영향을 주는 것"이라고 밝힌다.[122] 1984년 12월 한국 정부가 김대중의 비자를 미국에 국한하는 결정을 내리면서 최종적으로 유럽 방문이 무산될 때까지 김대중은 프랑스, 서독, 이탈리아, 스웨덴, 스위스, 바티칸을 포함한 주요 국가의 정상과 지도자들과 한국 문제와 세계평화에 관한 문제를 논의하고자 시도하였다.[123] 실현되지 않은 계획이지만, 김대중이 한국의 민주주주의와 인권 증진을 위한 코즈모폴리턴 접근의 시도와 또한 실현되지 않은 현실은 한반도 냉전 패권정치의 현 상황을 보여주고 있다고 할 수 있다.

1985년 발행한 『행동하는 양심으로』에서는 김대중은 경계를 넘는 연대의 삶을 추구했음을 밝히고 있다. 자신의 지난 삶은 "우리 국민뿐만 아니라 세계의 모든 고통받는 사람들, 세계의 평화를 사랑하는 사람들, 세계의 모든 자유와 정의를 사랑하는 사람들을 위해서 충실하게 살려고 노력"해왔다고 진술하였다. 이런 고백을 두고, 김동노는 "개인이 민족의 일원이든 세계 시민사회의 일원이든 누구나 존중받고 가치를 인정받아야 한다는 보편성의 원칙이 그의 민족주의와 세계주의를 관통하고 있는 것이다"라고 평가하고 있다. 보편적 가치에 대한 이러한 지향은 지속되

121) "베른트 카를손(Bernt Carlsson) 스웨덴 대사에게 보내는 서신 (1984.7.12.)," *김대중 전집II 11권*, 178-179.

122) "하인츠 헬트(Heinz Joachim Held) 목사에게 보내는 서신 (1984.7.24.)," *김대중 전집II 11권*, 194-196.

123) "유럽방문 무산과 귀국과 관련된 입장을 밝힌 성명서 (1984.12.17.)," *김대중 전집II 11권*, 422-423.

고 "시간과 공간을 초월한 보편적 가치를 추구"하면서, 민족주의와 세계주의는 상호모순 되지 않은 채 조화를 이룰 수 있었다고 본다.[124]

한편, 김대중은 민족주의와 민주주의 관계의 문제에 접근하면서, 어떻게 보편성을 구현할 것인지 다양성의 관점에서 깊이 통찰해 왔다. 1980년 조작된 내란음모죄로 수감 중 1981년 청주교도소에서 앨빈 토플러의 『제3의 물결』 등을 읽으면서, 미래시대에 대해 탐구하였다. 그 시기 작성한 옥중서신에서도 그는 정보화 시대와 "지구촌 시대"의 도래를 예감하였다. 세계가 공용어를 통해서 대화하고, 대량 이동과 이주하는 시대에 민족이 혼재하고 국제결혼이 성행하는 시대를 전망하였다. 그는 "민족적 특성은 보존되고 고유의 문화는 존중되겠지만, 이기적 민족주의 시대는 가고 세계주의 시대"의 도래를 예견하였다.[125] 1990년대 주창하는 "지구적 민주주의" 개념 발전의 중요한 배경으로 이해될 수 있고, 코즈모폴리턴 시각의 발생에서 주의 깊게 볼 부분은 민족적 특성의 실종이나 문화의 단일화가 아니라 다양한 문화의 지속 가운데 경계를 넘어 공존하게 될 사회에 대한 전망이다. 역사학자 노명환은 "'다양성 속의 통일'이 변증법적으로 이루어지는 지구공동체 시대" 전망으로 이해할 수 있다고 말한다.[126] 이 시대를 회고하면서, 2010년 출판한 자서전에서 김대중은 이렇게 덧붙인다. "세계가 더불어 잘 사는 공동 번영을 이룩하기 위해서는 무엇보다 '다양성의 존중'이 필요합니다. 다른 국가, 다른 민족, 다른 문화를 서로 이해하고 존중하는 노력이 어느 때

---

124) 김대중, *행동하는 양심으로* (서울: 금문당, 1985), 25; 김동노, "김대중의 민족주의와 세계주의," 120, 132.

125) 김대중, *옥중서신 I : 편지로 새긴 사랑, 자유, 민주주의* (서울: 시대의 창, 2009), 243-247.

126) 노명환 "김대중 화해 사상의 특수성과 보편성," 81.

보다 절실히 요청되고 있습니다."[127] 모든 사람이 중요하다는 입장과 이 원칙을 위해서 모든 사람이 서로에 대한 책임감을 다해야 한다는 것이다. 코즈모폴리턴 시각을 추구하면서, 김대중은 유연한 보편성의 가능성을 염두에 둔 것으로 볼 수 있다.

김대중의 통찰은 철학자 아피아의 인식과 같은 선상에 있다고 볼 수 있다. 아피아는 코즈모폴리터니즘은 기본적으로 서로에 대한 책임을 인지하는 것인데, 단지 일반적 인간의 삶뿐만 아니라, "특정한 인간의 삶"의 가치까지 포괄해야 한다는 것이다. 모든 외국인을 포기하거나, 냉정한 불편부당성으로 모든 시민을 대하는 극단적 세계시민주의자가 아니라면, 현실에서 구체적 삶의 부분까지 포괄하는 책임감을 가진다는 것이다.[128] 아피아는 현실주의적 코즈모폴리터니즘을 주창하면서, "보편적 진리"(universal truth)를 믿지만, 보편적 진리를 찾는 것이 현실적으로 얼마나 어려운지 또한 인정한다. 그래서, "차이를 포함한 보편성"(universality plus difference)이 코즈모폴리터니즘이라고 정의하면서도, "모든 인간은 서로에게 의무를 지고 있다"는 전제는 분명히 한다. "모든 사람은 중요하다"(everybody matters)는 것이다. 그러면서, 코즈모폴리터니즘과 유사 또는 코즈모폴리터니즘 반대 세력을 구분하는 척도로, "다원주의"(pluralism)을 꼽는다. 다른 사람과 다른 사회는 다른 가치를 구현한다는 것이다. 또 다른 기준은 인간 지식이 완벽하지 않고, 지엽적인 것으로 인정하고 새로운 증거 앞에서 오류를 인정할 수 있는 "오류가능주의"(fallibilism)이라고 지적한다.[129]

---

127) 김대중, *김대중 자서전 2* (서울: 삼인, 2010), 361-362.

128) Appiah, *Cosmopolitanism*, xv-xvi.

129) Appiah, *Cosmopolitanism*, 144.

이처럼, 김대중은 민족적 정체성에 기여와 저항정신의 측면에서 민족주의를 긍정하면서도, 개방성과 포용성에 반하는 민족주의는 경계하였다. 한편, 민주적 시민사회의 역할을 강조하였다. 김대중에게 민족주의는 코즈모폴리턴 비전의 장애가 아니라, 문화와 역사적 근원과 정체성을 기반으로 민주적 보편적 가치를 추구하고, 경계를 넘는 대화와 협력을 일관되게 추진할 수 있는 진지로 인식되었다고 볼 수 있다. 이미 세계화 시대에 접어들면서 지구적 민주주의를 주창했던 김대중은, 2005년 세계화 시대의 대통령 리더십으로 "배타적 민족주의"가 아닌 "세계를 친구로 만들고 세계에 진출하는 세계주의"를 의미하는 "포용적 민족주의"를 추구해야 한다고 말한다.[130] 이러한 입장은 김대중의 "균형 있는" 민족주의 또는 "협조적 민족주의"로 이해되기도 한다.[131]

5. 결론: 민주화 이후 지구적 민주주의 이상

김대중이 시도한 인권의 담화, 운동, 정치는 그의 민주화 운동과 글로벌 차원의 인권 대유행(boom) 시대와 맞물려서 발전할 수 있었다. 그의 자유민주주의 이상 속에서 "근원 있는 코즈모폴리턴" 비전을 제시하고 확장하는 것으로 이해할 수 있다. 개인 인권의 발전은 국민국가의 정치적, 사회적 민주화와 민주적 제도화를 기반으로 성장할 수 있는 한편, 국내 사회와 글로벌 사회에 대한 각 개인의 보편적 가치 추구의 도덕적 책임을 분명히 하였다. 김대중은 개인과 국가 그리고 국제사회의

---

130) 김대중, "'월간중앙' 신년 인터뷰 (2005.12.15.)," 연세대학교 김대중도서관 편, *김대중 전집II 9권* (서울: 연세대학교 대학출판문화원, 2019), 400.

131) 류시현, "김대중의 역사인식과 한국사 이해의 특징," 81-83.

문화적 정치적 교류와 대화를 통한 보편적 가치의 증진의 지향을 추구하지만, 세계의 단일한 동질화된 사회 모델 발전을 염두에 두지 않는다. 대신, 지역 사회의 역사와 문화적 가치에 근거를 둔 다양한 사회와 문화의 정체성과 가치의 체계의 공존 가운데 보편적 가치를 추구한다는 점이다.

민주화 운동의 과정에서 끊임없이 반복되고 심화되는 인권 위반과 유린의 중단과 예방의 방식으로 민주화와 함께 인권의 제도화를 강조했다. 이러한 의지의 연장에서 김대중은 1997년 대통령으로 당선된 이후 국가인권위원회를 설치하였다. 동아시아 국가에서는 2021년 대만이 설치하기까지 동아시아 국가 중 유일한 제도적 발전이었다는 점을 고려하면, 민주화 이후 인권 정책의 제도화는 쉽게 정책화하고 실현할 수 있는 것이 아님을 가늠할 수 있다. 또한, 국가의 민주화와 이를 통한 보편적 인권 실현의 코즈모폴리턴 비전 또한 현실의 도전 속에서 제시되는 것임을 짐작할 수 있다. 국가인권위원회는 유엔의 글로벌 인권 확산, 특히 인권의 보편적 실행의 국내적 메커니즘을 창출하기 위해서 제안되었기에, 국내기구이지만 사실상 글로벌 차원의 보편성 구현과 증진의 성격을 지닌다. 국가인권위원회를 통한 인권 논쟁의 심화와 확장은 "인권 종결의 시대"(the endtime of human rights) 도래에 대한 우려와 달리 아래로부터의 로컬 현장의 인권운동과 정치가 국제사회의 구조로서의 인권 질서와 정치에 대한 변화의 동력으로 기능할 수 있음을 시사하고 있다.[132]

132) "인권 종결의 시대"에 대한 논의는, Doutje Lettinga and Lars von Troost, eds., *Debating the Endtimes of Human Rights: Activism and Institutions in a Neo-Westphalian World* (Amsterdam: AI Netherlands, 2014).

김대중의 민주주의와 보편적 인권 증진의 내재적 접근의 연속성도 주목할 만하다. 한국의 시민사회의 민주주의에 대한 의지를 우선하고 국제사회의 이러한 풀뿌리 민주화 운동에 대한 도덕적 지지를 기반에 둔 김대중의 입장은 한국 민주화의 전환적 국면인 1980년대 말까지 지속될 뿐 아니라, 한국이 민주주의의 공고화에 접어드는 2000년 한국의 대아시아 정책으로 제시되었다. 이러한 관점을 김대중은 앞서 언급한 미얀마의 민주화 과정과 북한의 인권문제와 한반도 평화에 대한 문제에서도 일관된 입장을 피력하였다.

조효제는 인권제도화와 민주화 이후의 민주주의와 인권 정책의 역설에 대한 통찰을 제시한다.[133] 인권을 제도화하는 순간 이전에 이 제도화를 주창하고 실현하기 위해 활동한 사람들이 기득권의 측면에 서는 동시에 새롭게 제기되는 인권 운동의 대상이 될 수 있다는 것이다. 주목할 만한 부분은 김대중 스스로 새로운 영역의 인권 개념을 확인하고 포용하려는 시도를 멈추지 않았다는 것이다. 예를 들어, 환경과 평화에 대한 영역이 그렇다고 할 수 있다. 1998년 대통령 집권 1년 차에 김대중은 국민국가에 기반한 민족주의 시대가 끝나간다는 혁명적 변화 시점에 대한 인식과 함께, 인류는 하나의 글로벌 사회를 위한 보편적 세계주의를 지향해야 한다고 주창한다. 그러면서, 인류가 추구해야 할 가치로 자유, 인권, 정의, 평화 등을 언급하였다.[134] 이러한 주창은 1990년대 초반 김대중은 "지구적 민주주의"(global democracy)에서 연장한 것으로 볼 수 있다. 민주화 시기 그의 인권 사상을 확장하는 것이지만, 또한 새로운 출발을 의미하는 것이었다.

---

133) 조효제, *인권의 문법*, 297-303.

134) Kim Dae-jung, "Era of Universal Globalism Dawning," *The Korea Times, November* 6, 1998.

지구적 민주주의에서 민주주의는 특정 국가 내에 배타적으로 존재할 수 있는 것이 아니라 국내, 지역(region), 세계 수준의 상호연계 속에서 형성된다는 것이다. 즉, 자유와 정의는 국내적 범주에서 실현 가능한 것이 아니라, 지역 차원의 조정과 협력으로 민주적 정치구조가 형성되고, 지구적 차원의 국제연대에 기반한 민주적 조직이 등장한다는 관계 속에서 존재할 수 있다는 것이다. 사실, 지구적 민주주의는 인간 정치 활동과 체제의 문제 차원을 넘어선다. 김대중은 민주주의의 의미와 역할, 그리고 가능성을 인간에 한정하는 것을 경계하였다. 대신 지구(earth) 차원의 자연과 환경까지 확장한다. 김대중은 민주주의의 의미와 지평을 확장하면서, 지구적 민주주의 세계는 "신인도주의"(new humanitarianism)를 통해서 구현할 것으로 기대한다. 그러면서, "인간중심주의"(anthropocentricism)를 암시하는 "코즈모폴리턴"(cosmopolitan) 용어 대신, 지구 행성의 운명과 연관된 문제를 포괄하는 의미에서 "글로브"(globe) 또는 지구를 강조한다. 인간과 자연과 행성의 연관 부분은 1990년대 초반 그의 인식과 비전의 확장을 의미하는 것으로서 이해될 수 있다.[135] 노명환은 이러한 신인도주의적 접근은 모든 존재에 대한 생존권을 부여하려는 동양의 자연관의 반영이고, 그래서 지구적 민주주의는 서구 중심의 민주주의를 동양 사상과 융합한 것으로 논하면서, 그 역사적 미래적 가치를 평가한다.[136]

이그나티에프는 2000년대 초입에 20세기 후반기 인권의 혁명적 확장시기 이후 인권이 "세속종교의 언어"가 되고 "우상화"되면

135) Kim Dae-jung, "Why Do I believe in Global Democracy?," in *Asian Tradition and Cosmopolitan Politics*, 67.

136) 노명환, "김대중 화해 사상의 특수성과 보편성."

서 갈등의 근원이 되는 세태를 비판하면서, 인권이 "승리"의 언어가 아닌 인권을 동등한 사람들 간의 공유된 언어로서 또한 인류의 번영에 대한 다른 생각들이 뿌리를 내릴 수 있는 최소한 장치를 위한 "숙의"(deliberation)의 토대를 창출하는 언어가 되어야 한다고 요청한다.[137] 김대중이 인권운동과 인권정치를 통해서 보여준 그의 보편적 인권가치 추구와 실현을 위한 신념과 원칙 있는 책임의식은 인권의 언어를 통해서 어떻게 한국 사회와 인류사회를 위한 "숙의"를 취할 수 있는지 보여준다.

137] Ignatieff, *Human Rights as Politics and Idolatry*, 95.

참고문헌

김대중. *옥중서신 I : 편지로 새긴 사랑, 자유, 민주주의*. 서울: 시대의 창, 2009.

김대중도서관, 편. *김대중 전집 II 7권*. 서울: 연세대학교 김대중도서관, 2019.

_____, 편. *김대중 전집 II 8권*. 서울: 연세대학교 김대중도서관, 2019.

_____, 편. *김대중 전집 II 9권*. 서울: 연세대학교 김대중도서관, 2019.

_____, 편. *김대중 전집 II 10권*. 서울: 연세대학교 김대중도서관, 2019.

_____, 편. *김대중 전집 II 11권*. 서울: 연세대학교 김대중도서관, 2019.

_____, 편. *김대중 전집 II 19권*. 서울: 연세대학교 김대중도서관, 2019.

_____, 편. *김대중 전집 II 14권*. 서울: 연세대학교 김대중도서관, 2019.

Kim, Dae Jung. "Is Culture Destiny? The Myth of Asia's Anti-Democratic Values." *Foreign Affairs* 73, no. 6 (1994): 189-94

Kim, Dae-jung. "Democracy Will Eventually Win in Burma," 99-101. In Han, Sang-jin, ed. *Asian Tradition and Cosmopolitan Politics: Dialogue with Kim Dae-jung*, forwarded by John Dunn. New York: Lexington Books, 2018.

_____. "Era of Universal Globalism Dawning." *The Korea Times*. November 6, 1998.

_____. "Why Do I believe in Global Democracy?" in Asian Tradition and Cosmopolitan Politics: Dialogue with Kim Dae-jung, 67-75. In *Han, Sang-jin, ed. Asian Tradition and Cosmopolitan Politics*. New York: Lexington Books, 2018.

Subcommittee on International Organizations and Movements, Committee on International Relations, US Congress. *Human Rights in South Korea and the Philippines: Implications for US Policy: Hearings before the Subcommittee on International Organizations of the Committee on International Relations, House of Representatives, Ninety-fourth Congress.* Washington: US Government Printing Office, 1975.

Subcommittee on International Organizations, House Committee on Foreign Affairs, US Congress. *International Protection of Human Rights: The Work of International Organizations and the Role of U.S. Foreign Policy, Hearings, Ninety-Third Congress, First Session.* Washington DC: US Government Printing Office, 1974.

고지수. "1970년대 '한국민주회복통일촉진국민회의 미주본부'의 '선 민주 · 후 통일' 노선과 자유연합 – 김재준의 의장활동을 중심으로." *역사학연구,* 80집 (2020): 33-70.

김동노. "김대중의 민족주의와 세계주의." *통일과 평화,* 12권, 2호 (2020): 103-140.

노명환. "김대중 화해 사상의 특수성과 보편성: 이분법의 극복과 '다양성 속의 통일'의 변증법." *통일과 평화,* 12권, 2호 (2020): 53-102.

류시현. "김대중의 역사인식과 한국사 이해의 특징." *역사학연구,* 제80집 (2020): 71-92.

박명림. "한국의 북한 인권문제에 대한 접근: 반성과 대안 모색," 22-60. 윤영관, 김수암, 편, *북한인권 개선, 어떻게 할 것인가: 평화적 개입 전략과 국제 사례.* 파주: 한울, 2010.

이미숙. "1980년 '일한연대' 활동의 성격과 의미: 일본 시민사회의 광주 5·18과 '김대중 구명운동' 자료를 중심으로." *민주주의와 인권,* 19권, 4호 (2019): 59-96.

조효제. *인권의 문법.* 서울: 후마니타스, 2007.

한상진. "내가 본 인간 김대중과 그 사상." *김대중 사이버 기념관.* 2009년 7월 4일. http://www.kdjhall.org.

Appiah, Kwame Anthony. *Cosmopolitanism: Ethics in a World of Strangers.* New York: W.W. Norton & Company, Inc., 2006.

Arendt, Hannah. *The Origins of Totalitarianism. New edition.* NY: Harcourt, Brace, and World, 1966.

Bae, Jong-Yun and Chung-in Moon. "South Korea's Engagement Policy: Revisiting a Human Rights Policy." *Critical Asian Studies* 46, no. 1 (2014): 15–38.

Baik, Youngseo. "The 1919 Independence Movement in Korea and Interconnected East Asia: The Incremental Unfolding of a Revolution." *The Asia-Pacific Journal, Japan Focus* 19, Issue 21, no. 3 (2021). https://apjjf.org/-Youngseo-Baik/5647/article.pdf.

Bayly, C.A., S. Beckert, M. Connelly, I. Hofmeyer, W. Kozol, and P. Seed. "AHR Conversation: Transnational History." *American Historical Review* 111, no. 5 (2006): 1441–64.

Bradley, Mark. *The World Reimagined: Americans and Human Rights in the Twentieth Century.* New York: Cambridge University Press, 2016.

Burke, Roland. *Decolonization and the Evolution of International Human Rights,* Philadelphia: University of Pennsylvania Press, 2010.

Calhoun, Craig. "Nationalism and civil society: democracy, diversity and self-determination," 81–106. In Moore, John, ed. *Legacies of the Collapse of Marxism.* Fairfax, VA: George Mason University Press, 1994.

Chung, Patrick. "The 'Pictures In Our Heads': Journalists, Human Rights, and U.S.-South Korean Relations, 1970–1976." *Diplomatic History* 38, no. 5 (2014): 1136–1155.

Cmiel, Kenneth. "Emergence of Human Rights Politics in the United States." *The Journal of American History* 86, no. 3 (1999): 1231–1250.

Cumings, Bruce. *Dominion from Sea to Sea: Pacific Ascendancy and American Power.* New Haven: Yale University Press, 2009.

Delanty, Gerard. *Routledge Handbook of Cosmopolitanism Studies.* New York: Routledge, 2012.

Eckel, Jan and Samuel Moyn, eds. *The Breakthrough: Human Rights in the 1970s.* Philadelphia: University of Pennsylvania Press, 2014.

Engerman, David C., and et al., eds. *Staging Growth: Modernization, Development, and the Global Cold War.* Amherst and Boston: University of Massachusetts, 2003.

Gready, Paul. "The Politics of Human Rights." *Third World Quarterly* 24, no. 4 (2003): 745–757.

Han, Sang-jin. "From the Asian Value Debate to Cosmopolitanism: An Active Interpretation of the Political Thoughts of Kim Dae-jung." *Korea Journal* 51, no. 3, (2011): 196-222.

_____, ed. *Asian Tradition and Cosmopolitan Politics: Dialogue with Kim Dae-jung,* forwarded by John Dunn. New York: Lexington Books, 2018.

Hein, Laura. "Postcolonial Conscience: Making Moral Sense of Japan's Modern World." 1-28. In Hein, Laura and Rebecca Jennison, eds. *Imagination without Borders: Feminist Artist Tomiyama Taeko and Social Responsibility.* Ann Arbor: Center for Japanese Studies, the University of Michigan, 2010.

Hogan, Michael. *A Cross of Iron: Harry S. Truman and the Origins of the National Security State, 1945-1954.* New York: Cambridge University Press, 1998.

Hwang, Ingu. *Human Rights and Transnational Democracy in South Korea.* Philadelphia: University of Pennsylvania, 2022.

Ignatieff, Michael. *Human Rights as Politics and Idolatry,* with Commentary by K. Anthony Appiah, David Hollinger, Thomas W. Laqueur, and Daiane F. Orentlicher. Princeton and Oxford: Princeton University Press, 2001.

Im, Hyug Baeg. "Christian Churches and Democratization in South Korea," 136-156. In Cheng, Tun-jen and Deborah Brown, eds. *Religious Organizations and Democratization.* Armonk: M.E. Sharpe, 2006.

Iriye, Akira. "Internationalizing International History," 47-62. In Bender, Thomas, ed. *Rethinking American History in a Global Age.* Berkeley: University of California Press, 2002.

Iriye, Akira, et al., eds. *The Human Rights Revolution: An International History.* New York: Oxford University Press, 2012.

Keys, Barbara. *Reclaiming American Virtue: The Human Rights Revolution of the 1970s.* Cambridge, MA: Harvard University Press, 2014.

Kim, Dong-Choon. "The Long Road toward Truth and Reconciliation: Unwavering Attempts to Achieve Justice in South Korea." *Critical Asian Studies* 42, no. 4 (2010): 525-552.

Koo, Jeong-Woo. "Origins of the National Human Rights Commission of Korea: Global and Domestic Causes," 77-95. In Shin, Gi-Wook and Paul Y. Chang, eds. *South Korean Social Movements: From Democracy to Civil Society.* New York: Routledge, 2011.

Lee, Misook. "South Korea's Democratization Movements of the 1970s and 80s Communicative Interaction in Transnational Ecumenical Networks." *International Journal of Korean History* 19, no. 2 (2014): 241-270.

Lettinga, Doutje, and Lars von Troost, eds. *Debating the Endtimes of Human Rights: Activism and Institutions in a Neo-Westphalian World.* Amsterdam: AI Netherlands, 2014.

Moyn, Samuel. *Last Utopia: Human Rights in History. Cambridge,* MA: Harvard University Press, 2010.

Nussbaum, Martha C. "Patriotism and Cosmopolitanism." *Boston Review,* October 1, 1994. https://bostonreview.net/articles/martha-nussbaum-patriotism-and-cosmopolitanism/.

Park, Myung-Lim. "A Paradigm Shift of the March 1st Movement from Independence to Restoration, from Anti-Japanese Struggle to Peaceful Coexistence, and from Nationalism to Cosmopolitanism." *Korea Observer* 50, no. 2 (2019): 235-260.

Park, Tae-Gyun. "W.W. Rostow and Economic Discourse in South Korea in the 1960s." *Journal of International and Area Studies* 8, no. 2 (2001): 55-66.

Posner, Eric. *The Twilight of Human Rights Law.* New York: Oxford University Press, 2014.

Stammers, Neil. "Social Movements and the Social Construction of Human Rights." *Human Rights Quarterly* 21, no. 4 (1999): 980-1008.

_____. "A Critique of Social Approaches to Human Rights." *Human Rights Quarterly* 17, no. 3 (1995): 488-508.

Wells, Samuel F., Jr. *Fearing the Worst: How Korea Transformed the Cold War.* New York: Columbia University Press, 2019.

Westad, Odd Arne. *The Global Cold War.* New York: Cambridge University Press, 2005.

5장

김대중의 민주주의 철학과 사상: 국민이 주인인 정치, 대화와 협력의 정치

장훈각
연세대학교 국가관리연구원

1. 서론

김대중은 한국 정치사에서 최초로 여야 간에 평화적 정권교체를 이루어냄으로써 민주주의 공고화에 결정적으로 기여한 것으로 평가된다. 이것은 여당에서 야당으로의 정권교체를 통해 권력의 변동이 가능해졌다는 점에서 한국의 민주주의가 안정적 기반 위에 올라섰다는 대단히 중요한 의미가 있다. 그러나 정권의 평화적 교체라는 조건은 민주주의에 대한 최소주의적 기준에 불과하다. 다시 말해서 평화적으로 정치지도자의 교체가 이루어진다고 해서 바로 민주주의가 완성되었다고 말하기는 어렵다. 이론적으로도 권위주의체제에서 민주주의로의 이행이 곧 민주주의의 완성은 아니다.

민주화된 한 사회가 권위주의로의 퇴행을 막고 민주주의에 안착하기 위해서는 제도적이고 절차적인 차원의 민주화뿐만 아니라 이념과 내용면에서도 안정적이고 지속적인 보장이 이루어질 필요가 있다. 민주주의는 단순히 절차적 차원의 제도화만으로 완성되지 않는다. 왜냐하면 민주주의는 실질적인 내용과 절차적 측면, 그리고 이념이 혼재된 복합체이기 때문이다. 현대의 민주주의는 민주주의의 형식적, 절차적 측면보다는 국민의 실질적인 권리와 삶의 질의 중요성을 강조한다.

> "민주주의는 민중(people)의 광범한 정치참여에 의한 공적 결정과 그 결정을 집행하는, 일련의 규칙 또는 제도를 가지며, 이를 통하여 그것은 정치의 영역에서 민중의 권력으로 표현되고 사회의 영역에서 민중의 물질적, 문화적, 정신적 삶의 질적 고양이 담보되는 정치적 체제를 말한다."[1]

김대중은 이미 1960년대부터 이러한 실질적 민주주의를 주장했다. 4.19혁명을 자유민주주의혁명으로 규정지으면서 '국민의 기본자유와 경제적 기회균등 그리고 사회적 제보장(諸保障)을 이룩하려는 혁명'이라고 평가했다.[2] 김대중이 그의 반독재 투쟁 과정에서 수없이 강조한 것이 실질적인 민주주의의 실현이었다. 민주화 이후에도 많은 학자들이 민주주의는 절차적 측면보다 실질적인 내용이 더욱 중요하다는 것을 끊임없이 강조한 것을 보더라도 김대중은 일찍부터 민주주의가 무엇인가를 정확하게 알고 있었다고 해야 할 것이다.

29세의 나이로 나라의 정치가 부패하면 나라가 망하는 것이라는 문

1) 최장집, *한국민주주의의 이론* (서울: 한길사, 1993), 4.

2) "4월 혁명의 역사적 의의 -반독재 반공의 자유민주혁명- (1960. 5. 1), 연세대학교 김대중도서관 편, *김대중 전집 II 제1권: 청년 김대중, 세상과 역사에 나서다(1948년 ~ 1961년)* (서울: 연세대학교 대학출판문화원, 2019), 220.

제의식을 기초로 정치에 뛰어든 김대중의 중심에는 민주주의가 있었다.[3] 동구 사회주의 국가들의 붕괴를 보면서 그들이 민주주의를 하지 않았기 때문에 붕괴한 것이라고 말할 정도로 민주주의는 김대중의 일생에 걸친 핵심적인 신념이자 가치로서 일생의 처음과 끝을 관통했다. 그럼에도 김대중의 민주주의 철학에 관한 연구는 많지 않다. 김대중과 민주주의에 관한 연구는 상당 부분이 그의 민주화 과정에서의 실천과 대통령 취임 이후 실시한 김대중 정부의 정책 분야에 집중되어 있다.

본 연구는 김대중이 구상한 민주주의의 구조와 내용이 무엇이었는가를 그의 저작을 중심으로 재구성하여 체계화를 시도하고 있다. 이를 위해 2장에서는 김대중은 민주주의가 무엇이라고 보았느냐의 문제를 다룬다. 김대중의 민주주의를 어떻게 개념화하고 있는가이다. 3장에서는 민주주의의 주체는 누구이며, 민주주의가 갖추어야 할 요건, 특히 정치참여의 중요성과 내용에 관한 문제를 다루었다. 4장에서는 김대중의 국민의 참여의 영역을 확대시켜 정치는 물론 경제영역까지 국민이 자신의 의사를 투사할 수 있어야 한다는 것을 확인하였다. 5장에서는 민주주의 실천의 기본원칙인 화해, 대화, 타협의 정치가 무엇을 의미하는지, 그 실천은 어떻게 나타났는지, 그 의미는 무엇인지의 문제를 중심으로 정리하였다. 이러한 체계화를 통해 본 연구는 김대중이 평생을 바쳐 구상한 민주주의란 무엇인가, 한국의 정치발전과정에서 끊임없이 그가 추구하였던 민주주의의 내용과 선택, 즉 실질적 민주주의에 이르기 위해 그가 구상한 조건들 그리고 실천태는 무엇이었는가를 정리해내고자 한다. 또한 `한국 민주주의의 위기의 시대라고 평가받는 현재 우리의 민주주의 발전에 김대중의 민주주의 철학이 어떤 함의를 내포하고 있는지 살펴보고자 한다.

---

3) 가쿠마 다카시 지음, 추성춘 옮김, *아시아의 리더① 김대중 대통령* (서울: 창작시대, 2000), 133.

2. 민주주의는 생명과 자유를 위한 정치

1) 민주주의는 인간의 자유와 존엄을 위한 신념

김대중은 그의 정치 역정의 초기부터 자신의 모든 정치활동과 정책의 중심에는 인권과 민주주의가 있었다는 점을 강조했다.[4] 또한 기회가 있을 때마다 그는 '민주주의의 발전이야말로 갈등 해결을 위한 가장 좋은 방법'[5]이라는 것, 동시에 민주주의는 '인간의 존엄성을 가장 효과적으로 존중하고 뒷받침해 주는 제도'[6]로서 인간 삶의 인도적인 방식을 찾기 위해 우리는 민주주의에 관해 진지하게 고민해야 한다는 점을 역설했다. 그러면 김대중이 말하는 민주주의는 무엇인가? 김대중은 무엇을 민주주의로 인식하고 그 개념에 기초하여 민주주의를 말하고 있는 것인가?

민주주의의 개념을 규정할 때 가장 먼저 부딪히게 되는 난점은 민주주의가 무엇인가에 관해 간단하고 명확하게 합의된 개념 확립이 어렵다는 것이다. 민주주의는 어의적으로는 '인민의 지배' 또는 '인민에 의한 지배'라는 명확한 의미를 지니고 있으나, 무엇이 민주주의이고, 어떻게 민주주의를 발전시킬 것인가에 관한 하나의 합의가 존재하는 상태는 아니다.

일반적으로 '누가 지배할 것인가'와 '어떻게 지배할 것인가'의 내용을 중심으로 민주주의에 대한 이론이 발전해왔다. '누가 지배할 것인가'

---

4) 박명림·김대중, "민주적 시장경제와 평화공존에의 여정," *역사비평 여름호* (2008): 54.

5) "아시아태평양 시대의 한국(1995.5.5)," 연세대학교 김대중도서관 편, *김대중 전집 II 제18권: 정계복귀로 다시 승부수를 던지다(1995년~1996년 6월)* (연세대학교 대학출판문화원, 2019), 184.

6) "아시아에서의 민주주의 모색 (In Search of Democracy in Asia)(1996.9.2)," 연세대학교 김대중도서관 편, *김대중 전집 II 제19권: 최초의 평화적 정권교체로 제15대 대통령에 당선되다(1996년 7월~1997년)* (서울: 연세대학교 대학출판문화원, 2019), 4.

의 관점에서 민주주의는 인민의 지배를 의미하는 것으로 사회의 일반적 구성원인 인민의 지배를 달성하려는 이념 또는 운동으로 이해되고 있다. 이것은 민주주의의 언어적 의미이자, 고대 그리스의 이해방식으로부터 그 연원을 찾을 수 있다. 즉, Demos(인민)에 의한 Kratos(지배)를 의미하는 것으로 플라톤과 아리스토텔레스에서 찾아볼 수 있듯이 인민의 지배, 현대국가에서는 국민의 지배를 의미하는 것이다. 인민의 지배란 1인 또는 소수의 지배형식과는 대조되는 통치체제로서 다수결의 원칙에 기초한 모든 인민의 지배를 의미한다. 이때 다수결의 원칙은 다수의 사람들의 의사에 따른 지배라는 것을 내포한다. 문제는 다수의 사람들의 의사에 따라 통치된다면 다수가 원한다면 그것이 독재적인 방식과 내용이라 하더라도 민주주의의 정치체제의 원리에 합당할 수 있게 된다. 다시 말해서 독재도 민주주의가 되는 문제가 발생하게 된다.

'누가 지배할 것인가'의 관점이 갖는 난제를 보완하고 현대의 민주주의가 나아갈 방향을 제시하기 위한 것이 '어떻게 지배할 것인가'의 문제를 중심으로 민주주의를 이해하고자 하는 시도들이다. 이러한 접근은 권력의 행사방식과 관련한 절차적 측면에 중점을 두어 민주주의를 이해한다. 이들은 주로 인민의 지배를 보장하는 통치형태 또는 정치형태로서 다수의 의사가 정치적 의사결정에 적정하게 반영될 수 있는 체제를 민주주의체제로 정의하고 있다. 이러한 관점은 절차적/최소주의 민주주의론으로 분류된다.

절차적 민주주의 또는 최소주의는 민주주의의 기능적인 면에 중점을 두어 민주적 절차를 강조한다. 이러한 절차적 민주주의론에는 자유롭고, 공정하며, 경쟁적이고 포괄적인 선거, 그리고 시민적, 정치적 자유를 민주주의의 최소한의 요건으로 보는 다알(Robert A. Dahl)[7]의 논의를 필두로 미완성된 민주주의이기는 하지만 민주정부를 민주주의로 보는 오도넬(Guillermo A O'Donnell)의 논의[8]가 포함된다. 그리고 민주주의의 개념의 다양성, 다의성을 지양하고 특정한 정치체제에 민주주의 개념을 한정하여 사용함으로써 주관적 해석의 가능성을 최소화하자는 논의들이 이 입장의 하나로 분류할 수 있다.[9] 사실 많은 학자들은 민주주의의 형식적, 제도적 절차를 기준으로 민주주의의 수준을 평가하는 것이 경험적 연구의 목적에 부합한다고 보고 있다.[10]

그러나 이러한 최소주의적 논의들은 민주주의의 형식에 중점을 두고 있어서 한 체제가 민주주의인지 아닌지를 말해주고는 있지만 민주주의의 내용과 방향성, 그리고 한 국가의 민주주의의 질적 수준을 알기 위해서는 또 다른 분석지표 또는 또 다른 연구가 필요해지는 한계를 지닌다. 또한 민주주의의 발전역사를 보면 이념으로서의 민주주의와 제도로서의 민주주의 발전은 서로 분리되지 않는다. 민주주의는 단순히 정치적 의사결정의 한 형태로서 일반화되었다기보다는 인간의 삶의 질을 담보하는 정치체제로서 발전해왔다고 보는 것이 옳을 것이다. 따라서 많

7) Robert A. Dahl, *Democracy and its Critics* (New Haven: Yale University Press, 1989), 3.

8) Guillermo A O'Donnell, "Transitions, Continuities, and Paradoxes." in Scott Mainwaring, Guillermo O'Donnell, and J. Samuel Valenzuela. eds. *Issues in Democratic Consolidation: The New South American Democracies in Comparative Perspective* (Notre Dame, Indiana: University of Notre Dame Press, 1992).

9) 박동천, "한국 민주주의의 개념과 현실," *정치사상연구,* 제12집 2호 (2006).

10) Diamond, Larry, Juan Linz, Seymour M. Lipset. eds. Democracy in Developing Countries: Asia (Boulder, 1989); David Collier and Steven Levitsky, "Democracy with Adjectives: Conceptual Innovation in Comparative Research." *World Politics.* Vol. 49, No. 3 (1997); Huntington, Samuel P Huntington, *The Third Wave: Democratization in the Late Twentieth Century* (Norman: University of Oklahoma Press, 1991).

은 학자들은 민주주의는 절차적 측면보다 실질적인 내용이 더욱 중요하다는 것을 끊임없이 강조하고 있다. 이러한 입장을 보통 실질적/최대주의 민주주의론이라고 한다.

실질적 민주주의 혹은 최대주의란 민주주의가 형식적 제도적 절차를 초월하여 사회 모든 부문의 심화과정을 거쳐 공고화되는 과정으로 간주하며, 여기에는 부, 권력, 자유, 평등 등의 가치가 발현될 것이 민주주의의 충족조건으로 요구되어진다. 이러한 측면에서 보자면 김대중은 일찍부터 실질적/최대주의적 민주주의론의 입장에 서 있다고 할 수 있다. 김대중은 정치활동을 시작하던 1950년대부터 이미 민주주의 정치는 개인과 인민을 최우선으로 하고 인간의 권리와 행복을 증진시키는 것에 그 존재 이유가 있다고 주장함으로써 민주주의는 절차보다는 실질적인 내용이 중요하다는 것을 역설했다. 또한 그의 일생을 통해 김대중은 이러한 민주주의가 이루어져야 할 것을 요구했다.

> "역사를 도리켜 보면 자명한 일이지마는 근대 민주주의는 봉건지배자들이 국가와 민족의 미명(美名) 하에 국민대중을 억압 착취하는데 대한 반항의 결과로써 이루어진 것이며 따라서 민주주의정치는 어데까지나 국민 개개인의 자유와 창의와 권리를 존중하는 것을 그의 근본사명으로 하는 환언하면 "개인지상·인민지상"의 그것일 것입니다. 룻쏘나 링컨이나 혹은 제임스·뿌라이스 같은 적어도 민주주의를 운위하는 인사로써 이 점을 고조(高調)하지 않는 분을 찾아 볼 수가 없으니 즉 민주주의란 법률적 개념에 있어서는 인민주의(OF THE PEOPLE) 사회적 개념에 있어서는 인민을 위한 정치(FOR THE PEOPLE) 정치적 개념에 있어서는 인민에 의한 정치(BY THE PEOPLE)를 말한 것으로써 국가와 민족이란 것도 이와 같은 인민의 권리와 행복을 옹호증진시키는 역할을 하는 데서만 그 존엄성과 존재가치를 인정한다는 것이

움직일 수 없는 원칙인 것입니다."[11]

민주주의는 국민지상·개인지상을 원칙으로 국민 개개인의 자유와 창의, 권리, 그리고 인민의 행복을 증진시키는 역할을 하는 것이라고 하고 있다. 이러한 생각은 민주주의의 실질적 내용과 어떠한 관계를 갖는가? 김대중에게 민주주의란 특정한 제도를 말하는 것이 아니라 인간의 신념과 자세, 즉 어떤 인간의 마음의 상태를 의미했다. 그는 1976년 3월 1일에 발표한 '민주구국선언'에서 민주주의가 무엇인가에 대해서 분명하게 말하고 있다.

"민주주의란 무엇인가? 그것은 남의 나라에서 실현되고 있는 어떤 특정한 제도를 말하는 것이 아니라 한 사회를 형성한 성원들의 뜻에 따라 최선의 궤도를 창안하고 부단히 개선해 나가면서 성원 전체의 권익과 행복을 도모하는 자세와 신념을 말한다. 무엇이 나라와 겨레를 위해서 좋으냐는 판단이 '국민에게서' 나와야 한다는 말이다. 그 판단에 귀를 기울이지 않고 국민을 위한다는 생각만으로 민주주의는 결코 이루어지지 않는다. 그것으로 민주주의가 이루어진다고 생각하는 것은 명령과 복종을 민주주의라고 착각하는 일이다. 그것은 결코 국민을 위하는 일이 되지 못한다. 국민은 복종을 원하지 않고 주체적인 참여를 주장한다. 국민은 정부를 감시하고 비판할 기본권을 포기할 수 없다. 그것은 민주주의를 포기하는 일이기 때문이다. 그러면 '국민에게서'를 실현하는 길은 어디에 있는가? 그것은 자유라는 국민의 기본권에 있다. 국민들이 정신적, 신체적 위협을 받는 일 없이 자유로이 자신을 표현할 수 있

---

11) "이범석(李範奭) 장군에게 올리는 글(중) – 족청재기(族靑再起)에 앞서는 것 (1955.6.6)," *김대중 전집II 제1권*, 64–65.

는 자유가 보장되어야 한다는 말이다."[12]

김대중은 민주주의의 본질을 하나의 도덕적, 관념적인 신념체계로서 이해하고 있는 것이다. 또한 그로부터 민주주의 체제의 주체로서의 국민, 그리고 무엇과도 바꿀 수 없는 자유의 개념을 끌어내고 있다.

민주주의의 개념에 대해 규범적으로 접근하는 논의는 현대 정치이론에서도 많은 지지를 받는 관점이다. 고대 소규모의 신분제 사회에서 시작한 체제 모델로서의 민주주의가 다차원적이고 복잡한 현대의 국가에 적용되기 어려운 점을 극복하고, 제도와 절차를 중시하는 이론들이 갖는 문제를 극복하고자 하는 현대 민주주의 이론적 입장이 그 대표적인 예이다. 이들은 민주주의의 출발점은 제도에 있지 않다고 본다. 다시 말해서 그들에게 민주주의는 인간의 문제이다.

> "인민을 위해 민주주의가 만들어졌지, 민주주의를 위해 인민이 만들어진 것은 아니다. 민주주의는 평범한 사람들을 위한 것이다. 학자연하는 이들이 인민의 자격을 인정하든 말든 상관없이, 그것은 평범한 사람들의 요구에 민감하게 반응하도록 고안된 정치체제이다."[13]

김대중 역시 민주주의를 철저하게 인간의 문제로부터 사유했다. 그는 민주주의는 인간을 위한 정치제도라고 분명하게 단언했다. 그에게 민주주의는 인간의 존엄성에 기초한 자유와 정의를 가능하게 해주는 정치체제이다.

---

12) "민주구국선언(1976.3.1)," 연세대학교 김대중도서관 편, *김대중 전집 II 제8권: 반유신투쟁으로 군부독재의 종식을 이끌다(1974년 ~ 1979년 10월)* (서울: 연세대학교 대학출판문화원, 2019), 221.

13) E.E. 샤츠슈나이더 지음, 현재호·박수형 옮김, *절반의 인민주권* (서울: 후마니타스, 2008), 215.

"민주주의 국가, 자유민주주의라는 것이 뭡니까? 휴머니즘이라는 바탕이 되는 것이 아닙니까? 인간에 대한 애정, 인간에 대한 존중, 사상의 자유, 이런 것이 없이 민주주의가 없는 것이 아닙니까?"[14]

김대중의 민주주의는 휴머니즘, 즉 인본주의에 기초한 정치체제이다. 김대중이 인간의 가치를 가장 최고의 자리에 놓는 이유 가운데 하나는 남북한의 전쟁과 한국의 독재정치를 통해 여러 번의 죽을 고비를 경험했기 때문일 것이다. 인간의 존엄을 나락으로 떨어뜨리는 전쟁, 인간의 자유를 허용하지 않는 좌익과 우익의 독재는 인간의 존엄에 기초한 민주주의의 중요성을 그의 신념의 핵심에 자리잡게 했다. 또한 인도주의에 기반한 민주주의는 인권을 무엇보다 존중하는 것을 기본 원칙이자 생명으로 한다. 김대중의 민주주의는 곧 인간을 인간답게 해주는 정치적 기제로서의 민주주의이다.

"그러나 대한민국이, 여러분이 아시다시피 자유민주주의 국가고, 자유민주주의라는 것은 인도주의에 입각한 것입니다. 인도주의라는 것은 사람의 인권을 무엇보다도 존중하는 것이, 이것이 자유민주국가의 생명인 것입니다."[15]

김대중의 민주주의론의 놀라울 만한 특징은 민주주의에 관한 철학과 원리를 제도로부터 분리하여 사유하고 있다는 점이다. 다시 말해서 민주주의는 어느 한 국가 또한 국가들이 공통으로 채택하여 시행하고

---

14) "[제7대 국회 제62회 제7차 예산결산특별위원회] 1. 1968년도 예산안," 연세대학교 김대중도서관 편, *김대중 전집II 제5권: 신민당과 함께 유력 정치인으로 부상하다(1967년 7월 ~ 1968년)* (연세대학교 대학출판문화원, 2019), 88.

15) "[제7대 국회 제63회 제17차 본회의] 4. 반공법 중 개정법률안(1968.2.28.), 위의 책, 218.

있는 어떤 공통의 제도로서 정의하는 것이 아니라 인류 공통의 가치, 보편적 가치의 차원에서 민주주의에 접근하는 것이다. 이러한 특징은 예로부터 한국은 물론 동양에 존재했던 정신적 가치들을 민주주의의 씨앗 또는 원천으로 보는 그의 시각에 잘 나타나 있다. 김대중은 민주주의의 이념은 서구의 독창적 창조물이 아니라는 점을 강조했다.

> "민주주의의 제도 자체는 서구 사회의 창조물이지만 민주주의 이념은 서구 사회의 독창물이라고 생각하는 것은 잘못입니다. 의회나 행정부 같은 민주 제도는 서구 사회의 창조물이지만 민주주의 이념은 서구 사회만의 독창물이 아닙니다. 민주주의 이념이라는 것은 사람이 자신의 인권과 자결권에 최상의 가치를 부여하고 자기가 자유롭고 정의로운 환경 속에서 살 권리가 있으며 그러지 못할 때는 이를 변경시킬 권리가 있는 것으로, 욕구와 주장이 있는 곳이면 어디든지 민주주의 이념이 있는 것입니다."[16]

민주주의를 어떤 특정 지역, 국가에서 발원되어 발전되어온 특수한 무엇인가가 아니라 오랜 지적 전통을 갖는, 보편적 인간의 원리로서 인류 역사를 통해 오랜동안 추구되어온 하나의 정신세계로서 이해하고 있는 것이다. 김대중은 원래 우리에게도 민주주의에 관한 또는 그와 유사한 철학과 원리가 있었다는 것, 그리고 서구 사회가 발견한 것은 민주주의의 제도와 기구이지 철학과 원리가 아니라는 것, 따라서 민주주의의 제도와 기구는 우리가 채택하여 쓸 수도 있고 더욱 발전시킬 수 있는 것이라는 점을 반복적으로 확인하고 있다. 김대중은 그 근거로 우리나라와 동양에도 서구의 사회계약론과 같이 유교의 '방벌론(放伐論)', 백성

16) "강만길 교수와의 대담(1994.1.26)," 연세대학교 김대중도서관 편, *김대중 전집 II 제17권: 한반도 전쟁위기 극복을 위한 국제협력을 이끌어내다(1994)* (서울: 연세대학교 대학출판문화원, 2019), 79.

이 곧 하늘이라는 '인내천(人乃天)' 사상, 불교의 '천지천하 유아독존(天地天下 唯我獨尊)' 등 민주주의의 철학적, 원리적 주장뿐만 아니라 진시황의 개혁, 신라와 가야의 건국 설화 등 민주적 싹, 민주적 기초가 실재하였음을 강조했다.[17]

2) 민주주의는 인간의 존엄을 보장하기 위한 수단이다

김대중은 인간은 본성적으로 선과 악의 양면 이성과 감성의 양면을 보유하고 있으므로 인간은 배타적 이기주의자도 되고 사회적 공동선에의 참여자도 된다고 보았다. 따라서 인간이 공공선을 위해 협력하느냐 그렇지 않느냐의 문제는 정치가 어떻게 해야만 부정적 측면을 줄이고 긍정적 측면을 확대시키느냐 하는 것이 된다. 이러한 인간 본성에 기초하여 사람들이 공공선을 위해 가장 잘 협력할 수 있도록 고안된 정치체제가 곧 민주주의인 것이다. 민주주의는 공동체를 구성하는 인간들이 인간의 존엄이라는 공공선의 실현을 위해 협력하도록 할 수 있는 가장 적합한 제도이다. 김대중에게 민주주의는 인간을 위한 관념체계인 동시에 인간을 위한 제도인 것이다.

> "인간은 본성적으로 선과 악의 양면을 가지고 있습니다. 이성과 감성의 양면을 또한 가지 고 있습니다. 그러므로 인간은 배타적 이기주의자도 되고 사회적 공동선에의 참여자도 됩니다. 그래서 문제는 어떻게 해야만 부정적 측면을 줄이고 긍정적 측면을 확대시키느냐 하는 것입니다. 인간의 부정적 측면을 억제하고 긍정적 측면을 확대하기 위해서는 정치가 잘되어서 사람을 긍정적이고 전진적인 방향으로 유도해 가야합니다. 그리하여 공동체의 발전

---

17) 김대중은 불교의 '천지천하 유아독존'을 모든 사람이 자기의 절대적인 인권을 가지고 있음을 선언한 것이라고 해석하였다. "20세기 회고와 21세기의 전망(1994.1.1)," 위의 책, 22-23.

속에서 각자 개인의 이익이 보장되도록 하여 사회 구성원이 자발적으로 공동선을 위해 협력하도록 해야 합니다. 이러한 과정에서 바른 자는 보상받고 그른 자는 중벌을 받아야 합니다. 이것을 해낼 수 있는 것이 정치이며 그 정치의 가장 바람직한 제도가 민주주의입니다."[18]

민주주의가 공공선의 실현을 위한 개인들의 협력을 이끌어낼 수 있는 가장 중요한 이유는 민주주의는 인간의 자유를 보장하는 체제이기 때문이다. 김대중은 인간은 "밥을 못 먹더라도 자유를 원한다"[19]는 열망을 품고 있다고 보았다. 물론 인간은 경제적 생활의 기초인 빵과 인간의 자유를 모두 원한다. 그러나 김대중은 "새삼스럽게 설명할 여지도 없지만 우리가 공산당과 싸우는 자랑거리가 무엇입니까? 그것은 오로지 자유 하나 아닙니까? (중략) 설사 지금 빵이 없다 하더라도 자유만 있다면 공산당에게 떳떳이 대할 수 있다고 생각합니다"[20]라고 할 정도로 자유가 갖는 가치를 대단히 중요하게 생각했다.

따라서 김대중은 자유를 희생시키려는 그 어떤 시도도 거부했다. 김대중이 공산주의를 반대하는 것도 그것이 국민들의 자유를 허용하지 않는 정치체제이기 때문이다. 그는 전쟁을 겪으며 공산주의가 지배하는 세상의 참혹함을 이미 경험했다. 김대중은 이렇게 회고했다.

---

18) "김광수 교수와의 대담(1993.11.28)," 연세대학교 김대중도서관 편, *김대중 전집II 제16권: 세계를 보면서 새로운 시작을 준비하다(1993년)* (서울: 연세대학교 대학출판문화원, 2019), 348.

19) "덴 히데오(田英夫)와의 대담(1972. 11. 17)," 연세대학교 김대중도서관 편, *납치와 연금 속에서 민주화운동의 상징으로 떠오르다(1972년 10월 ~ 1973년), 김대중 전집II 제7권,* 15.

20) "<다리>지 주최 김동길 교수와 대담(1972.8.11)," 연세대학교 김대중도서관 편, *김대중 전집II 제6권: 제7대 대통령선거에서 정책대결의 장을 열다(1969년 ~ 1972년 9월)* (서울: 연세대학교 대학출판문화원, 2019), 680.

"그때 나는 전쟁을 보았다. 그리고 공산당이 지배하는 세상이 어떤 것인지, 얼마나 우리가 살 수 없는 세상인지도 분명히 알았다. 그래서 평생 민족의 화해와 전쟁이 없는 세상을 꿈꾸며 살았다."[21]

더욱이 김대중은 마르크스주의 자체가 체제적 모순을 내포한 종교적 결정론이며, 인간성을 거역하고 역사에 역행하는 체제로 보았다.

"나는 소련의 프롤레타리아 독재가 민주주의라는 생각에는 찬성하지 않습니다. 강하게 그것을 반대합니다. 소수의 인간이 다수에 희생이 되어도 좋다는 것은 인간성을 거역하는 것이며, 역사적 요구에도 역행하는 것이라고 생각합니다. 그러나 어떻든 지금까지 소수가 다수를 지배했던 자본주의 제도에 대하여 하나의 안티테제로서 나타나 이 세계에 경고를 준 의미는 크다고 생각합니다."[22]

인간의 본성에 기초하여 설계되고 인간의 존엄을 증진시기키 위한 민주주의 아래에서만 체제와 국민 만족이라는 모순을 조화시킬 수 있다고 보았다. 그러나 민주주의는 목적이 될 수 없다. 인간의 행복을 위한 수단이다. 다시 말해서 민주주의는 인간을 행복하고 자유롭게 살 수 있게 하는 것을 목적으로 하는 정치체제로서 인간의 행복과 자유를 위한 수단이지 그 민주주의 그 자체가 목적은 아닌 것이다.

---

21) 김대중, *김대중 자서전 1* (서울: 삼인, 2010), 88.

22) "<세카이(世界)> 편집장 야스에 료스케(安江良介)와의 대담(1983.6.16)," 연세대학교 김대중도서관 편, *김대중 전집II 제10권: 미국 망명으로 민주화운동의 국제적 외연을 넓히다(1983 ~ 1984년 1월)* (연세대학교 대학출판문화원, 2019), 391-392.

> "말을 바꾸어서 말하면 민주주의도 수단이요, 목적은 우리가 자유스럽게 살고 행복스럽게 사는 것이 목적이고, 자유스럽게 행복스럽게 살기 위해서 민주주의를 하는 것이다. 따라서 민주주의 본질은 수단에 있다 이것입니다. 잘 먹고, 잘 살고, 행복스럽게 살려면 이 수단을 지상지구(至上持久)하게 우리가 추구하지 않으면, 또 신봉하지 않으면 자유스럽게 행복스럽게 살 수 없다 이것입니다. 이와 같이 수단이라고 해서 결단코 경시될 수 없다 이것입니다."[23]

우리 민족의 숙원이 통일도 인간이 자유롭고 행복하게 살기 위한 수단이지 통일 그 자체가 인간의 행복 그리고 자유와 맞바꿀 수 있는 초월적 목표가 될 수는 없는 것과 같다. 이것이 김대중의 '선민주 후통일'론의 핵심을 이루는 사상적 기초이다. '민주주의 없는 통일은 낭만주의적 도피나 위험한 모험주의'[24]에 불과하였으며, 민주주의를 하지 않는 정권은 통일을 위해 나설 수 있는 능력이 없는 나약한 존재에 지나지 않았다.

특기할 만한 점은 1993년부터 민주주의가 지켜내야 할 근본 가치의 영역이 인간에서 지구라는 행성에 존재하는 모든 생명으로 확장되었다는 점이다. 제14대 대통령 선거에서 패배한 이듬해인 1993년 1월에 영국으로 출국하여 6개월 동안 케임브리지대학 객원원구원 자격으로 연구 활동을 벌이고 귀국한 이후 달라진 중요한 변화였다. 김대중은 전지구적 존재의 안전과 생존권을 보장하는 민주주의를 'Global

23) "[제6대 국회 제50회 제6차 본회의] 2. 1965년도 지불보증 연차계획안 및 1965년도 재정차관 협정체결에 대한 동의안 (1965.6.9.)," 연세대학교 김대중도서관 편, *김대중 전집 II 제3권: 정책과 비전의 정치를 꿈꾸다(1964년 10월 ~ 1966년 3월)* (연세대학교 대학출판문화원, 2019), 653-654.

24) "이홍구 서울대학교 교수와의 대담(1985. 5. 9)," 연세대학교 김대중도서관 편, *김대중 전집 II 제12권: 1987년 한국 민주화 이행의 중심축이 되다(1985년 3월 ~ 1987년)* (서울: 연세대학교 대학출판문화원, 2019), 84.

Democracy' 즉 '지구적 민주주의'라고 불렀다.[25]

김대중의 문제의식은 민주주의가 보편적이고 세계적으로 공통의 이념과 제도로서 실현되었으나 지구의 대륙 간 불평등 문제, 환경문제 등 인류가 새로이 직면하는 여러 문제와 도전에 적절하게 대응하고 있다고 할 수 없다는 현실에 대한 진단에 기초하고 있다. 김대중은 20세기는 정치적으로 볼 때 민주주의 승리의 역사이나, 21세기는 제3세계를 포함한 범세계적으로 자유와 정의가 실현되는 민주주의로 승화되어야 한다고 강조했다. 더욱이 그 민주주의는 인간만이 아닌 지구상에 존재하는 모든 존재의 안전과 생존권을 보장하는 지구적 차원으로 발전해야 인류가 직면한 문제들에 성공적으로 대응할 수 있어야 한다고 보았다. '신인도주의'에 토대를 둔 민주주의의 질적 승화를 요구한 것이다.

> "이제 민주주의는 질적인 면에서 근본적인 발전을 해야 할 단계에 있습니다. 즉 국민국가 내부에서의 자유와 정의의 실현에 그친 민주주의로부터 이제 제3세계를 포함한 범세계적으로 자유와 정의가 실현되는 민주주의로 승화되어야 합니다. 그리고 민주주의가 인간만이 아닌 지구상에 존재하는 모든 존재의 안전과 생존권을 보장하는 지구적 차원으로 발전해야 합니다. 하늘과 땅과 물 그리고 모든 동식물의 권리까지 보장하는 '신인도주의'가 필요합니다. 그리고 신인도주의에 바탕하여 새로운 '지구적 민주주의'의 창조가 필요한 때라고 생각합니다. 이 지구적 민주주의를 통해서 인간은 우리 인류만이 아니라 어머니인 지구, 벗인 모든 지구상의 자연 존재들과 화해하고 같이 살고 같이 번영하는 새로운 차원으로 우리의 민주주의를 승화 발전시켜야 합니다."[26]

---

25) "동북아 정세에 대하여(1993.11.15)," *김대중 전집 II 제16권*, 310.

26) "세계사의 흐름과 동북아 정세(1993.9.8), 위의 책, 171.

이때 신인도주의란 각 국가 내, 제3세계의 모든 민족과 국민, 이 지구상에 있는 모든 존재들의 생존권을 사랑과 속죄의 심정으로 보장하는 것을 말한다.

> "나는 지난 대통령 선거 때 신인도주의를 제창한 바 있다. 그것은 세 가지 내용으로 구성되어 있다. 하나는 각 국가 내에서의 자유와 정의의 완전한 실현이고, 둘째는 제3세계의 모든 민족과 국민에게 선진국과 똑같은 자유와 번영과 정의를 실현시키는 것이고, 셋째는 이 지구상에 있는 들짐승·날짐승·물고기·공기·물·흙·나무와 들판에 자라나는 풀에 이르기까지 모든 존재들의 생존권을 사랑과 속죄의 심정으로 보장해야 한다는 것이었다."[27]

김대중은 21세기 인류의 최대의 과제는 자연을 어떻게 치유하고 회생시키며 발전시킬 것인가 하는 문제라고 보았다. 근대 민주사회에서 인간의 존엄성은 생각했지만 이 지구에 함께 생존하는 자연의 모든 생물과 존재들에 대해서는 그 권리를 전혀 인정하지 않았다. 아니 관심조차 두지 않았다. 자연뿐만 아니라 지금까지의 민주주의는 민족 또는 국가 내부 영역에 머물러왔던 문제를 지녔다. 자국 내부에서는 민주정치를 하면서도 타민족 타국가를 유린하고 착취하는 예를 수없이 보여왔던 것 역시 사실이다. 김대중은 이제 인간은 민족이나 국가 내부의 자유와 평등, 복지를 추구하는 민주주의에서 더 나아가 보편적 세계적 시야를 갖는 민주주의로 대체되어야 할 때임을 강하게 주장하는 것이다.[28] 이제 김대중의 민주주의는 지구 전체의 인간과 모든 생명을 '하나의 공동

---

27) "20세기 회고와 21세기의 전망(1994.1.1), *김대중 전집 II 제17권*, 26.

28) 위의 글, 24-26.

체'[29]로 삼아 공존과 공생, 공영의 관계로 나아가는 정신과 자세로 확장된 것이라 평가할 수 있을 것이다.

3) 민주주의는 왜 성공하는가

김대중은 나치 독일, 전쟁 전 일본 또는 남미 독재와 같이 민주주의가 배제된 채 시행된 자본주의는 사회주의 독재정권과 마찬가지로 실패한다고 보았다. 민주주의를 하지 않았기 때문이다. 다시 말해서 정치체제든 경제든 '민주주의의 대체재는 없다'[30]는 것이다. 그러면 민주주의가 국민을 자유롭고 행복하게 해주는 동력으로 작용하는 요인들이 무엇인가에 답하지 않을 수 없다. 다시 말해서 민주주의는 왜 성공하는가? 김대중은 민주주의체제가 성공하는 이유는 크게 두 가지로 보았다. 첫째, 대중은 역사의 주체로서 인류 역사를 지금까지 이끌어온 현명한 동력이자 승리자였다는 것에 대한 믿음이다. 둘째, 민주주의는 자기모순을 시정시켜 나갈 힘을 내부적으로 가진 체제이기 때문에 자기모순과 잘못된 정치의 결과가 점차 해결되기 때문이다. 먼저, 김대중은 대중을 깊이 신뢰했다. 일부 지식인, 전문가, 정치인들이 대중을 어리석은 존재로서 계몽과 계도의 대상으로만 간주하는 경향을 일축했다.

"그러나 이것은 어디까지나 대중에 대한 피상적 관찰의 산물이다. 국민 대중은 역사적으로 볼 때 오늘날의 개발독재 지지자들이나 엘리트 통치 예찬가들이 생각한 것만큼 그렇게 우매하지도 않았고 무능하지도 않았다. 봉건 정

---

29) "<한겨레신문>과의 인터뷰(1995.1.)," *김대중 전집II 제18권*, 20.

30) "과거와 미래의 대한민국(The Once and Future Korea) (1992)," 연세대학교 김대중도서관 편, *김대중 전집II 제15권: 제14대 대통령 선거 실패로 고뇌의 시간을 갖다(1991년 9월~1992년)* (연세대학교 대학출판문화원, 2019), 795.

치의 이념적 대종(大宗)인 공자(孔子)조차 대중을 가리켜 '지극히 어리석되 가히 속일 수 없는 존재'(至愚而不可欺者民也)라고 갈파하지 않았는가. 그러기에 대중은 언제나 자기의 올바른 지도 세력이 가리키는 방향에 따라 독재정권의 타도에 앞장섰다. 대중은 언제나 역사의 편이었으며 또한 최후의 승리자였다."[31]

둘째, 김대중은 민주주의는 내부적 모순이 그 체제 안에 축적되어 계기가 주어지면 폭발하는 그런 문제를 해소시킬 수 있는 제도라고 확신했다. 김대중은 다음의 두 가지 요인을 민주주의가 타체제보다 우월한 이유로 들었다. 첫 번째 요인은 민주주의의 자정능력이다. 두 번째는 민주주의에 내재하는 자율의 논리이다. 민주주의 체제에서는 국민들의 자치가 보장되어 권력이 간섭할 분야가 매우 축소되므로 자유로운 의사에 의해 자신의 문제를 스스로 해결하는 능력을 부여받게 된다. 따라서 자본주의건 사회주의건 민주주의를 하게 되면 시대의 변화와 국민의 요구에 따라 변천해 나가기 때문에 붕괴되지 않고 하나하나 난관을 극복해 가며 발전해 나가는 것이다. 특히 민주주의는 국민들의 자발적인 협력을 이끌어낼 수 있는 정치체제이기 때문이다.[32] 김대중은 자본주의건 사회주의건 민주주의를 채택한 국가들에게서 나타나는 중요한 특징에 주목했다. 성공적인 민주주의 국가들은 대부분 중도통합의 노선을 채택하고 있다는 점이다.

---

31) "70년대의 비전 – 대중민주체제의 구현(1970.1.1)," *김대중 전집 II 제6권*, 220.

32) "<한국논단> 주최 토론회에서의 연설 및 질의응답(1992.4.28)," *김대중 전집 II 제15권*, 378-380.

"민주주의를 하는 자본주의나 사회주의는 서로 중도통합을 하게 됩니다. 소유 면에 있어 자본주의는 개인의 독점적 소유를 포기하고 주식의 대중화 등을 통한 대중 자본주의의 방향으로 자본을 사유화시켜 나가고 있습니다. 동시에 사회주의는 국영을 포기하고 마찬가지로 주식의 대중화라는 선에서 양자가 접점을 발견하여 중도통합을 이루고 있습니다. 경영면에 있어서는 사회주의의 철저한 사회 복지제도와 자본주의의 예리한 무관심이 서로 중도통합하여 경제를 해치지 않고 국민을 나태하게 만들지 않는 적정선에서 접점을 발견하고 있습니다. 이러한 사회적 분배의 결과가 국민의 건전한 구매력을 조성시켜 오히려 경제를 활성화시키는 단계까지 발전을 해 오고 있습니다. 이러한 경제적 중도통합은 필연적으로 정치의 중도통합을 가져옵니다. 우리가 지금 유럽 선진국가를 가보면 과거 보수정당이건 혁신정당이건 이제는 모두 자신들이 중도정당이라고 이야기를 합니다. 말만 아직 보수, 혁신이고 정당 이름이 그렇게 달려 있을 뿐이지 실제 정책상으로는 거의 차이가 없는 중도통합을 이루고 있는 것입니다."[33]

그러면 민주주의의 자정능력을 보장해주는 제도적 기제는 무엇인가? 김대중은 민주주의의 자정능력이 제대로 작동하기 위해서는 여야간 정권교체라는 정치적 변화가 절대적인 조건이라고 보았다.[34] 여야간의 정권 교체, 즉 지도자의 변경이 있어야 국민들이 올바른 선택을 할 수 있는 여지가 생긴다. 어떤 경우에는 훌륭한 정당, 지도자가 집권할 수도 있으며, 어떤 경우에는 어리석은 지도자가 집권하게 될 수도 있다. 그러나 이러한 과정을 통해 국민들이 더 나은 지도자를 선택하도록 하는 하나의 교육의 장이 될 수 있는 것이다. 따라서 김대중은 민주주의란

---

33) 위의 글, 379-380.

34) "민주주의를 위한 정치 변화의 중요성 (1997.4.2.)," *김대중 전집 II 제19권*, 120.

여당과 야당이 서로 정권을 주고받는 체제이며, 여당만이 구조적으로 집권하는 체제는 민주주의가 아니라고 단언한다.[35] 김대중은 다음과 같이 국민을 믿고 기본권과 자유를 주라고 강하게 요구했다.

> "자정능력이 있는 국민을 믿고 민주적인 기본권과 자유를 주라. 그러면 그 혼란은 일시적인 것으로 끝납니다. 이것이 자유민주주의가 갖고 있는 장점입니다."[36]

3. 민주주의의 주체는 국민: 참여의 정치

1) 민주주의는 국민이 주인으로서 정치에 참여하는 제도

김대중에게 민주주의란 국민이 주인이 되는 정치를 말한다. 이것이 김대중이 그의 일생에 거쳐 민주주의라는 제도의 가장 필수적인 요소로 이해한 요건이었다. 이때 국민은 한 계급이나 계층을 의미하지 않는다. 국가라는 공동체를 이루는 구성원 전체로서의 국민이다. 민주주의를 말할 때 김대중에게 인간과 국민은 분명하게 분리되지 않는다. 또한 정치적 의미에서의 국민과 자연인으로서의 인간을 구별하지 않는다. 한 국가의 구성원으로서의 국민과 그 안에서 생활하는 인간의 차이는 중요하지 않은 것이다. 중요한 것은 민주주의가 인간과 지구의 생명을 위한 제도가 되는 것이며, 그러기 위해서는 무엇보다 국민이 주인이 되는 정치

---

35) "21세기와 한국의 진로(1997.7.4)," *김대중 전집 II 제19권*, 308.

36) "<월간중앙>과의 인터뷰(1991.11.1)," *김대중 전집 II 제15권*, 133.

체제이어야 한다. 그가 일생을 바쳐 투신했던 반독재 투쟁은 국민이 주인의 노릇을 못하는 정치현실에 대한 저항이었다. 지방자치제의 실현을 위해 목숨을 걸고 단식투쟁을 했던 이유도 나라의 주인인 백성이 자신의 생활의 터전인 지역에 있어서조차 자신의 운명을 결정하지 못하는 현실에 대한 저항이었다.

김대중은 주인이 자기 문제에 참여하지 않는 한 절대로 민주주의가 될 수 없다고 단언했다.[37] 되어도 그것은 가짜이다. 민주주의는 백성 민(民,) 주인 주(主,) 백성이 주인이 되는 정치체제이기 때문이다.

> "민주주의에는 여러 가지 형태가 있습니다. 대통령 중심제, 내각 책임제, 기타 절충제 등이 있지만 어떤 형태의 민주주의이건 적어도 민주주의라 하는 것은 국민이 그 결정권을 갖지 않으면 민주주의가 아닙니다. 때문에 링컨이 '국민의, 국민에 의한, 국민을 위한 정부'라고 민주주의를 정의했지만, 사실은 '국민을 위한, 국민의' 이것은 군더더기입니다. '국민에 의한', 즉 'By the people' 이것이 민주주의의 핵심입니다."[38]

김대중이 말하는 'By the people', 즉 국민에 의한 정치란 국민의 정치참여를 말한다. 국민의 자유의사에 기반한 정치참여가 제한된다면, 정치적 결정에 정치의 주체인 국민의 참여가 보장되지 않는다면, 다시 말해서 국민의 참정권에 제약이 가해진 상태라면 국민의 뜻을 반영한 정치적 결정은 이루어질 수가 없다. 이러한 것은 곧 진정한 민주주의

37) "한국 기자들과의 기자회견(1984.11.4)," 연세대학교 김대중도서관 편, *김대중 전집 II 제11권: 목숨을 건 귀국으로 민주화운동의 열기를 더하다(1984년 2월~1985년 2월)* (연세대학교 대학출판문화원, 2019), 343.

38) 위의 글, 329.

가 아니다. 다시 말해서 민주주의는 국민이 결정권을 갖는 체제를 의미하는 것이다. 이러한 김대중의 의식에는 우리의 역사를 밀고 나가는 제일 기본적인 힘은 국민 대중들로부터 나오는 것이라는 믿음이 있다. 김대중은 민중들이 우리나라의 민주주의를 끌고 왔다고 확신한다.[39] 따라서 민주주의 국가는 주인인 국민 모두가 참여하고 능률적으로 협력하는 것이 가장 중요한 문제가 되는 것이다.

> "민주국가에서는 어떤 결과가 중요한 것보다도 국민들이 전체적으로 자각해 가지고 국가의 어떤 방향에 국민이 그런 방향으로 모두가 참여하고 능률적으로 협력하는 이것이 더욱 중요한 것입니다. 이것이 공산국가와 민주국가의 차이점인 것입니다. 공산국가는 하루에 국민들 보고 아침에는 가루 먹어라, 낮에는 쌀밥 먹어라, 저녁에는 보리밥 먹어라, 배급 주면 그대로 먹어야 합니다. 결혼은 몇 살 되면 해라, 또 결혼식 할 때는 어떠어떠한 차비만 해라, 국가에서 시키면 그대로 될 수 있습니다. 그러나 민주국가에서는 국민들이 모두 자기 멋대로 사는 다양성을 인정하되, 결국 국가의 큰 목적에 국민의 각성과 국민의 자발적인 판단으로 협력하도록 해 나가는 이것이 민주국가의 장점인 것이고, 그렇기 때문에 우리는 공산당을 반대하고 민주주의를 하고 있는 것입니다."[40]

김대중은 나라의 주인으로서 국민이 정치적 결정에 참여하는 민주주의를 대중참여민주주의 또는 참여민주주의라고 명명하였다. 대중참

39) 우리의 역사 속에서 민중들의 동력에 관해서는 "<제11차 하계 인간 개발 경영자 세미나> 특별강연(1990.7.22)," 연세대학교 김대중도서관 편, *김대중 전집 II 제14권: 지방자치제 전면 실시와 의회민주주의 발전에 힘쓰다 (1989년 6월 ~ 1991년 8월)* (서울: 연세대학교 대학출판문화원, 2019), 499-500을 참조.

40) "[제7대 국회 제67회 제42차 본회의] 31. 가정의례준칙에 관한 법률안(1968.12.29)," *김대중 전집 II 제5권*, 589.

여민주주의는 대중이 정치, 경제, 사회의 각 분야에 문제 해결의 주체로서 참여하는 민주주의'를 뜻한다.

> "대중은 국정과 지방정치의 각종 선거에 참여하여 그 결과를 자신들의 뜻대로 자유롭게 결정한다. 그리고 여론과 소환제도 등을 통해서 정치를 계속 편달 감시하고 시정시킨다. 뿐만 아니라 각종 이익단체에서도 문제 해결의 주체로서 참여가 보장된다. 경제적으로는 주식의 대중화를 통해서 소유에 참여하고 자기 대신 전문경영인을 선출하여 운영에 참여하고 적정한 배당을 받아서 분배에 참여한다. 대중은 이 밖에도 모든 경제활동에 참여할 기회균등이 보장되어야 한다. 사회적으로는 문화, 교육, 환경, 사회복지 기타 사회 각 기관의 국민적 봉사를 가져오기 위하여 그 정책의 수립과 집행의 과정 등에 해당 부문의 대중이 적극적으로 참여해서 자주와 자유를 확립한다."[41][42]

여기서 눈여겨볼 필요가 있는 것이 대중참여민주주의에서 대중의 참여가 단지 정치의 영역에 국한되어 있지 않다는 점이다. 김대중은 정치적 결정뿐만 아니라 경제, 사회, 문화, 교육 등 인간의 사회활동 전반에 걸친 의사결정과정에 대중의 적극적 참여를 통해 개인의 자유과 자

---

41) "1989년 정국 상황에 대한 진단(1989.1.28)," 연세대학교 김대중도서관 편, *김대중 전집 II 제13권: 5공청산과 민주입법을 위한 국회 내 개혁작업을 주도하다(1988년~1989년 5월)* (연세대학교 대학출판문화원, 2019), 466.

42) 김대중은 1991년 4월 신민주연합당 창당 발표문에서는 대중이라는 단어를 제외한 '참여민주주의'라는 표현을 사용하여 다음과 같이 기술하였다. "국민 개개인이 나라의 주인으로서 자유롭게 정치에 참여하고 자신의 의사를 반영시키며, 선거와 여론에 의해서 정치가 좌우되는 참된 민주정치를 실현하겠습니다. 그러기 위해서 오랜 권위주의를 청산하고, 공명한 선거를 통해서 국민의 뜻이 제대로 반영되는 참여민주주의를 꽃 피우겠습니다." "<신민주연합당 창당 발표> 공동기자회견문(1991.4.4)," *김대중 전집 II 제13권*, 777.

주가 이루어지는 체제를 민주주의라고 생각했음을 알 수 있다.[43]

김대중에게 국민이, 백성이 주인이 되어 참여가 이루어지는 민주주의는 크게 두 가지의 요소를 필수적 조건으로 전제하고 있다. 먼저, 국민의 동의와 이해에 기초한 정치일 것을 요건으로 한다. 다음으로 정치활동의 자유, 표현의 자유와 같이 국민이 정치적 결정에 대한 참여를 보장할 것이 그것이다. 첫째, 민주주의 정치는 국민의 이해와 동의를 기초로 행해질 것을 절대적으로 요구받는다. 국민의 의사에 반하는 정치적 결정이 난무하는 체제는 민주주의가 아니다. 나라의 주인은 국민이기 때문이다. 따라서 민주주의는 국민의 동의를 토론과 합의 그리고 절차에 따라 구하는 정치체제이다.

둘째, 주권자인 국민이 정치적 결정에 대한 참여를 보장하는 권리들이 보장되어 있지 않다면 민주주의라고 할 수가 없다. 예를 들어 정치활동의 자유, 의사 표현의 자유, 언론과 집회와 시위의 자유 등의 국민에게 부여된 여러 권리들은 민주주의의 핵심이다. 특히 국민이 정치에 참여하는데 가장 기초가 되는 권리, 즉 국민이 알권리, 자유롭게 자기의 대리자이자 집권자를 뽑을 선거권, 그리고 그들을 파면할 권리 등 정치참여를 보장하는 권리들은 더욱 철저하게 보장되어야 한다. 이러한 권리의 유무 여부가 그 제도가 민주주의인지 아닌지를 가른다. 김대중은 이러한 권리가 철저하게 보장이 된다면 미국식 민주주의든 한국식 민주주의든 그것은 민주주의라고 규정한다. 반면에 그러한 권리들이 보장되지 않으면 민주주의라 할 수 없다.[44]

---

43) 따라서 김대중에게 있어서 경제민주화 역시 대중참여민주주의 또는 참여민주주의와 논리를 달리하는 문제가 아님을 알 수 있다. 이 부분에 대해서는 장을 달리하여 논의를 계속하고자 한다.

44) "한국 민주주의에 희망은 있는가?(1983.3.12.)," *김대중 전집II 제10권*, 153.

따라서 국민의 이해와 동의에 기초하지 않는 정치체제 또는 정권, 국민이 정치적 결정에 참여하는 것이 제한되어 있는 정치체제 또는 제한하는 정권은 민주주의적 원칙이 준수되는 체제 또는 정권으로 전환되어야 한다. 그러한 제도나 정권은 국민이 주인으로서 설 수 없게 함으로써 결과적으로 인간의 자유와 정의는 훼손될 수밖에 없다. 개인에게 권력이 독점된 체제는 공산주의 독재체제뿐만 아니라 우익의 독재체제도 민주적 가치를 심각하게 제한함으로써 궁극적으로 국민이 나라의 주인임을 부정하며 인간의 자유를 근간에서 침해한다는 점에서는 같았다.

"민주주의라는 이름이 붙는다고 해도, 그 민주주의의 주권자인 국민이 자유로운 비판을 못하고, 결정권조차 없는데 어떻게 민주주의라 할 수 있겠는가? 지금 한국에는 민주주의는커녕 그 그림자조차 없다고 봐도 될 것이다."[45]

김대중이 한국의 권위주의 체제에 맞서 평생을 바쳐 민주화운동을 전개한 이유이다. 일개인의 영구집권을 보장하는 정치체제 하에서는 민주주의는 좌초할 수밖에 없기 때문이다. 민주주의의 좌절은 곧 인간의 자유와 존엄의 상실이며, 이것은 곧 평화의 파괴를 의미한다. 김대중의 유명한 시국연설문은 독재와 민주주의와의 관계에 대한 그의 판단을 잘 보여주고 있다.

"3선개헌은 무엇이냐? 이 나라 민주국가를 완전히 1인 독재국가로 이 나라의 국체를 변혁하는 것이여! 3선 독재가 통과되는 날, 3선개헌이 통과되는 날에는 대한민국 헌법 제1조 1항 '대한민국은 민주공화국이다.' 하는 조문은

---

45) "주간아사히(週刊朝日)」와의 인터뷰(1972. 11. 3), *김대중 전집 II 제7권*, 17.

장사 지내는 날이다, 이 말이여! 민주주의의 적은 공산 좌익 독재뿐만 아니라 우익 독재도 똑같은 적이여! 히틀러(Adolf Hitler)도, 도조 히데키(東條英機)도, 박정희 정권의 3선개헌 음모에 의한 이 1인 독재도 민주주의의 적인 데는 다름이 없다는 것을 여러분은 알아야 한다 말이여! 아... 이 나라가 누구 나란데! 이 나라가 박정희 씨 나라요?"[46]

일개인의 영구집권이 존속하는 한에서는 민주주의는 실현될 수 없다는 것, 그리고 그것은 곧 곧 좌익은 물론이고 우익독재체제도 인간의 자유와 정의, 그리고 평화를 파괴할 수 있음을 명확하게 설파한 연설이다. 좌익은 물론 우익의 독재 역시 인간의 존엄과 자유를 부정한다. 다시 말해서 우익독재체제도 공산독재와 마찬가지로 민주주의와 인간의 평화를 파괴하기 때문이다.[47] 독재자는 상대방을 인정하고 존중하며 권력을 양도하는 민주주의 원칙을 따르려 하지 않을 것이며, 그 어떤 경우에도 권력을 내려놓지 않을 것임은 자명하다. 그 이유는 독재자는 국민이 아닌 자기 자신을 가장 사랑하기 때문이다.

민주주의는 다양성을 인정하는 가운데 서로 대화하고 타협하는 것을 기초로 하는 정치체제이나 독재는 단순이분법에 근거한 아(我)와 적(敵)외에는 다른 존재를 인정하지 않는다. 따라서 '나 아니면 안 된다'는 생각을 기초로 하는 독재는 민주주의의 적일 따름이다.

"민주정치는 개인숭배나 어떤 인물에 대해서 그 사람이 선택된 인물이다, 선민이다, 이 사람 아니면 안 된다 하는 그러한 사고방식은 절대로 배격하는 것이고, 이것은 민주주의의 적입니다. (중략) 민주주의국가에서는 국민이 어떠

---

46) "<3선개헌 반대 시국 대강연회>에서의 연설문(1969. 7. 19)," *김대중 전집 II 제6권*, 113.

47) "덴 히데오(田英夫)와의 대담(1972. 11. 17), *김대중 전집 II 제7권*, 19.

한 국가의 목적, 국가의 방향, 사람을 중심으로 한 것이 아니라 국가 방향, 국민의 각자 각자의 이익을 위해서 결속하고 단결하는 그것이 강력한 정권이요 강력한 체제인 것입니다."[48]

따라서 강요와 압박과 명령에 의존하여 국민을 동원하는 독재체제는 국가의 안보에 있어서도 취약할 수밖에 없다. 김대중은 안보와 민주주의는 손바닥의 앞과 뒤 같은 것으로 보았다. 또한 안보란 무기만 많이 가졌다고 되는 것이 아니라 국민을 위한 정치 위에 자유와 민주주의를 보장함으로써 국민 스스로 이것을 지켜냄으로써 이루어지는 것이다. 김대중은 안보가 보장하는 대상이 있어야 하는데 그것은 바로 '민주주의와 자유'였다. 독재나 비민주적인 정권은 지켜내야 할 그 무엇인가를 상실한 것이다. 목적이 상실된 수단은 아무리 강화한들 그 대상을 잃어버린 것에 불과하다.[49]

2) 지방자치제 실시를 통한 국민의 정치참여 보장

국민의 정치참여가 보장되는 민주주의를 향향 신념은 대의정치의 핵심 기둥 중 하나인 지방자치제가 다시 실시되도록 정치적 투쟁을 지속한 김대중의 노력에서 쉽게 볼 수 있다. 지방자치제는 주권자가 자신의 삶의 거점인 지역 차원에서부터 자신의 대표를 뽑을 권리를 행사함으로써 자신의 정치적 의사를 최종심의 정치적 결정과정에 투여한다는 의미를 지닌다. 김대중은 자신의 삶의 근거로부터 정치적 의사를 투사할 수 있는 이러한 지방자치제를 실시하지 않는 민주주의는 민주주의가

---

48) "[제7대 국회 제72회 제2차 본회의] 1. 헌법개정안(1969.9.10)," *김대중 전집 II 제6권*, 174.

49) "<신동아>와의 인터뷰(1975. 2. 1)," *김대중 전집 II 제8권*, 65.

아니라고 강조했다.

> "지방자치 정부는 민주주의의 꽃이자 민주주의 그 자체이다. 지방자치 정부 없이는 민주주의가 존재할 수 없다. 진정한 지역 균형 발전도 불가능하다. 오직 지방분권 실현을 통해서만 우리는 진정한 민주주의를 달성할 수 있다. 오직 지방자치를 통한 풀뿌리 민주주의만이 정치, 경제, 사회 그리고 문화 전 영역의 균형 발전을 가능하게 할 것이다. 첫째, 지방자치 정부는 각 지역의 정치 발전을 위한 필수 전제 조건이며 민주주의를 보증하는 가장 확실한 제도이다. (중략) 둘째, 지방자치 정부 수립은 지속적이고 균형 잡힌 지역 경제 발전을 위해 꼭 필요하다. 균형 발전없이 장기적인 국가성장 전망도 어둡다. 오늘날 우리 국가 경제의 가장 큰 취약점은 지역 불균형이다. (중략) 셋째, 오직 지방자치 정부만이 지역의 실질적이고 현실적인 복지를 실현할 수 있다. 또한 오직 지방자치 정부만이 취약 계층의 피부에 와 닿는 복지정책을 집행할 수 있다. (중략) 넷째, 지방자치는 각 지역의 문화 발전에 크게 기여할 수 있다. 문화는 그 자체로서 다면적·다원적이라는 특성을 갖고 있다. 국가뿐 아니라 개인, 가족 그리고 지역사회를 단위로 다양해지는 것이 바로 문화다."[50]

위의 인용문에서 보듯이 김대중은 정치발전, 지역불균형, 복지, 문화 등 국민의 정치의 영역뿐만 아니라 일상생활 전반에 걸쳐 지대한 영향을 미치는 민주주의 발전의 핵심요소로서 지방자치제를 평가하였다. 일반적인 논의에 따르더라도 지방자치제는 국회와 더불어 현대 대의정치의 핵심 기둥이다. 더욱이 지방자치는 민주주의의 뿌리라고 해야 할 것이다. 작은 마을에서부터 시작하여 국가 단위에 이르기까지 각 단위

---

50) "지역 발전과 지방자치 정부의 역할역할(Regional Development and the Role of the Self-Governing Local Government)(1994.10.5)," *김대중 전집 II 제17권*, 490-494.

의 대표를 통해 공공의 의사결정이 이루어지는 정치체제가 민주주의이기 때문이다. 즉, 지방자치제는 민주주의의 핵심 요체 중의 요체이다.

김대중은 이미 6대 국회의원 시절인 1960년대 중반부터 지방자치제의 실시를 지속적으로 주장했다. 우리나라는 1952년부터 지방자치제를 실시하였으나 1961년 8월에 중단되었다. 김대중은 헌법에 지방자체제의 실시 시기와 방법을 법률로 정하도록 규정되어 있음에도 불구하고 지방자치제의 실시를 미루고 있는 박정희 정부의 의도가 무엇인지를 신랄하게 따지면서 지방자치제 없는 민주주의는 민주주의를 하고 있지 않은 것과 같다는 것을 강조했다.

> "민주주의라는 것은 중앙에 국회의 대의정치와 더불어 지방자치 이 두 개가 민주주의의 양대 골격으로 되어 있고, 그중에 어느 하나가 결여된다고 하더라도 그 나라가 민주주의를 하고 있다고 할 수 없다는 것은 민주정치학의 초보로 알고 있습니다."[51]

지방자치제가 실시되지 않는 것에 대해 김대중은 두 가지의 문제를 지적하고 있다. 하나는 유권자가 자신의 대표를 선출, 감시, 감독하지 못함으로써 민주주의 국가에서 주권자로서의 권리를 제한받고 있는 문제와 국회의원의 지방의원화 경향이 그것이다.

> "지금 지방에서의 모든 되어지는 일이라는 것은 우리 국민은 세금을 내고 모든 의무를 다 감당하면서도 자기의 대표가 가서 하나도 이것을 감시할 수가 없고, 자기 세금이 어떻게 쓰이는지 과연 지방민의 복리를 위해서 어떻게 행

---

51) "[제6대 국회 제53회 제3차 예산결산특별위원회] 1. 1966년도 예산안(1965.11.27)," *김대중 전집 II 제3권*, 750.

정을 하고 있는지 알아볼 여유가 없습니다. 아마 명색이 민주주의 국가라고 하면서 우리나라와 같이, 이와 같이 지방자치에 대해서 외면하고 있는 나라는 나는 다시 찾아볼 수가 없다고 생각하고 있습니다. (중략) 여하간 지방자치를 하지 않는 지방민이 자기 자신들의 일에 대해서 관여할 수 없는 이러한 민주주의가 세계 어느 나라에 있느냐, 그 말이에요. 이래 가지고 결국 국회의원이 지방의원으로 전락하게 만들고 국회의원들이 국사에 전념할 수 없는 시의원이나 도의원이나 군의원이 할 일을 국회의원들이 전부 해야 한다, 그 말이에요."[52][53]

지역의 정치에 지역의 주인이 의사결정과정에 참여하지 못하는 제도는 민주주의라고 하기 어렵다는 지적은 대단히 정확하다. 지방자치제는 국민의 정치참여의 기반이다. 앞에서도 언급했듯이 민주주의의 핵심은 국민의 자유롭고 적극적인 정치참여에 있다는 것이 김대중의 믿음이다. 자신의 대표를 선출하기 위해서는 선거에 중앙정부의 통제가 선거결과에 미칠 수 없는 제도가 필요한 것이다. 중앙정부의 하부 관료조직으로서의 지방정부는 집권당의 영향력 범위 내에 있다는 점도 고려하지 않을 수 없다. 공정선거를 기대하기 어려운 이유이다. 지방자치제를 통해 지방정부의 고위직에 그 지방의 지지를 받는 후보가 진출할 수 있을 때 자율적인 결정에 따른 발전을 도모할 수 있는 것이다. 따라서 지방자치제는 중앙정부의 독주를 막기 위해서 권력을 지방으로 분산시키는 효

---

52) "[제6대 국회 상임위원회 제58회 제3차 예산결산특별위원회] 2. 1967년도 예산안(1966. 11. 28)," 연세대학교 김대중도서관편, *김대중 전집 II 제4권: 정책노선과 전략을 구체화하다(1966년 4월 ~ 1967년 6월)* (서울: 연세대학교 대학출판문화원, 2019), 401.

53) 김대중은 면단위의 지방자치는 당시 한국의 실정에 맞지 않음을 지적했던 바와 같이 7대 대통령 선거공약에서도 전면적인 지방자치제 실시를 공약하지 않았다. 그는 지방자치의 최하 단위를 구(區)[서울, 부산(釜山)], 시(市), 군(郡)으로 하는 안을 제시하였다. "인천에서 열린 7대 대통령 선거유세 연설문 초안(1970.10.31.)," *김대중 전집 II 제6권*, 374.

과를 가짐으로써[54] 야당도 뿌리를 내려 집권을 가능하게 하는 기능[55]을 할 수 있는 민주주의의 제도적 장치이다. 따라서 지방자치를 부인하는 것은 민주주의 자체를 부정하는 것과 같다.

1990년 10월 8일 김대중은 지방자치제 실시와 3당합당 이후 노태우 정부의 독단적인 국정 운영을 비판하며 단식투쟁을 시작했다. 단식투쟁에 돌입하면서 김대중은 "지자제 없는 민주주의는 없습니다"라고 선언하며, 지방자치제 없이는 야당은 조직의 뿌리를 내릴 수도 선거에서 승리할 수도 없음을 강하게 주장했다. 지역의 유권자들이 스스로의 대표를 선출할 수 있는 길이 막혀있기 때문이다. 지방을 중앙정부가 통제하는 경우 예상되는 당연한 논리적 귀결이다. 따라서 균형 잡힌 지방의 발전도 기대할 수 없다. 김대중은 세계에서 지방자치제를 실시하지 않는 나라는 우리밖에 없다는 점을 강조했다.[56] 자신의 희생을 각오하겠다고 할 정도로 그의 결의는 단호했다. 노태우 정부는 결국 김대중의 요구를 수용했다. 이후 여야는 1990년 12월 11일 지방자치제 선거법에 관한 협상을 마쳤다. 한국에서 지방자치제가 다시 실시되는 순간이었다. 김대중은 지방자치제도 재시행의 의미를 다음과 같이 기록했다.

> "이제 지방자치가 1961년 박정희 씨의 군사 쿠데타 직후 폐지된 이래 30년 만에 다시 부활하게 되었다. 박정희 씨가 취한 가장 독재적인 조치 중의 하나가 지방자치의 폐지였다. 이제 이의 부활로 우리는 새로운 민주 소생의 계기를 맞이하게 된 것이다. 지방자치는 의회정치와 더불어 민주주의의 양대 대들보이다. 30년 동안 빠져 있던 이 대들보를 다시 우리가 세우게 되었다.

---

54) "<평화민주당 국정보고대회> 연설(1990.4.1)," *김대중 전집 II 제14권*, 363.

55) "국회의 경색 타결을 위한 제언(1990.7.9)," 위의 책, 460.

56) "단식투쟁에 들어가며(1990. 10. 8)," 위의 책, 552.

또 지방자치는 지역의 균형 있고 특색 있는 발전을 위해서도 절대적인 조건이다. 그리고 주민이 지방 행정을 직접 결정하여 즐길 수 있는 유일한 장이다. 지방자치를 통해서 지방화 시대를 열어야 인구의 무작정 대도시로의 집중을 막을 수 있다. 뿐만 아니라 지자제를 통해서만 야당은 행정기관 내에 거점을 얻어서 부정선거를 막고 정권도 잡을 수 있다. 지방자치를 회복한 의의를 아무리 높이 평가하여도 과하다 할 수 없다."[57]

4. 경제 부문에 대한 민주적 참여

1) 국민의 참여는 정치 영역에 한정되지 않는다

김대중은 취임사를 통해 '국민의 정부'가 해결해야 할 최대의 과제로 경제적 난국을 극복하고 경제를 재도약시키는 일이라고 지적하면서 민주주의와 경제발전을 병행할 것을 선언하였다. 이것은 '민주주의와 시장경제는 동전의 양면이고 수레의 양 바퀴'와 같다는 인식에서 출발한다.[58] 따라서 민주주의와 시장경제는 서로의 발전을 위해 필수적인 존재로서 이 둘을 분리해서는 민주주의도 시장경제도 성공할 수 없다. 김대중은 민주주의와 시장경제의 병행발전론을 '민주적 시장경제'라고 명명했다. 특히 김대중은 민주주의 국가에서는 정치적 결과보다는 국민이 자율적으로 참여하고 협력하는 과정이 더욱 중요한 것으로 판단하였다. 민주국가의 국민은 서로의 '다양성을 인정하되, 결국 국가의 큰 목

57) "위대한 국민은 새 시대를 만든다(1991.1.1)," 위의 책, 656.

58) 대통령 비서실, *김대중대통령연설문집, 제1권* (1999), 62.

적에 국민의 각성과 국민의 자발적인 판단으로 협력하도록 해나가는 이것이 민주국가의 장점'인 것이다.[59]

"당시 내가 주장한 것이 '민주적 시장경제'예요. 민주적 시장경제가 뭐냐. 그것은 시장경제와 복지가 수레의 두 바퀴처럼 서로 보완하면서 경제가 발전한다는 거예요. 경제가 발전해야 노동자와 서민들이 일자리를 얻고 장사를 하게 돼요. 또 노동자나 서민들의 수입이 늘어야 구매력이 생겨서 기업이 성공하게 됩니다. 이것은 상호보완적이고 필수불가결한 관계에요."[60]

그의 '민주적 시장경제론'은 정치 영역뿐만 아니라 경제 부문에서의 대중의 참여와 기회균등을 주장한 그의 민주주의 모델의 다른 이름이다. 정치와 경제는 분리된 것이 아니라 상호 보완 발전하는 필수적인 존재라는 말은 김대중의 민주주의론이 단지 정치적 영역에 국한된 것이 아님을 명확하게 확인할 수 있는 중요한 지점이다. 민주주의와 시장경제는 동전의 양면으로 서로 분리할 수 있는 성질의 것이 아니다. 김대중은 20세기를 민주주의의 승리의 역사로 평가하면서 민주주의를 받아들인 나라는 성공했으며, 민주주의를 거부한 사회주의 체제는 붕괴하였다고 한 바 있다. 다시 말해서 민주주의와 개방경제, 이 두 가지를 다 받아들여야 나라의 부강과 국민들의 자유를 보장할 수 있다.

"오늘날 동구라파의 사회주의 정권, 소련의 사회주의 정권이 실패한 것은 결국 민주주의를 받아들이지 않음으로써 자기모순을 시정하지 못하고 국민대

---

59) "[제7대 국회 제67회 제42차 본회의] 31. 가정의례준칙에 관한 법률안(1968. 12. 29)," *김대중 전집 II 제5권*, 589.

60) 박명림·김대중, "민주적 시장경제와 평화공존에의 여정," 57-58.

중들의 욕구를 충족하지 못하는 경직성에 빠져서 스스로를 파멸시켰다고 볼 수 있습니다. 크게 보아서 우리는 결국 민주주의를 하지 않은 사회주의가 패배한 것이다. (중략) 민주주의와 개방경제를 과감히 받아들일 때 그들의 활로가 나올 것이고 받아들이지 않을 때는 크게 패배할 것입니다. 민주주의와 시장경제는 동전의 양면입니다. 어느 한 쪽만 선택적으로 받아들일 수는 없습니다."[61]

민주주의와 시장경제의 작동 원리가 다르다는 점이 국민 참여의 범위를 구획짓는 것은 아니다. 김대중은 일찍이 정치 분야뿐만 아니라 경제, 사회 분야에서도 일반 대중이 자유롭게 참여하고 결정하며, 경제적으로 기회균등이 보장되는 민주주의를 추구했다. 이렇게 민주국가의 내용에 정치적으로 참여할 권리뿐만 아니라 경제영역에의 참여를 중요한 요소로 제시한 것은 김대중의 오랜 지론이었다. 김대중은 그동안의 자신의 국민참여를 토대로 한 민주주의론을 체계화하여 '대중참여민주주의'로 명명하고 이것의 핵심적 내용을 다음과 같이 개념화했다.

"대중참여민주주의는 현대 산업사회에서 민주적 기본 권리가 보장된 대중이 정치, 경제, 사회의 각 분야에 문제 해결의 주체로서 참여하는 민주주의를 말한다. 따라서 대중은 국정과 지방정치의 각종 선거에 참여하여 그 결과를 자신들의 뜻대로 자유롭게 결정한다. 그리고 여론과 소환제도 등을 통해서 정치를 계속 편달 감시하고 시정시킨다. 뿐만 아니라 각종 이익단체에서도 문제 해결의 주체로서 참여가 보장된다. 경제적으로는 주식의 대중화를 통해서 소유에 참여하고 자기 대신 전문 경영인을 선출하여 운영에 참여하고 적정한 배당을 받아서 분배에 참여한다. 대중은 이 밖에도 모든 경제활동에 참

61) "<여의도클럽 초청세미나> 기조연설 및 토론(1991.10.10)," *김대중 전집 II 제15권*, 67-68.

여할 기회균등이 보장되어야 한다. 사회적으로는 문화, 교육, 환경, 사회복지 기타 사회 각 기관의 국민적 봉사를 가져오기 위하여 그 정책의 수립과 집행의 과정 등에 해당 부문의 대중이 적극적으로 참여해서 자주와 자유를 확립한다."[62]

김대중의 민주주의론에서 대중의 참여는 단지 정치 영역에만 한정되지 않는다. 대중은 자신의 문제에 대한 해결의 주체로서 정치, 경제, 사회, 문화 등 국가생활 전반에 걸쳐 주체적으로 그리고 적극적으로 자신의 의사를 투사해내는 권리를 가진 자기 문제의 주체로서 존재하는 것이다. 이러한 김대중의 구상 속 대중은 현대 사회 전반에 걸친 주체로서의 인간이고 대중이고 국민을 의미했다. 이 대중이 주어진 사회의 문제와 모순을 극복해가는 주체이자 가장 강력한 동력이다.

김대중의 문제의식은 언제나 그러하듯 현실로부터 발원한다. 해방 이후 우리나라에 민주주의가 도입되어 현재에 이르기까지 한국 사회를 지배한 정치, 경제, 사회, 문화의 발전 전략으로부터 배태된 현상과 모순을 극복해내는 방안이자 대안으로서 그의 민주주의론은 점차 발전되고 정교화되었다. 김대중의 문제의식의 출발점은 우리 사회에서 중산층, 즉 사회의 중추인 중산층의 몰락 현상이다. 중산층의 몰락은 도시와 농촌, 대기업과 중소기업, 지역 등 사회 제부분의 괴리와 격차를 초래하였다. 간단히 말한다면 사회적 양극화현상이 시간이 지남에 따라 더욱 심화되고 고착화되는 병리현상이 지속되고 있다는 것이다.

김대중은 그러한 현상이 발생하는 원인을 크게 두 가지로 지적했다. 하나는 민주주의가 충분히 이루어지지 않아 경제 영역에서의 자율성

62) "1989년 정국 상황에 대한 진단(1989. 1. 28)," *김대중 전집 II 제13권*, 466.

이 저하되기 때문이라는 것이며,[63] 다른 하나는 소수 재벌 중심의 경제발전 전략에 따라 일부 재벌들에게 집중된 특혜에 기초하여 불균형 성장이 확대·심화되어 공정한 분배 실현에 실패한 것이다. 이로써 경제발전에 상응한 혜택이 사회 전반에 미치지 못하고 '빈부의 양극화, 도시와 농촌의 격화, 대기업과 중소기업의 격차, 그리고 지역과 지역의 격차' 등 고질적인 불평등 문제를 야기한 것이다. 또한 이러한 불평등의 구조화는 역으로 민주주의를 근본에서 저해하는 요소로 작용한다.[64]

중산층의 몰락 현상이 갖는 진짜 위험성은 민주주의가 불안해질 가능성이 중산층의 약화와 더불어 증가한다는 점이다. 다시 말해서 중산층에 대한 수탈은 그들의 이탈과 사회적 저항으로 이어져 민주주의를 근본에서부터 흔드는 요인으로 확장될 위험성이 높아진다.[65] 김대중은 정치 신인시절부터 경제성장에 있어서뿐만 아니라 민주주의의 발전과 성숙을 위해서도 중산층의 존재와 육성이 핵심적인 문제임을 지속적으로 강조했다.

> "건전한 민족자본가를 격려하고 노동계급을 적극 보호하는 것도 물론 중요하지만 무엇보다도 중산층의 보호 육성에 전력하는 것이 우선적으로 중요한 것이라고 확신하고 있다. 우리의 신념으로는 한국의 운명과 민주주의의 성패, 그리고 승공 역량의 배양을 위한 열쇠는 오로지 이 한 점에 집약된다. (중략) 그러나 불행히도 우리나라에서는 이러한 관건적인 문제를 등한시하고 애국이니 민족이니 하는 추상적인 구호만 떠들면서 이승만 정권 12년은 중산층의 파괴와 희생 아래 관료 특권 자본가의 이익에 봉사하는 데 시종했다.

---

63) "<서울신문>과의 인터뷰(1992.9.26)," *김대중 전집 II 제15권*, 595.

64) "<제11차 하계 인간 개발 경영자 세미나> 특별강연(1990.7.22), *김대중 전집 II 제14권*, 510.

65) "<매일경제> 기고문(1967년 11월 10일)," *김대중 전집 II 제5권*, 26.

5·16 군사혁명 이후에는 화폐개혁·증권파동 등으로 중산층의 다량적 몰락을 조성하는가 하면 무모한 5개년 계획에 의한 자본재의 대기업체 집중으로 우리가 현재 목도한 바 중산층의 급격한 몰락 현상을 초래하고 있는 것이다. 경제 재건이니, 실업자 일소니, 하지만 문제의 본질을 바로 파악하지 못한 경제 시책은 오히려 후퇴와 파멸만을 가중시킬 뿐이다."[66]

"정치적으로는 중산층 없는 민주주의는 사상누각에 불과한 것이며, 또 중산층이 몰락한 사회는 공산당의 온상 외에는 아무것도 아닌 것이다. 그러므로 대기업이 중소기업을 그 산하에 계열화하여 공동발전 시킨다는 것은 따지고 보면 그 자신의 안전과 생존을 위한 절대적인 길이 되는 것이다."[67]

2) 성장과 안정 그리고 분배의 균형

이러한 한국의 현실문제를 해소하고 경제적 파탄을 방지하기 위한 김대중의 대안은 우리 경제의 성장과 안정과 분배 이 3자 간의 균형을 이루는 것이다.[68] 성장·안정·분배의 균형을 위해 그는 익히 알려져 있듯이 대중경제라는 대안을 제시했다. 김대중의 구상은 대중경제, 대중참여경제, 경제영역에서의 참여민주주의, 경제민주화 등 여러 형태의 이름으로 명명되고 알려져 있지만 그 기본적인 구상인 성장과 안정 그리고 분배의 균형이라는 가장 핵심적인 내용은 변하지 않고 근본구상으로

---

66) "'민주당 선전부장이 말하는 민주당' 민주당을 말한다 – 중산층에 의하고 중산층을 위하고 중산층을 만든다(1963년 9월 1일)," *김대중 전집II 제2권*, 19–20.

67) "경영자의 창의와 노력은 경제성장을 위한 민족의 계획과 함께 있어야 한다(1965.2.28)," *김대중 전집II 제3권*, 435.

68) "1989년 정국 상황에 대한 진단(1989.1.28)," *김대중 전집II 제13권*, 466.

서 유지되었다.

우선 김대중이 말하는 대중경제 또는 대중참여경제란 민주주의 체제를 전제로 하며 '복지가 수행되고 중산층이 지원받는 투명한 시장경제'를 말하는 것으로서, 자본가 위주의 경제가 아니라 자본주의가 수정된 형태로서의 경제이다.[69] 그러나 분명히 자본가를 적대시하거나 시장경제의 기본적 원칙에 반하는 구상은 아니었다. 김대중은 이것을 다음과 같이 개념화했다.

> "대중경제란 대중민주주의하에서의 경제체제를 말하는 것으로 자본주의의 수정된 한 형태입니다. (중략) 오늘날 원초적인 자본주의는 이 세상에 존재하지 않습니다. 이렇게 수정된 자본주의를 왜 우리가 아직도 자본주의라고 하느냐, 두 가지 이유 때문에 그렇습니다. 하나는 자본의 개인적 소유, 또 하나는 자유경제입니다."[70]

김대중의 대중참여경제를 수정된 자본주의체제로 말하는 근본적 이유는 자본의 사적 소유와 자유시장을 핵심적 토대로 하는 데 있다. 다시 말해서 김대중의 대중참여경제는 철저하게 시장주의를 바탕으로 하고 있기 때문이다. 사유재산과 자유시장이 부인된다면 그것은 김대중의 대중참여경제가 아니다. 이런 점에서 사회주의와 공산주의와는 그 출발점에서 근본적으로 차이가 있다.

김대중의 대중경제론, 즉 '수정된 자본주의론'의 특징은 '소유의 사회화, 공정한 부의 분배, 적정 수준의 복지'의 세 가지에 있다. 먼저 김대

---

69) 박명림·김대중, 앞의 글, 57.

70) "<월간조선>과의 인터뷰(1985.3.11)," *김대중 전집 II 제12권*, 23.

중이 말하듯이 대중경제의 핵심은 사적 소유의 원칙에 기반한 소유의 사유화이다. 소유의 사유화란 사적 소유에 기반하면서도 종업원 주주제 등을 통해 기업의 소유구조를 근로자에게까지 확산해가는 것을 의미한다.[71] 이때 국가가 강제하는 것이 아니라 세제 등의 제도와 기업의 자율적 판단에 따라 소유를 대중화하는 것이 중요하다. 이를 통해 한 개인이 기업을 독점적으로 소유하는 경우를 방지하고, 경영은 전문경영인 체제로 나아가도록 유도하는 것이다. 김대중은 이를 '경제·소유에서의 민주주의, 주식 대중화와 사회화'이며, '민주주의를 통해 사회주의, 자본주의 두 체제의 통합이 이루어진 상태'라고 표현했다.[72]

또한 경제영역에서의 참여민주주의 핵심은 부의 분배문제에 있다. 김대중은 부의 공정한 분배 없이는 강력하고 지속적인 경제성장을 기대할 수 없다고 단언했다. 모든 기업인과 노동자 그리고 소비자에게 공정한 기회를 주기 위해서는 분명히 자유시장경제가 필요할 것이다. 그러나 자유시장경제는 민주주의 체제하에서만 부패와 부의 집중을 방지하는 분배가 가능하며, 민주주의하에서만 지속적이고 강력한 경제성장의 기반이 마련되는 것이다. 김대중은 이러한 경우를 전후 민주주의 체제로 전환했던 독일과 일본의 예를 들고 있다. 독일과 일본은 노동자들에게 부를 분배함으로써 건전하고 강력한 경제성장을 이루어낼 수 있는 건전한 경제적 토대를 구축해냈으며 이것이 그들의 놀라운 성장의 바탕이 되었다는 점 그리고 부의 공정한 분배는 성장의 동력임과 동시에 경제성장을 유지, 발전시키기 위해서도 반드시 필요한 요소라는 것을 김

71) 위의 글, 24.

72) "<월간조선>과의 인터뷰(1993.8.24)," *김대중 전집Ⅱ 제16권*, 122.

대중은 대단히 강조했다.[73]

그러면 김대중이 말하는 분배하는 부는 무엇인가? 김대중은 부의 재분배는 미래소득에 관한 것이다. 다시 말해서 부의 분배문제는 현재의 부를 재분배하는 것이 아니라 장래의 것, 미래의 몫을 재분배하는 것을 의미한다.

> "대중경제는 한마디로 하면 정의 있는 자유경제, 자유경제체제를 원칙으로 합니다. 자유경제를 철저히 지키지만 그러나 정의가 실현되어야 합니다. 우리의 현실과 같이 이래서는 안 됩니다. (중략) 그런데 이렇게 분배가 잘못된 것을 어떻게 시정할 것이냐? 이미 기존의 분배된 것을 다시 재분배할 것이냐, 그렇지 않으면 장래에 이것을 시정할 것이냐? 이것이 문제가 되겠는데 제 생각에는 기존의 것을 재분배하기보다는 장래의 것, 이제부터 성장되는 부를 재분배하는 쪽이 옳다고 생각합니다. 물론 과거의 잘못된 것을 시정해야겠지만 중점은 이제부터에 두어야 한다고 생각합니다."[74]

현재의 부를 재분배하는 것은 일종의 혁명적 조치의 일환이라고 보아야 할 것이다. 현재의 가진 자의 몫을 못 가진 자에게 다시 나누어 주어야 하기 때문이며 체제의 근본적 변혁이 없이는 사실상 불가능한 일이기 때문이다. 이것은 김대중의 경제구상의 성격을 잘 보여주는 것이 아닐 수 없다. 그는 혁명이 아니라 현 체제의 점진적 변화, 긍정적 개혁의 입장에서 경제 체제의 변혁을 이야기하고 있는 것이다. 이러한 김대중의 변혁론의 성격은 복지의 영역에 있어서도 확연하게 드러난다. 김

73) "<국제문제저널(Journal of International Affairs)>과의 인터뷰(1984.11)," *김대중 전집 II 제11권*, 408-409

74) "<도산아카데미 연구원 초청 세미나> 강연(1989.11.15)," *김대중 전집 II 제14권*, 218.

대중은 급진적이고 근본적인 지나친 복지에 대해서는 반대의 입장을 분명하게 표명했다. 그것은 경제에 악영향을 미칠 뿐만 아니라 시장경제의 원리에 반하기 때문이다. 따라서 그는 '적정 수준의 복지', 또는 '적정 수준의 사회적 분배'가 대중의 구매력을 확대해서 경제를 더욱 활성화시킬 것이라는 입장임을 분명히 했다.[75]

3) 김대중의 기업·금융·공공·노동 부문 4대 개혁

김대중의 경제구상은 'IMF 외환위기'로 불리우는 경제적 파국에 대한 대응정책의 기본 이념적 토대가 되었다. 김대중은 'IMF 외환위기'라고 일컬어지는 경제적 파국의 원인이 과거 정부들의 경제성장 정책에 있다고 보았다. 그동안 한국 정부는 성장전략을 수립하여 이를 기초로 시장에 적극적으로 개입함으로써 경제성장을 이끌었다. 정부는 자금시장을 엄격히 통제하고 국내 산업 보호를 위한 높은 무역장벽을 구축하는 동시에 목표를 설정하여 그 달성여부에 따라 선별적으로 여신을 제공하는 등 기업의 활동을 통제·조정하여 왔다. 이것은 '발전국가'라고 불리는 경제성장 전략으로 정부가 마치 기업의 지휘부처럼 전략산업을 결정하고 자원을 동원, 배분하는 역할을 수행한 것이다.

김대중은 발전국가의 경제성장 전략이 단기적으로는 효과가 있을 수 있다는 점은 인정했다. 그러나 관치금융과 정경유착에 기초한 성장전략은 기업과 은행에게 도덕적 해이를 만연케 만들었고, 결과적으로 기업의 경쟁력을 극도로 저하시켜 수출 부진과 외채 증가를 초래함으로써 외환위기의 원인으로 작용하였다고 판단했다.

이에 김대중은 대통령에 취임 직후 자유경쟁과 책임경영을 원칙으

---

75) "새로운 한일관계, 어떻게 할 것인가(1992.8.17)," *김대중 전집II 제15권*, 559.

로 하는 시장의 원리에 따라 작동하는 경제를 구축하기 위해 기업, 금융, 공공, 노동 부문의 개혁을 단행했다. 은행에 역점을 둔 금융 부문의 개혁, 기업 경영의 투명성, 재무구조의 개선, 핵심 사업의 육성, 중소기업과의 협력 등을 중점 방향으로 하는 기업 부문의 개혁, 정부·공기업을 중심으로 하는 공공 부문의 개혁, 노동시장의 유연화와 노동자의 권익 보호를 목적으로 하는 노동 분야의 개혁 등 4대 부문의 핵심적 개혁이 그것이다. 동시에 참여민주주의의 논리[76] 아래 제2건국위원회, 노사정위원회와 같은 이른바 '사회협의'(social consultation)제도의 형태로 구체화시켰다.

이어 1999년에는 '민주주의와 시장경제의 병행발전'은 재벌개혁과 중산층 및 서민을 위한 정치를 핵심내용으로 하는 '생산적 복지'가 추가되어 3자 병행발전론으로 확대되었다. 생산적 복지란 '인간개발을 중심으로 빈부격차를 해소하기 위한 방안'으로 "모든 소외계층과 저소득층에 대하여 생계, 교육, 의료 등의 기초생활이 법률적으로 보장되고, 근로능력이 있는 모든 국민에게 고부가가치의 창출과 자기소득 증대라는 2가지 목적을 동시에 달성할 수 있는 인적 자원개발에 중점을 두는 복지"[77]를 추구하는 것이었다.

김대중의 경제민주화 정책에 대해 일각에서는 이후 양극화를 가져온 신자유주의 체제의 원형으로 평가하거나[78] 양극화를 부추기고 사회

---

76) '국민의 참여에 기초한 민주적 합의는 체제를 안정시킴으로써 지속적인 경제성장의 토대를 제공한다' 재정경제부 한국개발연구원, *국민과 함께 내일을 연다: 국민의 정부 경제청사진* (1988), 55.

77) 대통령 비서실, *김대중대통령연설문집, 제3권* (2001), 157-158.

78) 이병천, "김대중 모델과 한국경제 97년 체제," *기억과 전망*, 28 (2013): 144-184.

적 불평등을 심화시켰다는 비판[79]이 있다. 이러한 비판들은 정당한 것일까? 경제 분야에서의 신자유주의는 시장에 대한 국가의 개입을 최소화하고 사적 소유권의 강화와 시장 개방을 중심으로 하는 자유시장 그리고 규제완화의 중요성을 강조하는 일단의 사조를 일컫는다. 김대중의 경제관은 앞서 보았듯이 자유시장의 원칙과 사적 소유권의 기초 위에 구축되어졌다는 점에 있어서, 그리고 경제 부문에 대한 국가의 개입보다는 시장과 기업의 자율성을 무엇보다 중시했다는 점에서 이미 신자유주의의 사상적 맥락에 기반하고 있다고 할 수도 있다.

그러나 김대중의 경제관, 즉 대중참여민주주의론은 정치와 경제 또는 국가와 시장과의 관계에 대한 기본 가정에 있어서 신자유주의자들과는 근본적인 차이가 있다는 것을 간과해서는 안 된다. 시장주의자들의 관점과는 달리 김대중은 시장에도 민주주의의 원리가 관철되는 경제질서를 제일의 원칙으로 하였다는 점에서 김대중의 경제관을 신자유주의로 분류하는 것은 적절하지 않다. 그러면 김대중의 4대 개혁, 특히 은행, 기업, 공기업의 민영화 정책은 신자유주의자들의 논리를 그대로 받아들여 김대중의 기본 경제철학과는 다른 차원에서 실시되었을까? 이 질문에 답하기 위해서는 김대중 정부의 산업정책과 대기업 구조조정 정책을 조금 더 자세히 살펴볼 필요가 있다.

먼저 김대중 정부는 97년의 외환위기가 근본적으로는 외환과 금융위기로부터 비롯되었으나 그 바탕에는 기업들의 방만한 외부차입위주의 경영 등의 구조적인 문제와 정부의 관리기능이 제대로 작동되지 못한 것이 원인이었다고 인식하고 있었다. 따라서 경제위기를 극복하기

79) 김영명, "김대중, 긍정 부정의 평가가 엇갈리는 민주주의 지도자," *한국사 시민강좌*, 50 (2012): 33-43.

위한 정책적 대응 방향을 크게 두 가지로 설정했다. 첫째, 철저한 구조조정을 통해 국제경쟁력을 갖춘 기업으로 변모시키며, 둘째, 경제의 건전한 실물기반을 구축하는 정책을 시행한다는 것이 그것이다. 전자의 목적을 위해서는 빅딜을 중심으로 한 기업구조조정을 단행하고, 후자, 즉 건전한 경제적 실물기반을 구축하기 위한 방침으로는 무역수지의 흑자기반의 정착, 외국인투자의 유치, 첨단지식산업 중심으로의 산업구조의 고도화와 기술혁신 등을 주요 내용으로 하는 경제정책을 추진하고자 했다.[80]

우선 김대중 정부는 산업정책 부문에 있어서 산업구조고도화촉진법을 통해 산업의 업종전문화를 유도하고, 산업구조의 고도화를 꾀하고자 했다. 당시 내수 침체로 인한 산업생산의 감소세가 지속됨에 따라 제조업 평균 가동류는 60%대의 수준을 유지했다. 특히 자동차 등 일부 산업의 경우에는 심각한 침체상황에 있었다. 이에 따라 정부주도에 의한 산업정책을 지양하고 민주주의와 시장경제를 바탕으로 하는 체제를 구축하기 위한 제도화의 일환으로 산업발전법을 제정하여 시행했다. 그러나 여전히 과거 정부와 같이 정부주도의 산업정책이 가능하도록 하는 근거를 상당부분 도입하고 있다. 그 중 대표적인 조항들로서는 제7조의 유망신산업창출촉진 조항과 제10조의 사업전문화유도시책을 수립할 수 있다고 규정한 부분을 그 예로 들 수 있다. 이 조항들은 당시 경제계의 반대에도 불구하고 제도화되었다.

김대중 정부는 외환위기의 주범으로 지목되었던 대기업의 빚에 의존한 부실 경영의 전례를 근본적으로 개혁하고자 했다. 대기업 구조조

---

80) 이러한 상황인식과 정책정향은 산업연구원의 연구결과에 바탕을 두고 있었다. 산업연구원, *IMF 시대 경제환경의 변화와 산업정책 방향* (서울: 산업연구원, 1998), 1-3.

정은 1998년 1월 13일 김대중 대통령당선자와 5대기업 총수들 간의 '5대 과제 합의'로부터 출발하였다. 1998년 1월 13일 김대중 대통령당선자와 재벌 총수들 간의 합의 형식으로 이루어진 기업구조조정 5대 기본과제는 첫째, 기업경영의 투명성 제고, 둘째, 상호채무보증의 해소, 셋째, 재무구조의 개선, 넷째, 핵심부문의 설정, 다섯째, 지배주주 및 경영진의 책임 강화 등을 내용으로 기업경영의 투명성·독립성·건전성의 제고, 경쟁력의 강화, 책임경영체제의 구축을 목표로 하고 있었다. 5대 기업의 구조조정은 재무구조개선약정의 이행, 상호채무보증의 해소, 대규모 사업교환(Big Deal)으로 이루어져 있다. 또한 6대에서 64대 재벌의 구조조정은 채권금융기관과 재무구조 개선약정과 기업개선작업(Work-out)을 중심으로 진행되었다. 중소기업에 대한 구조조정은 3단계 분류에 근거한 여신지원으로 실시되었다. 중소기업에 대해서도 채권금융기관과의 자발적 기업개선삭업을 추진하려 하였으나, 실시된 것은 거의 없다.

또한 재벌 총수 또는 그 가족 중심의 경영형태, 외국인에 대한 배타적인 기업지배구조를 개선하는 등 개방경제체제에서 재벌이 경쟁력을 가지고 살아남기 위해서는 기업지배구조를 개선하여 기업이 개방경제체제에서도 경쟁력을 가지고 발전할 수 있도록 하고자 했다. 특히 대규모 사업교환, 즉 빅딜을 통해 부실 기업을 정리하고 건전한 형태의 기업으로 재구축하고자 했다. 빅딜은 1998년 7월 4일 청와대 오찬간담회에서 9개 합의사항의 하나로 발표된 '대기업간 빅딜의 자율적 추진과 정부의 제도적 지원 합의'[81]와 이를 실행에 옮기기 위한 동년 7월 26일의 '정-재계 1차 간담회,' 동년 8월 7일의 '정-재계 2차 간담회'를 통해 핵심

81) 전국경제인연합회, *전경련사업총람 1998년도* (서울: 경제인연합회, 1999), 187.

사업 중심으로 대기업의 구조개편을 추진키로 한 결정에 바탕을 두어 시행되었다. 특히 빅딜의 실행을 전경련을 중심으로 한 재계의 자율적인 사업구조조정 방안을 통해 이루기로 한 점이 과거의 기업구조조정의 양상과 다른 점이라 할 수 있다. 사업 구조조정은 컨소시엄, 합병, 사업양수도 등 다양한 형태의 구조조정 수단을 활용하였으며, 재무구조개선과 기업체질의 강화, 외자유치 도모 등을 목적으로 하였다.[82]

이상과 같이 김대중의 산업정책과 기업구조조정 시책은 분명히 시장의 원리에 따라 경제활동이 영위될 수 있도록 하기 위한 처방이었음은 분명하다. 그러나 산업정책의 경우에도 정부의 강력한 개입의 여지를 확보해 두고 있었으며, 소위 빅딜로 일컬어지는 대기업의 사업교환 과정에서 정부의 역할은 결정적이었다. 이와 함께 고려해야 할 지점은 김대중의 중소기업 보호, 육성책과 노사정위원회의 구성, 전교조와 한국노총의 인정을 대표적인 예로 할 수 있는 노동분야의 권익보호 정책 등 전체적인 관점에서 김대중의 경제민주화를 평가할 필요가 있다.

5. 화해와 협력의 정치

1) 정치보복이 아닌 화해와 관용으로 푼다

김대중의 정치철학을 이루는 가장 뚜렷한 요소 중 하나는 그의 기독교 신앙에서 비롯된 용서의 철학과 그에 기초한 정치이다. "독재는 용서할 수 없어도 독재자는 용서할 수 있다"[83]는 유명한 말로 가해자의 반

---

82) 위의 책, 186-87.

83) "<경향신문>과의 인터뷰(1987.10.9)," *김대중 전집II 제12권*, 670.

성과 피해자의 용서를 통한 화해의 정치를 주창할 정도로 용서의 정신은 김대중의 정치적 신념이었다. 그를 죽음 직전까지 몰아넣었던 납치범들에 대한 그의 이해와 용서는 그 대표적 예의 하나이다.

김대중은 1973년 8월 8일 대낮에 도쿄의 한복판에서 납치되었다가 극적으로 생환한 이후 자신을 납치하여 죽이려 했던 청년들을 비난하지 않고 아무것도 모르고 나라를 위한다는 순진한 청년들이며 그들에게서 나라의 밝은 미래를 보았다고 한 바 있다.[84] 그의 용서와 관용의 정신이 잘 드러나는 지점이다. 그뿐만이 아니다. 그가 1982년 5월 체포되어 1982년 12월까지 약 2년 7개월여 수감 기간에 작성했던 옥중수고에도 그가 증오·보복·곡해·중상을 넘어 관용·공존·이해·협력을 위한 길로 나아가고자 한 노력의 흔적은 곳곳에 담겨 있다. 1980년 11월 24일 사형수 시절에 작성한 편지에 김대중은 다음과 같이 쓰고 있다.

> "용서와 사랑은 진실로 너그러운 강자만이 할 수 있다. 꾸준히 노력하며 하느님께 자기가 원수를 용서하고 사랑하는 힘까지 가질 수 있도록 도와주시기를 언제나 기구하자. 그리하여 너나 내가 다 같이 사랑의 승자가 되자."[85]

자신을 고난에 처하게 하고 죽음을 선고한 사람들을 용서하기 위해 깊이 성찰하며 스스로를 바로잡으려 했는지를 여실히 보여 준다. 김대중의 용서는 자신을 핍박한 사람들에 대한 보복의 중지에까지 이른다. 김대중 자신에 대한 관대한 처분보다는 동료들에 대한 관용을 원했으며, 집권자였던 전두환 대통령이 상대를 인정하고 토론을 통해 함께 화

---

84) "태양은 또다시 떠오른다(1973.8.16)," *김대중 전집 II 제7권*, 330-331.

85) "육군교도소에서 쓴 편지 2(1980.11.4)," *김대중 전집 II 제9권*, 224.

해하고 협력할 것을 당부했다. 특히 그는 자신이 사형에 처해지더라도 가해자들에게 정치적인 보복은 없어야 할 것이라고 유언과도 같이 진술했다. 그는 자신의 사형이 선고되기 직전 최후진술에서조차 화해와 용서를 강조하고 있다.

김대중에게 용서는 죄 있고 잘못한 사람이 회개했을 때 그의 회개를 받아들이는 것이며, 이것이 진정한 용서였다. 그리고 그것이 그가 믿는 기독교의 가르침이라고 분명하게 말했다.[86] 그러나 용서는 사람에 대한 용서이지 잘못된 행위 그것을 용인한다거나 잘못된 제도를 방치하는 식의 용서는 아니다. 정치인으로서 김대중에게 용서는 정치적 용서를 의미한다. 용서는 박해를 가했던 가해자들에 대한 용서이며, 더 큰 국가적 이익과 목적을 위한 정치적 결단이다. 김대중의 용서는 관용과 이해의 정치, 그리고 갈등이 극단으로 악화되는 것을 방지하는 화해의 정치로 나아간다. 평화민주당을 창당하고 1년이 안 된 시점에 한 언론과의 인터뷰를 통해 김대중은 다음과 같이 밝혔다.

> "제가 정치보복 반대를 주장한 것은 요즈음이 아니라 사형 언도 받을 때부터입니다. 그때 죽을 것으로 알고 유언으로 했던 말이에요. (중략) 재야 동지들이 처벌하자고 주장하지만 우리는 '철저히 사실을 밝히고 사람 집어넣는 것까지는 안 하는 것이 좋다.' 이런 한계선을 지켜서 민주주의 반대하는 사람들에게 감히 반발을 하지 못하게 하고, 전두환 씨도 구속은 안 된다는 희망을 갖고 물러서게 만들었다는 겁니다. 그 대신 구속자 전원 석방과 사면·복권을 얻어냈고요. 만약 구속하라고 했으면 저쪽 사람들에게 내적 충격을 주어 정

---

86) "[제13대 국회 제144회 제5차 본회의] 1. 국정에 관한 교섭단체 대표 연설(1988.10.25)," 연세대학교 김대중도서관 편, *김대중 전집II 제13권: 5공청산과 민주입법을 위한 국회 내 개혁작업을 주도하다(1988년~1989년 5월)* (서울: 연세대학교 대학출판문화원, 2019), 257-258.

국이 파국으로 가고 있었을 겁니다."[87]

노태우 정부 초기 5공청산의 목소리가 높은 가운데서도 김대중은 전두환의 처벌에 반대하였으며 과거에 대한 반성과 솔직한 증언이 이루어지는 경우 그의 자유로운 활동까지 보장할 정도로 포용적이었다. 위의 인터뷰에서 볼 수 있듯이 김대중은 용서와 포용을 통해 상호이해와 민주주의의 미래를 확보하고자 했다. 다시 말해서 김대중의 용서가 지향하는 정치는 극단을 피하고 상호 관용과 이해를 바탕으로 하는 정치이다. 김대중은 대통령 당선인 시기에도 전두환, 노태우 대통령의 사면을 김영삼 대통령에게 건의했고, 김영삼 대통령은 이를 실행에 옮겼다. 또한 김대중은 대통령 취임 이후에도 정치적 보복을 행하지 않았다. 이러한 용서와 포용의 정치는 정치세력들 간의 갈등이 극단으로 치닫게 되는 것을 방지하였으며, 권위주의에서 민주주의로 전환된 지 얼마 되지 않은 한국의 민주화 과정을 안정적으로 진전시킨 일종의 기제로 작용했다고 평가할 수 있을 것이다.

김대중이 극단을 피하고 관용과 이해에 의한 정치로 나아가고자 한 것은 극단적 대치와 복수가 초래하는 분열과 피로 얼룩지는 정쟁(政爭)의 역사를 되풀이하지 않으려는 것이었다. 역사는 분열과 갈등, 대립과 투쟁이 아니라 관용과 이해 그리고 용서를 통해 평화와 번영으로 나아갔음을 말하고 있기 때문이다. 김대중은 명예혁명 이후 왕권회복을 주장한 찰스 2세를 살려둠으로써 정쟁은 있었으나 민주주의의 토대를 세운 영국,[88] 남북전쟁 이후 남부를 처벌하지 않음으로써 국가의 분열을

87) "<인물계>와의 인터뷰(1989.1.1)," 위의 책, 425-426.

88) "청주교도소에서 쓴 편지 14(1982.3.25)," *김대중 전집 II 제9권*, 365-366.

방지하고 세계 최강국에 오른 미국,[89] 그리고 이와는 달리 끝까지 시민 계급을 인정하지 않고 대립하다 혁명과 단두대 정치를 초래했던 프랑스의 왕가와 귀족들의 역사에서 상대를 인정하고 대화를 통해 극단을 피하는 관용과 이해의 지혜가 나라의 평화와 번영에 이르게 했다는 것을 잘 알고 있었다.

김대중은 권위주의 체제에서 갓 민주주의 체제로 나아간 한국에게 가장 중요한 것은 과거 민주주의를 위해 활동한 사람들을 짓밟고 핍박한 세력과 사람들에 대한 보복이나 처벌이 아니라 서로 갈등하고 반목하는 국민과 정파 간 화해와 협력임을 정확하게 파악하고 있었다. 그는 국민의 행복은 물론 남북통일을 포함한 대한민국의 미래를 위해 정파, 계층, 지역, 세대를 초월한 '대화해'를 주장했다.

> "대화해만이, 국내적으로는 지금 갈등 속에 대립하고 있는 정파 간·계층 간·지역 간·세대 간의 대립을 극복하는 길이며, 남북 간에 있어 서는 평화공존과 평화교류 속에 공동의 복리를 추구하고 장래의 민족 통일에 대비하는 길입니다. 그러나 화해는 무원칙한 것이 되어서는 안 됩니다. 자유와 정의가 실현될 때만 진정한 화해가 있습니다."[90]

김대중에게 화해는 한국의 민주주의 발전을 위한 조건이다. 다시 말해서 자유와 정의의 원칙 아래 국민이 화합하고 함께 번영하는 미래로 나아가기 위한 기초이다. 그러나 소외된 계층의 참여가 없는 화해는 사상누각에 불과하다. 모든 국민에게 희망을 주기 위해서는 '노동자, 농민,

---

89) "아시아 민주주의와 인권(1997.9.26)," *김대중 전집 II 제19권*, 372.

90) "[제13대 국회 제142회 제11차 본회의] 1. 국정에 관한 교섭단체 대표 연설(계속)(1988.06.29.)," *김대중 전집 II 제13권*, 125.

도시 서민 등 소외된 계층'의 참여가 필수적이다. 왜냐하면 소외된 계층도 나라의 주인으로 인정받아야 하기 때문이다.[91] 또한 그것이 민주주의이다. 이러한 김대중의 대화해는 그의 시대 인식과 민주주의 철학에서 비롯된 것이다. 먼저, 1992년의 대통령 선거 유세를 통해 김대중은 이미 민주 대 반민주의 시대는 갔다고 분명하게 선언했다. 우리에게 필요한 것은 국가체제의 원칙을 두고 벌이는 과거의 틀에 사로잡힌 정쟁이 아니라 화합과 국민적 단결이라는 것이다.

> "지금 민주 대 반민주시대는 지났고요. 과거에 반민주적인 행적이 있는 사람들도 행동을 얼마든지 고칠 수 있는 것이고, 우리가 집권하면 그 분들을 부분적으로 안는다 해도 우리 근본이 민주주의에 기반을 두기 때문에 큰 지장이 없죠. 그리고 자꾸 화합해 나가야지 국민적 단결이 되지 않겠습니까."[92]

김대중은 시대의 변화와 함께 과제가 무엇인지를 정확하게 보고 있던 것이다. 정쟁이 아니라 화합과 단결을 통한 국력의 총화이다.

2) 화해의 정치는 곧 연합의 정치이며 협력의 정치

김대중의 화해의 정치는 곧 협력의 정치이며 연합의 정치이다. 즉, 김대중의 민주주의는 협력과 연합의 정치를 말하며, 이것이 김대중의 민주주의 철학의 핵심 기둥 중 하나이다. 김대중은 정당 간의 협력과 정책 공조 그리고 공동 집권은 많은 나라에서 행해지고 있는 통치의 양식

---

91) "[제13대 국회 제142회 제11차 본회의] 1. 국정에 관한 교섭단체 대표 연설(계속) (1988.6.29)," 위의 책, 130-131.

92) "<세계와 나>와의 인터뷰(1992.7.13)," *김대중 전집II 제15권*, 546.

임과 동시에 그것이 바로 민주주의임을 강조했다.[93] 정당 간 협력 또는 공동집권은 권력을 나눠 먹는 야합행위가 아니라 정책적 협력이며 서로 협력하여 나라의 문제를 공동으로 풀어나가는 당연한 통치양식의 하나였다. 다시 말해서 민주주의 운영원리에는 다수당 일당에 의한 통치뿐만 아니라, 이념이 다른 정당이라 하더라도 당면한 문제를 해결하고자 하는 목적을 위해 함께 협력하며 정책을 같이할 수 있는 원리가 포함되어 있는 것이다.[94]

김대중은 시점과 정치적 쟁점에 따라 거국내각, 연립내각, 연립정부의 개념을 사용하고 있으나 그것이 곧 협력과 연합의 정치를 의미함에 있어서는 크게 다르지 않다. 김대중의 연합정치의 구상이 실천된 것은 1997년의 김대중-김종필 연합(DJP연합)으로, 김대중의 민주주의 철학이 현실에서 구현된 가장 대표적인 예이다.

김대중 정부의 연립정부적 특성은 1998년 3월 초 조각된 내각의 면면에서 드러난다. 김대중은 자유민주연합(자민련)과 합의한 바와 같이 주요 경제 분야의 수장들은 자민련이 추천하는 인사들에게 맡겼다. 자민련 추천으로 재경부 장관(이규성), 과학기술부 장관(강창희), 정보통신부 장관(배순훈), 환경부 장관(최재욱), 보건복지부 장관(주양자), 건설교통부 장관(이정무), 해양수산부 장관(김선길) 등이 임명되었다. 국민회의 측에서는 통일부 장관(강인덕), 외교통상부 장관(박정수), 법무부 장관(박상천), 국방부 장관(천용택), 행정자치부 장관(김정길), 교육부 장관(이해찬), 문화관광부 장관(신낙균), 산업자원부 장관(박태영) 등

93) "<조선일보>와의 인터뷰 (1996.12.4.)," *김대중 전집 II* 제19권, 55.

94) "<매일경제>와의 인터뷰(1996.12.23)," 위의 책, 74.

의 인사들이 임명되었다.[95]

이러한 주요 장관 인사는 단순히 자민련과 국민회의 간의 지분에 따른 장관직의 배분이 아니었다. 통일부 장관과 외교부 장관은 상당히 보수적인 성향의 인사로 알려진 사람들이었다. 특히 주미 대사에 신한국당의 당대표, 김영삼 정부에서 국무총리를 지냈던 이홍구, 국가안전기획부의 수장으로 중앙정보부를 거쳐 민주정의당(민정당)의 사무총장 등 보수당의 핵심 인사였던 이종찬을 임명하였다. 더욱이 대통령 비서실장으로 민정당에서 국회의원을 지냈던 판사 출신인 김중권을 임명하였다. 자민련과의 약속된 경제분야는 물론 안보, 대북정책, 외교 그리고 청와대까지 모두 보수적 인사들로 구성하는 파격적인 인사를 단행한 것이다. 김대중 정부는 한국 정치사상 최초의 평화적이고 제도적으로 수평적 정권교체를 통해 탄생한 정부라는 점과 더불어 두 정당 간의 단순한 연립과 공동집권을 넘어 정책의 조율과 조화라는 협력의 정치를 시작했던 정부로서의 특성을 가지고 있던 것이다.

연립정부란 연합에 참여하는 당이 자신의 조직적 정체성을 유지하면서 일정 기간 공통의 목표하에 협력을 약속하는 정부형태를 의미한다.[96] 일반적으로 연립정부에 관한 논의는 내각책임제 하의 다당제 그리고 비례대표제를 가진 국가들을 중심으로 이루어지고 있다. 우리와 같은 대통령제 하에서는 사실상 연립정부가 수립되기 어렵다는 것이 일반적인 이해이다.[97] 대통령제는 이원적 민주 정통성(dual legitimacy),

95) 김대중, *김대중 자서전 2* (서울: 삼인, 2010), 41.

96) 현재호, "민주화 이후 정당 간 연합에 관한 연구: DJP연합을 중심으로," *아세아연구,* 47:1 (2004): 147의 각주 1.

97) 김기석, "대통령제와 내각책임제 하에서의 연립정권 비교연구: 1990년대의 한국과 일본," *국제정치논총,* 43:2 (2003): 153.

즉 국민에 의해 선출되는 대통령과 의회가 각각 독자적인 정통성을 기반으로 상호 협력과 견제의 체제를 통해 운영되기 때문이다.[98] 그리고 대통령제는 대통령이 국정 전반의 권한을 독자적으로 행사할 수 있고 타 정치세력과의 연합을 필요로 하지 않는 정치체제로서의 특성을 가지고 있는 것 역시 대통령제 하에서 연립정부가 잘 성립되지 않는 이유이다.[99]

대통령제인 한국에서 연립정부가 성립되게 된 요인으로는 크게 두 가지가 제시되고 있다. 첫째, 집권을 향한 정치지도자들의 정치적 계산과 전략이 일치했기 때문이라는 것이다. 김대중의 경우 선거를 통해 득표할 수 있는 최대치는 35% 내외인 것으로 증명된 상황에서 김종필과의 연대는 필수적이었으며, 김종필은 독자적으로는 대통령 당선이 불가능하지만 의원내각제로의 개헌을 통해 집권의 가능성이 있었기 때문이라는 설명이다.[100] 둘째, 한국 정치에 만연한 지역정치라는 정치동학적 요인이다. 지역과 인물에 기반한 한국의 정당투표의 특성상 정책연합보다는 지역연합을 통해 숫적 우위를 점하려는 '수의 정치'(number politics)'가 만연하고 있으며, 노태우 정부 시기의 삼당합당, 김영삼 정부의 무소속 영입전략 등이 이러한 현상의 대표적인 예로 제시되고 있다. 이러한 차원에서 DJP연합은 전라도와 충청도의 연합으로서 경상도 중심의 여당에 대한 숫적 열세를 극복하고자 했던 것으로 평가된다.[101]

---

98) 정태환, "김대중 정권의 성격과 개혁정치: 모순과 한계," *한국학연구*, 31 (2009): 390.

99) 그러나 김대중은 우리의 헌법은 연립정부가 수립될 수 있는 내각제적 요소를 다분히 가진 것으로 보며, 의원내각제로의 전환 없이도 연립정부를 통한 정권 안정이 이루어질 수 있다고 보았다. 이와 관련하여서는 다음의 글을 참조할 것. "관훈클럽 초청 대선후보 토론(1992.12.2)," 김대중 전집 II 제15권, 747-748.; "<월간조선>과의 인터뷰(1996.6.11)," *김대중 전집II 제18권*, 475-476.

100) 김기석, 앞의 글, 162-163.

101) 정태환, 앞의 글, 392.

DJP연합은 정권 획득을 위한 전략적 차원의 결정임은 분명하다. 김대중은 야당이 선거에서 이기기 어렵다는 현실을 극복하고 선거에서 이기기 위한 정치적 연합의 성격을 지니고 있음을 인정했다.[102] 또한 지역적으로나 이념적으로도 DJP연합이 아니었다면 김대중은 15대 대통령 선거에서 승리하기는 어려웠을 것이다. 김대중은 총유효투표의 40.3%(10,326,275표)을 얻어 38.7%(9,935,718)를 득표한 이회창 후보에 1.6%(390,557표)라는 아주 근소한 차이로 승리했다.[103]

연립정부라는 특성에 따라 일부에서는 김대중 정부의 태생적 한계로 인해 독자적인 개혁정치를 수행하지 못했고 이것은 한국의 민주주의를 발전시킬 기회를 놓치는 결과를 초래했다고 비판했다.[104] 이러한 평가는 일부분에 있어서는 분명히 타당한 측면을 지니고 있다. 그러나 이러한 평가와 비판들은 김대중-김종필 연립정부의 등장한 요인에 관한 정치 역학적 구조와 김대중 정부의 한계요인을 설명할 수 있다는 장점이 있으나 정치연합의 밑바닥에 흐르는 강력한 접착 요인에 대해서는 간과하고 있음을 알 수 있다.

일반적 관점에서 보면 김대중과 김종필은 정치적 연합을 이루어내기 어려운 요건들을 가지고 있다. 특히 김대중과 김종필은 박정희 시기 피해자와 가해자의 관계에 놓여 있던 인물들이다. 더욱이 그들을 중심으로 하는 국민회의와 자민련은 이념적 스펙트럼의 양단에 위치한다고 할 정도로 이념적으로 동일성을 찾기 어려운 정치세력이다. 확연하게 다른 이 두 사람이, 두 정치세력 간의 연합이 왜 그 시기에 왜 이루어졌

102) "<아사히신문(朝日新聞)>과의 인터뷰(1997.5.22)," *김대중 전집 II 제19권*, 263.

103) *조선일보*, 1997년 12월 20일자.

104) 이광일, "신자유주의, 김대중정권 그리고 진보운동의 역할," *교육비평*, 3 (2001).; 노대명, "김대중 정부하의 민주주의와 '패륜 정치'에의 유혹," *당대비평*, 5 (1998).

는지, 진정한 목적은 어디에 두었는지 그리고 성과와 한계는 무엇이었는지를 설명하기 위해서는 그들이 합의하고 구현해낸 연합의 궁극적인 동기와 목적을 살펴볼 필요가 있다. 김대중-김종필의 연합은 선거에서 이기기 위한 연합이었음은 분명하나 보다 중요한 것은 선거에서 이겨 무엇을 함께할 것인가라는 궁극적인 연합의 목적이 무엇이었느냐의 문제인 것이다. 또한 김대중과 김종필이 합의에 이르는 데 기초가 되는 한국 정치의 지향이 무엇인가에 대한 이해가 동반되어야 한다. 단순히 선거공학적 관점에 중점을 두어 김대중과 김종필의 연합을 설명하는 것은 표면만을 설명하는 것에 그치게 될 것이다. 정치적 협력과 연합에 이르게 한 두 정치지도의 철학과 한국의 정치현실에서 무엇이 필요한 것인가에 관한 시대인식이 무엇이었느냐가 중요한 이유이다.

두 정치세력의 정치적 계산과 지역균열구조에 앞서 연합에 이르게 한 요인은 화해와 협력을 통해 국민통합을 이루고 국가 발전의 토대를 구축하는 데 두 지도자의 인식이 합치했기 때문이다. 첫째, 김대중은 이미 오래전부터 협력의 정치를 통해 민족의 단결과 화해 그리고 협력을 통한 민주주의 발전을 주장해왔다. 이러한 지도자의 신념이 정치적으로 현실화되어 나타난 것이 DJP연합이라고 할 수 있다. 김대중은 1971년 대통령 선거에서도 우리나라의 민주주의 토착화와 민족의 단결을 위해 여야를 막론하고 우수한 인재들이 참여하는 거국내각을 구성할 것임을 공약으로 세웠다.[105] 1987년 선거에서는 민주화와 화해를 이루기 위해 거국내각을 구성할 것임을 천명했다.

"지금 민주 세력과 전두환 정권은 각기 나름대로의 불안을 안고 있습니다.

105) "부산에서 열린 대선 유세 연설(1971.4.10), *김대중 전집II 제6권*, 467.

> 민주 세력은 과연 민주화가 순조롭게 진행되어서 내년 2월이면 우리가 진정한 민주 정부를 가질 수 있을 것인가 하는 불안이 있습니다. 반면에 현 정부는 민주화가 되고 정권을 현재의 야당에 넘겨주었을 때 과연 정치 보복이 없겠느냐 하는 우려가 있을 것입니다. 이 두 가지 불안의 요소를 한꺼번에 해결할 수 있는 것이 바로 거국내각의 실현입니다. (중략) 한편 전 대통령은 국민과의 화해 속에 평화리에 물러날 수 있고 그의 추종자들도 아무 두려움 없이 새로운 민주공화국에서 활동할 수 있을 것입니다. 거국내각만이 민주화와 화해를 다 같이 성공시킬 수 있는 확실한 길이라고 생각됩니다."[106]

기존의 권위주의 세력과 민주화 세력이 극단적 충돌 없이 국민과 함께 화해함으로써 평화적으로 민주주의를 지켜내는 방안으로서 협력의 정치를 주장한 것이다. 1992년 대통령 선거에서는 지역, 계층, 세대를 뛰어넘어 이들 간의 갈등과 불신을 해소할 수 있는 대화합을 위한 정치 구상으로서, 그리고 민주발전과 시장경제, 복지제도의 실현을 위한 정국운영의 기제로서 거국내각안이 제안되었다.[107] 1997년의 선거에서는 화해와 협력의 정신을 바탕으로 사회경제적 개혁을 반대하는 기득권층의 반발과 저항을 해소하며, 지역차별을 없애기 위한 구상으로 정치협력의 필요성을 제기하였다.[108] 협력의 정치는 김대중의 오랜 지론이었으며 정치상황에 따라 조금씩 쟁점을 달리하지만 핵심적인 내용은 화해와 협력의 정치였다.

둘째, 정치연합의 결성을 이룰 수 있게 한 공통의 목적이 존재했다.

---

106) "김대중 씨가 답하는 글(1987.8.9)," *김대중 전집 II 제12권*, 472.

107) "여성유권자연맹 초청 토론(1992.11.16)," *김대중 전집 II 제15권*, 655.; "관훈클럽 초청 대선후보 토론(1992.12.2). *김대중 전집 II 제15권*, 714.

108) "21세기와 한국의 선택(1996.5.22), *김대중 전집 II 제18권*, 453.; "<월간조선>과의 인터뷰(1996.6.11)," *김대중 전집 II 제18권*, 479.

김대중은 김종필과의 협력을 공식화하면서 DJP연합의 목적은 국가발전을 가로막고 있는 문민독재를 타파하고 수평적 정권교체를 이루기 위함임을 분명히 했다.

> "오늘은 역사적인 날이다. 김종필 총재와 내가 이렇게 한 자리에 서서 여러분에게 연설할 줄은 총선 전에는 누구도 상상 못 했다. 김영삼 대통령의 문민독재가 우리를 손잡게 만든 공로자다. 우리의 협력은 문민 독재 타파와 수평적 정권교체에 대한 국민적 열망의 소산이기도 하다."[109]

김대중은 국민을 위하고 민주주의를 회복하기 위한 목적을 함께하는 사람과는 언제든지 손을 잡겠다는 생각을 이전에도 여러 번에 걸쳐 피력한 바 있다. 목적을 같이한다면 그가 과거에 과오를 범한 사람이라 하더라도 협력함으로써 자유와 정의, 국민의 행복과 조국의 통일을 실현해나갈 생각이 있다는 것이 김대중의 확고한 신념이었다.[110] 김종필과의 협력도 그 예외는 아니다. 2차 대전 당시 미국이 소련과 연합한 것도 독일과 일본의 군국주의와 대항하기 위한 특수 목적을 위한 것이었던 것처럼 집권당의 독재와 지역차별을 극복하기 위한 목적을 같이하는 김종필과 협력하는 데 장애가 있을 수 없었다.[111]

뜻을 같이하는 정당이 연합하여 정책을 조정하고 집행하는 것이 민주주의라고 보았던 김대중은 자민련과의 연합을 통해 집권함으로써 그가 평소에 정치적 지향으로 제시한 화합의 정치를 구현하고자 한 것이

---

109) "<4·11 총선 민의 수호 결의 대회> 연설 요지(1996.5.26.)," 위의 책, 456.

110) "[제13대 국회 제144회 제5차 본회의] 1. 국정에 관한 교섭단체 대표 연설(1988.10.25)," *김대중 전집Ⅱ 제13권*, 257-258.

111) "<월간조선>과의 인터뷰(1985년 3월 11일)," *김대중 전집Ⅱ 제12권*, 22.

다. 화합의 정치란 모두가 참여하고 화해하고 협력해서 이룩되는 정치, 지역 간의 화합이 이루어지는 정치를 말한다.[112] 이러한 화해를 위해 김대중은 일찍부터 연합의 정치를 주장했다. 다시 말해서 화해의 출발은 일당의 단독정부가 아니라 모두가 참여하는 연합의 정치로부터임을 지속적으로 강조한 것이다.

김대중은 정당 간 화해와 연합의 정치를 거국내각이라는 용어로 표현했다. 김대중에게 거국내각은 '대화합의 정치', 국민적 합의, 국민통합을 촉진하는 제도적 장치를 말했다. 다시 말해서 거국내각은 화합의 정치를 실현하기 위한 그의 정치적 구상의 요체였다.[113] 김대중은 거국내각을 나라가 난관에 부딪혔을 때 여야 구별 없이 정권에 참여하여 함께 책임을 지고 해결해 나가는 것, 즉 나라의 일에 함께 책임을 지는 것이라고 정의했다.[114] 따라서 자민련과의 연합의 궁극적인 목적은 함께 책임지는 국가운영을 통해 화해와 공존의 정치를 여는 것이며, 이를 통해 국민통합을 이루어내고자 한 것에 있다.

> "자민련과의 약속은 책임감 있는 국가 경영을 위한 것이고, 여러 정치세력의 참여와 공존을 도모하기 위한 것. 민주주의의 원칙에 어긋나지 않는다. 이러한 결정이 새정치 문화의 기틀을 닦게 되기를 바란다. 여기서 새정치 문화란 신구 권력의 조화 그리고 건설적인 대화와 토론에 기반한 것이어야 한다. 또한 양당의 연대는 국민통합에도 큰 기여를 하게 될 것입니다. 지금 한국이 맞

---

112) "1992년 대통령 선거 대통령 후보 수락 연설(1992.5.26)," *김대중 전집II 제15권*, 432-433.

113) "KBS 1TV 연설(1992.12.6)," 위의 책, 761.

114) 거국내각과 관련한 김대중의 이해는 다음의 글을 참조할 것. "<월간조선>과의 인터뷰(1996.6.11)," *김대중 전집II 제18권*, 480.; "신동준 공화당 대변인과의 대담(1967.3.11)," *김대중 전집II 제4권*, 565.; "<신동아>와의 인터뷰(1987.7.11)," *김대중 전집II 제12권*, 409.

딱뜨린 경제위기 극복을 위해서는 우리 모두가 힘을 합쳐야 할 것입니다."[115]

셋째, 용서와 화해에 기초한 정치협력을 통해 국민통합을 이루고자 하는 두 정치지도자의 인식의 공유가 있었다. 국민회의와 자민련의 연합의 핵심은 단지 선거에서의 승리에만 있는 것이 아니라 산업화와 민주화의 과정에서 쌓인 구원(舊怨)을 해소하고 화해와 협력의 가치에 기반한 협력정치의 구현에 있었던 것이다. 김대중은 이러한 협력이 이루어지는 정치를 독점의 시대가 끝나고 다양한 지역과 세력이 공동으로 참여하는 참여 정치의 시대가 시작되는 것이라고 말했다. 대화와 타협의 정치가 시작될 것이라는 비전이었다. 김대중은 김종필과 후보 단일화에 합의한 후에 기자회견을 통해 다음과 같이 발표하였다.

"연립정부가 구성되면 권력 독점의 시대가 끝나고 다양한 지역과 세력이 공동으로 참여하는 참여 정치의 시대가 시작됩니다. 한 사람의 권력자에 의한 독선, 독단, 독주의 정치는 막을 내리고 대화와 타협의 정치가 시작될 것입니다. 이것은 다양성의 시대인 21세기에 적극 부응하는 것입니다. 정치적으로 참여의 민주주의, 국민이 주인으로서 참여하는 민주주의를 하면서 본격적인 지방자치 시대를 열겠습니다. 그리고 대화합 속에 국정의 안정을 기할 것입니다."[116]

김종필도 산업화와 민주화 세력의 화해에 정치연합의 제일 정신이었음은 같았다. 김종필은 민주화 세력과 산업화 세력의 해원(解怨)과 화해는 역사적 과제로서 사과와 용서, 화합과 통합의 길로 나아가는 것,

---

115) "<아시아워크>와의 서면 인터뷰 (1997.11.27.)," *김대중 전집 II 제19권*, 500.

116) "준비된 비전 준비된 경험(1997.11.3)," 위의 책, 452.

그 길을 통해 나라의 지역적 분열을 막고 우리나라의 정치 발전을 도모하기 위한 선택이 김대중과 손을 잡는 것이었음을, 그리고 그 선택에 후회가 없음을 밝히고 있다.[117] 그리고 징벌과 청산을 통한 작은 정의의 실현보다는 화합과 통합을 통해 큰 가치를 성취하고자 했던 두 정치 지도자의 정신을 바탕으로 협력한 것이었음을 분명히 했다.

> "과거에 대한 징벌과 청산으로는 작은 정의를 구현할 수 있을 뿐이다. 진정한 역사의 발전은 용서와 화합, 통합을 통한 큰 가치의 성취로서 이룰 수 있는 법이다. 18년 전 나는 박 대통령을 대신해서 사과하는 의미로 DJ와 손을 잡았고 DJ 역시 박 대통령에게 화해의 악수를 청했다. 분열과 대립을 멈추고 화해와 통합의 길로 나아가야 한다는 신념과 관점이 서로 통했다."[118]

임동원 통일부 장관의 해임건의안 문제로 2001년 8월 막을 내리기까지 4년 6개월 동안 유지되었던 김대중과 김종필의 연립정부는 한국의 민주주의 공고화와 IMF 경제위기 극복, 대외관계 개선 그리고 국민통합에 크게 기여한 것이 사실이다. 한 연구가 적절하게 지적하고 있듯이 국가 개혁과 발전의 경로는 곧 정치 연합의 성공 여부와 성격에 달려 있다. 스웨덴, 미국, 네덜란드, 독일, 오스트리아, 이태리, 핀란드, 이탈리아 등과 같이 국가 내부의 단결과 경제적 성장을 이루어낸 예가 이를 증명한다.[119] 특히 두 번의 국가분열의 위기를 넘어 세계 최고의 국가를 이루어낸 미국의 예와 두 차례의 전쟁과 분단을 극복하고 국가부흥과 통일을 달성한 독일의 예는 김대중과 김종필의 연립정부가 갖는 의미를

---

117) 김종필 지음, 중앙일보 김종필증언록팀 엮음, *김종필 증언록 2* (서울: 와이즈베리, 2016), 275.

118) 위의 책, 237.

119) 박명림 편, *1987년 민주헌정체제의 등장과 운영 II : 김대중* (파주시: 카오스북, 2017), 31.

다시 돌아보게 한다.

미국의 링컨 대통령은 남북전쟁 시기 당내 라이벌들과 자신과 권력을 다투던 상대당의 경쟁자들을 내각에 중용하여 국가위기를 극복했다. 루즈벨트(Franklin D. Roosevelt) 대통령은 세계적 공황이라는 초유의 경제위기를 대공황을 초래한 세력과의 연합, 그리고 노동·농민·흑인·빈민 세력과 연대를 통해 미국의 황금시대를 여는 기틀을 마련했다. 독일의 연합정치의 예는 더욱 돋보인다. 독일은 단독정부가 가능할 때조차도 연립정부를 구성할 정도로 화합과 협력의 정치를 지속해왔다. 독일의 내각은 항상 연합정부였다. 독일의 협력 정치는 민주주의와 경제적 성장은 물론 국가의 통일에 이바지한 원동력으로 작용했다.[120] 우리의 협력정치, 연합정치의 경험은 비록 4년이라는 아주 짧은 시기에 국한되어지나 이 기간의 정치와 협력의 정신을 보다 자세히 살펴보아야 할 필요와 의미는 작지 않다고 할 것이다.

6. 결론

민주주의는 김대중의 일생에 걸친 핵심적인 신념이자 가치로서 일생의 처음과 끝을 관통했다. 그럼에도 김대중은 민주주의를 어떻게 인식하였고 어떠한 민주주의를 구상하고 실천하였는가에 관한 연구, 즉 민주주의 사상과 철학에 관한 연구는 많지 않다. 본 연구는 김대중의 민주주의를 개념, 주체, 참여의 영역, 핵심 지향 또는 실현방식을 주체로 그의 저작을 통해 나타난 민주주의에 관한 인식을 정리하고 체계화하고

120) 자세한 것은 위의 책, 33-36 참조.

자 하고자 하였다. 지금까지의 논의를 살펴본 김대중의 민주주의 사상과 철학의 특성을 정리하여 보면 다음과 같다.

첫째, 김대중은 민주주의를 제도가 아닌 인간의 신념과 자세라는 관념적이고 심리적인 차원에서 접근한다. 김대중에게 민주주의란 특정한 제도를 말하는 것이 아니라 '한 사회를 형성한 성원들의 뜻에 따라 최선의 궤도를 창안하고 부단히 개선해나가면서 성원 전체의 권익과 행복을 도모하는 자세와 신념'을 의미했다. 주지하다시피 김대중의 정치의 중심에는 인간이 놓여 있다. 인간의 존엄성에 대한 무한한 신뢰와 사랑은 그가 정치활동을 시작하고 영위한 이유이기도 하다. 이 인간의 문제는 1992년 이후 전지구적 생명의 문제로 확장된다. 김대중이 휴머니즘과 지구적 생명이라는 인류 공통의 가치, 보편적 가치로부터 민주주의에 접근하고 있음은 일반적인 민주주의론자들과 김대중을 구분하는 가장 특징점이라고 할 것이다.

따라서 김대중의 민주주의의 중심에는 인간과 생명이 있으며 민주주의는 그 자체가 목적이 아니라 인간과 생명의 행복을 위한 수단으로서의 의미를 지니게 된다. 민주주의는 사람을 위해 만들어진 것이지 사람이 민주주의를 위해 만들어진 것은 아니라는 인간 중심의 민주주의론과 맥을 같이 하는 것이다. 이것은 역으로 인간의 존엄성이라는 인류보편의 가치를 추구하는 민주주의만이 인간의 자유와 행복을 보장해줄 수 있는 사유이자 기제가 되는 것이다. 김대중이 민주주의를 신뢰하는 이유이다.

둘째, 김대중은 민주주의의 주체 문제를 특정한 세력이나 계급이 아니라 한 사회를 구성하는 구성원 전체라는 관점에서 접근한다. 일부에서 민주주의는 특정 계급을 위한 정치체제로 이해하는 경향이 있기도 하나, 김대중에게 민주주의는 일부의 계급이나 계층, 세력의 것이 아니라 그 사회를 이루는 모두가 주인이며 주체로서 그들의 의사가 정치에 반영되는 사유이자 체제이다. 따라서 민주주의는 구성원 전체의 행복을 증진시키기 위한 목적에 부합해야 한다. 김대중이 경제부문에서 중산층의 강화와 소외계층의 부양을 중요하게 부각시키더라도 전체 구성원 속에서의 중산층이고 소외계층의 문제를 말하는 것이지 그들만의 민주주의를 이야기하는 것은 아니다.

또한 김대중은 민주주의의 주체인 각 국민의 의사가 공동체의 의사결정에 최대한 영향을 미칠 수 있어야 된다는 점을 대단히 강조했다. 민주주의에서 참여는 자신의 공동체와 관련한 문제에 있어서 자신의 의사를 공동체의 결정에 투사하여 영향을 미치는 것이다. 다시 말해서 자신의 의사를 반영된 결정이 이루어지도록 하는 것이 참여이다. 김대중은 구성원이 자신의 의사를 공동체의 결정에 반영되도록 하는 권리를 제한한다면 그것을 민주주의가 아니라고 단언했다. 민주주의이더라도 주인의 의사가 정치적 결정에 제대로 반영되지 못하는 체제는 가짜이다. 주인이 주인 노릇을 하지 못하기 때문이다. 그리고 참여의 범위도 단지 정치의 영역에 국한되는 것은 아니다. 그것이 공동체의 문제일 경우 경제, 사회, 문화 등의 제 영역에 걸쳐 구성원으로서 참여하여 문제해결의 주체로서 활동할 수 있도록 하는 것이 또한 민주주의이다. 김대중은 이를 대중참여민주주의 또는 참여민주주의라고 명명하였다. 김대중이 지방자치제와 같이 국민의 의사결정이 자신의 생활 근거지로부터 시작할 수 있도록 하는 제도의 실현을 위해 투쟁한 이유이다.

셋째, 김대중은 의사결정의 원리와 소유구조가 민주주의와는 다르다고 알려진 경제영역에까지 민주주의의 기본정신을 적용함으로써 민주적 참여의 영역을 확장하였다. '민주적 시장경제론', '대중경제', '대중참여경제'로 알려진 김대중의 경제영역에의 민주주의론은 자본의 사적 소유와 시장경제를 철저하게 보장하는 가운데 경제분야에서도 일반 대중이 결정에 참여하고 경제적 기회균등이 보장되는 것을 의미한다. 다른 말로 표현하면, 김대중의 경제적 민주주의란 '복지가 수행되고 중산층이 지원받는 투명한 시장경제'를 말하는 것으로서, '소유의 사회화, 공정한 부의 분배, 적정 수준의 복지'의 세 원칙이 준수되는 가운데 경제영역에까지 민주적 참여가 이루어지는 제도이다. 김대중의 민주주의는 인간의 공동체 생활 전영역을 아우르는 체제라고 할 수 있을 것이다.

소유의 사회화란 사적 소유에 기반하면서도 종업원 주주제 등을 통해 기업의 소유구조가 종업원에까지 확산해가는 것을 의미한다. 공정한 부의 분배란 미래 소득에 대한 재분배가 불공정한 집중에 이르지 않는 것을 의미한다. 적정 수준의 복지 역시 경제에 악영향을 미칠 정도의 근본적 복지가 아닌 적정한 수준의 사회적 재분배를 말한다. 이와 같이 김대중의 경제 영역에의 참여는 철저히 시장경제의 논리에 기반하면서도 일반 국민의 참여와 재분배의 적정성을 도모하는 구상이라고 할 수 있다. 취임 직후 실시한 기업·금융·공공·노동 부문 4대 개혁 역시 급진성을 띄지 않은 이유는 김대중의 경제민주화 구상의 원칙이 시장경제논리에 기반하고 있음에서 비롯된 것임을 알 수 있다.

넷째, 김대중의 그의 기독교 신앙에서 비롯된 용서의 철학에 바탕하여 극단을 피하고 관용과 이해, 대화와 타협의 정치과정을 내용으로 하는 화해와 협력의 정치를 실천의 영역에서 현실화하였다. 가장 대표적인 예인 김대중과 김종필의 정치적 연합은 한국에서 최초로 여당과 야당 간 수평적 정권교체를 가능하게 해주었을 뿐만 아니라 서로 다른 정치 세력 간에 화해와 협력을 통한 정치가 이루어질 수 있다는 선례를 남겼다. 이러한 협력의 정치가 이루어질 수 있었던 데에는 양 세력간의 정략적 계산과 한국 정치에 만연한 지역편향주의라는 정치동학적 요인이 작용한 것은 분명하다.

그러나 그 기저에는 역사와 이념이 크게 다른 두 정치세력이 하나의 목적을 위해 상호 협력할 수 있도록 하는 추동력이 있었다. 그것은 첫째, 김대중은 이미 오래전부터 협력의 정치를 통해 민족의 단결과 화해 그리고 협력을 통한 민주주의 발전을 주장해왔다. 그는 1971년 대통령 선거에 출마할 때부터 기회가 있을 때마다 여야를 막론하고 전국민적인 협력을 통한 국가운영이 이루어져야 한다는 것을 주장했다. 이러한 지도자의 신념이 정치적으로 현실화되어 나타난 것이 김종필과의 연합이라고 할 수 있다. 둘째, 정치연합의 결성을 이룰 수 있게 한 공통의 목적이 존재했다. 김대중은 김종필과의 협력을 공식화하면서 DJP연합의 목적은 국가발전을 가로막고 있는 문민독재를 타파하고 수평적 정권교체를 이루기 위함임을 분명하게 밝혔다. 셋째, 용서와 화해에 기초한 정치협력을 통해 국민통합을 이루고자 하는 두 정치지도자의 인식의 공유가 있었다. 국민회의와 자민련의 연합의 핵심은 단지 선거에서의 승리에만 있는 것이 아니라 산업화와 민주화의 과정에서 쌓인 구원(舊怨)을 해소하고 화해와 협력의 가치에 기반한 협력정치의 구현에 있었던 것이다.

지금까지 논의한 김대중이 구상한 민주주의를 간략하게 정리하여 말한다면 다음과 같다. 민주주의는 한 사회를 형성한 국민의 뜻에 따라 국민 전체의 행복을 도모하는 자세와 신념을 말한다. 민주주의 체제는 국민 전체의 행복과 인간으로서의 존엄을 보장하기 위해 민주주의의 이념에 따라 구성된 정치체제로서 국민이 정치의 영역에서 뿐만 아니라 경제·사회·문화 등 사회 전반에 걸쳐 자신의 의사를 결정에 반영할 수 있는 체제를 말한다. 동시에 민주주의 체제는 대립과 갈등이 아닌 화해와 협력을 기초로 사회의 모든 국민과 제 정치세력 간의 협력을 통해 국민통합과 국가발전에 이바지해야 한다. 한마디로 말하면 인간과 생명의 존엄을 보장하기 위한 신념체계와 실천적 제도가 김대중의 민주주의이다.

김대중의 민주주의론은 학자들의 정교한 이론에 비교하여 보면 치밀한 논리적 일관성 면에서 아쉬운 부분이 있는 것은 사실이다. 리콴유(李光耀) 싱가포르 수상과의 아시아적 민주주의 논쟁에서 김대중은 아시아에도 이미 민주주의의 지적 전통과 제도가 실재하였음을 주장하면서 유교의 방벌론(放伐論), 백성이 인내천(人乃天) 사상, 불교의 '천지천하 유아독존(天地天下 唯我獨尊)' 등의 철학뿐만 아니라 진시황의 개혁, 신라와 가야의 건국 설화 등의 민주적 기초가 실새하였음을 강조한 바 있다. 그러나 이러한 철학과 제도에는 근대 서구의 개인의 권리(Right)와 같은 핵심적인 민주주의의 기초적 원리들이 내포되어 있지 않기 때문에 쉽게 민주주의 이론 내로 들여오기 어렵다.

그러나 인간과 생명을 중심에 두고 이들의 존엄과 자유를 보장하는 정신세계와 그러한 목적을 실현하기 위한 제도의 중요성을 설파하고 직접 실천에 옮긴 김대중의 민주주의 사상과 철학 그리고 실천은 민주주의의 위기라는 현재를 살아가는 우리에게 중요한 메시지를 던져주고 있다. 특히 권위주의 시대를 극복하고 민주화를 이룬 이후에도 성, 세대, 계층 등 거의 모든 사회 부문에서의 심각한 분열과 불평등, 갈등과 대립의 시대를 살아가는 우리에게 상대를 인정하는 것을 기초로 대화와 타협을 통해 파국을 피하며, 화해의 정치, 협력의 정치를 중요시한 김대중의 민주주의는 우리가 주목할 지점일 것이다. 생각이 다른 여러 집단과 권력을 나누며 함께 책임지는 협력의 정치, 연합의 정치는 우리가 앞으로 나아가야 할 정치적 방향을 가리키는 것으로 보인다. 또한 경제의 영역에서도 생산과 분배 그리고 재분배의 영역에 있어서 균형 잡힌 그리고 함께하는 발전을 도모하고자 했던 김대중의 민주주의관 역시 우리가 놓칠 수 없는 중요성을 지니고 있다고 평가할 수 있다.

참고문헌

1. 김대중 저작

김대중. *나의 길 나의 사상: 세계사의 대전환과 민족통일의 방략.* 서울: 한길사, 1994.

김대중. *김대중 자서전 1.* 서울: 삼인, 2010.

김대중. *김대중 자서전 2.* 서울: 삼인, 2010.

연세대학교 김대중도서관 편. *김대중 전집 II 제1권: 청년 김대중, 세상과 역사에 나서다(1948년~1961년).* 서울: 연세대학교 대학출판문화원, 2019.

※ 이하 권수와 제목만을 표기함

제2권: 정치인 김대중의 길이 시작되다(1963년~1964년 9월)

제3권: 정책과 비전의 정치를 꿈꾸다(1964년 10월~1966년 3월)

제4권: 정책 노선과 전략을 구체화하다(1966년 4월~1967년 6월)

제5권: 신민당과 함께 유력 정치인으로 부상하다(1967년 7월~1968년)

제6권: 제7대 대통령 선거에서 정책대결의 장을 열다(1969년~1972년 9월)

제7권: 납치와 연금 속에서 민주화운동의 상징으로 떠오르다(1972년 10월~1973년)

제8권: 반유신투쟁으로 군부독재의 종식을 이끌다(1974년~1979년 10월)

제9권: 광주항쟁과 사형선고를 넘어 신군부독재에 대한 저항을이어가다 (1979년 11월~1982년)

제10권: 미국 망명으로 민주화운동의 국제적 외연을 넓히다(1983년~1984년 1월)

제11권: 목숨을 건 귀국으로 민주화운동의 열기를 더하다(1984년 2월~1985년 2월)

제12권: 1987년 한국 민주화 이행의 중심축이 되다(1985년 3월~1987년)

제13권: 5공청산과 민주입법을 위한 국회 내 개혁작업을 주도하다(1988년~1989년 5월)

제14권: 지방자치제 전면 실시와 의회민주주의 발전에 힘쓰다(1989년 6월~1991년 8월)

제15권: 제14대 대통령 선거 실패로 고뇌의 시간을 갖다(1991년 9월~1992년)

제16권: 세계를 보면서 새로운 시작을 준비하다(1993년)

제17권: 한반도 전쟁위기 극복을 위한 국제협력을 이끌어내다(1994년)

제18권: 정계복귀로 다시 승부수를 던지다(1995년~1996년 6월)

제19권: 최초의 평화적 정권교체로 제15대 대통령에 당선되다(1996년 7월~1997년)

제20권: 김대중이 남긴 정책과 철학의 기록들

대통령비서실. *김대중대통령연설문집 1-5권.* 서울: 대통령비서실, 1999.

2. 단행본 및 논문

가쿠마 다카시 지음. 추성춘 옮김. *아시아의 리더①: 김대중 대통령.* 서울: 창작시대, 2000.

김기석. "대통령제와 내각책임제 하에서의 연립정권 비교연구: 1990년대의 한국과 일본." *국제정치논총.* 43:2 (2003).

김영명. "김대중, 긍정 부정의 평가가 엇갈리는 민주주의 지도자." *한국사 시민강좌.* 50집 (2012).

강원택 등. *김대중을 생각한다.* 서울: 삼인, 2011.

김삼웅. *김대중 평전 Ⅰ, Ⅱ.* 서울: 시대의 창, 2010.

김욱. *김대중의 끝나지 않은 이야기.* 서울: 인물과 사상사, 2005.

김종필 지음. 중앙일보 김종필증언록팀 엮음. *김종필 증언론 2.* 서울: 와이즈베리, 2016.

김홍균·한기홍. *김대중, 희망을 위한 여정.* 서울: 고즈윈, 2006.

박동천. "한국 민주주의의 개념과 현실." *정치사상연구.* 12:2 (2006).

박명림 편. *1987년 민주헌정체제의 등장과 운영Ⅱ.* 파주: 카오스북, 2017.

박명림·김대중. "민주적 시장경제와 평화공존에의 여정." *역사비평.* 여름호 (2008).

산업연구원. *IMF 시대 경제환경의 변화와 산업정책 방향.* 서울: 산업연구원, 1998.

서보혁 등. *한국인의 평화사상 2: 유영모에서 김대중까지.* 고양: 인간사랑, 2018.

이병천. "김대중 모델과 한국경제 97년 체제." *기억과 전망.* 28집 (2013).

E.E. 샤츠슈나이더 지음. *현재호·박수형 옮김. 절반의 인민주권.* 서울: 후마니타스, 2008.

전국경제인연합회. *전경련사업총람 1988년도.* 서울: 경제인연합회, 1999.

정태환. "김대중 정권의 성격과 개혁정치: 모순과 한계." *한국학연구.* 31. (2009).

최장집. *한국민주주의의 이론.* 서울: 한길사, 1993.

현재호. "민주화 이후 정당 간 연합에 관한 연구: DJP연합을 중심으로." *아세아연구.* 47:1 (2004).

Dahl, Robert. *Democracy and its Critics.* New Haven: Yale University Press, 1989.

Diamond, Larry, Juan Linz, Seymour M. Lipset. eds. *Democracy in Developing Countries: Asia.* Boulder: Lynn Rienner, 1989.

Collier, David and Steven Levitsky. "Democracy with Adjectives: Conceptual Innovation in Comparative Research." *World Politics.* Vol. 49, No. 3 (1997).

Huntington, Samuel. *The Third Wave: Democratization in the Late Twentieth Century.* Norman: University of Oklahoma Press, 1991.

O'Donnel, Guillermo A. "Transitions, Continuities, and Paradoxes." in Scott Mainwaring, Guillermo O'Donnell, and J. Samuel Valenzuela. eds. *Issues in Democratic Consolidation: The New South American Democracies in Comparative Perspective.* Notre Dame, Indiana: University of Notre Dame Press, 1992.

6장

김대중과 양성평등[1)]

정 현 백

1. 들어가는 말

김대중은 한국현대사에서 한 획을 그은 인물이다. 그는 글로벌 역사에서 중요한 성공사례가 된 한국 민주화운동의 핵심 플레이어이다. 거의 40여 년이 이르는 그의 민주화투쟁은 체포, 고문, 투옥, 납치와 함께 끔찍한 고통과 죽음을 넘나드는 과정이었고, 그는 이를 견디어 내었다. 김대중은 1997년 말의 대선승리를 통해 군부독재의 긴 터널을 빠져나와 평화적 정권교체를 가능케 한 위대한 정치지도자가 되었다. 노벨평화상 수상을 통해, 한국 최초의 노벨상 수상자가 되었고, 이는 국제사회에서 한국의 위상을 높여주었다.

1) 최근에는 성평등이라는 용어를 주로 사용하지만, 이 글에서는 '양성평등'이라는 다소 철지난 용어를 그대로 사용하였다. 이는 당시의 정책에서, 시대정신 속에서 사용된 용어의 어의를 그대로 살리는 것이 역사학 논문에 해당하는 이 글의 취지에 부합한다고 생각하기 때문이다. 글의 중간 중간에는 오늘날의 관점에서 성평등 문제를 다시 물어 볼 필요에 따라, 부분적으로 성평등 용어를 사용할 것이다.

'국민의 정부'를 표방하는 김대중대통령의 집권 기간 동안 그는 우리 정치 뿐 아니라 일상 영역에서 민주주의를 확장하고, 사회복지 정책을 전면적으로 펴나갔다. 이에 덧붙여 김대중대통령의 기념비적인 업적은 2000년 6월 15일에 평양에서 열린 남북정상회담과 6.15 공동선언이다. 분단의 갈등과 전쟁의 위협을 극복하려 했던 김대중, 그는 이런 노력으로 인해 '빨갱이'로 몰리며 온갖 고초를 겪었지만, 대통령 취임과 함께 남북 간의 공존과 한반도 평화체제 구축을 행동으로 옮겼다. 평화에 대한 열망과 치열한 열정이 없었다면, 반세기가 넘는 동안 지속된 대립과 갈등을 넘어 이런 역사적 성과를 이루어낼 수 없을 것이다. 이런 점에서 김대중은 우리의 기억 속에 또렷하게 남아 있으면서, 늘 그리움과 함께 호명되는 지도자이다.

이렇게 김대중의 업적에 대한 국민들의 높은 평가와 많은 연구들이 있지만, 그가 양성평등을 갈망하는 아주 특별한 지도자였고, 그래서 그의 재임동안 한국 여성정책의 초석을 놓은 위대한 대통령으로 제대로 기억되고 있지 않다. 이와는 달리 페미니스트나 여성정책에 관심을 갖는 사람들 사이에서는 여성정책과 관련한 김대중의 역사적인 공헌은 거의 당연한 사실로 간주되고 있지만 말이다. 이런 현실은'김대중 역사 쓰기'에서 젠더관점이 오롯이 결여되어 있음을 의미하는 것이다. 그런 만치 '김대중과 양성평등'에 대한 연구 성과도 많지 않다. 이 지점에서 페미니스트 연구자로서 그간의 게으름에 대해 반성의 마음을 갖게 된다.

이 글은 김대중과 양성평등문제를 분석하는데 있어서, 두 가지 경로를 택하고자 한다. 첫째로는 인간 김대중이 지닌 성평등 관점을 알아보는 것이다. 이는 그의 사상 뿐 아니라 그가 자신의 일상적인 삶에서 구체적으로 실천하려는 성평등을 위한 노력까지를 포괄하는 것이다. 둘째로는 김대중정부의 집권동안 이루어진 여성정책을 설명하고, 그 성과를 분석하는 작업이다. 이런 과정을 통해서 김대중의 양성평등에 대한 업적을 종합적으로 고찰해보고자 한다.

김대중과 양성평등에 대해서는 본격적인 연구가 거의 없다. 그래서 김대중 개인의 삶과 관련하여 성평등에 대한 그의 생각을 찾아내기란 쉽지 않았다. 김대중전집이나 자서전, 회고록 등에는 여성문제에 대한 언급은 제한적이었다. 이런 부분은 그 주변의 인물들에 대한 구술을 통하여, 공백을 메워 가고자 한다. 여성정책과 관련하여서는 한국여성단체연합이 시도한 정책평가 토론회 자료집[2] 그리고 여성부·여성개발원이 시도한 평가심포지엄 자료집과 연도별 여성백서가 전체 여성정책을 포괄적으로 보여주고 있다. 특히 전자는 지역에 있는 단체들의 반응과 목소리까지 들을 수 있어서, 여성정책의 현장성을 확인할 수 있는 기회가 되었다. 이에 비해 여성백서를 포함한 정부 자료집들은 통계와 전체 사업현황을 정밀하게 전달해주기는 하였지만, 여성정책의 경우에 반드시 필요한 부처 간의 업무 분담 현황이 잘 드러나지 않거나 계획된 여성정책의 집행 여부나 성과에 대한 평가가 잘 드러나지 않는 한계가 있다.[3] 이런 부분은 관련 여성정책에 관련하였던 참여자들에 대한 면접을 통해 보완해나갈 것이다.

---

2) 한국여성단체연합, *김대중정부 여성정책 1년 평가 및 정책제안을 위한 토론회 자료집*(1999. 2. 25); 한국여성단체연합, *김대중정부 여성정책 3년 평가 및 정책제안을 위한 토론회 자료집*(2001. 2. 22), 2001.

3) 한국여성개발원, *국민의 정부 여성정책, 성과와 과제* (2002), 10; 여성부, *2002 여성백서* (2003); 여성부, *지난 5년의 여성정책 성과(1998년 – 2002년)* (2003). 이런 한계는 당시로서나 지금이나 극복하기 어려운 문제이었던 것 같다. 제1대 여성부 장관 한명숙도 부처 간의 협력과 조율을 큰 난관으로 언급하였다. 한명숙(2022. 7. 17)과의 인터뷰 참조.

2. 양성평등에 대한 김대중의 사상과 실천

김대중은 이론가이기보다는 운동가이자 현실정치인이었다. 그래서 성평등과 관련하여서도 그는 정교한 이론을 설파하기 보다는 생활 속의 실천으로 자신의 생각을 보여주었다. 그래서 자주 거론되는 일화가 동교동 문패이다. 몇 번 의원선거에 실패한 이후 경제적 곤란 속에서 1963년 어렵게 마련한 동교동집에 그는 부부 이름이 새겨진 문패를 걸었다.[4]

> "(부부 문패를 단 건) 아내에 대한 감사와 존경의 발로였다. 그런데 막상 그렇게 하고 나니 문패를 대할 때마다 아내에 대한 동지의식이 자라났다. 미처 생각하지 못한 감정이다."[5]

1963년에 한국 남성이 이런 실천을 한다는 것은 놀라운 일이고, 여기에서 성평등과 관련하여 김대중의 선진성을 확인할 수 있다. 부부이름이 새겨진 동교동 문패는 그의 집을 찾는 많은 사람들에게 '이희호와 김대중의 동반자 관계'를 알리는 상징기호가 되었다.

위와 같은 김대중의 생각은 그가 2001년 제6회 여성주간 기념식에서 한 연설에서도 잘 드러난다.

> "남녀 간의 진정한 이해를 바탕으로 서로 도우면서 동반자적인 관계를 형성하는 것이 중요합니다. 한 가정의 근간이 부부의 평등함에 있듯이 우리 사회 발전의 원동력은 남녀 양성의 평등함에 있다고 저는 믿습니다."[6]

---

4) 김대중, *김대중 자서전 1* (서울: 삼인, 2010), 152.

5) 고명섭, *이희호평전 고난의 길, 신념의 길* (서울: 한겨레출판, 2016), 112.

6) 연세대학교 김대중도서관 편, *김대중 전집 I 제6권: 한반도 평화를 위한 실용주의 외교를 펼치다 (2001년 1월 – 2002년 2월)*(서울: 연세대학교 대학출판문화원, 2015). 362.

뿐 만 아니라 김대중은 가족관계도 혈연적인 얽힘을 넘어 세상을 살아가는 동행자로서의 의미를 부여하고자 하였다. 그의 옥중서신에서 드러나는 대로 특히 고통을 겪던 시절이 그에게 이런 철학을 더 공고하게 만든 것 같다.

> "우리는 사적으로는 가족관계이지만 정신적으로는 같은 세계를 살아가는 동행자간입니다. 현실이 비록 괴롭더라도 우리들의 애정과 행복을 파괴할 수 없습니다."[7]

이렇게 동반자적 관계를 강조하면서, 김대중은 아내의 생각과 삶의 방식을 그 자체로 존중하였다. 이는 두 사람이 한 가정을 함께 이루되 문화적 차이를 상호 존중하는 화이부동(和而不同)의 태도라 할 수 있을 것이다. 이런 정신이 한 가정에서라면 거의 제1의 기본철칙으로 여겨지는 종교적 신앙에서도 나타난 것은 놀라운 일이다. 김대중의 아내 이희호는 부모로부터 받은 자신의 모태신앙, 감리교를 그대로 지켰다. 이에 비해 김대중은 1956년 명동성당의 노기남 대주교 방에서 김철규신부로부터 세례를 받은 이래 토마스 모어라는 세례명과 함께 독실한 가톨릭 신자로 살아왔다. 김대중의 가톨릭신앙은 사별한 아내 차용애가 남겨준 선물이기도 하였다. 그녀의 집안은 가톨릭신앙이 돈독해서, 김대중은 그 영향으로 입교한 것 같다. 동교동으로 이사한 후에도 이희호는 창천교회를 나가고 김대중은 아이들과 함께 서교동 성당을 다녔다. 이는 여느 부부들에게서 볼 수 없는 자존적, 독립적 삶이었다.[8]

---

7) 같은 책, 362.

8) 고명섭, 앞의 책, 112-113.

위와 같은 생각은 그가 젊은 여성들을 위해서 쓴 책 『내가 사랑한 여성』에서도 잘 드러난다.

> "남성만이 꿈과 포부가 있는 것이 아닙니다. 여성 또한 남성과 동등한 인간으로서 자기만의 꿈과 재능이 있고 이를 통해 자신의 인생을 완성시켜 나가고자 하는 강한 욕망이 있습니다."[9]

> "부부에게는 여자와 남자가 전적으로 동등한 인격에서 출발한다는 인식이 중요합니다. 이념으로서만이 아니라 실제로 우리들의 생활이나 감정의 밑바닥에서부터 여성을 남성과 동등한 인격자로 대하는 그런 자세가 필요하다는 것이지요. 단순히 맹목적인 친밀감보다는 서로의 인격과 내면적인 발전에 도움을 주는 자세가 필요합니다. 서로의 기를 살려 주라는 것입니다."[10]

그래서 김대중은 아내는 신문이나 전문서적 등을 계속 읽으면서 시대의 흐름에 뒤지지 않도록 노력해야 하고, 남편이 하는 일에 항시 조언을 해 줄 준비가 되어 있어야 한다는 점을 강조하였다.[11] 과거에는 '현모양처가 이상적인 여성상'이었으나, 이제는 사회에 적극 참여하면서 '가정과 사회를 조화시키는 여성'이 이상적이라고 주장하였다.[12]

위의 몇 가지 사례에서 드러나듯이 김대중은 진보적인 여성관을 가

---

9) 김대중, *내가 사랑한 여성* (서울: 에디터, 1997), 241.

10) 같은 책, 42.

11) 같은 책, 241.

12) 김대중, "<여성동아>와의 인터뷰(1992. 6. 19)," 연세대학교 김대중도서관 편, *김대중 전집II 제15권: 제14대 대통령 선거 실패로 고뇌의 시간을 갖다(1991년 9월 ~ 1992년)* (서울: 연세대학교 대학출판문화원, 2019), 478.

진 사람이었다. 많은 주변사람들은 이런 여성관은 일찍부터 여성운동에 헌신해온 이희호의 영향을 받아 형성된 것이라 생각하였다. 그러나 이런 해석을 이희호는 적극 부인하였다. "내가 어떻게 하자고 권할 필요가 없을 정도로 본래 여성차별을 하지 않았어요. 나 자신이 남에게 무엇을 하라고 강요하는 성격도 아니고요." 이희호는 김대중의 진보적 여성관이 스스로 깨달아간 것이라 말하지만, 김대중은 달리 주장하였다.

> "내가 나름대로 페미니스트적인 관점과 행동을 실천할 수 있었던 건 아내의 조언 덕이었다. 아내와 결혼하기 전에도 여성을 비하하는 여러 행동이 옳지 않다는 인식을 하고 있었지만, 나 역시 가부장적인 전통 관념에 찌들어 있었던 것은 부인할 수 없는 사실이다. 여성에 대한 전통적인 비하와 멸시의 관념으로부터 해방되고 남성과 동등한 인격체로서 여성을 대하게 된 것은 전적으로 아내의 도움 때문이다. 아내 덕분에 나는 인류의 나머지 반쪽을 찾을 수 있었다."[13]

이희호는 "남편은 양성평등 문제에서 다른 사람들을 앞서갔어요. 내가 뭐라고 이야기할 필요가 없을 정도로요"라는 언급에서도 드러나듯이, 계속 겸손하게 남편이 지닌 본래의 진보적 여성관을 강조하였지만, 김대중의 양성평등에 대한 관점과 관련하여서는 이희호의 영향력을 빼놓을 수 없을 것이다.[14]

위와 같은 김대중의 페미니스트적인 여성관 형성배경에 대한 부부

---

13) 고명섭, 앞의 책, 112.

14) 이런 세간의 시선은 노벨평화상 수상이후 중국 인민일보사가 내는 잡지 <스다이차오 時代朝>가 한 논평, "이희호 여사는 민주주의와 인권 수호를 위한 노력을 평생 대통령과 함께 해온 만큼 노벨평화상의 절반은 부인의 몫이다"에서도 잘 드러난다. 고명섭, 앞의 책, 653. 이와 관련하여 메리 윙젯. 정지현 옮김. *엘리너 루스벨트* (서울: 성우, 2006) 참조.

사이의 밀고 당기기를 잘 정리해준 것은 장시기의 주장이다. 장시기는 1924년생이면서 장남으로서의 책임감과 함께 봉건적인 전통문화에 젖은 시대를 살아온 김대중이 혁신적인 성평등 의식과 실행력을 가질 수 있었던 데에 끼친 세 가지 영향을 지적한다. 그 첫째는 부인 이희호의 영향, 둘째는 여성인권운동가 이태영의 영향, 셋째는 김대중 자신의 기본적 소양이다.[15]

우선 김대중은 자신이 "페미니스트적인 관점과 행동을 실천해 올 수 있었던 것에는 모두 아내의 조언이 커다란 힘을 발휘"했다고 서술하였다.[16] 그는 만사를 아내와 의논하였고, 자신에게 모자랐던 객관성과 올바름을 검증받았다고 고백하거나 아내와의 결혼을 통해 여성에 대한 새로운 깨달음을 얻고, 즉 '남성과 동등한 인격체로서 여성'을 대하게 되었다고도 말하였다.[17] 그는 이희호를 존경하고, 정치적 동지로 여겼기에 더 그 큰 영향을 받았을 것이다. 아버지와 어머니의 권리가 같아지고 아들형제와 딸들의 권리가 같아지는 1989년 가족법 개정은 김대중의 정치적 결단과 협상력이 있었기에 가능하였는데, 여기에서 이희호의 조력이 크게 작용하였다고 한다. 이 개정안에 반대하였던 다른 의원들의 발언에서도 이희호의 압력이 언급되기도 하였다.[18]

> "그러나 두 가지, 아내에게 무서운 것이 있어요. 한 가지 여성 문제에 있어 뭔가 소홀하면 절대 안 참아요. 또 국민을 위해 올바르게 하라는 감시관 노릇을

---

15) 장신기, *성공한 대통령 김대중과 현대사: 김대중 재평가* (서울: 시대의 창, 2021), 271.

16) 김대중, *내가 사랑한 여성*, 109.

17) 같은 책, 108-110.

18) 같은 책, 108-110; 김대중, *김대중 자서전 1*, 554-556.

합니다."[19]

나아가 최초의 여성변호사인 이태영은 김대중과 정치적 대부인 남편 정일형박사와의 신뢰관계와 친분에 더해, 여성인권 신장과 양성평등에 대한 인식에 있어 적지 않은 영향을 주었을 것이다. 특히 법률가인 이태영은 여성인권을 제약하는 가족법 개정 등과 관련하여서도 여러 전문적인 조언을 할 수 있었을 것이다.

마지막으로 장신기는 김대중의 여성관에는 민주주의와 인권에 대한 기본소양이 녹아들어 있다고 주장하였다.[20] 다시 말해 민주주의와 인권에 대한 강한 인식이 바탕에 있었기에 김대중은 선진적인 여성의식을 갖고 성평등을 적극적으로 추진할 수 있었다는 것이다. 이는 김대중이 "여성의 인권신장이 없이 민주주의 발전은 있을 수 없습니다. 여성의 인권이 보장되고 여성의 능력이 발휘될 수 있는 사회가 바로 민주주의 사회입니다" 라고 수차례 천명하는 데에서도 잘 드러난다.[21] 그래서 김대중은 '여성의 권익향상이 바로 국가 인권의 향상'이라는 점을 강조한다.[22] 또한 김대중은 여성의 사회참여 활성화와 여성의 인권 신장이 결국 국가 경쟁력을 크게 강화시킬 것이라 확신하였다.[23]

이제 김대중의 일상생활 속에서의 성평등 실천을 다루어보려 하는데, 그가 여성문제에 대해 쓴 글은 많지 않아서 그가 쓴 『내가 사랑한 여

---

19) 장신기, 앞의 책, 272-273.

20) 같은 책, 276.

21) 연세대 김대중도서관 편, *김대중 전집 I 제1권: 외환위기로부터 나라경제를 구하다(1997년 12월 ~1998년 9월)* (서울: 연세대학교 대학출판문화원, 2015), 400.

22) 연세대 김대중도서관 편, *김대중 전집 I 제2권: 4대개혁으로 경제제질을 개선하다(1998년 10월 ~1999년 4월)* (서울: 연세대학교 대학출판문화원, 2015), 405.

23) 연세대 김대중도서관 편, *김대중 전집 I 제6권*, 359.

인』과 자서전을 통해서만 확인할 수 있었다. 이미 앞에서 언급한 김대중/이희호 공동문패에서 그의 성평등관이 가장 잘 드러났다. 그러나 김대중에게도 전통적인 가치관이나 관행의 흔적이 나타나기도 한다. 이런 부분은 그가 "큰 며느리가 아들이 없어서 조금 섭섭하기도 하더군요"라는 고백이나[24], "남자가 중심이 되는, 즉 집안의 기둥으로서 신뢰감이 가고 믿음직하게 지내야 한다는 것이죠. 중심이 된다는 것은 인격적 지배를 뜻하는 것은 절대 아닙니다"[25]라는 언급에서 드러나기도 한다. 이는 남녀는 평등하지만, 남성중심성을 인정하고 받아들이는 한계로 읽히기도 한다. 그러나 김대중은 이런 자연스레 내면화된 의식을 넘어, 이를 극복하려는 노력을 보여준다. 그는 "우리 집 맏상주는 장손녀입니다"라고 천명한다든가[26], 이 큰 손주에게 '정신적인 장손'으로 격려하는 말을 통해[27] 전통적인 가부장제를 넘어서려는 적극적인 태도를 보여주었다. 또한 김대중은 가족의 중요성을 강조하면서, "며느리도 집안 일의 당당한 주체임을 모두에게 확실히 인식시키는 것이 중요하고", 나아가 "모든 일의 중심이 바로 집안에서의 남녀평등을 실현하는 일이라는 사실을 잊지 말아야"한다는 점을 강조하였다.

마지막으로 김대중의 일상적 삶에서 느끼는 따스한 체취는 사별한 부인 차용애에 대한 회고와 추모이다. 그는 해마다 우리 강산이 눈물겹도록 아름다워질 5월말이 되면 꽃 한 묶음을 들고 차용애를 만나러 간다고 한다. 그는 무덤가에 앉아 아픈 기억을 회상하고 죽은 한 사람과의

---

24) 연세대 김대중도서관 편, *김대중 전집 II 제15권*, 477.

25) 연세대 김대중도서관 편, *김대중 전집 II 제19권: 최초의 평화적 정권교체로 제15대 대통령에 당선되다(1996년 7월~1997년)* (서울: 연세대학교 대학출판문화원, 2019), 92.

26) 김대중, *내가 사랑한 여성*, 91.

27) 연세대 김대중도서관 편, *김대중 전집 II 제19권*, 93.

이야기 속으로 빠져든다고 한다.[28] 자서전에서도 그는 죽은 아내에 대한 미안함과 그리움을 절절히 표현하였다. 아내 이희호와의 돈독한 사랑과 죽은 아내에 대한 그리움을 함께 포용하고 갈 수 있는 김대중과 이희호 두 사람의 인간적인 면모와 사랑의 깊이는 감동적이다.

이제 성평등에 대한 김대중의 일상적 실천을 넘어, 김대중의 성평등 사상을 추적해보자. 김대중의 여성관에 대한 기록은 그리 많지 않다. 우리는 그가 행한 많지 않은 여성 관련 연설이나 인터뷰 기록에서 그의 성평등 사상의 자취를 발견할 수 있다. 당연히 연설문 작성자의 의중과 윤문화 작업이 있었을 것이어서, 김대중이 말한 여성관련 연설을 통해서 그의 목소리를 온전히 찾아내는 데에는 한계가 있지만, 우리는 그의 성평등 사상을 어느 정도 재구성할 수 있다.

먼저 김대중의 양성평등사상을 분석하는데 있어서, 우리는 그의 높은 지적 호기심과 놀랄만한 학습능력을 언급하는 데에서 출발해야 한다. 그는 책 수집과 독서에 열심이었고, 그래서 여러 분야에 해박한 지식을 갖고 있었다. 수많은 장서가 분류되어 있던 그의 지하서재에는 여성문제에 대한 서가가 따로 있었다고 하니, 그의 여성문제에 대한 관심은 이를 통해서도 확인될 수 있다. 이는 김대중은 역대 대통령 중 '여성문제에 대한 가장 높은 지식과 이해를 지닌 대통령'이었다는 한명숙의 술회를 통해서도 재차 확인할 수 있다.[29] 김대중은 이미 1971년 대선과정에서 우리 사회에 깊이 뿌리 내린 봉건적 사고나 제도의 문제점을 좌익 독재나 우익 독재와 동일한 수준으로 심각하게 인식하고, 이를 민주

---

28) 김대중, *내가 사랑한 여성*, 68-69.

29) 특히 한명숙은 김대중과의 대화 중에 자주 놀라곤 하였는데, 그가 여성 자신들보다도 더 급진적인 생각을 확인하였기 때문이었다는 것이다. 한명숙과의 인터뷰, 2022. 7. 17

주의 실현을 저해하는 요인으로 지적하였다. 이런 사회문화적 요인의 중요성을 인식하면서, 이를 여성문제와 쉽게 연결시킬 수 있었을 것이다. 이런 문제의식 속에서 그는 여성지위향상위원회 신설을 약속하였다.

1992년 14대 대통령선거에 즈음한 후보초청 토론회에서는 김대중은 더 선진적인 사고를 보이면서 혁신적인 정책안을 제시하고 있다. 첫째로, 남녀고용평등법의 실질적인 시행을 위한 감독관제도를 설치하고, 둘째로 중앙과 지방정부에서 중간간부 이상의 고위직 공무원에 여성을 20%까지 승진하도록 하고, 셋째로 영유아법을 개정해서 빈민지대와 농촌지대에 직장탁아소를 대폭 증설하고, 넷째로 가사노동평가제를 도입하여 여성의 경제적 지위를 정당하게 평가할 뿐 아니라 부부간의 증여세를 폐지하고, 다섯째로 대졸여성고용촉진법을 제정하고, 여섯째로 초중고의 전면급식을 추진한다는 것이다. 여기에 추가하여 광역의회 의원선거에 비례대표제를 도입하여 전체의석의 1/4을 배정하고, 그 절반을 여성에게 주는 선거법 개정의 추진도 약속하였다. 이런 공약들은 30년 전인 당시로서는 대단히 획기적인 제안이었다.[30]

1998년 대통령에 취임한 이후 김대중정부는 여러 여성정책을 선진적으로 입안하였다. 이런 과정에서 김대중은 여러 연설이나 강연, 언론인터뷰를 통해 자신의 여성정책을 소개하였다. 먼저 김대중은 1998년 9월 30일 전국여성대회 개막식 연설에서 '여성의 발전은 국가발전의 척도'임을 강조하였다. 즉 국민의 절반인 여성의 권익 향상과 사회참여 확

30) 간담회의 질의응답에서 김대중은 국회의원 전국구의 1/3을 여성으로 의무화하고, 그럴 경우 20명이 여성의원으로 채워질 것임을 약속하였다. 한국여성단체협의회, "김대중 민주당 대통령후보의 여성정책 여성의 정치참여 활성화를 위한 선거법 개정 추진," *여성*, 298 (1992), 10-11.

대가 이루어진다면 '조화로운 국가발전'이 가능하다는 점을 강조하였다. 그래서 "남녀가 같이 일하고 동등한 대우를 받도록 하겠다"는 점을 약속하였다.[31] 특히 그는 당면한 국가적 위기 상황, 즉 1997년 말에 불어닥친 경제위기와 IMF 관리체제 하에서 경제난국을 극복하기 위해 여성의 협조와 참여가 절대적이라는 점을 강조하였다.[32] 여성은 경제성장의 '튼튼한 버팀목'인 만큼 당면한 경제적 난관을 슬기롭게 헤쳐 나가는데 여성이 앞장서 줄 것을 요청하였다.

김대중은 '경제를 살리기 위해 여성의 주도적 역할'이 요구된다는 점을 강조하였다. 그는 모성보호 관련 3법 개정 서명식에서 경제성장에서 여성이 주역을 담당해야 한다는 점을 강조하였다.[33]

> "이런 혜택을 받는 만큼 우리 근로자들은 직장에 돌아가서는 더욱 열심히 일해 생산성을 높이고 효율을 높여 모성보호 3법이 오히려 경제에 도움이 된다는 결과가 나오도록 해야 합니다.우리 국민 사이에는 이 법의 시행이 우리 경제의 경쟁력을 약화시키지나 않을까하는 걱정도 없지 않습니다. 노동자의 권익이 향상될수록 생산성도 같이 높아져야 여성권익의 신장을 위한 제도 개선과 예산 배정에 국민들이 찬성하는 분위기가 될 것입니다. 노사정과 여성이 힘을 합쳐 이러한 성과를 내야 합니다."[34]

IMF 관리체제라는 전대미문의 시기에 대통령으로 취임한 그로서는 우리 경제를 지탱하고 중산층과 서민의 생활을 보장하기 위하여 여

---

31) 연세대 김대중도서관 편, *김대중 전집 I 제1권*, 498.

32) 같은 책, 499.

33) 같은 책, 401.

34) 연세대 김대중도서관 편, *김대중 전집 I 제7권: 지식정보화 강국의 꿈을 이루다(2001년 8월~2002년 2월)* (서울: 연세대학교 대학출판문화원, 2015), 7.

성의 협력은 불가피한 것으로 인식한 것 같다.[35] 특히 철저한 개혁의 실천을 통해 세계시장의 경쟁에서 이겨내야 하고, 이를 위해 여성을 포함한 전 국민이 제2의 건국에 나설 것을 호소하였다. 김대중은 제2의 건국운동을 통해 개혁을 추동하고자 한 것이다. 보다 구체적인 과제로 첫째, 그간의 '잘못된 관행인 각종 부조리, 부패, 비효율, 지역이기주의 등을 말끔히 청산해야'하고, 둘째로 "21세기 새 시대에 적응할 세계화, 지식기반사회, 그리고 정보화에 적극 동참해야"한다는 점을 그는 강조하였다.[36] 이 두 가지 핵심과제에서 김대중은 여성의 역할이 중요하다고 보았다.

여성노동의 중요성을 인식한 만큼 모성의 권리를 보호하는 것에 덧붙여, 주부 가사노동의 가치를 제도적으로 반영해 한다는 생각에까지 도달하면서, 김대중은 그의 진보적인 여성관을 잘 보여주었다.[37] 당시의 남성 정치지도자로서는 획기적인 발상을 가진 것이라 평가할 수 있을 것이다.

또 한 가지 주목할 점은 김대중이 문화산업의 중요성을 인식하면서, 여기에서 여성의 역할이 중차대하다는 점을 간파하였다는 것이다. 그는 20세기에는 '경제와 군사력이 국력'이었지만, 21세기에는 '경제와 문화가 국력'임을 강조하고, 여기에서 '섬세한 감각과 문화적 적용성이 강한 여성들의 시대'가 시작되고 있음을 지적하였다. 특히 소품종·대량생산의 대기업 시대로 간주되는 20세기를 넘어, 다품종·소량생산의 중소기업시대, 벤처기업시대로 넘어가고 있기에 여성의 역할이 과거보다 더

35) 같은 책, 120.

36) 연세대 김대중도서관 편, *김대중 전집 I 제3권: 복지국가와 사회통합의 초석을 세우다(1999년 5월~1999년 11월)* (서울: 연세대학교 대학출판문화원, 2015), 179.

37) 연세대 김대중도서관, *김대중 전집 I 제1권,* 401.

확장된다는 것이다. 김대중은 문화산업은 이제 국가의 기간산업이 되었다고 보았고, 보다 구체적으로는 관광산업, 호텔산업, 영상매체 등의 문화사업이 경제의 주력을 이루면서, 국가의 이미지를 만들어갈 것이라 예측하였다. 또한 정보산업과 첨단기술 산업 분야는 여성들이 경쟁하기 좋은 시대를 열어주었고, 그래서 21세기는 여성의 시대임을 강조하였다. 따라서 여성도 '여성의 시대를 열어가는 주체적인 노력'을 할 것을 김대중은 촉구하였다.[38]

> "다가오는 21세기는 섬세한 감각과 직관력 등 여성의 장점이 빛을 발할 수 있는 지식과 정보의 시대, 그리고 문화의 시대입니다. 그것은 곧 여성의 시대를 의미합니다. 그러므로 새로운 천년을 이끄는 주역은 바로 여기 여러분이며, 따라서 새 시대에 우리가 만난(萬難)을 헤치고 세계에 우뚝 서기 위해서는 여성의 권리가 존중되고, 여성의 능력이 신장되지 않으면 안 될 것입니다."[39]

이런 김대중의 판단과 여성관은 시대를 선행하는 선구자적인 예지라 할 수 있다. 당시를 살았던 사람들은 한국이 K-팝이나 K-드라마로 세계적인 각광을 받으면서 21세기 영상문화를 선도할 수 있다고 감히 상상이나 할 수 있었겠는가?

위의 언급에서 나오는 대로, 김대중은 문화의 시대 뿐 아니라 정보의 시대의 도래가 지니는 중요성에 착안하면서, 여성이 역사의 주역으로 등장할 수 있다는 점을 강조하였다. 특히 세계시장의 경쟁에서 이겨내기 위해서는 '세계화, 지식 기반사회 그리고 정보화'에 적극 동참해야

---

38) 같은 책, 270. 그 외에도 그는 여성이 그 섬세함으로 경제에서 큰 역할을 할 것임을 여러 곳에서 강조하였다. 연세대 김대중도서관 편, *김대중 전집 I 제6권*, 360; *김대중 전집 I 제7권*, 8 과 120 참조.

39) 연세대 김대중도서관 편, *김대중 전집 I 제2권*, 405.

하는데, 여기에서 육체적 힘이 아니라 '창의적인 아이디어'가 경제를 이끌게 된다고 보았다. 그런 만큼 '여성의 섬세한 감각과 예민한 직관력'이 더욱 빛을 발할 수 있다고 보았다. 김대중은 그의 연설 여러 곳에서 정보화시대 여성의 역할을 특별히 강조하였다.[40] 더불어 그는 이런 과제에 부응하기 위해서 여성IT 전문인력을 양성하고 가정주부를 위한 정보화교육 실시에 주력할 것을 약속하였다. 이런 맥락에서 위민넷이라는 여성전용 사이트를 구축한 점도 언급하였다.[41]

바로 이런 시대에 남녀 간의 차별이란 '국가발전을 가로막는 장애물'이라는 것이다. 그런 점에서 김대중은 '여성의 힘'을 끌어내는 것이 '국가발전의 주요한 전략'이 되어야 한다고 강조하였다.[42] 여기에서 우리는 김대중의 양성평등 사상이 여성 인권개선이나 민주주의 발전의 관점에서만이 아니라, 국가 발전이나 경제성장의 관점에서도 접근하였음을 알 수 있다. 이런 문제의식에서 그는 1998년 제3회 여성주간 기념식에서 경제를 살리기 위해서 여성의 주도적 역할이 요구된다고 호소하였다.[43] 이 자리에서 그는 "절반만이 성공할 수 있었던 사회를 남녀 모두가 성공하는 사회로 만들어 갈 것"임을 천명하였다. 이를 위해서는 여성이 국가발전의 주역이 되기 위해, 스스로의 능력을 개발하고 역량을 기르고, 나아가 세계화 의식을 지닐 것을 당부하였다.[44]

그 외에도 김대중은 제2의 건국을 힘차게 추진하기 위해서는 의식개

---

40) 연세대 김대중도서관 편, *김대중 전집 I 제8권: 문화와 자긍심의 꽃을 피우다(2002년 3월~2003년 2월)* (서울: 연세대학교 대학출판문화원, 2015), 179.

41) 연세대 김대중도서관 편, *김대중 전집 I 제7권*, 121-122.

42) 연세대 김대중도서관 편, *김대중 전집 I 제1권, 400.*

43) 같은 책, 401.

44) 같은 책, 402.

혁이 선행되어야 한다고 보고, 이에 여성이 '의식개혁과 생활개혁의 주체'로 나설 것을 요청하였다. 그는 구체적으로 '남녀평등과 신지식인운동, 이웃사랑과 문화시민운동, 그리고 환경보전운동'이 우리에게 절실한 과제임을 지적하면서, 여성이 '활기찬 사회를 만들어가는 견인차'가 되어줄 것을 부탁하였다. 아울러 '우리의 미래인 자녀들을 올바로 키우고 건강한 사회를 만드는 데도' 여성이 노력해줄 것을 요청하였다.[45]

또한 김대중은 정부도 일상 속에서 남녀평등문화를 자리 잡게 하기 위한 문화운동도 추진하고 있음을 언급하였다. 아울러 김대중은 보다 구체적으로 한국사회에서 여성의 역할이 크다는 점도 여러 곳에서 지적하였다. 예를 들면 월드컵기간 동안 여성 자원봉사자의 헌신 혹은 거슬러 올라가 IMF 관리체제 하의 경제위기 동안 금 모으기 운동에 여성이 선도적으로 참여했던 점 등을 들어 사회발전의 주역으로서의 여성의 모습을 강조하였다.[46] 이런 여성의 활발한 참여나[47] 김대중정부의 적극적인 여성정책 때문에 여성의 사회적 지위도 상당히 개선되고 남녀평등의 풍토도 확산되었다고 그는 평가하였다.[48] 그는 이런 변화가 국민의 정부가 집권한 이후 4년 동안 여성의 지위가 현저히 향상되었다는데 대해 국민의 70% 이상이 공감했다는 여론조사에서도 드러났다는 점을 사례로 들었다.[49]

마지막으로 김대중은 여성의 정치세력화의 필요성에 대해 언급하였다. 그는 여성을 위한 제도적 장치로 여성부 신설을 언급하는 말미에 참된

---

45) 같은 책, 500; 연세대김대중도서관 편, *김대중 전집 I 제3권*, 179.

46) 연세대 김대중도서관 편, *김대중 전집 I 제8권*, 178.

47) 김대중은 특히 월드컵 경기중 거리 응원의 70퍼센트가 여성이라는 점을 새로운 현상으로 지적하면서, 자신은 21세기를 여성들의 시대가 되리라 예측했지만, 이렇게 빨리 이루어질지 몰랐다고 술회하였다. 김대중, *김대중 자서전 1*, 489.

48) 연세대 김대중도서관 편, *김대중 전집 I 제8권*, 179.

49) 연세대 김대중도서관 편, *김대중 전집 I 제7권*, 357-358.

여성해방은 여성이 정치적으로 진출하고, 선거 참여를 통해 표를 모으고 이를 통해 힘을 발휘할 때 가능하다고 보았다. 즉 여성들이 정치적으로 세력화될 때 여성해방과 남녀평등이 실현될 수 있다고 바라본 것이다.[50] "우리나라 여성은 강하고 교육수준도 높은데 정치수준은 낮은 편이네요"라는 발언을 통해 김대중은 여성의 정치세력화 미진에 대한 아쉬움과 필요성을 표현하였다.[51] 특히 그는 정치개혁에서 '주부들, 여성들의 힘이 주도적인 역할'을 할 수 있기를 간절히 기대하였다.[52] 군사독재의 오랜 고난 속에서 우리 정치의 왜곡상을 체험한 그로서는 여성들의 깨인 의식과 슬기로운 정치적 역할을 갈망하였을 것이다.

여성의 바람직한 정치적 역할에 대한 아쉬움에도 불구하고 김대중은 1970년대 이후 우리의 반독재 투쟁과정에서 여성이 수행한 역할을 높이 평가하였다. 여성들이 민주화투쟁과정에서 유감없이 큰 힘을 발휘한데 대해서 김대중은 경의를 표현하였다.[53] 민주화운동을 통해 축적된 젊은 여성들의 능력을 높이 평가하여, 김대중은 첫 번째 여성부 장관에 한명숙을, 비례직 여성 국회의원으로 이미경을 발탁하였고, 이들은 여성운동과 민주화운동에서 쌓은 역량을 정치 분야에서도 훌륭하게 발현하였다.

지금까지 분석한 김대중의 연설내용만으로는 그의 성평등 관점을 완전히 파악하기 어렵다. 또한 이 글의 자료로 활용한 대부분의 강연들은 일반 국민이나 보수적인 여성단체들을 겨냥한 것이다. 즉 거의 대부

---

50) 연세대 김대중도서관 편, *김대중 전집 I 제6권*, 16.

51) 연세대학교 김대중도서관 편. *김대중 전집 II 제 15권*, 219.

52) 김대중, *내가 사랑한 여성*, 254-255.

53) 같은 책, 111; 장신기, 앞의 책, 270.

분의 자료가 여성단체의 여성대회나 신년 여성지도자인사회 등에서 발언한 내용이다. 진보적인 여성운동의 연합체인 한국여성단체연합은 그들이 주최하는 3. 8 여성대회에 이희호 여사를 1회 초빙하였으나 영부인에 대한 신변 경호 등의 절차적 복잡성을 겪은 이후, 대통령이나 영부인의 초대는, 3. 8 여성대회의 역동성과 축제성을 흐리게 할 위험성 때문에, 자제하였다. 그래서 진보적 여성단체는 협치의 차원에서 대통령이나 영부인과의 소통하거나 정책제안을 전달할 기회는 가졌으나, 김대중은 진보적인 페미니스트 앞에서 연설할 기회는 갖지 못하였다. 이에 성평등 문제에 대한 그의 발언은 제한적일 것이라 추정한다.

3. 김대중정부의 여성정책

앞에서 우리는 성평등을 향한 김대중의 열정을 그의 진보적 사상과 일상생활에서의 값진 실천 등을 통해서 확인할 수 있었다. 그러나 더 큰 기여는 그가 집행한 여성정책에서 이뤄졌다. 김대중정부 등장 이후로 1990년대 중반 이전까지 시행되던 부녀복지정책이 사라지고, 대신에 이가 본격적인 여성정책으로 바뀌었다. 그간 부녀복지정책은 정책 대상 집단을 요보호 여성을 전제로 하는데, 여기에 저소득 모자가정, 미혼모, 가출여성, 매매춘 여성이 대상이 되었다. 여성정책이 양성평등이라는 새로운 방향성을 표방하면서, 여성 일반에게도 인간다운 생활을 위한 권리를 동등하게 보장받는 방안을 모색하였다. 이를 위해 먼저 국가가 가부장적 제도나 가치를 타파하고 양성평등을 실현하는 데에 필요한

법과 제도의 개선도 추진하고자 하였다.[54]

특히 김대중은 국제사회의 조류나 유엔이 주도한 1995년 북경세계여성대회의 주요결정 사항인 성 주류화를 적극적으로 고려하면서, 베이징 행동강령(Beijing Platform for Action)을 김대중정부의 여성정책에도 반영하고자 하였다. 성 주류화는 공공정책이나 사회의 여타 분야에서, 특히 정책이나 입법 분야에서 양성에 관련된 함의들을 반영하는 것이다. 다시 말해 이는 정부를 포함하여 여성정책을 추진하는 모든 주체들은 정책 및 사업의 결정과 실행 평가의 각 단계에서 성차별과 양성에 미치는 영향을 분석해야 한다는 것이다. 즉 여성과 남성 모두의 경험과 관심사 등을 통합적인 관계에서 계획하거나 이행하고 감시 및 평가를 수행한다는 것이고 성주류화의 최종 목표는 성평등을 달성하는 것이다.[55]

위와 같은 양성평등 관점과 정책목표 및 방향을 염두에 두면서, 이 글에서는 김대중정부가 집행한 여성정책을 1) 여성정책 전담기구의 설치, 2) 여성대표성 제고, 3) 예산문제, 4) 여성에 대한 폭력과 여성인권, 5) 여성복지정책, 6) 여성노동분야 정책으로 나누어 분석해보고자 한다. 이 범주에 포함되지 않는 여러 정책들이 있을 수 있지만, 이는 글의 말미에서 소략하게 언급하도록 하겠다.

1) 여성정책 전담기구의 설치

1998년 김대중의 대통령 취임과 국민의 정부 출범 이후 <남녀고용평등법>과 <남녀차별금지 및 구제에 관한 법> 등 많은 여성관련 법률

---

54) 정재훈. "여성정책 평가: 외환위기 이후 10년 – 국민의 정부와 참여정부 여성정책 평가를 중심으로," *여성연구논총*, Vol. 22 (2007): 2–3; 김현희. "'국민의 정부'의 여성정책: 김대중정부는 가부장제와 자본주의로부터 어느 정도의 자율성을 갖는가?," *여/성이론*, 2호 (2000): 135.

55) 한국 위키피디아, 성 주류화, 2022. 2. 27 참조.

의 개정이나 제정이 이루어졌다. 그러나 이런 법률을 만드는 것에 못지 않게 중요한 문제는 이를 현실화하는 일이다. 다시 말해 이런 입법이 실효성을 지니거나 가시적 성과가 나오기가 쉽지 않다. 이를 위해서는 무엇보다도 구체적인 정책을 기획 및 실행하고 평가하면서 개선할 수 있는 여성정책 전담기구의 역할이 중요하다. 이런 조직을 갖추는 데에는 추진주체의 성평등적 관점과 강력한 실행의지가 결정적인 역할을 하게 된다. 김대중 정부는 일정한 시행착오를 거치기도 하지만, 강력하게 전담기구의 설치를 추진한 주체가 되었다.[56]

김대중 정부가 들어서기 이전에는 제대로 된 여성정책 자체가 부재하였을 뿐 아니라 여성정책을 전담하고 있는 행정기구의 인력, 재정, 조직력, 권한 등의 문제가 끊임없이 제기되었다. 국민의 정부 초기에 여성부 신설을 요구한 여성계의 의견과는 달리 경제위기와 이로 인한 IMF 관리체제하에서 '작은 정부'라는 개편 방향과 '업무중첩'을 빌미삼아 정무(제2)장관실을 폐지하고 대통령 직속 여성특별위원회(이하 여성특위)를 설치하였다. 그간 정무(제2)장관실은 그 역할이 각 부처 간의 여성관련 사업을 조율하는 기능으로 제한되어, 실제적인 법 제정이나 예산·인력에서의 집행력을 갖지 못하였다. 그런 점에서 이 기구는 명목상의 조직이라는 한계를 벗어나지 못하였다. 이런 제한조건들 때문에 여성특위가 출범하였지만, 이 역시 여성계의 기대를 충족시키기 어려웠다. 이런 문제점들이 지속적으로 제기되자 국민의 정부는 대선공약에서 약속한 대로, 2001년 여성부를 신설하였고, 초대 장관에 긴 기간 동안 여성운동에서 활동한 한명숙을 임명하였다. 여성부의 출범은 오랫동안 여성운동이 추구했고, 끊임없이 제기한 요구가 실현된 것이어서, 이는 여성운동의 자랑할 만한 성과

56) 한국여성단체연합, *김대중정부 여성정책 3년 평가 및 정책제안을 위한 토론회 자료집*(2001. 2. 22), 12.

이자, 동시에 김대중 정부의 치적으로 기억될 것이다.

전담기구의 설치와 관련하여 또 다른 김대중정부의 공헌은 '성주류화' 기조에 근거하여 여성 정책의 주류화를 위한 집행력을 강화하려고 교육부, 농림부, 법무부, 보건복지부, 행정자치부 등 5개 부처에 여성정책담당관제도를 신설하였고, 그 결과 노동부를 포괄한 6개 부처에서 여성관련 정책이 더 원활하게 집행될 수 있었다. 아래에서는 여성특별위원회, 여성부, 여성정책담당관제도를 보다 구체적으로 짚어보고, 그 성과를 평가해보고자 한다. 이와 관련한 면밀한 검토가 필요한 이유는 지금도 성주류화나 젠더정치와 관련하여서는 그 효과성을 높이기 위해 '어떤 보다 영향력 있는 기구의 설치가 유용한가'를 둘러싼 논의가 계속 치열하게 진행되고 있기 때문이다.

(1) 여성특별위원회

여성특위는 남녀평등과 여성발전을 목적으로 헌법과 여성발전기본법 등의 이행을 위한 국가여성정책을 종합적으로 총괄, 조정하는 합의제 행정기관으로 규정되었다.[57] 새로 설립된 여성특위는 대통령 직속기관이라는 점에서 최고 집행권자인 대통령과의 상시적인 의견교환의 통로 역할을 하면서, 여성지위 향상을 촉진할 여러 정책의 실현을 추동하여야 했다.

여성특위의 역할과 권한으로는 대체로 1) 여성정책에 대한 종합적인 기획이나 조정, 2) 여성의 지위개선과 관련된 대통령 자문기능 수행, 3)여성정책의 기본계획 시행을 위한 제반조치, 4)여성단체 활동 지원 및 여성관련 시설의 운영, 5) 여성정책 개발과 조사연구, 6) 법, 제도, 행

57) 여성특별위원회. 1998 여성백서 (1999), 13.

정조치 및 관행에서 나타난 여성차별에 대한 조사 및 차별 시정 등을 언급할 수 있다.[58] 그러나 여성특위가 집행권한이 크지 않다는 점을 고려할 때, 이 기구의 가장 중요한 역할은 여성정책에 대한 총괄·조정일 것이다. 이에 우선 정부 활동의 다양한 분야에서 남녀 차별적인 법, 제도 그리고 문화를 바꾸려는 노력, 특히 가부장적인 사회인식과 관행을 바꾸기 위한 의식개혁 사업을 수행하는 일에 치중해야 하였다.

여성특위의 가장 큰 업적은 <남녀차별금지및구제에 관한 법률>이 국회에서 발의되는 데에 기초작업을 하고, 나아가 여성부를 탄생시키는 역할을 해낸 것이다. 아울러 공무원 채용 시 제대군인 가산점 부여제도의 문제점을 사회적으로 알리고, 적극적인 홍보활동을 통해 규제개혁위원회에서 병역법 개정 중 관련조항에 대해 유보결정을 받아내는 성과를 거두었다.

그러나 여성특위는 6개 부처의 여성정책담당관 및 지자체의 여성정책 담당부서의 정비 등으로 정책의 효율적인 시행 가능성이 높아졌음에도 불구하고, 여성정책을 총괄 조정하는 권한과 집행력의 부족으로 인해 실제적인 성과는 미흡하였다. 합의제 행정기구에 불과한 여성특위로서는 여성차별사안을 조사하여 위법행위의 해소를 요구하는 시정권고 기능이 있었으나 권한이 애매하다 보니, 집행력은 현저히 떨어졌다. 뿐 만 아니라 업무내용상 여성문제가 관련되는 행정부처가 많다보니, 일일이 해당부처에서 여성관련 사안에 대한 관심을 환기하거나 정책화시키는 사업에 관여하는 데에 한계가 있었다. 여러 부처들에게 차별적이거나 가부장적인 성향을 지닌 정책에 대해 시정을 요구하는 쓴 소리를 해야 하는 입장에서는 여성정책의 실효성을 높이기 위해서는 여성특

58) 같은 책, 13.

위의 권한이 강하거나 위상이 높아야하는데, 이 기구가 처한 현실은 그러하지 못하였다.[59]

여성특위 위원장은 장관이 아니라 장관급이어서, 국무회의에 참석할 수는 있으나, 정무(제2)장관에 비해 권한이 오히려 약해졌다. 또한 앞에서 언급한 대로 조정기능이 약하다보니, 여성정책과 관련하여 타 부처와의 협력이 원활하지 못하였다. 또한 조직의 규모에서도 광범한 분야에 걸친 여성문제를 감당하기에는 직원 수(49명)가 절대적으로 부족하였다. 예를 들면 상임위원의 수도 1인에 불과한 데, 이는 9인의 위원 중 5인이 상임위원인 공정거래위원회, 9인중 3인이 상임위원인 금융감독위원회와 비교된다.[60]

국민의 정부 하에서 지방정부의 여성정책 전담부서도 서서히 자리를 잡아가고 있었다. 3기 지방단체장들의 취임 이후 16개 광역자치단체 가운데 4개 지역(서울, 경기, 강원, 충북)이 여성정책을 전담하는 총괄조직을 갖추었고, 3개 지역(울산, 인천, 경남)을 제외한 13개 지역에서 전담부서나 담당자를 두면서, 외형적으로는 여성정책 관련 조직체계가 더 효율적으로 작동하게 되었다. 그러나 여성특위가 얼마나 이런 지역에서의 정책적 노력에 부응하여 공조체제를 유지하였는가에 대해서는 회의적이다. 여성정책 분야에서 중앙정부가 해야 할 업무와 지자체에 위임해야 할 업무, 민간단체가 추진해야 할 사업 등을 잘 정리하여, 예산과 함께 권한도 넘겨주고, 그 성과에 대해 주민 스스로가 평가할 수 있는 효과적인 방안이 좀 더 검토되어야 하였다.[61]

---

59) 한국여성단체연합, *김대중정부 여성정책 3년 평가 및 정책제안을 위한 토론회 자료집(2001. 2. 22)*, 14.

60) 같은 책, 14.

61) 같은 책, 14.

여성특위가 제도개선활동에 비해 양성평등 의식 확산과 성차별적 관행을 개선하기 위한 적극적인 조치가 미흡하다는 평가도 나왔다. 뿐만 아니라 이런 사업의 집행을 지자체나 민간단체에 넘기지 않고 총괄 조정기능에 역점을 두어야할 여성특위가 직접 담당하는 것에 대한 비판도 제기되었다. 고교생을 대상으로 하는 성희롱 예방교육을 직접 실시하는 것이 그 좋은 예이다.[62]

위에서 지적한 여성특위의 취약성은 그 예산에서 명확하게 확인된다. 1998, 1999, 2000년의 실망스러운 예산규모를 통해서, 그 역할의 한계를 짐작할 수 있다. 마찬가지로 정부가 출연하기로 한 여성발전기금이 목표액 1000억 원 중 2001년에도 200억 원에 머무는 것을 통해서도 여성특위의 제한된 영향력을 확인할 수 있다.[63]

(2) 여성부

2000년 6월에 한국여성단체연합과 참여연대를 위시한 8개 단체들이, 그리고 7월에 다시 한국여성단체연합이 실질적인 총괄 조정기능과 강력한 집행력을 가진 여성부 신설을 요구하는 건의서를 제출하였다.[64] 특히 한국여성단체연합은 조직형태로는 2실과 4국, 2 심의관과 공보관 설치를 제안하고[65], 조직구성의 기본방향으로는 1) 여성부로 출범해야 하고, 그 장이 국무위원이어야 하고, 2) 여성관련 법령 제안권 및 부령 제정권을 가져야 하고, 3)여성정책의 주류화를 위하여 총괄·조정 권한

62) 여성특별위원회. *2000 여성백서* (2001), 59.

63) 한국여성단체연합. *김대중정부 여성정책 3년 평가 및 정책제안을 위한 토론회 자료집(2001. 2. 22)*, 15.

64) 한국여성단체연합. 제15차 정기총회보고서, 한국여성단체연합, *정기총회 자료집 (2001b)*, 278~281 & 285~286.

65) 같은 책, 280.

이 강화되어야 하고, 여성정책 핵심부분을 고유 업무 영역으로 확보하면서 집행기능을 가져야 하고, 4)준사법적 권한을 가져야 하고, 5) 지방자치단체에 계선조직을 설치해 국가와 지방단체 간 여성정책 집행력을 강화하고, 6) 남녀평등과 여성 사회참여 확대를 위해 제정된 법을 집행하는 소관부서가 되어야 한다는 점을 주장하였다. 특히 마지막 항목과 관련하여 여성관련 업무로 그간 해오던 여성복지, 아동복지, 근로여성에 대한 사업 외에도 가족정책을 담당해야 한다는 점을 강조하였다. 또한 21세기 정보화에 대비한 여성능력개발 정책의 우선적인 시행도 요구하였다.[66]

한국여성단체연합은 여성부 신설과 관련하여 주요한 우려사항도 전달하였다. 이는 '보건복지부나 노동부의 최소 여성관련 업무만 이관되고, 이를 통해 향후 이관될 여성관련 정책의 예산 ·감사권이 여전히 기존 부처에 속하게 될 우려가 있고, 그 결과 여성부와 지방자치단체 간의 연계가 모호하여 집행력이 약화될 수 있음'을 지적하였다. 이에 한국여성단체연합은 추가로 보완되어야할 여성부의 업무를 아래와 같이 제안하였다.

❶ 모자복지나 모자보건 관련 업무들을 보편적 여성복지, 여성건강 차원의 업무로써 포괄하고, 특히 육아 지원 등 보육업무를 여성부로 이관하고,

❷ 강력한 집행력과 함께 여성정책을 실시하기 위해서 지방자치단체와의 사업을 효과적으로 연계해서 수행할 수 있도록 하고, 여성정책과 관련된 예결산권이나 감사권 등을 여성부에 귀속시켜

66) 같은 책, 278-281.

국가와 지방자치단체 간 여성정책 연계 및 집행력을 늘리고,

❸ 차별개선위원회에 준사법권을 부여하여 조사·시정명령권을 확대하고, 상임위원을 배치하는 것을 통해 실질적인 권한을 확보하고, 조사관 및 조정권 등 집행 인력을 확보할 것을 요구하였다.[67]

그러나 2001년 1월 말 출범한 여성부의 모습은 여성운동계의 기대에는 미치지 못하였다. 이 새 기구는 1실(여성정책실) 3국(차별개선국 · 권익증진국 · 대외협력국) 체제로 출범하였다. 전체 직원은 여성특별위원회에 비한다면 2배로 늘어나서 1백2명이었다. 원래 여성운동계가 요구한 2실 4국에는 미치지 못하여서 실망했지만, 우선 여성부가 출범하고 여성특별위원회보다 조직규모가 커진 것만으로도 환영하는 상황이었다.[68] 게다가 과거 여성특별위원회의 기능에 추가하여, 보건복지부와 노동부에서 1)성폭력과 가정폭력 피해여성 지원, 2) 윤락행위 방지, 3) 여성사회교육의 활성화, 4) 군위안부 생활안정 지원 등의 업무를 이관받게 된 점도 진전이라 할 수 있다.

여성부의 조직과 관련하여 가장 주목을 받은 부서는 차별개선국이었다. 2000년까지 계속된 서울대 신교수 성희롱사건과 관련된 치열한 공방 속에서, 성희롱이 사회적 이슈로 떠오르면서 여성부가 성차별, 특히 성희롱 등의 해결에 적극적인 역할을 수행하기를 기대하였다. 많은 여성들이 성차별을 신고하고 해결하기 위해 여성부를 찾아오고, 조사1과(고용과 교육, 법정책에서의 남녀차별 사건처리)나 조사2과(성희롱 관련 사건의 조사 및 처리)를 통해 실제적인 도움을 받을 수 있기를 희

---

67) 한국여성단체연합, *김대중정부 여성정책 3년 평가 및 정책제안을 위한 토론회 자료집(2001. 2. 22)*, 16.

68) 여성부, *지난 5년의 여성정책 성과(1998년 – 2002년)*, 8.

망하였다.

그러나 현실은 기대와는 거리가 멀었다. 여성부 활동의 한계는 곧 드러났다. 우선 여성부 안에 남녀차별개선위원회가 있었지만, 남녀차별사안에 대한 시정권고권만 가졌고, 시정명령권은 없었기에 준사법권을 갖지 못한 상태였다. 2000년 연말 남녀차별개선위원회가 시정명령권을 확보하기 위해 제출한 <남녀차별금지 및 구제에 관한 법률개정안>(엄호성 의원 대표발의)이 통과되지 못하였기 때문이다. 성희롱·성폭력 문제 등에 대한 높은 감수성을 지닌 여성부가 그 해결능력을 갖지 못한다면, 많은 여성들이 당하는 고통은 실질적으로 줄어들지 않을 것이다. 또한 차별개선업무와 관련하여 지방자치단체는 아직 해당부서가 부재하고, 이는 많은 여성에게 성차별에 대한 고발을 실질적으로 어렵게 하는 요인으로 작용할 수밖에 없었다.[69]

나중에 여성부의 예산문제에서 다시 다루겠지만, 여성특위의 1년 예산 규모보다 크게 증가하지 않는다면, 여성정책의 주무 집행부서로서의 존재감은 크게 손상될 것이다. 또한 여성부가 17개 정부 부처 사이에서 주변화 되지 않고, 총괄조정의 역할을 성공적으로 해내어야 하고, 이를 위해서는 앞에서도 수차 강조한 대로 여성정책의 효과적 실현을 위한 지자체 정부와의 밀접한 공조가 필수불가결하다.[70] 이 난해한 과제를 실행하기 위해서는 과거의 <여성정책심의위원회>처럼 여성부가 입안한 정책을 각 부처가 이행하는 정도를 감독할 수 있는 국무총리 산하 여성정책조정위원회의 설치를 고려해야 한다는 제안도 나왔다.

---

69) 한국여성단체연합, *김대중정부 여성정책 3년 평가 및 정책제안을 위한 토론회 자료집(2001. 2. 22)*, 17.

70) 한국여성개발원, 앞의 책, 4.

위에서 언급한 부처 간 협력이나 조율의 문제는 지금까지 해결되지 않고 있는 미결의 과제이다. 이와 관련하여 한명숙의 증언은 흥미롭다. 김대중은 이런 한계를 잘 알았고, 이를 극복하기 위해 유사한 업무를 집행하는 부처의 장들을 모아 정기적으로 대통령과 간담회를 하도록 하였다고 한다.[71] 이 자리에서는 대통령의 날카로운 송곳질문 때문에 장관들이 많이 긴장하였다고 하는데, 바로 이런 통로를 통해서 부처 간 협력의 강화를 모색할 수도 있겠다. 여전히 여성계가 요구하고 있는 대통령 직속 성평등위원회가 지금도 가시화되고 있지 않은 현실에서는 위와 같은 접근방식은 현실적인 한계를 돌파할 수 있는 현명한 출로가 될 수도 있겠다.

(3) 6개 부처의 정책담당관제

6개 부처의 여성정책담당관실의 설치는 여성부를 넘어 다른 주요 부처에 여성정책의 행정적 기반이 마련된 점에서 그 의미가 깊다. 여성특위가 다른 부처에서 진행되는 여성정책을 체계화하거나 실제 집행할 수 없었기에, 그 시행은 제대로 작동되지 않았었기 때문이다. 교육부, 노동부, 농림부, 법무부, 보건복지부, 행정자치부 6개 부처에 설치된 여성정책 담당관실의 역할은 부처에 따라 편차가 있었다. 어려운 여건 속에서도 열정적으로, 효과적으로 움직이는 부처가 있는가 하면, 활동이 소극적인 곳도 있어서, 여성정책담당관의 역할과 성과를 일괄적으로 평가하기는 힘들었다.

그러나 여성정책담당관실이 공통적으로 부딪혔던 문제점을 잠시 언급할 필요가 있다. 먼저 여성정책담당관은 4급이 대부분이어서, 각각의 부처 안에서 이렇게 낮은 위상으로는 여성관련 업무를 제대로 총괄

71) 한명숙과의 인터뷰, 2022. 7. 17.

하거나 조정하기는 어려웠을 것이다. 또한 이 부처들은 여성이 처한 현실파악이나 여성정책의 집행 현장과 관련하여 여성부와는 달리 여성운동단체나 여러 급부의 페미니스트와의 교류나 협치가 부족하였다. 또한 여성정책은 전 행정부서에 분산되어 집행될 수 밖에 없어서, 정책수행이 무리 없이 진행되기 위해서는 여성정책 전담부서와 소관 부서간의 횡적 연대와 협치가 매우 중요하다. 그러나 행정관례나 부처들의 조직문화에 비추어볼 때 이런 횡적 연대가 자발적으로, 적극적으로 이루어지기가 어려웠다. 우선 최소한 6개 부처의 여성특별담당관 간에도 소통과 공동대응이 원활해야 하는데, 이도 실행하기 쉽지 않았을 것이다.

여성정책담당관실이 겪어야 하는 여러 난관들이 있겠지만, 기실 가장 중요한 문제는 부족한 재원일 것이다. 2000년 예산을 보면, 교육부가 5억2천7백만 원, 농림부가 7억6천3백만 원, 법무부가 1억 2천만 원, 행정자치부가 4전3백만 원인데, 이는 거론하기조차 부끄러울 정도로 적은 것이다. 이런 예산으로 제대로 된 사업을 집행하기란 쉽지 않았을 것이다. 또한 여성정책담당관실을 전체 부처로 확대하는 것도 김대중 정부의 남은 과제였으나, 실현되지 못하였다.[72]

72) 한국여성단체연합, *김대중정부 여성정책 3년 평가 및 정책제안을 위한 토론회 자료집(2001. 2. 22)*, 18.

표 6-1 **여성정책담당관실 관련 예산**

(백만원)

부처별	사업내용	1998	1999	2000	2001	2002	2003
	합계	158,105	214,488	211,846	246,385	273,083	352,477
법무부	여성관련법제 개선	-	50	60	70	70	70
행자부	여성공무원 정책	-	-	43	44	44	58
교육부	여성교육진흥	-	73	527	548	363	403
농림부	계	500	470	869	895	2,387	1,992
	여성농업인능력개발	-	70	70	155	70	0
	농가도우미 지원	-	-	599	540	1,037	1,037
	여성농업인센터운영	-	-	-	-	1,080	855
	식생활개선 교육홍보	500	400	200	200	200	100
복지부	계	147,800	197,600	198,743	220,008	249,189	345,046
	모자복지시설 지원	6,400	5,900	7,487	9,351	6,545	7,176
	저소득모부자가정지원	8,700	8,900	11,610	12,275	11,293	10,065
	보육사업	107,700	125,300	145,595	170,563	208,524	307,272
	모자보건	3,700	6,200	6,641	7,780	7,863	7,681
	여성단체지원	200	200	228	228	131	131
	가족계획	1,700	300	454	495	259	23
	재가복지사업	9,900	7,800	8,510	9,513	10,461	12,458
	여성정책	-	100	952	100	100	100
	여성실업대책	9,500	42,900	17,266	9,703	4,013	-
	양육미혼모중간의집	-	-	-	-	-	140
노동부	계	9,805	16,295	11,604	24,820	21,030	4,908
	모성보호강화	-	-	-	15,000	15,000	-
	남녀고용평등	125	156	156	156	155	155
	건전한직장문화 개선	-	-	550	650	649	650
	직장보육시설설치 지원	4,743	1,761	-	-	-	-
	실직여성가장 자영업창업	-	-	1,200	1,200	1,000	1,000
	여성가장 실업자취업훈련	4,608	14,000	9,316	7,419	3,877	2,740
	기본사업비	329	378	382	395	349	363

여성부: 지난5년의 여성정책 성과(1998년~2002년), 2003년 4월, 186쪽

위에서 언급한 보다 구조적인 한계 속에서도 여성정책 담당관실은 지위개선을 위한 여러 노력들을 보여주었다. 특히 법무부에서는 가정폭력과 성폭력 관련 수사실무 교육을 법무연수원 교육과정에 포함하고, 장관의 특별지시를 통해 성범죄 수사나 재판과정에서의 인권침해를 방지하도록 하였다. 이런 적극적인 조치는 1998년 후반기의 가정폭력 처리건수가 1,400회인데 비해, 2000년 한 해 동안 11,878건으로 증가한 결과로 나타났다. 이는 2년 사이에 가정폭력이 별안간 증가하기 보다는 가정폭력에 대한 법무부의 범죄 감수성이 높아진 것으로 해석할 수 있다.[73]

마찬가지로 특별히 언급할 부처는 교육부이다. 여성정책담당관실을 신설한 이후 1999년 기술산업교과와 가정교과를 기술가정교과로 통합하여 남녀 학생의 공통필수과목으로 만들었다. 또한 고등학교에서는 공업기술이나 가정과학 등의 교과목을 남녀 구분 없이 선택하게 하였다. 또한 초중고 여학생, 여대생, 주부 200만 명을 대상으로 하는 정보화 교육도 1998년에서 2001년 사이에 이루어졌다. 당시 전체 교사의 절반이 여성인데 비해, 교장이나 교감의 비율은 매우 낮아서, 각각 5.3%, 6.3%에 불과하였다. 이에 김대중정부는 관리직 여성교원의 비율을 높이려는 노력을 기울였다. 이는 신속하게 상승하지는 않았지만, 꾸준한 증가율을 보였다.[74] 이런 점에 비추어볼 때 여러 한계도 있었지만, 여성정책 전담기구의 존재의미를 우리는 확인할 수 있었다.

---

73) 같은 책, 18-19.

74) 같은 책, 20; 정재훈, "여성정책 평가: 외환위기 이후 10년 - 국민의 정부와 참여정부 여성정책 평가를 중심으로," 8.

2) 여성대표성 제고

'양성평등을 실현하는 남녀공동의 참여사회 구축'을 표방하는 김대중 정부에서 정책결정과정에서 여성 대표성을 얼마나 높였는가를 평가하는데 있어서 그 기준으로 1) 의회, 공직 그리고 여타 정책 결정과정에 참여하는 여성의 수와 비율, 2) 진출하는 분야의 다양성, 3) 고위직에의 진출 정도를 꼽을 수 있다. 첫째 기준에 따른 비율은 성차별이나 가부장적 관행을 가장 객관적으로 보여주는 지표가 될 것이나, 둘째 기준을 통해서는 여성참여에 있어서 성별분업 이데올로기가 작용하는 정도를 측정할 수 있을 것이다. 셋째 기준은 여성의 진출이 수직적 괴리현상과 어떻게 결합되어 있는지를 알 수 있는 척도가 될 것이다.[75] 그래서 이 세 가지 기준을 중심으로 여성의 대표성이나 정책의 성주류화 정도를 평가할 것이다.

김대중 정부는 출범 당시 공약에서 1) 각종 선거의 비례대표 배분에서 30% 이상을 여성에게 할당하고, 2) 정부 부처의 위원회에서 여성참여비율을 30% 이상으로 올리고, 3) 정당 내의 여러 기구에서의 여성참여율을 30% 이상으로 높이고, 4) 국무위원 중 4인 이상을 여성으로 임명하고, 나아가 주요정책 결정직에 여성 비율을 20-30% 배려하고, 5) 철도전문대학, 세무대학, 농협전문대학 등 특수목적대학이나 기능대학 선발에서 여성입학제한제를 철폐하고, 6) 군의 우수 여성인력 확보를 위해 해사·육사·공사 등에서 여성입학비율을 확대할 것 등을 약속하였다.

여성운동은 김대중 정부가 내세운 여성대표성 제고에 대한 공약을 환영하면서, 추가적인 요구를 제시하였다. 한국여성단체연합은 지역구

75) 심영희. "정치, 공직 및 정책결정과정에서 여성의 대표성 제고, 한국여성단체연합." *김대중정부 여성정책 1년 평가 및 정책제안을 위한 토론회 자료집(1999. 2. 25)*, 24.

공천 및 주요당직에 30% 이상의 여성할당을 의무화하고, 나아가 지역구에 출마하는 여성후보들에 대한 조직적인 배려와 자금 지원을 촉구하였다. 아울러 중앙정부나 지방자치단체가 2000년까지 각종 위원회에 여성참여율 30% 이상이라는 목표를 달성하지 못할 경우에는 엄격한 제재조치를 실행할 것을 요청하였다.[76]

이제 김대중 정부에서 여성 대표성 제고의 성과를 공약을 중심으로 검토하자. 우선 긍정적인 변화로서 2000년 8월에 개정된 정당법에 따라 비례직 국회의원 중 여성에게 30%를 추천토록 하는 여성공천제도가 신설된 점을 지적해야 할 것이다. 이런 규정이 실질적인 이행으로 가는 데는 시간이 걸리지만, 2000년에 치러진 16대 선거에서 여성의원은 많이 늘어나서, 6.2%에 도달하였다. 물론 이는 여성들이 요구하는 30%에는 훨씬 미치지 못하는 것이었지만 말이다. 그럼에도 우리는 변화는 시작되었다고 말할 수 있다. 제 3기 여성 지방의원의 비율은 광역의회의 경우 5.9%, 기초의원의 경우 1.6%이었다. 특히 광역의회 여성의원 중 지역구의 비율은 현저히 낮아서, 지역구는 14명(2.3%), 비례는 27명(3.6%)에 불과하였다.

76) 한국여성단체연합, "13개 분야 34대 과제. 한국여성단체연합이 선정한 16대 총선 여성정책 요구안" (2000), 10-12.

표 6-2 여성의 정치참여 현황: 국회의원

(단위 : 明, %)

연 도	구 분	전 체	지역구	전국구
1996 (15대)	국회의원	299	253	46
	여 성	9(12)	2(3)	7(9)
	여성비율	3.0(4.0)	0.8(1.3)	11.3(19.6)
2000 (16대)	국회의원	273	227	46
	여 성	16(15)	5(5)	11(10)
	여성비율	5.9(5.5)	2.2(2.2)	24(22)

주: ( )안의 내용은 보궐선거로 인한 변동사항
(출처: 여성부, 2003 백서, 272쪽)

표 6-3 여성의 정치참여 현황: 여성지방의원

(단위 : 明, %)

구 분	합계		광역의원						기초의원	
		여성 비율	소계	여성 비율	지역구	여성 비율	비례 대표	여성 비율		여성 비율
1995.6.27선거	127	2.3	56	5.8	13	1.5	43	45.6	71	1.6
1998.6. 4선거	97	2.3	41	5.9	14	2.3	27	36.4	56	1.6
2002.6.13선거	140	3.4	63	9.2	14	2.3	49	67.1	77	2.2

(출처: 여성부, 2003 백서, 272)

김대중정부는 공약에서 약속한 대로 출범 이후 정부 내 각종 위원회의 여성참여율 제고를 국정과제로 정하거나 혹은 대통령 지시사항으로 전달하였고, 나아가 목표율 30% 달성시기도 당초 2005년에서 2002년으로 바꾸어 조기달성을 추진하는 적극성을 보여주었다. 그 결과 각종위원회에서 여성 비율은 1984년 2.2%에서 1998년 12.4%, 1999년

17.6%, 2002년 30.1%로 올라갔다.[77] 거기에다가 더욱 긍정적인 점은 중앙행정기관이나 지방자치단체가 거의 비슷한 비율로 올라가고 있다는 점이다. 이는 중앙정부의 정책기조나 방향이 거의 수도권을 중심으로만 잘 작동해왔던 그간의 한계를 넘어서는 좋은 모습이다. 그러나 아직은 30%라는 목표에 미달하고 있고, 특히 이가 신설위원회에서 잘 지켜지지 않았다. 또한 지적할 중요한 점은 인사정책에서 중요한 역할을 하는 인사 관련 위원회에서 여성 위촉비율이 11.5%로 저조한 점이다.[78] 바로 이런 부분이 여성 대표성 제고 정책에서 발생하는 전략적인 실책이라 생각된다.

표 6-4 위원회 여성참여 현황

구분	연도별 여성참여현황					
	1998. 6	1998. 12	1999. 12	2000. 12	2001. 12	2002. 12
한계	1,630 (10.0%)	1,896 (12.4%)	2,635 (17.6%)	3,842 (23.6%)	4,547 (27.7%)	5,093 (30.1%)
중앙행정기관	492 (9.4%)	556 (12.0%)	763 (17.5%)	1,086 (22.7%)	1,046 (24.8%)	1,146 (26.2%)
지방자치단체	1,138 (10.4%)	1,340 (12.7%)	1,872 (17.7%)	2,756 (24.0%)	3,501 (28.7%)	3,947 (31.5%)

[여성부: 지난5년의 여성정책 성과(1998년~2002년), 2003년 4월, 45쪽]

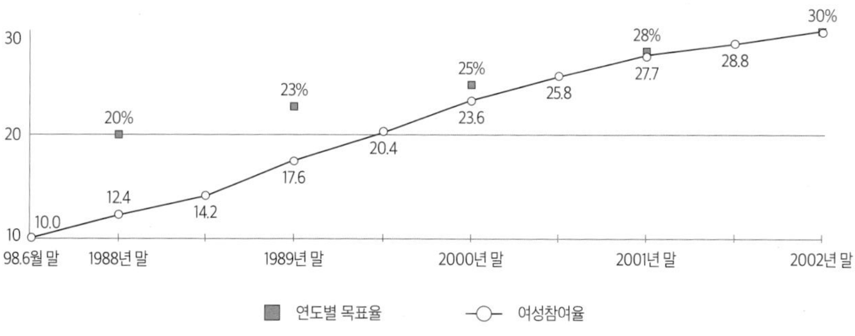

77) 여성부, 2003 *여성백서*(2002), 283.

78) 여성특별위원회, *1999 여성백서*, 233.

여성장관 임명에서는 여성을 30% 임명한다는 약속은 현실화되지 못하였다. 여성장관은 1999년까지는 1명이지만, 장관급 대우인 여성특별위원회 위원장을 함께 계산할 경우 2명이다. 1991년 여성부 장관이 임명되어 비로소 2명이 되었다. 고위임명직 중 실제로 실무의 총책임을 맡고 있다고 할 수 있는 차관의 경우, 여성은 1명도 없었고, 2급 2명(0.4%), 3급 15명(1.6%), 4급 146명(2.2%)이었으니, 이런 현실 속에서는 여성정책 실현에도 한계가 있을 수밖에 없을 것이다.[79]

1999년 말 기준으로 여성공무원은 257,191명으로 전체 공무원의 29.7%이다. 이 숫자는 1998년과 비교하면 6,662명이 줄었지만, 경제 환란 속에서 진행된 정부의 구조 조정으로 전체적인 공무원 인원 감소가 진행되었기에, 여성비율이 감소한 것은 아니다. 직종별로 고찰하자면, 여성교육공무원이 142,612명으로 전체 교육공무원의 50.3%이고, 이들이 전체 여성공무원 중 차지하는 비중은 절반(55.4%)을 조금 상회한다. 또한 일반직 여성공무원은 58,337명으로 전체 일반직 공무원 중 21.6%에 불과하다. 여성공무원 중 별정직이 41.2%, 고용직·계약직이 34.9%, 기능직이 26.6%을 차지한다. 이에 비해, 여성 경찰·소방직이 1,776명으로 전체의 1.6%, 외무직이 59명으로 4.8%, 법관이나 검사는 125명으로 4.6%에 불과하다.[80]

위에서 제시한 통계를 통해서, 우리는 김대중 정부에서 여성공무원 우대정책이 약간의 개선은 가져왔지만, 큰 진전을 보인 것은 아니라고 평가할 수 있다. 전체 여성공무원이 1997년 말의 28.7%보다 1% 정도 증

---

79) 한국여성단체연합, *김대중정부 여성정책 3년 평가 및 정책제안을 위한 토론회 자료집(2001. 2. 22)*, 22.

80) 같은 책 23; 여성특별위원회, *2000 여성백서*, 239-241.

가하였지만, 이는 1996년 말부터 실시한 여성채용목표제의 영향력[81]외에도 여성의 고학력화와 높아진 취업욕구 등이 함께 작용하여 가져오는 점진적인 변화라 해석할 수도 있다. 거기에다가 여성공무원이 하위직에 집중되어 있는 현실도 크게 변화하지 않았다. 1997년 말에 1-5급 사이의 여성공무원이 2.7% 이었으나[82], 2000년 말에는 3.4%를 차지하였다. 이는 약간의 고위직으로의 이동은 있었지만, 여성의 하위직에 집중된 현실이 달라지는 데에는 적지 않은 시간이 필요한 것 같다. 성주류화 정책을 위해서는 여성의 공직 진출을 양적으로 늘리는 것에 못지않게 국가정책을 입안하고 시행하는 결정과정에 여성의 비중을 높이는 것이 절실히 필요하다.

이에 1998년 7월부터 여성합격자가 적은 상위직급인 행정고시 및 외무고시와 7급 행정·공안·외무 관련 행정직 공채시험에 여성채용목표제를 도입하거나 1999년에 애초의 채용목표비율을 바꾸어 조기에 여성공직 진출을 확대하고자 하였다. 이는 목표율을 1999년에 18%, 2000년 20%로 정했지만, 앞당겨1999년에 20%로 올린 것이나, 9급 시험에도 여성채용목표제를 확대·적용하는 조치로 나타났다. 이를 통해 추가로 합격한 여성은 1997년에 20명, 1998년에 14명인데 비해, 2000년에는 40명 그리고 2001년에는 86명으로 증가하였다. 이는 여성지위 개선에

81) 공무원으로의 입직은 법에 따른 공개채용을 원칙으로 한다. 그러나 당시 7급과 9급 시험에는 군대 제대 남성에 대해 가산점을 주는 제도가 있었고, 이를 통해 여성의 진입에는 큰 장애가 있었다. 이를 시정하기 위해서 1996년부터 2002년까지 공무원 여성채용목표제가 시행되었다. 이는 2003년부터 합격자의 성비를 맞추는 양성평등채용목표제로 바뀌었다. 조진우. "지난 10년간의 여성정책의 득실과 향후 10년간의 여성정책의 방향," *젠더리뷰*, No. 7 (2007 겨울): 10.

82) 여성특별위원회, *1998 여성백서*, 169.

대한 김대중 정부의 강한 의지를 보여주는 본보기라 평가할 수 있다.[83]

3) 여성관련 예산

민주정부를 자임하는 김대중 정부는 역대 어느 정부보다도 여성이 국가발전의 주역이라는 인식과 함께 여성 정책의 중요성을 강조해왔다. 여성정책의 추진현황을 통해서도 김대중의 여성정책에 대한 진지성을 우리는 확인할 수 있었다. 이런 대통령의 의지는 정책의 여러 분야에서 가시적으로 드러났으나, 실상 정책을 추진하는 기초가 되는 예산 분야에서는 잘 드러나지 않았다. 예산이 필요한 여성정책은 보육사업 분야를 제외하고는 제대로 추진되지 않았다.

표 6-5 **예산 규모변화 추이**

(백만원)

	정무장관실		여성특위			여 성 부		
	1996	1997	1998	1999	2000	2001	2002	2003
합 계	8,037	14,188	13,250	14,281	10,907	28,792	42,735	43,547
비 율	28	95	100	106	135	356	527	537
인 건 비	969	1,330	1,014	996	1,317	1,591	3,511	4,608
기본 사업비	1,306	1,368	2,084	2,594	2,708	2,785	3,075	2,854
주요 사업비	5,762	11,490	10,152	10,691	6,882	24,416	36,149	36,085
	-개발원58	-개발원65 -기금 50	-개발원51 -기금 50	-개발원41 -기금 50	-기타 18 -기금 50	-기타194 -기금 50	-기타311 -기금100	-기타260 -기금100

여성부: 지난5년의 여성정책 성과(1998년~2002년), 2003년 4월, 181쪽

1998년 정부 예산 중에서 여성관련 예산의 비율은 0.23%에 불과하다. 정무장관(제2실)의 예산을 그대로 넘겨받은 여성특별위원회의 예산

83) 한국여성단체연합, *김대중정부 여성정책 3년 평가 및 정책제안을 위한 토론회 자료집(2001. 2. 22)*, 23.

은 132억 원이다. 그 외에 보건복지부의 여성관련 예산이 1,390억 원, 노동부의 근로여성 관련 예산이 404억 원으로 총액이 2000억 원이 되지 못하고 있다. 여성특별위원회 예산 132억 원 중 여성발전기금 50억 원, 한국여성개발원 출연금 51억 5천 만 원을 제외하면, 가용액은 30억 5천만 원이었다. 거기에다가 인건비와 기준경비를 뺀 여성 관련 사업비는 20억 6천만 원에 불과한 실정이었다.[84]

여성복지 관련 예산 1,390억(일반회계와 재정융자특별회계 포함) 중 보육예산이 77.5%(1,077억 원)를 차지하고, 나머지는 재가보호사업(98억 원), 모자가정 지원(72억 원), 가족계획사업(17억 원), 일본군 위안부 지원사업(11억 원)으로 배정되었다. 다시 말해 이는 여성복지 관련 예산은 주로 요보호 여성에 대한 지원사업이 주축을 이루고 있음을 의미한다. 복지정책이 요보호자 위주의 정책을 넘어설 것이라는 김대중정부의 천명에도 불구하고 근로여성 관련 예산에서도 유사한 문제점이 드러난다. 총예산 404억 원(일반회계 및 고용보험 기금과 근로복지진흥기금 포함) 중 보육시설 설립지원이 253억 원(일반회계 47억 원, 고용보험기금 206억 원)으로 가장 많다. 이런 수치를 통해 노동부가 여성관련 사업에 있어 성주류화와는 거리가 먼 최소한의 기초적인 업무를 수행하고 있음을 확인할 수 있다. 또한 1998년의 경우 법무, 교육, 행정자치부 여성정책담당관실은 예산 배정조차 되지 않아서, 원활한 사업수행에는 많은 난관이 있었다. 관련 예산의 윤곽이 이미 정권 수임 이전에 결정된 한계가 있었겠지만, 그럼에도 불구하고 이런 현상은 관련 부처들이 여

84) 한국여성단체연합 제14차 정기총회보고서, 한국여성단체연합, *총회자료집* 2000, 312; 한국여성단체연합, *김대중정부 여성정책 3년 평가 및 정책제안을 위한 토론회 자료집(2001. 2. 22)*, 24-25.

여성정책에 그다지 관심을 기울이지 않았던 현실을 반영한다.[85]

1999년도 여성관련 예산은 0.03% 늘었다. 1999년 일반회계 약 80조 억 중 여성관련 예산의 비중은 0.29%, 237,747,868천 원에 머물렀다. 특히 1999년 예산 중 여성특별위원회 예산은 0.018%이고, 이는 1998년에 비해서도 0.001% 줄어든 14,280,668천 원이다. 이는 여성특별위원회가 요청한 액수의 절반에 불과한 것이다. 여성정책을 전담하는 부처들에 배정된 예산도 거의 유사하다. 교육부 예산은 73백만 원, 법무부는 84백만 원, 행정자치부 65백만 원, 보건복지부 328백만 원, 농림부 104백만 원이어서, 이 예산으로는 의욕적으로 새로이 신설된 여성정책 전담부서의 기본 목표나 취지가 제대로 실행으로 옮겨지기는 어려웠을 것이다. 이에 비해 '여성기업지원에 관한 법률'이 제정되자, 중소기업청에서 2차 추경예산을 통해 여성창업 인프라 확충에 55억 원, 저소득 여성가장 생계형 창업지원에 10억, 여성기업 경쟁력 향상지원 35억 원 등 여성창업 예산 100억 원을 배정한 조치는 여성의 경제활동을 진작한다는 점에서 높이 평가할 수 있었다. 이후에 여성특별위원회 및 6개 부처 여성정책담당관실이 각 부처 내 사업의 조정에만 머물지 않고 독자적 사업을 추진하기 위해서는 예산확대가 필수적으로 이루어져야 하였다.[86] 1999년 예산에서 유감스러운 점은 여성단체에 대한 지원과 관련하여서는 10개 여성단체에 대해 228,000천 원이 지원되었는데, 이는 1998년에 비해서 약간 감소한 것이다. 이에 여성들은 단체보조 예산을 10억 원

---

85) 같은 책, 25; 한국여성단체연합, *총회자료집 (2000)*, 312.

86) 한국여성단체연합, *김대중정부 여성정책 3년 평가 및 정책제안을 위한 토론회 자료집(2001. 2. 22)*, 25-26; 한국여성단체연합, *김대중정부 여성정책 1년 평가 및 정책제안을 위한 토론회 자료집 (1999. 2. 25)*, 106-107.

으로 대폭 늘릴 것을 요구하였다.[87] 김대중대통령이 여성단체의 역할의 중요성을 강조한 것을 고려하자면, 이런 예산은 관료들이 여성단체에 대한 낮은 인식 수준을 반영하는 것이라고 평가할 수밖에 없다. 그간 여성단체들이 재정적인 열악함과 장시간 노동조건 속에서 여성 복지나 인권실현에 기여한 역할을 고려한다면, 더욱 그러하다. 여전히 끊임없는 인권침해나 복지 사각지대가 도처에서 나타나는 상황에서 여성단체들이야말로 그 틈새를 매우는 중요한 역할을 하고 있기 때문이다. 한국여성단체연합은 2000년 11월 여성장애인 성폭력상담소 설치 및 운영, 긴급전화 「여성 1366」, 매매춘여성 실태조사 및 탈매춘여성을 위한 쉼터 개설을 위한 예산을 긴급히 요청하기도 하였다.[88]

2000년도 일반회계 86,474,007백만 원 중 여성관련 예산은 246,101백만 원으로 0.28%이다. 이는 1999년 0.29%에 비해 0.1% 축소된 예산이다. 2000년 일반회계 대비 여성특별위원회 예산 비율은 0.0126%로 1999년의 0.0137%에 비해 0.0011%로 축소되었다. 여성정책담당관실 예산도 크게 증가하지는 않았다. 특히 문제는 노동부의 근로여성 관련 예산이 크게 줄어, 2000년 예산은 17,760백만 원으로 1999년의 26,621백만 원에 비해 33%나 감소하였다. 특히 <일하는 여성의 집>은 증설 규모를 줄이고 대신에, 여성전용 직업훈련과 더불어 종합취업센타로 기능할 수 있는 예산을 확보해야 하는데, 예산규모를 줄이고 있어 내실화의 기회를 놓칠 위험이 커졌다.[89]

---

87) 한국여성단체연합, *총회자료집* (2000), 322; 한국여성단체연합, "제15차 정기총회보고서," 한국여성단체연합, *총회자료집* (2001), 380.

88) 같은 책, 379~380.

89) 한국여성단체연합, *김대중정부 여성정책 3년 평가 및 정책제안을 위한 토론회 자료집(2001. 2. 22)*, 26.

그러나 2000년 예산에서 높이 살 부분은 정통부에서 책정한 사이버 성폭력방지 예산이다. 이는 사이버 공간에서 성폭력을 당하는 피해자가 증가하자, 여성인권문제를 다루는 여성단체들이 강력하게 문제제기를 하면서, 이에 대한 대응정책의 일환으로 예산이 책정되었다. 그러나 1999년 9월 10일 당정협의를 거치면서 원래 배정된 예산이 10억 원에서 5억 원으로 삭감되었다. 또한 예산 집행도 원래의 계획을 바꾸어 여성단체를 제외한 채 정보통신윤리위원회가 단독으로 예산을 집행하는 결과에 이르렀다. 그럼에도 불구하고 요즈음 격렬한 쟁점이 되고 있는 사이버성폭력문제를 20년 앞서서 간파하고, 대응방안을 모색하는 선견지명에 대해서는 높이 평가할 만 하다.

1998년 7월 유엔에서 열린 여성차별철폐협약의 이행과 관련한 한국보고서 심사에서 한국의 여성관련 기구의 권한이 너무 낮고, 여성관련 예산 역시도 너무 작다는 지적이 나왔다. 이런 지적을 떠나서라도, 양성평등 실현의지가 강한 김대중대통령의 집권 하에서 여성 관련 예산은 기대와는 달리 크게 늘어나지 않았음을 확인할 수 있다. 여성예산과 관련하여서는 정부가 일정한 원칙을 지키는 자세가 요구된다. 즉 이는 정부가 정책 집행과정에서 얼마나 사회적 약자나 젠더를 배려할 것인가에 대한 신념의 고수이자 원칙의 문제로 귀결된다.[90] 물론 이를 위해서는 정부 고위 정책입안자들에게 성주류화 정책의 중요성에 대한 교육을 강화하고 또한 국민을 상대로 설득하는 과정도 필요하다.

---

90) 한국의 경우 GDP대비 사회복지비의 지출이 1995년 통계에 따르자면 7.3%이고, 이는 크게 개선되지 않고 있다. 한국의 경제규모라면 최소한 10%까지는 서서히 늘려가야 한다. 1993년 통계에 따르면 GDP 대비 사회복지비의 지출이 OECD 평균 22%, 영국 23%, 미국 15%, 터키 7%, 일본 12%이다. 이런 통계를 접하면 우리 사회복지비 예산이 부끄러워진다. 한국여성단체연합, *김대중 정부 여성정책 3년 평가 및 정책제안을 위한 토론회 자료집(2001. 2. 22)*, 27.

이에 여성단체들은 여성관련 예산이 증가하기 위해서는 재경부와 기획예산처 상위직 공무원에 여성임용을 확대하고, 기획예산처에 여성정책담당관실을 신설할 것을 요구하였다. 뿐 만 아니라 여성들은 정부의 발상전환이 필요하다는 점을 강조하였다. 달리 말해서 이는 여성관련 정책을 현장에서 제대로 집행하기 위해서는 젠더예산의 확대에 대한 전환적 사고를 요청한다는 의미이다. 그간 정부 부처가 관행적으로 책정한 다른 예산, 예를 들면 남북 정상회담 이후 조성되는 남북 화해 분위기에 맞추어 군비경쟁을 중단하고 국방비 등을 과감하게 삭감하는 것을 통해 여성이나 복지 관련 예산을 확충하는 방안을 모색할 것을 여성들은 촉구하였다.[91)]

위에서 제기한 전체적인 문제제기 외에도 각론으로 <남녀고용평등 실현 및 여성고용기회 확대 예산>을 늘려서, 여성고용확대를 위한 정부의 노력을 최대한 경주할 것을 강조하였다. 보다 구체적으로는 그간 정부가 많은 비용을 투자하여 지원한 <일하는 여성의 집> 사업이 위축되는 현실에 대한 대응을 여성단체들은 요구하였다. 또한 여성부의 신설에 따라 필수적으로 필요한 여러 예산배정이 병행되어야 하였다. 여성정책 조정능력 강화, 여성발전기금 증대, 차별방지 및 구제사업, 여성능력개발사업, 여성정책이나 가족정책 개발비 등을 획기적으로 늘리고, 6개 부처 여성정책담당관실의 정책개발비를 지속적으로 확대하는 것이다. 정부가 2001년까지 1000억 원 조성을 약속한 여성발전기금은 여전히 200억에 머물렀고, 여성발전기금에서 조성된 이자로 전국의 수백 개에

---

91) 특히 한국여성단체연합은 국방비 5% 증액은 당시 정부가 추진하는 대북정책의 기조에 상응하지 않는다고 비판하면서, 국방비 삭감과 더불어 여성관련 예산의 증대를 요구하였다. 같은 책, 27; 한국여성단체연합, "제16차 정기총회보고서," 한국여성단체연합, *총회 자료집* (2002), 367. 그 외에도 한국여성단체연합, *총회자료집* (2000), 325 참조.

달하는 여성단체들의 사업비 지원을 하고 있어 그 한계는 명백하였다.[92]

그러나 여성부가 출범하는 2001년에 이르면, 여성부의 예산은 28,792백만 원으로 늘어났다. 집행기능을 가진 부처로서 출범하면서, 예산이 증가한 것이다. 김대중정부의 마지막 해라 할 수 있는 2002년에는 예산이 42,735백만 원으로 늘어나, 1998년 예산보다 5배 이상 증가된 규모이다.[93] 여성계가 실질적인 여성정책 실행을 위해 여성부 설치를 주장한 이유를 이렇게 증가된 예산을 통해서도 알 수 있다. 예산은 바로 사업의 진행을 의미하기 때문이다. 이런 대목을 2022년 3월 대선 이후 논란이 되는 여성가족부 존재의 필요성과 관련하여서도 주목할 필요가 있다.

4) 여성에 대한 폭력과 여성인권

여성에 대한 폭력과 여성 인권의 문제는 성평등의 가장 기저를 이루는 요소이다. 1993년 비엔나 세계인권회의에서 발표된 비엔나선언에서는 여성의 인권은 "보편적인 인권 중 양도할 수 없으며 필수 불가결한 불가분의 요소"로 파악하고 있다. 이에 따르자면 여성 인권의 보장은 보편적 인권 실현의 핵심으로 자리 잡고 있다. 유엔 인권위원회 여성특별보고관의 분류에 따르면, 여성에 대한 폭력은 크게 가정폭력, (지역)사회에서의 폭력, 국가에 의한 폭력으로 나뉜다. (지역)사회에서의 폭력에는 강간, 성희롱, 인신 매매 및 강제 매춘, 포르노, 강제불임, 태아의 성별 선택, 여아 살해 및 무력분쟁 하에서의 인권침해를 포함한다. 이 선언에 따르자면 여

92) 한국여성단체연합, *김대중정부 여성정책 3년 평가 및 정책제안을 위한 토론회 자료집(2001. 2. 22)*, 27-28.

93) 여성부, *지난 5년의 여성정책 성과(1998 - 2002년)*, 181; 한국여성단체연합, "제16차 정기총회보고서," 한국여성단체연합, *총회 자료집* (2002), 364.

성인권의 범주에는 여성에 대한 폭력, 성적 학대 및 착취, 인신매매, 법 집행에서의 성차별적 편견, 성차별적 전통적 관습, 문화적 편견, 종교적 극단주의로 인한 여성의 권리 침해, 전쟁에서의 인권침해, 여성이주 노동자와 난민여성의 문제 등이 포함된다. 이런 분류법에서 보자면, 여성인권과 관련해서는 많은 정책과제들이 제기될 수 있다.[94]

김대중정부에서 성·인권분야 정책을 크게 성폭력, 가정폭력, 여성장애인 성·인권정책, '매춘여성' 문제을 중심으로 분석하고자 한다. 그 외에도 여성에 대한 다양한 인권침해와 폭력이 있을 수 있지만, 이 글에서는 주로 김대중정부의 정책이 기획되거나 집행된 분야를 중심으로 접근할 수밖에 없었다.

(1) 성폭력

김대중정부 출범 당시 성폭력은 증가추세에 있었고, 보통 성폭력으로 여겨지지 않았던 데이트폭력도 날로 늘어나고 있었고, 사이버 성폭력도 신종 성폭력으로 등장하였다. 또한 장애인여성에 대한 성폭력문제도 사회적으로 드러나기 시작하였다. 이에 김대중정부는 먼저 성폭력 관련 법률을 제정하거나 개정하였다. 성폭력범죄의처벌및피해자보호등에관한법률에 카메라등이용촬영죄를 신설하여 카메라 등의 기계장치를 사용하여 성적 욕망이나 수치심을 일으킬 수 있는 타인의 신체촬영에 대해 5년 이하의 징역 또는 1천만 원 이하의 벌금에 처하도록 하였다.(14조의 2, 1998. 12. 28 개정) 1999년 2월에는 남녀고용평등법을 개

94) 한국여성단체연합, *김대중정부 여성정책 3년 평가 및 정책제안을 위한 토론회 자료집(2001. 2. 22)*, 37.

정하여 직장 내 성희롱 규제조항을 신설하였다.[95]

피해자 보호를 위해 성폭력 피해상담소를 확충하고 그 운영을 지원하여 1998년 45개소에서 2000년 64개소로 확대하고, 47개소의 재정을 지원하였다. 성폭력피해자 보호시설도 지원하고, 피해자 검사 및 치료비를 지원하였다. 2000년 여성긴급상담전화 1366도 설치하고, 전국 상담원 재교육도 연 2회 실시하였다. 나아가 초, 중, 고등학교의 성교육 및 성폭력 예방교육을 강화하고 성교육 지도지침 및 성희롱/성폭력 예방교육 자료를 개발하였다.[96]

나아가 성폭력 관련 행정력을 강화하는 방안의 일환으로 2001년 경찰청에 여성실을 만들고 기존의 청소년계를 여성청소년계로 바꾸고 여성폭력과 매매춘을 전담하도록 하여, 여성 전문경찰관제도를 안착시키려 하였다. 또한 여자형사기동대를 성폭력사범 전담수사대로 운영하게 하고, 경찰서에 243개소의 여성상담실을 운영·활성화하도록 하였다. 공공기관 내 성희롱예방을 위해 1999년 전국 2,701개 중 국가기간 및 광역, 기초 지방자치단체 그리고 그 소속기관 2,505개에서 성희롱 예방교육을 실시하였다.[97] 공공기관의 성희롱 예방을 위한 고위공직자의 적극적인 역할을 끌어내기 위하여 2000년 12월에는 중앙행정기관 실·국장을 대상으로, 2001년 7월에는 3급 이상 공무원을 대상으로 교육을 실시하였다. 공공기관의 성희롱 고충처리 담당 공무원(성희롱 고충상담원)

---

95) 여성부, *2001 여성백서* (2002), 19; 한국여성단체연합, *김대중정부 여성정책 3년 평가 및 정책제안을 위한 토론회 자료집(2001. 2. 22),* 40.

96) 같은 책, 40; 여성부, *지난 5년의 여성정책 성과(1998 - 2002년),* 100.

97) 2001년에는 4,540개소 국가기관 및 지방자체단체에서 1,126,353명이 성희롱예방교육을 받았는데, 이 수치는 1999년에 비해 거의 4배 증가한 것이다. 여성부, *지난 5년의 여성정책 성과(1998 - 2002년),* 96-97.

을 지정하고 이들에 대한 교육도 진행하도록 하였다. 또한 전국고등학교 1, 514개에서도 고3 여학생 35만 명 대상 성희롱 예방교육을 실시하였다.[98]

김대중정부의 성폭력 분야 이행을 제도적 측면에서 평가하자면 "나름대로 다양한 정책이 수립되었고 상당 부분 실제 추진, 이행해오고 있다"는 평가가 여성운동 측으로부터 나왔다. 고무적이다. 그러나 이런 맥락으로부터 아쉬움도 지적되고 있다. 가장 먼저 제기되는 문제점은 성폭력 분야에 대해 총괄적으로 집행하고 책임을 지는 부처가 없어서, 각 부처의 정책이 단절적으로 진행되거나 공백부분이 생겨서 시도한 만큼의 효과를 발휘하지 못하고 있는 점이다. 피해자 지원을 예로 들자면, 실질적인 지원은 복지부, 법이나 제도 설치는 법무부, 성교육 및 성폭력 예방교육은 교육부, 직장 내 성희롱 예방교육은 여성특별위원회가 하면서 총괄적 집행이 어렵다는 점이다. 보다 구체적으로 아래와 같은 한계점이 지적되었다.

첫째로 공약으로 내걸었던 친고제 폐지를 위한 성폭력특별법 개정은 이루어지지 않았고, 여성단체가 요구하는 스토킹 처벌법도 제정되지 않았다. 그렇더라도 김대중정부에서 <남녀차별 금지 및 구제에 관한 법률>을 제정하고[99] <남녀고용평등법>을 개정하여 직장 내 성희롱을 규제하는 방안을 마련한 것은 높이 사야 한다.

둘째로, 성폭력상담소가 늘어나고, 예산 지원도 총액 규모로는 확대

98) 한국여성단체연합, *김대중정부 여성정책 3년 평가 및 정책제안을 위한 토론회 자료집(2001. 2. 22)*, 40; 여성부, *지난 5년의 여성정책 성과(1998 - 2002년)*, 99-100.

99) <남녀차별 금지 및 구제에 관한 법률>은 1999년 제정되어 2005년에 폐지되었다. 이 법은 성희롱을 남녀차별로 규정하는 것을 통해서 조직 내에서 행위 관행뿐 아니라 의식을 변화시키는 데에 기여하였다. 이는 직장에서의 성평등뿐 아니라 교육현장에도 영향을 주었다. 조진우, 앞의 글, 8.

되었지만, 상담소 당 지원금 총액은 1994년 이후 그대로이다. 이 때문에 피해자를 위한 다각적 지원에 집중할 역량을 재정 마련을 위한 활동에 투여해야 하는 심각한 문제는 해결되지 못하였다.

셋째로, 여성형사기동대 보강, 여성상담실 여경 배치, 2001년 경찰청에 여성실 신설 등은 상당한 진전이라 할 수 있다. 그러나 아직은 모든 경찰과 검찰이 성폭력문제에 대한 올바른 인식과 적절한 수사지침을 이행할 수 있도록 교육하는 시스템이 제도화되어 있지는 않아서, 이를 제대로 정착시켜야 하는 과제가 남겨졌다.

넷째로, 진단서 발급, 상해 임신 낙태 등 피해자에 대한 정신적, 신체적 의료 서비스는 필수적이다. 그러나 의료진의 인식이 매우 낮고 성희롱 피해자에 대한 지원을 기피하는 경향이 있어서, 이들에 대한 의식 교육 문제도 해결과제이다.

다섯째로, 성교육과 성희롱 예방교육이 교육부를 중심으로 진행되었지만, 정규과목 배치나 충족할 만한 정도의 시간배정, 그리고 전담교사를 통한 실효성 있는 교육체계를 갖추지 못하고 있다. 또한 근로청소년, 일반여성이나 남성에 대한 교육까지는 나가지 못하고 있다. 여성특별위원회, 복지부, 교육부가 함께 유기적인 관계 속에서 이런 교육들이 진행되는 방안으로 가야 할 것이다.[100]

(2) 가정폭력

1998년 7월 1일부터 가정폭력범죄의 형사처벌절차에 관한 특례를 정하고, 가정폭력범죄자 교정을 위한 보호처분을 행하는 것을 통해 가정의 평화와 안정을 회복하기 위해서 <가정폭력범죄의처벌등에관한특

---

100) 한국여성단체연합, *김대중정부 여성정책 3년 평가 및 정책제안을 위한 토론회 자료집(2001. 2. 22)*, 45-46.

례법>을 시행하였다.[101] 이어 1998년 11월 여성특별위원회와 6개 부처 여성담당관실이 공동으로 '가정폭력방지를 위한 종합대책'을 발표하였다. 그 중요내용은 첫째 가정폭력 관련 특례법 시행의 실효성을 높이고 사건 처리과정에서의 인권침해를 사전에 예방하기 위해서 학교 교사, 수사실무자, 상담요원에 대한 교육을 실시하고, 둘째 법에 대한 인지도를 높이기 위해 해설책자 제작 및 대중매체를 통한 홍보를 강화하고, 셋째 여성단체 등 민간차원의 가정폭력 대응운동들을 적극적으로 지원하면서 피해사례에 대한 정보교환이나 수사에 대한 민·관 협조체제를 강화하는 것이다.[102]

종합대책을 실행하기 위한 조치로 김대중정부는 가정폭력 방지에 종사하는 여성특별위원회, 법무부, 행자부의 업무 담당자들에 대한 교육을 실시하고, '가정폭력예방 길잡이(11만 부)'를 제작하였다. 정부 출범 이래 경찰·검찰 관계자와 여성복지 관련자에게 가정폭력에 대한 교육을 지속적으로 진행하고, 특히 민간단체의 전문가들과 함께 짜임새 있는 교육을 진행한 것은 큰 성과라 평가할 수 있다.[103] 또한 가정폭력 관련 공익광고를 방송하고, 텔레비전이나 신문 등의 미디어를 통한 예방의식 확산을 시도하였다. 경찰에 대한 가정폭력 방지교육을 강화하면서, 가정폭력에 대한 문제의식을 제고하였다. 여경 273명을 확대 배치하고 여성상담실 및 상담 전용전화의 활용도를 높이고자 하였다. 또한 한국여성의전화연합과 같은 여성단체와의 협력을 강화하면서 '5월 가정폭력 없는 평화의 달'과 같은 캠페인도 함께 진행하였다. 1999년부터는

101) 여성특별위원회, 1998 여성백서(1999), 144-146

102) 한국여성단체연합, 같은 책, 47-48.

103) 그러나 보다 전문성을 갖추고 성인지적 관점이 분명한 전문가를 통한 교육이 이루어져야 하고, 특강 형식의 일회적인 교육이 아닌 지속적인 교육이 이루어져야 할 것이다. 같은 책, 48, 50.

보건복지부를 통해 피해자 상담·보호시설의 운영 지원이나 가정폭력상담프로그램 개발을 진행하였다.[104)]

1999년 12월 김대중정부는 '가정폭력방지 보완대책을 마련하려 하였고, 이에 따라 검찰에서는 2000년에 '가정폭력사건 수사지침'을 내놓았다. 또한 민사상 가처분의 예에 따라 수사단계에서도 법원에 임시조치를 청구할 수 있는 조항을 신설하고, 가정폭력사건에 대한 적정처리 여부를 사무감사 시 감사항목으로 선정하여 사건을 신중하게 처리하도록 하였다.[105)]

그러나 아쉬운 점은 가정폭력상담소와 피해자 보호시설에 대한 지원 수준이 열악하였다는 점이다. 1999년 상담소 10개소와 보호시설 10개소에서 2000년에 46개 상담소와 19개 보호시설로 확대된 것은 높이 살만하다. 그러나 지원되는 운영비는 너무 부족해서 이런 시설들이 정상적으로 작동되기가 어려웠다.[106)] 또한 지역사회의 실질적인 지원체계 마련이 필요하였다. 이는 경찰서, 가정폭력상담소, 일시보호시설이 지역사회 자원을 효과적으로 연결할 수 있는 연계망이 대단히 중요하다는 의미이나, 앞으로의 과제로 남아 있다. 나아가 미디어를 통한 상시적이면서도 더 적극적이고 장기적인 홍보와 교육이 이루어져야 한다는 점을 강조하고 싶다. 마지막으로 아쉬운 점은 가정폭력 피해자에 대한 치료 지원을 빼고는 정상적인 생활을 할 수 있는 자활프로그램 등에 대한 지원은 거의 이루어지지 않은 것이다.[107)] 앞으로 보완이 필요한 부분들이다.

---

104) 같은 책, 48-49.

105) 같은 책, 48, 51.

106) 1999년 예산이 283백만 원인데 비해, 2000년에는 777백만 원이었다. 이를 통해 1개소 당 지급되는 경비는 훨씬 감소하였음을 알 수 있다. 같은 책, 50.

107) 같은 책, 50-51.

(3) 성매매여성

여성부가 출범하기 전에는 정부의 성매매방지사업은 윤락 및 윤락우려여성을 위한 선도보호시설을 지원하는 소극적인 수준에 머물렀다. 그러나 여성부 출범 이후에는 관련 부처[108]가 합동으로 성매매 예방 및 홍보, 관련범죄의 단속 및 처벌의 실효성 확보, 그리고 피해자 보호 및 사회복귀 지원을 핵심내용으로 하는 성매매방지종합대책을 추진하게 되었다.

먼저 성매매방지를 위한 사회적 공감대 형성을 위한 노력을 시작하였다. 2002년 5월에 성매매관련 국민의식조사를 실시하고, 7월에는 성매매방지를 위한 법률적 대안 마련을 위한 공청회를 개최하여 성매매 문제의 심각성을 여론화하고자 하였다. 이어서 관련 법제를 검토하거나 국내외 정책사례를 조사하는 기초적인 연구 작업을 진행하였다. <성매매실태 및 경제규모에 대한 선국조사(한국형사정책연구원, 2002)에서부터 <성매매방지를 위한 국외대안사례연구(한국여성연구원, 2001) 그리고 <성매매방지대책연구(한국여성연구원, 2001)>가 그 대표적인 사업이었다.[109]

피해여성 보호 및 지원을 내실화하기 위해서 '선도보호시설'을 11개소(1999)에서 25개소(2002)로 확충하고 운영 프로그램을 개선하였다. 이곳에서는 숙식제공, 인성교육 및 생활지도, 진학과정 운영, 직업교육 실시, 의료보호 등이 이루어졌다. 특별 프로그램 운영시설에 대한 인센티브 제공을 통해서 프로그램 개선의지를 독려하였다. 시설 종사자에 대한 전문

108) 여성부가 주관하되, 법무부, 경찰청, 교육인적자원부, 외교통상부, 행정자치부, 문화관광부, 보건복지부, 노동부, 청소년보호위원회가 함께 참여하였다. 여성부, *지난 5년의 여성정책 성과 (1998 - 2002년)*, 115.

109) 같은 책, 114-115.

성 강화를 위한 교육을 실시하기도 하였다. 또한 여성복지상담소 운영을 개선하여 성매매여성을 위한 현장상담을 포함하였고, 이를 위해 집결지에서의 현장상담센터 운영을 지원하는 방안도 마련하였다.[110]

또한 국제협력도 강화해서, ASEM이 개최하는 여성 및 아동 인신매매 방지 세미나(2002. 10. 7-9, 방콕)나 인신매매에 관한 장관급 지역회의(2002. 2. 26-28) 등에 참석하고, 국제이주기구(IOM)나 호주 이민성과의 협력방안(2002. 9월과 10월)도 모색하였다.[111]

성매매의 심각성을 제대로 인식하고 성매매방지 종합정책을 시행한 김대중정부의 성과에서 특히 주목할 부분은 청소년을 대상으로 하는 성매매를 방지하겠다는 강한 의지이다. 2000년 7월 1일 청소년의성보호에관한법률을 제정·시행하고, 성매매여성을 범죄자로 인식하던 기존의 법적 태도를 탈피하고 성매매된 청소년만이라도 부분적으로 피해자로 인식하려 하였다. 이와 더불어 형사 처벌을 면제하고 대신에 사회적 복귀를 위한 지원에 초점을 맞추게 되었다.[112] 또한 원조교제 유발환경에 대한 단속 강화나 청소년 성매매 지속이나 확산을 방지하기 위해 성매매 밀집지역 월 1회 이상 집중단속이나 청소년 유해환경 감시단을 운용하였다.[113]

그러나 청소년 성매매에 대한 정부의 강한 책임감에도 불구하고, 당면한 여러 문제점들은 잘 해결되지 않았다. 우선 법률이 급하게 제정되

110) 같은 책, 114-115.

111) 같은 책, 115.

112) 이를 위하여 여성복지 상담전화 1366(보건복지부) 외에도 가출청소년 쉼터(문화관광부)나 청소년 재활센터(보건복지부) 등이 지원활동을 하였다. 한국여성단체연합, *김대중정부 여성정책 3년 평가 및 정책제안을 위한 토론회 자료집(2001. 2. 22)*, 56.

113) 같은 책, 56-57.

면서 여러 법제간의 충돌 현상이 발생하였다. 예를 들면 청소년성보호법에는 친고죄 규정이 없다던가, 청소년보호법이 성매매 된 청소년을 피해자로 간주하는데 비해, 윤락행위방지법은 성매매여성들은 범죄자로 규정하고 있어서, 19세를 기준으로 피해자와 범죄자가 나뉘어졌고, 이는 현장에서 혼선을 초래하였다.[114] 또한 성매매에 대한 경찰의 지속적인 대대적인 단속활동에 비해, 검거된 자에 대한 수사과정에서 경찰과 검찰의 태도는 소극적이었는데, 이는 경찰이나 사법부는 성매매가 사회적 범죄라는 인식이 부족하였고, 그러다보니 처리과정에 적극적이지 않았기 때문이다. 성매매 관련업소와 공무원·경찰의 유착관계로 인해 불법행위가 묵인되는 것도 법률의 실효성을 낮추는 결과를 가져왔다. 그래서 관련 공무원들과 사법부의 인식을 높이기 위한 정부 차원의 교육이 필요하였다.[115]

청소년 쉼터는 증가했지만, 성매매된 피해자들에 대한 사회적 지원은 매우 부족하였다. 정부의 빈약한 재정지원 때문이다. 성매매된 여성들은 정부기관과 성매매산업의 유착관계를 의심할 뿐 아니라 정부의 프로그램을 선호하지 않았다. 게다가 선도보호시설은 단순하게 직업교육과 선도에만 초점을 맞추고 있어서, 성매매된 여성의 빚 문제를 포함한 종합적인 사회복귀 프로그램은 일부 민간단체에 의해서만 이루어졌다. 이에 정부의 사회적 지원은 효과적이지 못하였고, 그래서 정부에 의한

114) 이런 현실들은 성매매방지법으로의 전면 개정을 필요로 하였는데, 여성단체들은 성매매된 여성을 피해자로 규정하고, 성매매 범죄에 대한 처벌을 강화하고, 피해자 지원의 확대를 요구하는 내용을 담은 법안의 제정을 요구하였고, 이는 2004년 노무현정부에 가서야 제정될 수 있었다. 같은 책, 61.

115) 같은 책, 58-59.

보다 종합적이면서도 섬세한 정책이 필요하였다.[116)]

우리 사회에서 여성이자 장애인으로서 이중적 차별구조 속에 있는 가장 소외된 계층인 여성장애인의 인권문제가 제기되기 시작한 것은 1990년대 후반이다. 정신적·신체적 장애로 인해 성폭력에 대한 인지능력과 대처능력이 현저히 낮은 여성장애인은 성폭력에 가장 심각하게 노출되어 있다. 간혹 장애인 성폭력 피해사건이 발생하였지만, 이는 실제 피해사례의 작은 일부에 불과할 것으로 추정되었다. 김대중의 대선 공약이나 국민의 정부가 들어선 이후에도 여성정책에서 이 문제는 제대로 다루어지지 않았다. 1999년 개정된 장애인 복지법 제9조 2항에 '국가와 지방자치단체는 여성장애인의 권익을 보호하기 위한 시책을 강구하여야 한다'고 명시하고 있고, 성폭력특별법 제 8조에 장애인 간음 등에 관한 가중처벌조항이 들어 있을 뿐이다. 그간 여성단체도 여성장애인의 성이나 인권과 관련해서 구체적인 정책을 제안하지 못하였다. 그러나 우리 사회에서 여성장애인에 대한 성폭력과 가정폭력 등 폭력 문제가 심각하게 드러나기 시작했고, 이들에 대한 차별과 인권침해 문제가 이슈화되면서, 한국여성단체연합은 여성관련 예산의 핵심과제 요구에 여성장애인 성폭력상담소 설치 및 운영비 지원을 요구하였다. 이에 2001년 정부는 여성장애인 성폭력 관련 예산 2억 원을 최초로 배정하였다.[117)] 이는 치하할 만한 조치이지만, 아직은 출발점에 불과하다.

UN이나 북경 세계여성대회 행동강령 등 국제기구에서 제안한 여성장애인 인권개선조치가 한국의 법과 제도 속에 구체적으로 명시되고, 여성부 내에 여성장애인의 권익확보와 사회인식 개선을 위한 전담부서

---

116) 같은 책, 59-60.

117) 같은 책, 51.

가 설치되어 종합적인 정책이 집행되고, 각 부처에 산재하는 여성장애인 업무를 총괄 조정하는 기능이 마련되어야 한다. 또한 여성장애인에 대한 차별 실태와 성폭력 가정폭력 등에 대한 조사가 제대로 이루어지고, 나아가 여성장애인의 특수성을 감안한 상담소나 피해자 보호시설이 마련되어야 한다.[118]

결론적으로 정리하자면 여성에 대한 폭력과 여성인권정책에 있어서, 역대 대통령 중 가장 성인지적인 관점을 지닌 여성 친화적 대통령 아래 국민의 정부는 가정폭력이나 성폭력 분야에서는 나름대로 크나큰 성과를 거두었다고 평가할 수 있다. 우선 직장 내 성희롱 관련 법과 제도적 틀을 만들고, 큰 규모는 아니더라도 꾸준한 예산 증액, 사법처리 담당자에 대한 교육실시 그리고 여성폭력 전담 경찰제도 도입을 통해 정부의 진정성 있는 노력의 모습을 보여주었다. 여성특별위원회의 신설 이후 여성폭력 근절과 여성인권 개선을 위한 대책마련 과정에서 다른 부처와의 협조체제를 갖추어가려는 노력을 보인 것도 치하할 일이다. 또한 성차별금지법 제정과 뒤이은 광범한 홍보를 통해서 언론의 관심이 높아지고, 그 결과로 성폭력이나 가정폭력에 대한 국민적 관심이 높아지고 그 인식도 상당히 개선되었다. 오랫동안 일상생활의 도처에 존재하면서도 사회문제의 중요한 해결과제로 떠오르지 않았던 이슈들이 이제 사회적 논의의 장에 입장권을 받은 것이라 할 수 있다.

그러나 국제적 기준과 범주에 속하는 여타 다른 여성인권이나 여성에 대한 폭력문제에 대한 대응은 제대로 이루어지지 못하고 있다. 구체적으로 여성장애인에 대한 성폭력, 여아 성별감별, 성매매여성에 대한 인권침해, 낙태문제, 외국인 여성노동자 인권문제 등은 그 심각성에도

118) 같은 책, 51.

불구하고 정책수립 계획안에 들어가지 조차 못하고 있다.

마찬가지로 아쉬운 점은, 앞에서 언급한 대로 부처 간 협력체계를 만들어가려는 노력이 보이지만, 성폭력 관련 정책처럼 업무가 여러 부처로 분산되어 시행되면서 이들 간에 밀접한 협력이 여전히 부족한 상황에서 총괄적인 집행이 어려울 뿐 아니라 종합적인 인프라 구축으로 나아가지 못하는 현실이다. 그 결과 성폭력 발생 시 상황에 대한 빠른 접근이나 대응이 제대로 진행되지 못하는 경우가 많았다. 예를 들면 군산 성매매지역 화재사건의 경우에 몇 차례의 대책회의는 있었지만, 뚜렷한 대응조치가 취해지지도 않고, 피해여성들의 쉼터와 복귀 프로그램도 제한적으로 진행되었다. 이는 다음 해 불과 500미터 떨어진 다른 성매매업소의 화재로 21명이 사망하는 대참사로 이어졌다. 이후에도 정책 담당자들의 성인지적 관점은 여전히 낮은 상태이어서, 여성에 대한 폭력문제를 시종일관 시혜적 차원에서 접근하였다. 이런 문제가 성 불평등사회에서 구조적으로 발생하는 문제라는 인식 없이 개개인의 일탈행위에 의해 발생하는 문제로만 접근하는 경향이 있었다.

또한 여성에 대한 폭력이나 여성인권과 관련된 예산은 여전히 낮다. 그래서 정부의 좀 더 적극적인 재정투여가 필요하다. 성폭력이나 가정폭력을 대하는 한국 남성들의 감수성 역시도 매우 낮은 수준이다. 이에 피해자에 대한 지원책에서 한걸음 더 나아가 사회적 인식이나 문화적 변화를 감안하는 보다 적극적인 정책 개발과 집행이 이루어져야 한다. 앞에서 언급한 여러 아쉬움을 고려하더라도 총괄적으로 보자면, 김대중 정부는 여성에 대한 폭력과 여성인권과 관련하여 상당히 많은 노력을 기울였다. 그러나 국제적인 비교의 관점에서 보자면, 이 분야에 대한 김대중정부의 여성정책은 '이제 막 걸음마를 시작한 초보단계'라 말할 수

있을 것이다.[119]

5) 여성복지정책

김대중 정부에서 집행된 여성복지정책이 지니는 차별성은 이전과는 달리 여성복지정책의 성주류화를 정책목표로 설정한 점이다. 이미 앞에서 언급한 대로 1995년 북경세계여성대회에서 제안된 행동강령이 각국 정부에 권고되었고, 국민의 정부는 이에 따라 여성복지정책에도 성주류화를 시도한 것이다. 이는 대한민국 정부수립 이래 처음으로 여성복지정책에 성인지적 접근이 시작된 것이어서, 김대중정부의 공로를 치하해야할 것이다. 이러한 성주류화정책에 기초한 접근은 4대 보험과 공공부조에서부터 복지서비스에 이르기까지 광범하게 이루어졌다.

위의 목표에 따라 국민의 정부는 여성복지정책에 있어 특수여성 중심에서 일반여성 중심으로 복지정책의 무게중심을 이동하였다.[120] 이에 따라 거동이 어려운 노약자나 장애인을 돌보는 여성에 대한 여러 지원, 여성장애인과 여성노인에 대한 다양한 서비스 제공, 그리고 모자가정 지원금에 가사준비비를 포함하는 등의 여러 정책시안을 준비하였다. 이는 지금까지의 여성복지서비스가 취약여성이나 요보호여성에 치중하였던 점을 넘어 여성의 가족 내 수발노동과 보호노동이 갖는 중요성을 인정하고 서비스 대상을 대폭 확장하려는 노력이어서 여성복지정책의 큰 진전이라 할 수 있다. 이를 구체적으로 검토해보자.

우선 국민의 정부 여성정책에서 가장 먼저 언급할 점은 사회보험 분야와 관련된 정책이다. 일반여성을 대상으로 하는 사회보험 정책의

119) 같은 책, 30.

120) 김현희, 앞의 글, 135.

목표는 "소득 보전을 통한 여성 경제력 보장"이다.[121] 이에 따라 국민연금법 개정을 통해 여성의 연금수급권이 확보되었다. 이혼배우자의 연금분할제도가 도입되어, 혼인 중 가입기간이 5년 이상인 배우자가 이혼한 경우 60세가 되면 상대 배우자의 노령연금에 대한 분할수급권(1/2)이 인정되었다.[122] 또한 근속연수가 상대적으로 짧은 여성의 경우 국민연금의 최소가입기간을 15년에서 10년으로 하향 조정하였다. 불완전고용 지역가입자를 직장가입자로 편입시켜, 일용직이나 임시직 노동자의 상당수를 차지하는 여성들의 보험료를 낮추었다. 나아가 전업주부의 임의가입을 촉진하기 위해 임의가입자 보험요율을 조정해주었고, 자녀 또는 손자녀인 유족연급 수급권자가 출가할 경우 소멸되었던 수급권 규정을 삭제하여 딸이나 손녀도 유족연금을 받을 수 있게 되었다.[123]

국민의 정부에 들어와 사회보험제도의 성차별적인 요소를 제거하기 위한 노력이 진행된 점도 높이 평가해야 한다. 이미 앞에서 언급한 대로 연금분할수급권 인정 등은 혼인기간에 기초하여 연금소득을 부부공유재산으로 간주한 정책은 큰 진전이다. 그러나 여전히 우리 사회에 내재한 여성의 역할에 대한 가부장적인 고정관념이 그대로 배여 있다. 그 결과 이혼이 아닌 별거의 경우, 여성 배우자가 분할연금을 받을 수 없는 현실이 개선되지 않고 있고, 재혼 시에도 재혼 기간 동안 연금 지급이 정지된다. 이는 여전히 여성은 남성에게 경제적으로 의존하는 존재라는 전제 하에서 가사노동이나 돌봄노동에 대한 가치를 연금제도가 반영하지 않는 것이다. 이런 정책은 빠르게 진행되고 있는 가족의 다양화추세를 반영하여 새

---

121) 한국여성단체연합, *김대중정부 여성정책 3년 평가 및 정책제안을 위한 토론회 자료집(2001. 2. 22)*, 100.

122) 김현희, 앞의 글, 135.

123) 김인숙·정재훈, "김대중 정부 여성복지정책 평가와 정책 제언," *사회복지리뷰*, 6집 (2001): 28.

롭게 기획되어야 하였다. 그 외에도 보험가입 기간 중 육아휴직을 했을 경우, 당시 무급 육아휴직이 보편적이었던 만큼 실제적인 연금소득 인상 효과를 갖기 어려웠다는 점도 추가로 지적되어야 한다.[124]

뿐만 아니라 김대중정부 공약 중 정책으로 전환되지 못한 것으로 "기초연금제를 실시하여 저소득층과 주부에게도 기초연금을 제공한다"는 주장이 있다. 여성의 독자적인 연금수급권을 보장하기 위해서는 장기적으로 가족주의에 기초한 현행의 연금제도를 1인 1연금 체계로 전환시켜야 한다. 또한 여성의 실질적인 소득 향상을 위해서는 가사노동이나 돌봄노동에 대한 가치를 인정해주어야 하는데, 이는 여전히 앞으로의 과제로 남아 있다.[125]

김대중정부에 들어와 국민건강보험법 제정을 통해 출산비용의 보험적용이 가능해졌다. 여성건강 증진을 위한 정책은 "생애 주기별 보건의료서비스 제공"으로 요약될 수 있다. 이에 따라 임신 출산기 여성 건강 보호, 중년 폐경기 여성 건강관리, 여성 노인의 질병 관리 및 건강 수명 연장의 3단계가 설정되었다. 이에 따라 우선 임산부 체조 교육비, 산전산후 진찰비와 같이 출산을 전후로 한 비용을 건강보험에서 부담하기 시작하였다. 그러나 초음파 검사나 기형아 검사 같은 부분은 여전히 건강보험이 적용되지 않았다. 분만 비용 중 여전히 본인 부담분이 있고, 산전후 휴가수당 지급이 실현되지 못하였으니, 분만수당 제도는 여러 미비점을 지니고 있었다. 또한 여성의 생애주기에 따른 분류의 결과는 여성건강과 관련된 실제 정책은 가임기 기혼여성의 문제에 집중하는 것

---

124) 같은 글, 28.

125) 한국여성단체연합, *김대중정부 여성정책 3년 평가 및 정책제안을 위한 토론회 자료집(2001. 2. 22)*, 101.

으로 나타났다. 건강보험에서 미혼여성, 10대 청소년 여성, 아이를 낳지 않은 여성은 정책대상이 되지 못하였다.[126]

김대중정부는 보육을 사회적 책임으로 인식하고 그 질을 확충하는 문제에도 적극적으로 개입하였다. 이를 위해 국가와 기업의 보육비 부담을 진작하고, 보육시설을 대폭 늘리고, 300인 이상 사업체에서의 직장 탁아소 설치를 의무화하였다. 이를 위해서 여건이 충족되지 않은 사업체에 대해서는 부지 확보나 설치비용에 대한 융자를 해주고, 아동보육수당 지급을 의무화하고, 여러 욕구에 부응한 보육형태(영아, 장애아 보육 등)의 다양화를 시도하였다. 보육시설 지원 및 보육교사 처우개선 등의 정책 실시로 육아시설을 확충하려 하였다. 또한 민간시설에 대한 운영비 지원을 아동 1인당 지원 방식으로 하려 하였다.

결과적으로 보육시설은 김대중정부에 들어와 6000 여개 소가 증가하여 수적으로 대폭 늘어났다. 영아와 장애아를 전담하는 보육시설은 1999년 99개소에서 2000년 116개로 증가하였다. 이는 김대중정부의 보육에 대한 적극적인 의지와 실천을 드러내는 것이었다. 그러나 문제는 당시 보육시설은 19, 325개이었지만, 이들의 거의 80% 이상이 민간보육시설이었다. 1998년 이후 개혁보육정책의 일환으로 보육시설은 점점 늘어났지만, 공공보육시설은 줄어들었다.[127] 결과적으로 민간 보육시설에 대한 적절한 수준의 지원이 필요하였고, 이를 통해 보육의 질을 높여야 하였다. 이는 교구 교재비 지원에 못지않게 인력의 전문화가 이루

126) 같은 책, 102-103.

127) 이미화. "사회정책과 자녀를 가진 여성의 노동시장 참여 - 김대중·노무현 정부," *한국사회복지학회 학술대회 자료집* (2012), 7.

어져야 하는 것이고, 이를 통해 보육의 공공성을 높여가야 하였다.[128] 또한 개혁보육정책의 설계와 적용은 여전히 강한 남성 생계부양자 모델에 의존하고 있었다.

김대중정부는 요보호여성으로 대표되는 기존의 취약여성에 대한 지원에서도 서비스대상을 확대하였다. 90년대 중반까지 저소득 모자가정, 미혼모, 가출 및 성매매여성에 한정되었던 서비스를 그간 사각지대에 있던 여성장애인, 여성농민, 가정폭력 피해여성, 여성노인 및 이들을 돌보는 여성에게까지 확대하였다.[129]

김대중정부는 저소득모자가정과 관련하여서는 부자가정처럼 가사준비비를 지원하고, 무주택 편부모가정에 임대주택의 우선권을 주었고, 자녀와 가사를 도울 가사봉사원제도를 시행할 것을 약속하였다. 이는 가사노동이 여성의 몫이라는 전통적인 관행을 넘어 가사노동에 대한 사회적 지원의 필요성을 인정한 것이어서 높이 살만하다. 그러나 가사봉사원제는 제대로 시행되지는 못하였다.[130]

김대중은 선거공약을 통해 여성장애인과 여성노인을 보호하는 이용시설의 다양화와 확충을 통해 먼저 이들을 보호하면서 동시에 돌보미(대부분이 여성)에 대한 수당제 도입이라는 두 가지 접근을 약속하였다. 이런 정책 공약은 여성장애인과 여성노인 당사자만이 아니라 돌보미 여성에 대한 지원을 강화한 점에서 여성의 돌봄노동에 대한 인식의 변화와 사회적 지원의 필요성을 정확히 인식하는 정책으로의 전환을 모색한 것이어서 높이 살만하다.

---

128) 한국여성단체연합, *김대중정부 여성정책 3년 평가 및 정책제안을 위한 토론회 자료집(2001. 2. 22)*, 107.

129) 같은 책, 104.

130) 같은 책, 106.

또한 1999년 2월 장애인복지법 안에 여성장애인에 대한 차별금지 조항을 신설하여 여성장애인을 향한 사회적 차별 및 부당한 대우에 대한 사례를 접수하고 상담지도를 위해 여성장애인 상담실과 쉼터를 운영하기 시작하였다. 또한 2000년에 들어와 여성장애인에 대한 가사보조(4,474건)와 육아보조(472건) 서비스를 시행하였다. 여기에서 여성장애인정책에 성인지적 관점이 도입되는 성과를 확인할 수 있다. 이용시설의 확장과 다양화도 진행되어, 2000년에는 여성장애인을 위한 주간보호시설 43개소, 단기보호시설, 공동생활 가정 21개소가 문을 열었다. 또한 여성노인에 대한 주간보호시설과 단기 보호시설도 1998년 46개소에서 2000년에는 78개소로 늘어났고, 수발대행을 위한 시설, 즉 여성노인을 위한 돌봄노동 종사자를 위해서 설치된 가정봉사원 파견기관도 52개소에서 78개소로 늘어났다. 이렇게 매년 조금씩 늘어나고 있으나, 이 수치로는 포괄범위가 제한적인 것을 알 수 있다. 아쉽게도 치매노인에 대한 가족간병수당제는 김대중정부 기간에는 도입되지 못하였다.[131]

김대중정부에서 여성복지 관련 서비스의 현실화에는 한계가 있었다. 냉정하게 평가하자면 여성의 수발노동이나 돌봄노동, 나아가 가사노동에 대한 사회적 지원은 국민의 정부에서 이제 그 개념이 도입된 정도이고, 그래서 제한된 범주 내에서 시범적으로 운용되었다고 말할 수 있다. 이 여성들의 노동에 대한 정부의 지원은 좀 더 광범하게 확산되어야할 것이었다.

또 여성들의 돌봄노동을 지원하는 정책이 여성이야말로 가족 구성원을 보호하고 돌보는 존재로 간주하는 사회적 관행을 고착시킬 수 있다는 우려도 나타났다. 이에 여성단체들은 이런 정책들이 과도기적인

131) 같은 책, 106.

조치임을 전제하면서, 중장기적으로는 유럽 사회국가처럼 국가가 장애인이나 노약자 등에 대한 돌봄과 보호서비스를 전적으로 담당하는 공공돌봄제도로 나갈 것을 요구하였다.[132]

여성복지 관련 정책이 적극 추진되고 여성의 가족 내 돌봄노동을 지원하는 것으로까지 확장되었다고 하지만, 정부의 취약계층에 대한 복지서비스도 만족할 만한 수준은 아니었다. 취약계층 여성의 범위가 이전보다 다소 확대되었다고 하지만, 대표적인 취약층인 미혼모나 가출여성, 더 나아가 성매매 여성에 대해서는 어떤 공약도 제안되지 않았고, 합당한 지원정책도 시도되지 않았다.[133] 시설보호와 약간의 교육프로그램이 시행되고 있을 뿐이었다.

종합적으로 정리하자면, 국민의 정부의 여성복지정책은 매우 폭넓게 이루어졌으나, '폭은 넓되 그 깊이는 깊지 않'고, 일정 부분에서 지엽적으로 진행되었다.[134] 무엇보다도 재정이 받쳐주지 못하는 여성복지서비스는 사실상 현실에서 제대로 작동하기 어렵기 때문이다. 앞에서도 언급한 대로 한국의 보육시설의 80%이상이 여전히 민간보육시설이고, 탁아를 필요로 하는 아동의 62%만이 그 혜택을 받을 수 있었던 사례들이 이런 한계를 가장 피부에 닿게 보여주는 사례이다. 부모들은 여전히 공공보육시설을 원하고 있는데도 말이다.

여성복지 관련 공공부조나 자활부문의 정책대상은 주로 저소득층 모자가정의 여성이다. 그런데 김대중정부는 출범시 공공부조 정책의 이념적 토대를 '생산적 복지'로 정리하였다. 이는 근로능력이 있는 사람에

---

132) 같은 책, 28.

133) 같은 책, 110.

134) 김인숙·정재훈, 앞의 글, 35.

게 취업능력을 강화해주고 적절한 일자리를 제공해주는 것을 통해서 자활과 자립을 유도하는 것이었다. 따라서 생산적 복지는 '돌봄노동, 가사노동 담당자로서의 여성'에게 맞지 않는 개념이었다. 적극적인 노동시장 정책과 연동되는 생산적 복지가 전제로 하는 인간상은 '취업 노동을 하는 자'이다.[135] 자녀를 키우면서 일하기 때문에 경제적 자립을 달성하기 어려운 구조적 모순에 처한 여성들에게 적절하게 대처할 수 있는 방안은 아니었다. 정규직 노동에 진입하지 못하는 여성에게는 실질적 혜택이 제한적일 수밖에 없기 때문이다. 이에 국민의 정부가 시행한 여성복지정책과 김대중정부가 표방하는'생산적 복지'개념이 서로 조응하지 못한다는 비판이 여성계에서 나왔다.[136]

보다 근본적인 문제점으로는 '생산적 복지'는 복지서비스의 기본 인프라가 정착되어 있고, 복지서비스가 남용되어 생산력 저하를 초래할 가능성이 높은 사회에서 선전되거나 적용되어야할 개념이다. 따라서 한국처럼 아직 초보적인 국가 복지서비스 인프라도 구축되지 않은 사회에서 제기될 수 있는 슬로건이 아니라는 의견들이 나왔고, 이를 김대중정부의 신자유주의적 정책에 대한 비판으로 연결하기도 하였다. 따라서 여성의 빈곤문제를 해결하기 위해서는 성인지적 차원에서 복지서비스로의 접근이 필요하다. 이에 한국여성단체연합은 여성특화 자활후견기관을 곳곳에 설치하고 여성친화적 자활프로그램을 시행하면서, 동시에

135) 장신기, 앞의 책, 387-395.

136) 그러나 또 달리는 김대중정부의 여성 여성노동정책이 양등평등적 시각보다는 사회발전론의 하부 개념으로 강조되는 경향이 있다는 비판도 제기되었다. 즉 김대중정부의 정책은 여성을 발전전략에 통합시키려는 WID(Women in Development) 정책에 해당하나, 이는 생산주의적 편향에 치우쳐있고, 여성이 왜 노동시장에서 불리한 조건을 수용할 수 밖에 없는가에 대해서는 설명하고 있지 않다는 것이다. 한국여성개발원, *앞의 책, 7*; 호성희. "김대중 정권의 여성정책 평가," *사회진보연대,* 27호(2002. 7-8): 1.

여성들의 가사와 육아를 지원할 수 있는 지역사회 복지서비스를 병행시킬 것을 주장하였다.[137]

6) 여성노동 분야 정책

이미 대선공약을 통해 김대중은 "여성의 고용기회를 확대하고 여성의 고용불안정 등을 해소하는 종합적이고 체계적인 여성인력 활성화정책을 추진하겠다"는 약속을 하였다. 이에 따라 김대중정부는 <제1차 여성정책기본계획>과 <제2차 근로여성복지기본계획>을 통해서 여성노동정책을 구체화하였다. 특히 <제2차 근로여성복지기본계획>을 통해 김대중정부는 큰 틀에서 종합적인 여성노동정책의 기본방향과 정책과제를 밝혔는데, 이에 따르면 1) 21세기 선진복지사회의 실현을 위한 여성인력의 활용증대, 2) 여성의 능력을 충분히 발휘할 수 있는 여건의 조성, 3) 기업의 경쟁력과 여성고용 확대의 조화, 4) 가정과 직장의 병존을 위한 사회적 지원체제의 확립과 모성보호가 핵심과제가 되었다.[138] 이러한 기본방향은 지식기반 산업화로의 변화 추이에 상응하는 여성 인적자원을 육성하여 여성의 고용을 촉진할 뿐 아니라 고용안정화에 기여하고, 나아가 국가경쟁력 제고에 기여하려는 것이었다.

먼저 여성고용 및 재고용 촉진과 관련하여 김대중정부는 공기업 여성인센티브제도를 도입하였다. 먼저 공기업에 여성인력을 확대하기 위해 채용목표제, 고용할당제, 고용가점제 등을 운영하도록 권고하였다. 또한 여성고용 우수기업을 발굴하여 행정적, 재정적으로 우대 지원하였다. 또한 임신 출산 육아 등의 사유로 노동시장을 떠났던 여성들의 재진

137) 한국여성단체연합, *김대중정부 여성정책 3년 평가 및 정책제안을 위한 토론회 자료집(2001. 2. 22)*, 103-104.

138) 같은 책 69.

입을 촉진하기 위해서 퇴직 5년 이내의 여성들을 재고용할 경우 사업주에게 여성재고용 장려금을 지급하였는데, 이를 1998년 10월부터는 4인 이하 사업장까지 확대하고, 1999년에는 지원수준을 상향조정하였다.[139] 여성고용을 촉진하기 위해 여성전용 취업알선 창구도 설치하거나 확대하였다. 1998년 전국 인력은행에 주부취업 창구 및 여성취업이 많은 서비스나 판매직창구 운영 등을 통해 여성전용 취업알선 정보를 제공하였다. 전국 주요대도시 6개청을 중심으로 신규대졸여성을 위한 취업설명회를 개최하고, 이 여성들과 기업을 위한 채용박람회에 해당하는 「구인·구직의 날」을 실시하였다. 1999년 이후에는 여성가장 일자리 찾아주기 사업의 하나로 지방부처별로 여성가장 「구인·구직의 날」을 개최하도록 하였다.[140]

여성고용 촉진을 위한 직업훈련정책에서는 먼저 공공직업훈련기관의 여성훈련을 확대하였다. 기능대학 등 공공직업훈련기관의 여성훈련생 비율을 확대하고[141], 기능대학에 직업전문학교 수료여성 입학 우대제를 도입하거나 전문대졸 이상 여성의 편입기회를 확대하였다. 또한 여학생 이공계열 진학기회를 확대하여 2000학년도 공업계 고교 307개교 중 293개교가 남녀 모두에게 개방되었다. 여자 상고의 특성화를 유도한다든가 한국철도대학과 같은 특수대학에 여학생입학 할당제를 도입하기도 하였다. 특히 주목할 점은 정보화 여성전문인력 양성 지원을 위한 정보화교육을 초중고교생, 대학생과 대졸 취업자, 전업주부, 예비창업자 그리고 벤처기업가를 대상으로 22개소 교육기관에서 9050명을

139) 한국여성개발원, 앞의 책, 40-41.

140) 같은 책, 43.

141) 여성훈련성 비율은 1999년 22%를 목표로 하였으나, 13.7%로 최종적으로 집계되었다. 한국여성단체연합, *김대중정부 여성정책 3년 평가 및 정책제안을 위한 토론회 자료집(2001. 2. 22)*, 70.

교육하였다.[142]

주부를 위한 훈련프로그램도 운영하였는데, 여성주부 특별직업훈련과정이 이에 해당한다. 특히 여기에서는 간이보육시설이 병행해서 설치되거나 주부의 특성을 감안하여 4-6시간의 탄력시간제 훈련도 도입되었다. 이와 관련하여 「일하는 여성의 집」을 확대 운영한 것은 여성취업에 많은 도움이 되었다. 1997년 17개소에서 2000년에는 46개소로 확대되었고, 대체로 단기 직업훈련(3개월-6개월)을 실시하였고, 1998년 이래 여성실업대책의 일환으로 기능하였다. 2001년에는 사업의 안정화와 지자체의 원활한 업무추진체계 확립을 위해 「여성인력센터」로 명칭을 바꾸었다.[143]

김대중정부의 여성인력개발 정책은 많은 노력에도 불구하고, 또한 성인지적 관점의 도입에도 불구하고 여전히 노동시장의 변화와 인력 수요 분석에 근거한 것이기 보다는 기존의 교육훈련과정을 보완하거나 확대하는 방향으로 진행되었다. 또한 여성 직업훈련의 경우 단기간의 훈련 또는 고용이 불안정한 직종이 많은 비중을 차지하였다. 또한 여성들이 훈련받은 관련 직종에서의 취업률도 그다지 높지 않았고, 이는 훈련 중 중도 포기의 원인이 되었다. 이에 종합적인 인력개발 정책과 더불어 직업훈련기관의 내실화가 필요하였다. 이에 "정규교과과정에서의 기술교육 및 직업·진로지도, 중앙부처와 지방자치단체 등이 운영하는 직업교육 훈련기관에서의 직업교육과 훈련이 체계적이고 효율적으로 진행

142) 같은 책, 70-71.

143) 같은 책, 71; 한국여성개발원, 앞의 책, 43-44. 43-44.

되어야” 한다는 요구가 현장단체로부터 올라왔다.[144]

여성 경제활동 지원의 일환으로 먼저 여성창업을 지원하였다. 그간 여성들은 남성에 비해 창업 참가율이 낮았다. 이에 김대중 정부는 여성을 지원하기 위해 여성전문창업강좌의 개설과 강의비를 지원하였고, 여자대학 내 창업동아리 활성화 기금도 지원하였다. 또한 1999년에는 서울 등 7개 지역에 비제조분야나 서비스업 창업자를 위한 여자창업보육센터를 개설하고 운영하였다. 저소득 여성가장에 대해서도 지원대상자 100명을 선정하여 생계형 창업을 지원하였다.[145]

여성 농어업인 지원의 일환으로는 1998년 3월에 농림부에 여성정책담당관실을 설립하고 1999년에는 「여성농업인육성5개년계획」 등의 지원방안을 마련하였다. 신기술과 신지식농법교육 훈련을 위해 2000년에는 여성농업인 경영능력향상 및 정보화교육(987회, 46, 921명) 및 농업경영교육(182회 16, 170명), 전자상거래방법교육(7회 329명) 등을 실시하고, 나아가 농업경영관리 정보시스템을 구축하고 전산프로그램 활용법도 지도하면서, 71개소에 홈페이지를 제작하는 것을 지원하였다.[146]

남성위주의 기업분야에서 상대적으로 불리한 여건에 있는 여성이 경쟁기반을 조성할 수 있도록 여성경제인을 지원하려는 노력의 일환으로 1999년 한국여성경제인협회를 설립하여 전국에 12개 지회와 900명의 회원을 확보하였다. 이와 병행하여 「여성기업지원에관한법률」을 제

---

144) 중앙의 우산조직에 해당하는 한국여성단체연합은 지역 단위의 연합과 과제별 여성단체의 목소리를 대변하는 조직이어서, 이런 요구에는 노동을 원하는 지역 여성들의 목소리를 반영하고 있다. 한국여성단체연합, *김대중정부 여성정책 3년 평가 및 정책제안을 위한 토론회 자료집(2001. 2. 22)*, 70-71.

145) 한국여성개발원, 앞의 책, 41.

146) 같은 책, 41.

정하였다. 1999년에는 2000개 여성기업을 대상으로 기업실태를 조사하였고, 종업원 5인 이상 기업에 대해 대표자, 주요 생산품목, 연락처 등의 내용이 들은 여성기업 디렉토리 9,000여개를 제작하여 69개 공공구매기관에 배포하였다. 그 외에도 여성기업의 경영안정과 경쟁력 향상을 위해 다양한 조치를 실행하였다.[147]

여성실업대책으로는 1998년 10월부터 부양가족이 있는 여성가장 채용기업에 대한 채용장려금제도를 마련하여 임금의 1/3 ~1/2을 6개월간 지원하였고, 2001년도부터는 1인당 월 30만 원을 6개월간 지원하였다. 여성가장 실업자에 대한 생계지원 차원의 훈련수당과 함께 특별직업훈련도 실시하였고, 나아가 실직여성가장 자영업 창업도 지원하였다. 또한 임신·출산·육아 등의 사유로 노동시장을 떠났던 여성들의 재진입을 촉진하기 위해서 퇴직 5년 이내의 여성들을 재고용할 경우 사업주에게 여성재고용장려금을 지급하였는데, 1998년 10월부터는 4인 이하 사업장까지 확대하고, 1999년에는 지원수준을 상향조정하였다.[148] 그러나 이런 실업대책은 한시성이나 일회성에 그치기 쉬웠다.(김현희, 2000: 134)

여성실업대책의 가장 중요한 변화는 고용보험 적용범위의 확대와 최저 실업급여액의 인상이다. 1998년 10월부터 1인 이상 모든 사업장에 고용보험을 확대 적용하자 실업급여 수령자중 여성비율이 1999년 2월에는 34%로 증가하였다. 이는 1998년 12월의 12.9%와 비교하면, 현저히 향상된 것이다. 또한 실업급여 최저 급여일수를 60일에서 90일로 연장된 것도 해당 여성에게 큰 도움이 되었다.[149]

---

147) 같은 책, 42.

148) 같은 책, 40-41.

149) 한국여성단체연합, *김대중정부 여성정책 3년 평가 및 정책제안을 위한 토론회 자료집(2001. 2. 22)*, 90.

노동시장에서의 취약한 여성지위를 고려할 때, 통상적인 실업대책은 여성차별적이거나 여성배제적일 가능성이 높다. 이에 노동시장에서의 차별 감독 강화, 여성 특화 실업대책, 그리고 기존 실업대책의 여성화라는 3축을 중심으로 설계·수행되어야 하는데, 이러한 성인지적 관점을 여성실업정책에 반영하려 김대중정부는 노력하였다. 그러나 여전히 남성 1인 생계부양자 가족모델을 탈피하지 못하였다는 비판이나 세부적 혹은 현실적인 정책이 결여되었다는 비판도 나왔다. 1997년 경제위기가 수반한 대량실업 사태 이후 많은 실업대책이 나왔지만, 그 실효성이 피부로 체감되지 않고 있는데, 그 일차적 요인은 일자리 부족이다. 이에 여성노동계에서는 공공근로가 아닌 사회적 일자리 창출을 지속적으로 요구해오고 있는데, 그 실현은 앞으로도 시간이 걸릴 것이다.[150] 그렇더라도 고용보험을 5인 이상 사업장 종사자나 임시·시간제 노동자에게 확대 적용한 것은 여성노동자를 사회안전망에 포괄되도록 하는데 크게 기여하였다.[151]

여성경제활동 지지기반 구축의 일환으로 김대중정부는 가족친화적 고용정책을 도입하였다. 우선 가장 중요한 조치로 모성보호 관련 3법, 즉 근로기준법, 남녀고용평등법, 고용보험법을 2001년 개정하였고, 이를 통해서 출산휴가는 60일에서 90일로 연장되었고, 모성보호비용은 60일은 사업주가 부담하고, 30일은 고용보험을 통해서 분담하게 되었다.[152] 또한 1998년 10월부터 육아휴직금 지급대상 범위를 4인 이하 사업장으로 확대하고 직장보육시설 설치를 위해 노력하였다. 1999년에는

150) 같은 책, 92-93.

151) 같은 책, 91.

152) 한국여성개발원, 앞의 책, 20; 정재훈, 앞의 글, 8.

공무원 육아휴직제도 개선방안에 대한 자료집을 발간하고, 2001년에는 육아휴직대상을 남녀로 확대하고, 육아휴직노동자에 대한 소득보전을 밝혔고, 육아휴직이 끝난 후 휴직 전과 동일한 업무 혹은 동등한 보수가 보장되는 업무에 복귀할 수 있도록 하였다.[153]

또한 여성경제활동 지지기반 구축의 일환으로 보육시설의 확충도 시도하였다. 보육시설 운영비를 지원하고, 영아나 장애아 등을 위한 특수보육시설의 설치비를 지원하고, 보육료에 대한 소득공제 혜택을 늘렸다. 방과 후 아동지원시설을 확대하기 위해 보육시설 설립에 대한 규정을 인가제에서 신고제로 바꾸었다. 또한 저소득층 아동보육료도 지원하고, 공공근로사업의 일환으로 저소득아동 생활지도사업을 지속적으로 시행하고, 1998년~1999년에 375개 방과 후 시설에 644명의 아동생활지도요원을 파견하기도 하였다.[154]

김대중정부는 여성의 평등한 노동권 실현을 보장하기 위한 여러 방안을 마련하였다. 우선 '여성차별해고(여성고용차별) 신고창구'를 46개 지방관서에 설치 운영하고, 여성우선 해고나 차별 우려가 있는 사업장에 대해서는 년 2회 특별점검을 실시하였다. 또한 1999년 2월 평등법 개정을 통해 사업주에 의한 직장 내 성희롱 예방교육실시, 가해자에 대한 징계의무 설치, 피해자에 대한 고용 상 불이익 조치 금지규정 등을 새로이 마련하였다. 또한 「남녀차별금지 및 구제에 관한 법률」제정을 통해서 고용상의 성차별과 성희롱에 대한 규제 방안을 만들었다. 이 법을 통해서 정부기구는 남녀차별사항 조사와 남녀차별 여부의 판단·조정·시정권고·고발을 할 수 있게 되었고, 나아가 여성발전기금으로 소송

153) 한국여성개발원, 앞의 책, 44.

154) 같은 책, 44-45.

지원도 할 수 있게 되었다. 또한 공공기관의 장 및 사용자에 대한 성희롱 방지조치 의무를 부과하게 되었다. 이런 조치들의 결과 노동부와 여성특별위원회에 진정하거나 구제신청을 제출한 사례는 해마다 증가하였다. 노동부의 경우를 사례로 들면, 1999년에는 19개 사업장 19건(상담 142건)이 접수되었으나, 2000년에는 36개 사업장 363건(상담 389건)으로 늘어났다.[155)]

김대중정부는 민간 고용평등상담실을 설치하고 명예고용평등감독관제도를 시범 운영하였다. 특히 민간단체로 하여금 고용평등상담실 운영이나 명예남녀고용평등감독관 제도의 시행을 위탁한 것은 긍정적인 평가를 받았다. 정부와 여성단체 간 협치는 현장의 목소리를 더 많이 전달받고, 정부 정책에 대한 비판적 목소리를 수렴할 수 있어서, 여성의 평등한 노동권 확보에 크게 도움이 되었다. 김대중정부 하에서 민간단체들과의 대화나 협치가 강화된 것은 매우 바람직하다. 김대중정부 하에서 모성보호정책과 정책 네트워크를 분석한 김경주는 김대중정부에서 여성과 노동 분야의 이익 표출행위가 타 행위자보다 훨씬 많았고, 그래서 정부도 여성계나 노동계와 상호작용 빈도수가 높았고, 협력적 관계를 유지하였다고 보았다.[156)] 그럼에도 불구하고 근로감독기능의 대폭 강화는 앞으로 더 적극적으로 추진되어야 한다.[157)]

---

155) 한국여성단체연합, *김대중정부 여성정책 3년 평가 및 정책제안을 위한 토론회 자료집(2001. 2. 22)*, 80-81.

156) 뿐만 아니라 이 정책 네트워크는 '수평적 연계를 갖는 강한 개방적 구조'였다고 김경주는 평가한다. 김경주. "모성보호 정책결정과정에서의 정책네트워크 분석 - 노태우, 김영삼, 김대중 정부를 중심으로," *전북행정학보*, 제18권 제 1호 (2004), 31 & 39. 그러나 이런 정책 네트워크에 대한 부정적인 견해도 있다. 김현희, 앞의 글, 128.

157) 한국여성단체연합 *김대중정부 여성정책 3년 평가 및 정책제안을 위한 토론회 자료집(2001. 2. 22)*, 82.

김대중정부의 여성노동정책과 관련하여 가장 논란이 된 부분은 파견근로자 문제이다. 근로여성기본계획에서는 가내근로자 보호대책 수립과 파견근로자 보호가 들어있다. 그래서 정부에서는 1) 가내노동자에 대한 실태를 조사하였고, 2) 파견근로자 보호를 위해 노사정 협의를 거친후 1998년 2월 파견법을 제정하였고, 3) 그 외 4인 이하 사업장 및 1개월 이상 근무한 일용과 임시직노동자 그리고 월 80시간 이상 근무한 시간제 노동자에게 고용보험 적용을 확대하였다.

그러나 가내노동자 보호를 위한 보호대책 수립은 거의 진행되지 않았다. 이에 신자유주의적 세계화의 파고와 노동시장 유연화 확대에서 오는 고용 불안정성 증가에 대한 투쟁은 1990년대 중반이후 여성노동운동의 주요 의제가 되었다. 특히 한국여성단체연합은 1993년부터 파견법 제정을 저지하기 위한 활동을 치열하게 전개하였다.[158] 그러나 여성계의 격렬한 반대 속에 1998년 2월에 제정된 파견법은 결과적으로 파견노동자를 위한 제대로 된 보호대책으로 거의 작동하지 못하였다. 이에 김대중정부가 '여성노동 배제정책'을 강행하는 것이라는 비판도 나왔다.[159] '2년 이상 사용 시 사용업체의 직접 고용' 조항에도 불구하고 많은 기업들이 파견노동자의 직접 고용을 피하기 위해 계약만료를 이유로 해고하였다. 직접 고용한 경우에도 1년 정도의 단기간의 근로계약을 맺기 일쑤여서 고용은 매우 불안정하였다.[160] 정부의 비정규직 여성노동자의 보호방안도 부실하기 짝이 없어서, 여성의 대량실업 사태와 함께 여성노동자의 고용불안정은 더 늘어났다. 여성노동자가 가장 많이 군집

158) 한국여성단체연합. *한국여성단체연합 30년의 역사* (서울: 당대, 2017), 137-138.

159) 김현희, 앞의 글, 133.

160) 한국여성단체연합, *김대중정부 여성정책 3년 평가 및 정책제안을 위한 토론회 자료집(2001. 2. 22)*, 75.

한 비정규직 노동자에 대한 보호방안과 관련된 정책대안도 미흡하고, 2000년 하반기 정기국회에서 비정규노동자 보호법안은 안건조차 상정되지 않았다.

이에 여성단체들은 1,2차 <근로여성복지기본계획>의 화려한 문구에도 불구하고 국민의 정부의 여성노동정책은 국가경쟁력 강화를 위한 노동력 유연화 전략이라는 큰 틀 안에 있고, 가장 열악한 부분을 형성하는 여성노동자들은 단순노동력이나 비정규 노동력으로 소모되는 과정에 머물고 있다고 비판하였다.[161]

노동력 감축 중심의 경제구조에 대한 조정이나 기업의 일방적인 정리해고로 가는 전체 방향의 획기적인 변화 그리고 노동3권의 실제적인 보장이 선행되지 않는 한, 여성우선 해고와 비정규직화 그리고 빈곤화의 현실은 나아지지 않을 것이다. 달리 말하면 이는 정부의 경제정책이나 노동정책 기조의 근본적인 전환이 수반되지 않는다면, 여성노동정책도 결국 전체 노동정책의 큰 틀 안에서 작동하면서, 여성노동자의 노동으로부터의 퇴출과 빈곤화 행진은 계속될 것이라는 우려이다. 경제위기 하에서 움직일 수 있는 정부의 행위공간이 상대적으로 협소하였지만[162], 그래도 여성들은 여성노동정책에 대해서는 보다 정교하면서도 획기적인 정책을 기대하였기에 김대중정부의 여성노동정책에 대해서는 실망할 수밖에 없었다. 결국 김대중정부가 신자유주의 경제로 가는 과정을 촉진하는 데에 기여하였다는 비난을 여성계로부터 받게 되었다.

마지막으로 따로 장, 절로 분류하여 다루지는 않았지만 김대중정부

161) 같은 책, 30.

162) 김대중은 그의 자서전에서 당장 필요한 외환확보를 위한 IMF와의 협상에서 파견법을 희생할 수밖에 없었던 고뇌를 술회하였다. 김대중, *김대중 자서전 2*, 50.

의 여성정책에서 빼놓을 수 없는 부분으로 평화나 통일문제와 관련하여 여성의 관심과 참여를 촉발한 점과 여성단체와의 공조나 협치를 강화한 점을 특별히 언급하고자 한다.

우선 김대중의 오랜 꿈이었던 남북 간의 협력과 평화공존체제 실현의 일환으로 성사된 남북정상회담과 더불어 확산된 평화통일운동 과정에서 여성의 참여도 높아질 수 있었다. 우선 김대중 정부는 여성단체를 대상으로 통일교육을 확대하고 통일대비 전문 인력을 양성하고자 하였다. 이런 정책의 일환으로 다양한 통일교육 프로그램을 제공하거나 관련 교과목을 개발하거나 통일 관련 여성단체의 활동을 지원하였다. 특히 남북 여성간의 상호이해와 협력을 활성화하기 위해 남북여성교류를 촉진하였고, 이를 통해 남북여성토론회나 다양한 여성간의 만남이 이루어졌다.[163] 예를 들면 2000년에는 여성교류에 대한 정부의 허용과 재정적 지원이 가능하였는데, 그 대표적인 사례로는 2002년 5월에 평양에서 열린 '일본의 과거사 청산을 요구하는 아시아 지역 토론회'나 10월에 금강산에서 열린 '남북여성통일대회'를 들 수 있다.[164]

또한 미래의 통일에 대비하여 남북한의 여성관련 법과 제도를 비교·검토하면서, 통합에 필요한 법안을 준비하였다. 통일 관련 연구도 늘어나서, 남북한 여성관련 민법(가족법)의 정비방향을 논의하거나 동서독이나 중국-대만 간 여성교류나 통합 사례에 대한 연구나 조사도 진행되었다. 점점 늘어나고 있는 북한이탈 여성들의 적응을 돕고 지원하기 위해, 사회적응교육, 직업 훈련이나 취업 알선, 복지 증대 등의 정책도

163) 한국여성개발원, 앞의 책, 72.

164) 정현백. "국가와 여성평화운동-김대중·노무현정부의 평화정치를 중심으로," 한반도평화포럼, *통일은 과정이다* (서울: 서해문집, 2015), 321.

늘어났다.[165]

김대중정부의 평화지향적 대북정책은 여성들에게도 남북여성교류나 평화운동에서 '새로운 인식과 활동 공간'을 열어가는 계기가 되었다. 1990년 독일 통일 이후 여성 현실과 통일의 상호관계성에 관심을 높여가던 여성운동은 김대중정부 이후로 통일평화운동을 적극적으로 전개하기 시작하였다. 그러나 여성운동은 김대중정부의 남북정책에 대한 비판적 시각도 드러내었는데, 이는 남북정상회담의 참여에서 여성의 대표성이 현저히 낮았다는 점에서 기인하였다. 실제로 수행원 130명 중 여성계 몫으로 주어진 인원은 고작 장상 이화여대 총장 한 사람이었기 때문이다. 이는 여성들에게 통일평화문제를 성주류화의 관점에서 접근하려는 새로운 노력을 자극하였다.[166]

김대중 정부는 여성정책 추진기조의 네 가지 방안 중 하나로 여성계와의 협조체계 강화를 강조하였다. 그 일환으로 여성발전기금을 통해 여성단체의 활성화를 위한 사업을 지원하고, 여성단체 활성화 방안을 연구하도록 하고, 나아가 그를 위한 프로그램을 개발하여 보급하였다. 2000년에는 홈페이지 제작이나 정보화관련 교육프로그램을 운영하였다. 나아가 여성단체 관련 정보를 수집, 정리하고, 단체 간 네트워크 구성 및 정보교류 활성화를 지원하였다. 또한 여성단체와의 소통 기회를 확대하고, 여성단체장이나 중견지도자연찬회를 개최하는 것을 통해서 여성 현실에 대한 의견을 수렴함으로써 여성정책 추진의 효과성을 높이고자 하였다.[167] 5대 생활문화 개선운동(명절문화, 살림문화, 육아문화,

165) 한국여성개발원, 앞의 책, 71.

166) 정현백, 앞의 글, 319-320.

167) 한국여성개발원, 앞의 책, 6 & 67.

자녀교육문화, 회식문화)의 경우에는 한국여성민우회나 대한주부클럽연합회 등과 공동으로 진행하기도 하였다. 특히 김대중정부는 여성단체 간의 협력을 통해 1998년 경제위기 극복을 위한 여러 지원활동의 효율성도 높였다.[168]

4. 마무리말

김대중은 역대 어느 대통령보다도 양성평등에 대한 높은 이해와 실현의지를 지녔던 인물로 평가된다. 그는 스스로의 일상적인 삶에서 양성평등을 실천하였고, 여성정책을 통해 성 평등한 세상을 만들고자 하였다. 이는 김대중의 삶과 사상 속에 깊이 뿌리 내린 높은 양성평등의식에서 기인하기도 하였지만, 달리는 그가 지녔던 높은 인권의식과 민주주의에 대한 강한 열망에서 온 것이라 생각한다. 그러나 김대중에 대한 많은 연구나 평가들이 나오고 있지만, 여기에서 양성평등의 실천자로서의 모습은 아쉽게도 많이 부각되지 않았다. 이에 필자는 젠더 관점에서의 '역사 쓰기'가 반드시 필요하다는 페미니스트 역사가들의 주장을 다시 한 번 더 강조하고자 한다.

김대중 정부 5년 동안 집행된 여성정책과 관련하여서는 페미니스트들은 양가적인 감정을 가지게 된다. 한편으로는 김대중정부는 역대 어느 정권에서보다도 양성평등의 중요성을 알리면서, 이를 여성정책으로 실행하는데 크게 기여하였다. 그러나 다른 한편으로는 국민의 정부 집권 동안 - IMF 관리체제하의 취약한 경제상황 속에서 출발한 탓이기도

168) 같은 책, 63. 그러나 이러한 과정을 통해 시민단체의 역할이 변조될 우려도 제기하기도 한다. 김현희, 앞의 글, 128.

하지만 - 한국경제는 신자유주의적 세계화에 빠른 속도로 흡수되었고[169], 이는 여성의 경제적 지위를 악화시키는 데에도 일익을 담당하였다는 평가도 나온다.

구체적으로 김대중 정부에서 이루어진 <남녀차별금지 및 구제에 관한 법>의 시행은 많은 여성들이 일상적으로 겪고 있지만 빠져나올 수 없었던 성희롱문제를 큰 사회적 이슈로 부각하고 그 해결을 모색하는 노력으로 이어졌다. 젠더문제에 무지하였거나 여성인권에 대해 감수성이 부족하거나 몰이해로 일관하였던 남성들이 뒤늦게 현실을 인식하고, '진도 따라가기'에 나서게 되었다. 여성부의 신설은 여성정책을 총괄적으로 기획, 집행할 수 있는 명실상부한 인프라를 구축한 것이고, 동시에 국민에게 여성문제의 중대성을 인식시키는 계기가 되었다. 국제적으로는 한국 민주주의의 성숙도를 알리는 홍보효과를 가져다주었다. 또한 집권 초기 신설한 6개 부처의 여성정책담당관실은 각 부처의 정책이나 사업에서 성인지적 관점을 확산하고, 관련 여성정책의 추진력을 높여주는 효과가 있었다. 정부의 각종 위원회에 여성비율이 20.4%(2000)로 높아진 것이나, 공무원 여성채용 목표를 앞당겨 달성한 일도 김대중 정부의 성과로 지적할 만하다. 가정폭력이나 성폭력과 관련하여서도 법과 제도의 개선 뿐 아니라 홍보교육을 통해서 개선노력을 지속적으로 실천한 점도 높이 살만하다.

---

169) 구민우, 정태환, 윤민재는 김대중정부가 '울며 겨자 먹기'식으로 신자유주의를 수용했다고 평가한다. 복지정책의 강화 등을 통해 국가주의와 조합주의적 성향을 보여주었지만, 큰 틀에서는 신자유주의적 세계화의 흐름에 동참하였다고 보았다. 구현우. "세계화, 신자유주의, 그리고 제도론적 함의: 김대중 정부의 경제개혁을 중심으로," *국정관리연구,* 제6권 제2호 (2011): 65; 정태환, "김대중 정권의 성격과 개혁정치: 모순과 한계," *한국학연구,* 31 (2009): 409; 윤민재. "민주화 이후 신자유주의의 강화와 사회경제정책의 특징: 김대중 정부의 사례를 중심으로," *인문사회 21,* 제7권 3호(2016): 609.

그러나 김대중 정부 기간 동안 여성의 정리해고, 비정규직화, 시간제 노동은 계속 늘어났다. 9개 은행의 명예퇴직 통계를 보면, 여성행원의 비율이 74.5-95.5%를 차지한다는 슬픈 현실을 만나게 된다. 물론 여성의 퇴출과 '빈곤의 여성화'는 세계화의 부산물인데다가 사기업의 고용정책에 대해 정부가 영향력을 행사할 가능성이 제한적이어서, 이 모든 불행한 현실의 책임을 정부 탓으로만 돌릴 수 없다. 그럼에도 불구하고 국민의 정부 동안 집행된 여성고용정책이나 관련 예산을 돌아보면, 아쉬움이 남는다.

김대중 정부는 여성정책에 관한 한, 보다 획기적인 경제적 투자 없이 전시효과만 높이는 방법을 선택하였고, 그래서 김대중 정부의 여성정책의 성과도 '돈 안들인 만큼의 성과'라 비판도 나왔다.[170] 그러나 집행기관에 해당하는 여성부의 출범이후, 즉 김대중정부의 후반기에는 예산이 상당히 늘어났다. 높이 치하할 만 일이다. 그렇더라도 보다 거시적인 틀에서 국제적 경쟁력 강화와 경제 효율성 제고를 위해, 사회적 안정을 희생하거나 우리가 지향할 대안사회에 대한 보다 진지한 성찰과 결단을 시도하지 않는 한, 신자유주의적 글로벌화의 일차적 희생자는 여성이 될 수밖에 없는 구조적 제한에서 김대중정부도 자유롭지 못하다는 점도 지적되어야 한다.

그러나 달리는 김대중정부 하에서 진행된 일터로 부터의 여성퇴출이나 여성빈곤화 혹은 돈 안들인 여성정책은 김대중이 지향한 양성평등정책이 그 초기의 고상한 목표 설정과는 달리 현실정치에서 부딪히는 여러 난관을 헤쳐가지 못한 데에서 기인하였을 것이라 추정된다. 이 지

---

170) 한국여성단체연합, *김대중정부 여성정책 3년 평가 및 정책제안을 위한 토론회 자료집(2001. 2. 22)*, 32.

점에서 김대중정부 이래 그간의 민주정부들이 관료들에게 포획되는 한계를 넘어서지 못했다는 한홍구의 지적을 음미해볼 만 하다.[171] 혹은 당시의 시대정신이 성평등을 향한 획기적인 사회전환이라는 목표에 이르지 못한 현실에서도 기인하였을 것이다.

김대중정부의 여성고용정책이나 인력개발정책과 관련하여 지적할 또 다른 지점은 이가 양성평등적 관점보다는 사회발전론의 하부개념으로 추진되는 경향이 있다는 비판이다. 김대중의 연설에서 미래사회가 지식경제를 기반으로 한다는 점을 지적하면서 여성이 국가경쟁력 강화에 기여해야 한다는 주장이나 여성이 정보화 능력을 높여야 양성평등적 사회, 나아가 국제경쟁력 있는 미래사회를 만들 수 있다는 주장 등이 도처에서 등장하는데, 이는 '국가 경쟁력의 하위 범위로서 여성인적자원 개발론'을 주장하는 것이라는 지적이 여성학자들에 의해 제기되기도 하였다.[172] 환언하면 이는 여성의 입장에서 꿈꾸는 미래사회의 전망과는 다소 거리가 있다는 것이다.

이런 여러 비판적 목소리에도 불구하고 김대중의 양성평등 이론과 정책은 성평등사회를 지향하는 새로운 한국 정치의 시작을 알리는 타종이라는 사실을 우리는 부인할 수 없을 것이다. 이러한 역사성 속에서 지금도 한국사회에서 성평등주의자들이 자라 올라오고 있다.

---

171) 한홍구. "김대중과 노무현 -한국 민주주의 역사에서의 위치와 역할," *사림*, 71호 (2020): 308-309.

172) 한국여성개발원, 앞의 책, 7.

심층 면담

지은희 (전 한국여성단체연합 상임대표, 전 여성가족부 장관) 2022. 4. 27

한명숙 (초대 여성가족부 장관 & 국무총리) 2022. 7. 17

참고문헌

고명섭. *이희호평전 – 고난의 길, 신념의 길.* 서울: 한겨레출판, 2016.

구현우. "세계화, 신자유주의, 그리고 제도론적 함의: 김대중 정부의 경제개혁을 중심으로." *국정관리연구.* 제6권 제2호 (2011).

김경주. "모성보호 정책결정과정에서의 정책네트워크 분석 – 노태우, 김영삼, 김대중 정부를 중심으로." *전북행정학보.* 제18권 제1호 (2004).

김대중. *내가 사랑한 여성.* 서울: 에디터, 1997.

김대중. *옥중서신 김대중이 이희호에게.* 시대의 창, 2009.

김대중. *김대중 자서전 1 & 2.* 서울: 삼인, 2010.

김인숙·정재훈. "김대중 정부 여성복지정책 평가와 정책 제언." *사회복지리뷰.* 6집 (2001).

김현희. "'국민의 정부'의 여성정책: 김대중정부는 가부장제와 자본주의로부터 어느 정도의 자율성을 갖는가?." *여/성이론.* 2호 (2000).

심영희. "정치, 공직 및 정책결정과정에서 여성의 대표성 제고." 한국여성단체연합. *김대중정부 여성정책 1년 평가 및 정책제안을 위한 토론회 자료집 (1999. 2. 25).* 1999.

여성부. *2001 여성백서.* 2002.

여성부. *2002 여성백서.* 2003.

여성부. *지난 5년의 여성정책 성과(1998년 – 2002년).* 2003.

여성부. *남녀가 함께 하는 건강한 사회 국민의 정부 5년 여성정책의 성과.* 2003.

여성특별위원회. *1998 여성백서.* 1999.

여성특별위원회. *2000 여성백서.* 2001

연세대학교 김대중도서관 편. *김대중 전집 I 제1권: 외환위기로부터 나라경제를 구하다(1997년 12월~1998년 9월).* 서울: 연세대학교 대학출판문화원, 2015.

연세대학교 김대중도서관 편. *김대중 전집 I 제2권: 4대개혁으로 경제체질을 개선하다(1998년 10월~1999년 4월).* 서울: 연세대학교 대학출판문화원, 2015.

연세대학교 김대중도서관 편. *김대중 전집 I 제3권: 복지국가와 사회통합의 초석을 세우다(1999년 5월~1999년 11월).* 서울: 연세대학교 대학출판문화원, 2015.

연세대학교 김대중도서관 편. *김대중 전집 I 제6권: 한반도 평화를 위한 실용주의 외교를 펼치다(2001년 1월~2001년 7월).* 서울: 연세대학교 대학출판문화원, 2015.

연세대학교 김대중도서관 편. *김대중 전집 I 제7권: 지식정보화 강국의 꿈을 이루다(2001년 8월~2002년 2월).* 서울: 연세대학교 대학출판문화원, 2015.

연세대학교 김대중도서관 편. *김대중 전집 II 제15권: 제14대 대통령 선거 실패로 고뇌의 시간을 갖다(1991년 9월~1992년).* 서울: 연세대학교 대학출판문화원, 2019.

연세대학교 김대중도서관 편. *김대중 전집 II 제19권: 최초의 평화적 정권교체로 제15대 대통령에 당선되다(1996년 7월~1997년).* 서울: 연세대학교 대학출판문화원, 2019.

윤민재. "민주화 이후 신자유주의의 강화와 사회경제정책의 특징: 김대중 정부의 사례를 중심으로." *인문사회 21,* 제7권 3호 (2016).

메리 윙젯. 정지현 옮김. *엘리너 루스벨트.* 서울: 성우, 2006.

이미화. "사회정책과 자녀를 가진 여성의 노동시장 참여 – 김대중·노무현 정부." *한국사회복지학회 학술대회 자료집.* 2012.

이희호. *이희호자서전 – 동행 고난과 영광의 회전무대.* 파주: 웅진 지식하우스, 2008.

이희호. *이희호의 내일을 위한 기도.* 서울: 여성신문사, 1998.

이희호. *옥중서신 – 이희호가 김대중에게.* 서울: 시대의 창, 2009.

장신기. *성공한 대통령 김대중 현대사: 김대중 재평가,* 서울: 시대의 창, 2021.

정재훈. "여성정책 평가: 외환위기 이후 10년 - 국민의 정부와 참여정부 여성정책 평가를 중심으로." *여성연구논총.* Vol. 22 (2007).

정태환. "김대중 정권의 성격과 개혁정치: 모순과 한계." *한국학연구.* 31 (2009). 387-416.

정현백. "국가와 여성평화운동 - 김대중·노무현정부의 평화정치를 중심으로." 한반도평화포럼, *통일은 과정이다.* 서울: 서해문집, 2015.

조진우. "지난 10년간의 여성정책의 득실과 향후 10년간의 여성정책의 방향." *젠더리뷰.* No. 7 (2007 겨울).

한국여성개발원. *국민의 정부 여성정책, 성과와 과제.* 2002.

한국여성단체연합. *김대중정부 여성정책 1년 평가 및 정책제안을 위한 토론회 자료집,* 1999. 2. 25.

한국여성단체연합. *13개 분야 34대 과제. 한국여성단체연합이 선정한 16대 총선 여성정책 요구안.* 2000.

한국여성단체연합. *총회자료집.* 2000.

한국여성단체연합. *김대중정부 여성정책 3년 평가 및 정책제안을 위한 토론회 자료집 (2001. 2. 22).* 2001.

한국여성단체연합. "여성정책 전담기구 강화방안에 대한 시민사회단체의 입장(2000. 6. 23)." 한국여성단체연합. *2001년 제15차 정기총회 보고서.* 2001.

한국여성단체연합. "제15차 전기총회보고서." 한국여성단체연합. *총회자료집.* 2001.

한국여성단체연합, "제16차 정기총회보고서." 한국여성단체연합. *총회자료집.* 2002.

한국여성단체연합. *한국여성단체연합 30년의 역사.* 서울: 당대, 2017.

여성단체협의회. "김대중 민주당 대통령후보의 여성정책 여성의 정치참여 활성화를 위한 선거법 개정 추진." *여성.* 298 (1992).

한홍구. "김대중과 노무현 -한국 민주주의 역사에서의 위치와 역할." *사림.* 71호 (2020).

호성희. "김대중 정권의 여성정책 평가." *사회진보연대.* 27호 (2002).

3부 용서와 화해 연대와 연합

7장

김대중의 화해의 정치

김귀옥
한성대학교 교수, 사회학

무엇 때문에 싸워야 하고, 무엇을 위하여 죽어야 하는가. 공산군이 물러나면 좌익이, 한국군이 물러나면 우익이 죽어야 했다. 사상이란 도대체 무엇이란 말인가. 개인과 민족의 행복 위에 사상이 군림해야 한단 말인가. 나는 전쟁을 보았다. 그 후 평생 민족의 화해와 전쟁이 없는 세상을 꿈꾸며 살았다. 『김대중 자서전 1』 중에서

1. 들어가며: 화해를 꿈꾸는 김대중

민주적이고 평화로운 세상을 만들려다 다섯 번 죽을 고비를 넘기고, 6년간 투옥당하고, 십 수년 가택 연금을 당했고, 그것도 모자라 수 십년간 24시간 감시를 받았던 사람의 마음에는 뭐가 있을까? 분노와 복수심, 비탄과 절망감, 냉소와 불신, 그리고 트라우마가 있을 것으로 상상하

는 것은 자연스러울 수 있다. 그런데도 그런 피해자가 용서와 관용, 화해와 평화를 소망하고 그러한 세상을 염원하고, 그런 세상을 실현시키기 위해 진력을 다해 살았다면 어떻게 이해하는 게 적절할까? 그런 사람이 있다면, 그는 지극히 정략적인 사람일까? 아니면 지극히 초인간적인 사람일까?

실제로 김대중 전 대통령(아래에서는 '김대중'으로 명명함)은 용서할 수 없는 사람들을 용서하고 그들과 화해를 청했다. 또한 이 시대 가장 낮고 고통을 받아온 사람들과 함께 울고 마음을 나눴다. 정적들에 의해 수 십년간의 부정적 이미지와 빨갱이라는 낙인이 두텁게 찍혀 있었음에도 불구하고 대통령이 되었고, 분단 이래로 최초의 남북정상회담을 개최할 수 있었고, 노벨평화상을 받을 수 있었던 것은 어떤 이유였을까? 운이 따른 것인가, 전략이 탁월해서인가? 실제로 그에게 따라다녔던 말 중의 하나가 '진각기'였다.' '외동내정(外動內靜)의 치밀한 전략가'[1], '타고난 전략가'라는 말은 대개 '대통령병'[2] 등과 같은 부정적 맥락에서 사용되곤 했다.

그러나 한국 현대사뿐만 아니라 세계 현대사를 돌아보아도, 대통령들 중에서 김대중만큼 많은 정치적 탄압과 죽음의 위협, 사회문화적으로 국내외적으로 유포된 부정적 낙인, 정치하는 굽이굽이마다 가로놓여 있던 죽음의 문턱에서도 화해와 평화를 실천해 온 사람은 드문 게 사실이다. 설령 그것이 전략적 사고와 판단에 기초한 것이라고 할지라도 그는 화해와 평화를 몸소 실천한 대통령임에 분명하다.

---

* 이번 연구에서는 연세대학교 김대중도서관 측의 협조로 김대중 구술생애사 원문 녹취록을 일부 열람할 수 있었음을 밝혀 두며 협조에 심심한 감사를 표한다.

1) 이낙연. "외동내정의 치밀한 전략가: 김대중," *동아일보*. 1987년 9월 29일.

2) 이동관. "김대중후보가 걸어온길," *동아일보*. 1992년 5월 26일.

그렇다면 김대중이 화해를 실천하게 된 이유, 화해의 내용이나 함의가 무엇인지 살펴보는 것은 정치적으로뿐만 아니라 학문적으로도 필요하다. 개인적 수준에서나 정치적 수준 또는 당대적 문제만이 아니라 역사적 문제에 대한 김대중의 끈질긴 사유와 실천, 반성과 객관적 정당성 등을 통하여 화해와 용서라는 방법을 찾아 실천해왔던 김대중의 역정 그 자체가 흥미롭기도 하고 수많은 질문을 던지게 만든다. 그러나 학문적으로도 김대중의 화해의 사상과 화해의 정치를 이해하고자 하는 것은 결국 현재 한반도가 처해 있는 수많은 역사적, 정치적 갈등의 문제와 시대적·사회적 존재인 개인들이 겪어왔던 갈등과 폭력의 문제에 대한 해결책을 찾고, 미래를 모색하는 전망과 방안을 모색하는데 있다고 할 수 있다.

김대중의 화해의 사상과 화해의 정치를 제대로 파악하기 위해서는 단순히 그의 주장을 탐구하는 것만으로는 부족하다. 정진백이 이해하듯이, 김대중은 "시대적 현실 속에 있는 개인이나 집단이 자기가 처해 있는 현실에 정당하게 대처하여 의미 있는 행동을 하는 데 실천적 규준"[3]을 제시하고자 하였다. 이 글에서는 김대중이 살아온 과정에서 남긴 실천을 통하여 김대중이 보여준 화해의 정치를 이해하고 그 함의를 찾아보고자 한다.

3) 정진백 편. *김대중 대화록 1973~2008* (광주: 행동하는 양심, 2018), 17.

2. 김대중의 화해 관련 연구현황과 개념 정리

이 장에서는 화해를 둘러싼 연구 현황을 간략하게 짚어보고, 이번 글에서 사용할 화해를 둘러싼 개념에 대한 정의를 내려 김대중의 정치인으로 실천한 화해 개념에 접근하고자 한다.

1) 김대중의 화해 관련 연구현황

서구에서 화해나 용서를 둘러싼 관심이 종교를 넘어 예술·정치·경제·철학·과학의 영역에서 논의되기 시작한 것은 1980년대 이후이다. 특히 철학 분야에서 '용서'가 주된 관심사로 등장했고, 2000년대 들어서서 화해나 용서를 주제로 한 영어로 된 연구물들이 쏟아져 나왔다.[4] 그렇다면 한국에서는 화해를 주제로 한 연구 현황은 어떠할까? 국회전자도서관에서 한국어를 기반으로 한 학위논문과 단행권을 중심으로 수량적 접근을 통해 통계를 뽑아보니 표1과 같이 조사되었다.

표 7-1 **'화해' 주제의 한국어 학위논문 및 단행권**

연도별 \ 자료구분	화해 주제어 학위논문 (단위:편)	화해 주제어 단행권 (단위:권)
~ 1987	31	5
1988 ~ 1992	31	18
1993 ~ 1997	42	26
1998 ~ 2002	68	74
2003 ~ 2007	105	93
2008 ~ 2012	114	153
2013 ~ 2017	96	88
2018 ~ 현재	53	94
합	540	551

출처: 국회전자도서관 검색 결과. 검색일: 2022. 02. 24.

4) 강남순, *용서에 대하여: 용서의 가능성과 불가능성*(파주: 동녘, 2021[2017]), 20-21.

<표1>에 따르면, 화해 주제의 학위논문 540편 중에서 1998년부터 2020년까지의 학위논문이 436편(80.7%)를 차지하고 있다. 그러한 경향은 단행권 역시 마찬가지이다. 같은 시기 단행권은 502권으로서 91.1%를 차지하여 학위논문보다 그 비중이 더 크다. 특히 2000년대 들어 학위논문이나 단행권은 급증하여 2003년부터 2012년까지의 결과물이 각각 40.5%와 44.6%를 차지하고 있다. 연구의 내용을 구체적으로 살펴볼 필요는 있으나 화해나 용서와 관련한 연구결과물이 급증하고 있는 경향은 서구의 추세와 비슷하게 진행되어오고 있는 것으로 판단할 수 있다.

그렇다면 김대중과 관련한 화해에 관한 연구 현황을 <표2>로 잠시 살펴보도록 한다.

표 7-2 **김대중과 '화해' 관련 연구 현황**

	학위논문	일반논문	단행권
빈도	6편	12편	14권

출처: 국회전자도서관 검색 결과. 검색일: 2022. 02. 24.

국회전자도서관에서 김대중과 화해라는 키워드로 검색하면 학위논문 6편, 일반논문 12편 단행권 14권 정도가 나온다. 6편의 김대중과 화해 관련 학위논문의 구체적인 주제를 보면 곽은영은 김대중 정부 시기 한일 관계를 돌아보면서 한일간의 역사 교과서 왜곡 파동이나 일본총리의 야스쿠니 신사참배 등의 갈등 상황에서도 김대중 정부가 타협과 실리를 추구하며 화해와 조화, 소통의 리더십을 발휘했던 과정을 고찰했다.[5] 3편의 학위논문은 김대중 정부의 대북화해협력정책을 둘러싼 정

5) 곽은영, *"김대중 정권기 한일관계: 화해의 리더십과 실리주의 대일정책을 중심으로,"* (석사학위, 국민대학교 대학원, 2014).

책적 특징과 과제를 둘러싼 연구로서, 이재욱의 부처간 갈등관리 연구[6], 윤재문과 조석근의 대북 화해협력정책의 특성과 성과, 한계를 둘러싼 연구가 있다[7]. 또한 2편의 연구는 노태우 정부와 김대중 정부의 대북정책 비교 연구[8]나 김대중, 노무현, 이명박 정부의 대북정책 비교 연구를 통하여 대북정책의 한계와 대안을 모색한 연구[9] 등이 있다. 이 논문들은 김대중 정부의 남북관계나 한일관계를 이해하는 데는 의의가 있으나, 김대중의 화해 사상을 이해하는 데에는 다소 거리를 두고 있다.

일반연구논문 11편 중 최용섭, 권오윤, 김연철, 박상익, 백학순, 성경륭, 김학재 등은 주로 김대중 정부의 대북정책, 화해협력정책, 통일론 등을 다루고 있어서 화해 자체가 중심 주제는 아니다.[10] 그 가운데 김대중의 화해 사상에 주목한 논문으로는 노명환의 "김대중 화해 사상의 특수성과 보편성: 이분법의 극복과 '다양성 속의 통일'의 변증법"을 주목할

---

6) 이재욱, *"김대중 정부의 부처간 갈등관리에 관한 연구 : 대북화해협력정책을 중심으로,"* (석사학위, 국방대학교 안전보장대학원, 2003).

7) 윤재문, *"김대중정부의 대북 화해협력정책 : 성과와 한계,"* (박사학위, 조선대학교 대학원, 2005); 조석근, *"김대중정부의 대북화해협력 정책 연구,"* (석사학위, 경희대학교 행정대학원, 2003).

8) 신정현, *"노태우·김대중 정부의 대북정책 비교 : 국제환경·국내정치·정책결정자 요인을 중심으로,"* (석사학위, 북한대학원대학교, 2015).

9) 김영환, *"기능주의 관점에서 본 대북정책의 한계와 대안 : 김대중·노무현·이명박 정부를 중심으로,"* (박사학위, 경남대학교 대학원, 2017).

10) 최용섭, "김대중 정부의 대북 화해협력정책에 대한 평가," *한국동북아논총* 7, no.4 (2002): 77-97; 권오윤, "북한체제의 변화와 김대중 정부의 화해협력정책에 관한 연구," *21세기정치학회보* 11, no.2 (2001): 317-334; 김연철, "민주정부 10년의 대북 화해 협력 정책," *내일을 여는 역사* 37, 겨울호 (2009): 111-131; 박상익, "'김대중의 3단계 통일론'과 통일준비 과제," *군사발전연구* 8, no.2 (2014): 79-103; 백학순, "김대중정부와 노무현정부의 대북정책 비교," *세종정책연구* 5, no. 1 (2009) 277-354; 성경륭, "김대중-노무현 정부와 이명박 정부의 대북정책 추진전략 비교 : 한반도 평화와 공동번영 정책의 전략, 성과, 미래과제," *한국동북아논총* 48 (2008):285-311; 김학재, "김대중의 통일·평화사상," *통일과평화* 9, no.2 (2017): 59-90.

만하다.[11] 노명환은 김대중과 용서와 화해의 사상은 인간과 사회의 본질에 대한 통찰과 그의 종교적 신념과 역사에 대한 믿음에 기초하고 있다고 보았고, 그러한 사상을 실천하게 된 동기를 짚어내었다.

한편 김대중과 화해 주제 관련 단행권도 이와 유사한 것으로 보인다. 김대중 정부의 대북정책, 화해협력정책, 햇볕정책 맥락에서의 연구가 주를 이루어 백학순, 북한대학원대학교 극동문제연구소, 서승과 나카토 사치오(中戸祐夫)(편), 정상돈, 정세현, 통일부, 하르트무트 코쉭(Hartmut Koschyk)[12], 한국통일안보협회·한국언론재단 등의 연구가 대표적이다.[13]

일본작가 타카키 다이조(高木大三)의 가상정치소설, 『世紀の和解』(1997)는 『박정희-김대중 세기의 화해』(서울: 동광출판사, 1998)라는 제목으로 한국에도 번역되기도 했다.[14] 이 소설은 고인이 된 박정희의 관점에서 김대중과 얽힌 문제를 풀어나간다는 점에서 박정희를 미화하는

---

11) 노명환, "김대중 화해 사상의 특수성과 보편성: 이분법의 극복과 '다양성 속의 통일'의 변증법," *통일과 평화* 12, no.2 (2020): 53-102.

12) 2003년 당시 독일 연방의회 독한의원친선협회장인 하르트무트 코쉭은 『김대중 대통령과의 만남 : 한반도의 평화, 화해 그리고 통일을 향한 길』(2003) 책에서 20명의 독일 정치인, 학자, 언론인이 김대중을 경험과 김대중의 정책을 바탕으로 한 글들을 편집했다. 2016년 1월 22일 한국국제교류재단이 주최한 제5회 한국국제교류재단상을 코쉭이 수상한 바 있다. 박세정, "'제5회 한국국제교류재단상' 하르트무트 코쉭 의원", *재외동포신문*, 2016년 2월 5일.

13) 백학순, *김대중정부와 노무현정부의 대북정책 비교* (성남: 세종정책연구, 2009); 북한대학원대학교 극동문제연구소, *Prospects for new inter-Korean Relations* (서울: 북한대학원대학교, 2001); 徐勝·中戸祐夫 編. *朝鮮半島の和解・協力10年：金大中・盧武鉉政權の對北朝鮮政策の評價* (東京: 御茶の水書房, 2009); 정상돈, *브란트·슈미트 정부의 대동독 화해정책과 김대중 정부의 햇볕정책 비교연구* (성남: 세종연구소, 1999); 정세현, *대북화해협력정책의 오늘과 내일* (서울: 통일부, 2002); 통일부, *국민의 정부 5년간 대북정책 추진성과* (서울: 통일부, 2002); 하르트무트 코쉭 편, *김대중 대통령과의 만남 : 한반도의 평화, 화해 그리고 통일을 향한 길*. 김소연 역 (서울: 한림출판사, 2003); 한국통일안보협회·한국언론재단, *통일환경의 변화와 한반도 평화의 모색* (서울: 한국언론재단, 2000).

14) 高木大三(타카키 다이조), *世紀の和解: びっくり, どっきり「韓國政治入門」(東京：アートヴィレッジ*(Art Village), 1997).

문제도 있으나 한국 정치 문제의 해법으로 화해를 제시한다는 점에서 흥미롭다고 할 수 있다.

단행권 중에 김대중의 화해 문제를 중심 화두로 풀어나간 글로는 2021년에 간행된 장신기의 『성공한 대통령 김대중 현대사』[15]를 꼽을 수 있다. 이 글은 전체적으로 대통령으로서 김대중의 삶과 투쟁, 역정을 김대중의 기고문이나 연설문, 수많은 기록자료, 구술생애사 녹취록 등을 1차 자료로 하여 구성되었다는 점에서 주목할 만하다. 특히 김대중의 '화해통합론'은 '화해와 공존'의 가치를 통해 설명되고 있어서 이번 글에도 큰 도움을 받을 수 있다. 그러나 이번 글에서는 화해의 정치를 현실 정치에 국한시켜 살펴보기 보다는 김대중의 생애사와 더불어 이해하고 변화·발전되어 가는 과정을 발견적으로 추적해 나갈 것이다.

2) 화해를 어떻게 정의할 것인가

이 글에서 '화해'는 '현재 작동하고 있는 갈등과 대립 구조를 해체하는 작업'[16]이라고 정의 내리고 논의를 출발하고자 한다. 그러한 갈등이나 대립 등은 개인 수준으로부터 사회 집단 수준, 국가 수준, 국제 수준에 걸쳐 발생된다. 그런데 한 개인의 마음속 갈등이나 개인 간의 갈등은 순수하게 개인 수준에서 일어나는 갈등일 수 있지만, 때로는 집단 간 갈등의 맥락에서 일어나거나 전쟁과 같은 상황에서는 개인의 마음속 갈등이나 개인 간의 갈등에도 국가적 수준, 집단적 수준과 중첩되어 일어나기도 한다. 개인 간의 갈등에서는 어렵더라도 가해와 피해를 파악하기가 상대적으로 가능하지만, 집단 또는 국가 간 갈등에서는 가해와 피해

15) 장신기, *성공한 대통령 김대중과 현대사* (서울: 시대의 창, 2021).

16) 박명규, "평화와 화해: 책임정치와 심정윤리의 간극," 전우택 편, *용서와 화해에 대한 성찰* (서울: 명인문화사, 2018), 139.

역시 중첩되어 일어나므로 객관적으로 갈등과 대립의 원인을 파악하여 잘못을 분석해내는 것 자체가 쉽지 않다.

화해의 전제 조건이자 화해의 결과이기도 한 용서는 종교적인 영역에서부터 정치적, 사회적, 일상생활의 영역, 나아가 마음의 영역에 이르기까지 인간 삶의 거의 모든 영역과 연계되어 있다.[17] 용서는 한 마디로 말하면 '너그럽게 봐주는 것', 달리 말하면 '관용'이다. 용서라는 말에 붙어 있는 말 중 하나가 잘못한 사람의 '사과'이다. 흔히 사과가 용서에 전제라고 이해하고, 일상적으로 수용되고 있다. 과연 고의건 실수건 가해자가 사과를 하면 피해자는 용서를 해주고, 화해가 성립된다는 식의 '용서 지침서'가 있는가? 강남순은 '인간의 감정과 이성의 결을 획일적으로 조정할 수 있는 매뉴얼을 만들기란 불가능'하다고 말하고 있고 이점에 글쓴이 자신도 동의한다. '천 길 물 속은 알아도 한 길 사람 속은 모른다'고 하듯, 사람은 자기 자신의 감정과 마음도 제대로 알기 어렵고 통제하는 것은 더욱 어렵다. 용서가 때로는 이성적 판단의 의해 가능할 수 있겠으나 마음의 작용에 의해 일어나기도 한다. 사과 있는 용서도 있지만, 때로는 소설 『레미제라블 Les Misérables』의 장발장에게 용서를 베푼 미리엘(Míriel) 신부처럼 사과가 없지만 용서를 통해서 사과를 이끌어 내기도 한다. 사과 없는 용서를 하게 되는 것은 여러 가지 이유가 있겠으나, 진정성 있는 용서는 '성찰적 분노'를 통해 가능하다.

데리다(Jacques Derrida)는 최근 진정한 용서란, 용서할 수 없는 것을 용서하는 것이라는 문제의식을 던졌다.[18] 2차 세계대전에서의 6백만명의 유태인이나 반체제, 반사회인사로 낙인찍어 무고하게 학살시킨

---

17) 강남순, *용서에 대하여: 용서의 가능성과 불가능성*, 19.

18) 자크 데리다, *용서하다*, 배지선 역 (서울: 이숲, 2019).

나찌전범자들과 협력자들을 용서할 수 있는가라는 문제와 함께 그들에 대한 '시효없는' 처벌이라는 개념에 대해 데리다는 남아프리카공화국의 진실화해위원회 활동을 보면서 '용서 불가능성의 용서'를 진정한 용서로 설명하고 있다. 이 문제에 대해 강남순도 동의하면서 피해자들이 과거의 감옥을 뛰어넘어 현재와 미래의 삶을 의미있게 지속하기 위해서는 용서하기 어려운 것을 용서할 필요가 있다고 보았다. 이 용서가 진정 화해에 이르는 길이고, 김대중도 이러한 화해의 길을 가려했던 것으로 보인다.

이제 본격적으로 김대중의 생애와 정치적 행보를 통하여 그에게 화해라는 개념이 어떻게 형성되고 사회적으로나 정치적으로 실천되고, 때로는 화해라는 태도와 목표가 좌절을 겪으면서 변화되고 성숙되는 과정을 거치게 되는가를 살펴보고자 한다. 사회화 이론에 따르면 한 사람의 마음이나 의식, 사상, 태도, 방법 등은 상당히 어린 시기부터 형성되고 축적되어 전 생애에 걸쳐 영향을 미치기도 한다. 사람의 마음이란 생물학적으로 형성되는 것이지만, 문화 및 가족, 주변 사람들과의 대인관계에 의해 형성되고, 심지어 사람들과의 관계를 넘어 자연을 포함한 객관 환경이나 전 우주적 관계 속에서 영향을 받으며 형성되고 있다.[19] 성장 과정과 사람들과의 관계에서 형성된 의식이나 태도, 마음은 자신이 맞닥뜨린 현실과의 조응 속에서 선택되고 실천되면서 구체적으로 표출되기도 하고, 비약적 변화를 겪기도 한다. 특히 김대중과 같이 최소 다섯 번의 죽을 고비를 넘기고, 구금과 가택연금[20]은 말할 것도 없고, 수 십년

---

19) Daniel J. Siegel, *마음의 발달*, 방희정 외 공역 (서울: 하나의학사, 2018), 27.

20) 김대중의 죽을 고비, 수감생활, 가택 연금 및 감시 생활은 그의 자서전과 함께 장신기, *성공한 대통령 김대중과 현대사*, "2장 목숨을 건 투쟁으로 민주화를 이루다"를 참고바람.

간 국가 정보기관의 감시를 당했던 사람으로서 용서와 화해라는 사상을 어떻게 실천하게 되었을까? 단순히 정치가이므로 전략적으로 용서와 화해의 제스처를 취한 것일까? 더욱이 독서를 좋아하는 김대중이 지식으로서의 '용서와 화해'를 배워서 실천하게 또는 부정적인 의미로 이용하게 된 것인가? 이에 대한 답을 그의 삶의 역정 속에서 추적해 보고자 한다.

3. 김대중의 화해 의식의 형성과정

흔히 김영삼을 하면 '대도무문(大道無門)'을 떠올리는 사람이 많다. 김대중이 평소 좋아했던 말 중 하나는 '군자화이부동(君子和而不同)'[21] 이었던 것 같다. 김수환 추기경을 포함한 여러 정치가들이 김대중의 '군자화이부동' 서예를 선물받았던 것으로 보인다. 사진1은 김수환 추기경이 1983년 김대중으로부터 선물 받았던 작품을 포함한 50여점이 김수환 추기경 선종 1주기 기념으로 2010년 3월 3일 개최된 전시회에 출품된 것이다.

21) 김대중은 군자화이부동을 "사람을 대할 때 마음을 온통 열고 그를 받아들여야 한다. 그리고 나를 아낌없이 그에게 주어야 한다. 온몸으로 받아 주어야 하며 그와 하나가 되어야 한다. 이 말은 그의 결함이나 계략에 맹목하라는 말이 아니다. 그것을 능히 보면서 온몸으로 대하고 주고받으라는 말이다"라고 새겼다. 김대중, *민족의 새벽을 바라보며* (서울: 일월서각, 1987), 32.

사진 7-1 김수환 추기경 소장 미술품전의 김대중 전대통령의 '군자화이부동'[22]

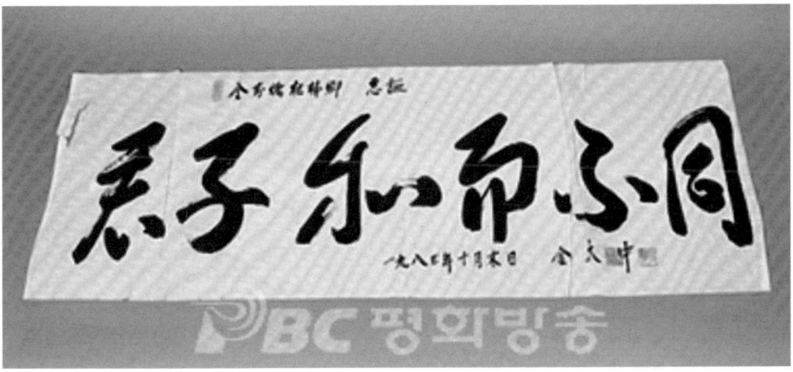

김대중 전 대통령이 1983년 김수환 추기경에게 선물한 서예작품
출처: https://www.cpbc.co.kr/CMS/news/view_body.php?cid=328231&path=201003

논어 자로편 제23장에 나오는 '군자화이부동(君子和而不同), 소인동이불화(小人同而不和)'는 대표적인 화해의 뜻을 담고 있는 말이다. 화이부동은 '화하되 같아지지 않음'을 뜻하는 말이다. '화'는 '같기'보다는 '다르기' 때문에 필요하다. 다른 사람들과 공존, 공생하기 위해 필요로 되는 개념이 '화'이다.[23] 한국 정치적 맥락에서 독재 정권이 화이부동을 사용할 때는 야당이나 정치적 반대세력에게 독재에 따르라라는 말로 해석될 여지가 있었다. 그러나 김대중이 자신의 정치가로서의 행보에서 '군자화이부동'의 정신을 언급할 때는 정적이나 독재세력과도 대화하겠다는 의지를 담았던 것으로 해석될 수 있다. 김대중은 이러한 자세로 국민통합론 또는, 화해통합론[24]을 말했던 것으로 보인다. 이러한 말과 자세를 스스로 내면화시키고, 자신의 의식으로 형성하게 된 것은 정치인

22) 신익준, "김수환 추기경 소장 미술품전 열려," *CPBC 뉴스*, 2010년 3월 4일; 또한 조선일보사에서 28년간 기자로서 일을 했던 주돈식은 김대중이 국회 평의원이었을 때부터 취재했던 인연으로 이 휘호를 선물 받았다고 한다. 주돈식, *우리도 좋은 대통령을 갖고 싶다* (서울: 사람과 책, 2004), 409.

23) 김봉진, "반일과 역사 화해," *일본비평* 4 (2011): 257.

24) 장신기, *성공한 대통령 김대중과 현대사*, 2부 1장 참고바람.

이 된 이후가 아니라, 어린 시절부터 자연스럽게 내면화시킬 수 있는 환경을 살았던 것과 관련이 있는 것으로 보인다.

김대중은 1924년 1월 6일, 전라남도 무안군(현 신안군) 하의면 후광리에서 태어났다. 그는 아버지로부터 가족이나 이웃과 화합하고, 부단히 공부하는 것을 배웠고, 둘째 부인인 어머니로부터 어려운 여건 속에서도 당당하고 정직하게 사는 법을 배웠다. 어려서 아이들이나 형제들과도 우애가 돈독했던 것 같고 싸우기보다 어울려 놀기를 즐겼던 것으로 보인다. 하의면 후광리는 일종의 김해 김씨 동족촌 마을이었다. 일제 강점기 하의도는 소유권이 조선총독부의 동양척식회사 소유가 되면서 섬 전체가 일본인의 소작지가 되면서, 대부분의 주민들이 소작농이 되는 불운을 당하면서 '하의도농민운동'[25]을 전개했다. 그럼에도 김대중이 성장할 당시 섬 전체가 도쿠다(德田)농장이 되었다.[26] 구장이었던 아버지 김운식은 조선인 소작인을 대표하여 일본인들에게 항의하거나 진정하는 일을 하기도 했다고 한다. 간척지와 농업과 바다를 배경으로 한 마을 공동체의 삶은 소작농들이나 마을 구성원들이 수탈적 사회관계와 척박한 환경 속에서도 지혜롭게 협력하고 때로는 단결하여 저항하며 난관을 헤쳐나가는 것을 배울 수 있게 하는 일종의 인생학교가 되었던 것 같다.

김대중은 8살에 서당을 다니면서 『천자문』, 『사자소학』, 『동몽선습』 등 일반적으로 서당에서 어린이들이 배웠던 교재를 익히면서 한문을 통

---

25) 홍동현, *"1920년대 하의도 농민운동의 전개와 항일 연대,"* *도서문화* 56 (2020): 322-332.

26) 김대중, *김대중 자서전 1* (서울: 삼인, 2010), 29-30.

한 현실에 대한 인식을 깨닫게 되거나 실사구시[27] 정신의 의미를 어렴풋이나마 깨닫게 되었던 듯하다. 그는 자신이 유학서를 읽는 과정에 한문 속에 담긴 뜻을 새기며 스스로 군자의 뜻을 익혔을 것으로 짐작한다. 또한 고려 후기 대표적인 아동학습서로 편집된 『명심보감』을 그의 서당에도 배웠을 것으로 짐작한다. 명심보감을 통해서도 인생을 지혜롭고 평화롭게 사는 법을 배웠을 것이다.

김대중의 자서전을 읽으면서 발견한 흥미로운 사실 중 하나는 하의도 김해 김씨 선산이 명당이고, 후손 중 큰 인물이 날 것이라는 전설이 있었고, 김대중은 내심 자신이 '나중에 임금이 되어야겠다'는 꿈을 품었다는 것이다.[28] 그러한 전설이 그를 대통령으로 만든 것은 아닐 것이다. 그럼에도 불구하고 일제에 의한 국권찬탈과 조선왕조의 패망은 민중이나 청소년에게 최고 권력에의 꿈을 꾸는 게 가능할 수 있게 하고 새로운 사회를 희망하는 것이 가능하도록 만든 것은 분명하다. 그는 어린 시절 한학을 공부하면서 조선 왕조나 유학 정신도 자연스럽게 익힌 것으로 보이고, 군자화이부동 정신도 나름대로 내면화하였던 것이 아닌가 싶다. 그의 인생에서 이희호 여사를 만나 김대중은 독실한 기독교 신자가 되면서 예수의 삶과 정신을 실천하면서 살아왔다. 그러나 어린 시절 마음 깊숙이 내면화된 유학의 기본 정신과 공동체 정신이 깔려 있음을 발견하게 됨은 자연스러운 사회화과정이라 할 수 있다.

또한 대부분의 어린아이의 성장에 가장 큰 영향을 미치는 사람이

---

27) 대통령이 된 후에도 '실사구시'를 앞세웠다. 조현재, "DJ의 강행군," *매일경제신문,* 1998년 6월 15일. 또한 1998년 국민회의가 '실업대책마련을 위한 온 국민 한마음 바자회' 경매에서 김대중의 휘호 '실사구시'가 1,700만원으로 가장 높은 가격으로 팔리는 일화도 있었다. 신승근, "김대통령 친필휘호 1700만원에 팔려 지팡이 1200만원선… 양복은 350만원 실업대책 바자회," *한겨레신문,* 1998년 4월 27일.

28) 김대중, *김대중 자서전 1,* 39.

대개 부모다. 어머니 장수금 여사는 아버지의 둘째 부인으로서 평생 인내하며 자식 뒷바라지를 자긍심으로 여기며 헌신을 아끼지 않으며 살아온 분이다.[29] 어머니는 어려운 여건에서도 김대중을 포함한 자녀들(3남 1녀)을 남부럽지 않게 키우고 자식들의 미래를 위해 가계 빈곤을 감수하면서까지 목포로 이사를 강행했다. 그런데 어머니는 목표를 위해서라면 어떤 수단도 좋다는 입장을 가졌던 분은 아니었던 것 같다. 오히려 어머니는 자신의 이익을 위해 다른 사람을 괴롭히거나 불이익을 주는 것에 대노하면서 어린 시절부터 이기적인 행동을 자성하도록 하는 의식을 김대중에게 형성시켜 주었다. 대신 열심히 공부하고, 익히는 것에는 반복적인 칭찬을 함으로써, 김대중에게 가치 있는 행동과 삶이 무엇인가 하는 것을 가르쳐 준 사람이었다.[30] 또한 마을 구장이었던 아버지로 인해 총독부 기관지인 『매일신보』를 읽으며 정치의식과 국제적 감각을 깨우칠 수 있었다. 앞에서 언급한 대로 김대중은 서당을 통해 한학과 전통사상[31]의 가치를 익히면서도 좁은 섬과 한반도에 갇히지 않고, 비록 일제의 관점이긴 하지만 세계 각국의 동향을 접근하기 위해 노력을 했다. 1950년대 전쟁으로 초토화된 상황에서도 그는 일본의 『세까이(世界)』 잡지 등을 보면서, 국제적 상황을 파악하고 한반도와 분단 문제 등

---

29) 김대중 인생에서 세 명의 여성이 결정적인 역할을 했던 것 같다. 어머니 장수금 여사와 첫 부인 차용애 여사(1926~1959), 이희호 여사(1922~2019)가 아닐까 싶다. 이들은 김대중이 인동초적 삶을 살아갈 수 있도록 하는데 사랑과 헌신, 정의로움으로써 협력했던 조력자이자 동지였다고 볼 수 있다.

30) *김대중, 김대중 자서전 1, 34-35.*

31) 김대중은 유교가 가진 민주발전에 기여할 수 있는 요소들로서 유교의 실용주의, 합리성, 백성제일원칙(people-first principle, 民心卽天心), 질서와 표현의 자유, 특히 국민의 권리로서의 맹자의 방벌(放伐)사상 등을 설파했다. 이러한 내용을 바탕으로 그는 1983년 9월 19일 컬럼비아대학에서 강연하기도 했다. 김대중, "Cultural Tradition and Democracy in Korea," *한국 현대사가 묻는 것-우리는 어떻게 살아야 할 것인가?* (서울: 갈릴리문고, 1983), 122-123.

을 이해하면서 해결의 길을 모색하려고 노력했다. 그러한 노력이 그가 1950년대부터 꾸준히 발표한 기고문에도 반영되었다.[32] 다시 말해 자신의 기본을 세우되 '우물안 개구리'적 사고를 벗어나 객관적 사실과 증거를 통해 현재를 파악하려는 유연한 사고를 일찍이 형성하게 된 것으로 짐작할 수 있다. 한 사람에게 정보가 많다는 것만으로 유연한 사고가 되지는 않지만, 자신의 주관, 관점이 형성되는 과정에 정보가 많고, 분명한 객관적 사실을 파악할 수 있으면 합리적이고 미래지향적 접근을 하는 기초가 되고 단기적인 불이익과 난관을 참으며 극복할 수 있는 성찰적 힘이 된다. 그런 점에서 볼 때 김대중의 인동초 정신은 일찍이 어린 시절 하의도의 경제, 문화적 상황과 부모님의 관계와 가르침에 의해서 형성되기 시작한 것으로 보인다. 또한 점은 그가 1943년 12월, 목포상업고등학교를 졸업하고, 해방 직전 첫 부인인 차용애와 결혼하고 사업을 시작하면서부터 빛을 발하기 시작했다. 그러한 과정에 태도로 인하여 김대중은 분단과 전쟁 속 좌·우 진영의 갈등에 의해 빚어진 죽음의 길에서도 지혜롭고 강단있게 넘어갈 수 있는 힘을 길렀던 것이 아닐까 싶다.

그는 사업을 하면서 기업가적 리더십을 발휘했다. 해방 후 그는 건국준비위원회 목포지부 선전부 과장으로 활약하면서 새로운 사회에 대한 열망을 불태웠다. 또한 일본 기업가들이 자기 나라로 도망치듯 떠나면서 발생한 적산 기업을 조선인 종업원단체가 맡아서 관리하게 되었는데, 그 때 김대중은 작은 회사 하나와 목포 제일의 '대양조선공업'의 관

---

32) 연세대학교 김대중도서관 편, *김대중전집 II. 제1권* (서울: 연세대학교 대학출판문화원, 2019)에 수록된 기고문을 참고 바람.

리를 맡아 운영하게 되었다.[33] 김대중은 성공적인 경영철학 중 하나로서 "종업원과의 관계가 좋아야 한다"는 점을 강조했다.

> (……) 종업원들하고 아주 관계가 좋았어요. 6·25 때 우리집 뺏기고 집의 사람(사별한 첫 부인, 차용애를 가리킴)이 방공호에서 애 낳고 그랬는데, 어머니하고 그 사람 데려다가 준 것이 우리 배 선장 집이었어요. 그런데 지금 말하면 보통으로 생각하지만, 그 때는 노동자가 사업주한테는 적으로 생각할 때거든요. 만일 사업주를 비호하면 더구나 나는 가서 바로 반동으로 잡혀갔으니까, 반동분자 가족으로 보호하면 그 사람도 반동으로 위험하거든요. 그런데 해주었더라구요. 그리고 나중에도 얘기하지만 종업원들이 내가 잡혀가니까요. 전부 진정서를 써 가지고 그래가지고 갔다냈어요. 이 양반은 우리한테 그렇게 잘 한 사람이니까 보통 기업주같이 착취하는 그런 나쁜 악덕 기업주가 아니라고 써서 냈어요. 나는 6·25때 그렇게 한 것은 참 자랑으로 생각해요. 속으로… 참 기쁨으로 생각해. 그렇게 했어요.[34]

노사간의 우호관계에 대한 철학은 교과서적인 지식에서 나온 것이 아니라, 김대중의 경험과 성찰의 산물이었다.

구체적으로 죽음의 기로에서 살아난 예를 들어보자. 우선, 1946년 10월 1일 '대구10·1사건' 당시에 목포에서 발생한 남교동파출소 습격사건에서 김대중의 행동을 살펴볼 수 있다. 김대중은 한 때 자신과 경쟁

---

33) 해방 당시 남북 모두에서는 노동자들이 일본의 적산 기업을 접수하여 생산하는 노동자 '자주관리'제도가 자연스럽게 확대되었고, 전국노동조합전국평의회가 주도련을 발휘했다. 한국노동조합총연맹, *금속노동운동 40년사* (전국금속노동조합연맹, 2005), 97-99. 김대중이 경영 책임을 맡았던 '대양조선공업'도 한국노동조합총연맹의 『금속노동운동 40년사』(99쪽)를 보면 김대중이 경영을 맡았던 대양조선공업이 전국노동조합전국평의회의 조선업산별에 소속되었던 것으로 보인다.

34) 김대중(구술)·류상영(면접), "김대중 제4차 인터뷰"(녹취록), 김대중도서관, 2006년 6월 19일.

적 관계였던 홍익선[35]에 의해 밀고당해 파출소 습격 주모자로 연행당하게 되었다. 습격 사건 당일 아내가 첫딸을 출산했고 그 옆에 있었던 김대중으로서는 알리바이가 분명하여 석방되었다. 그러나 석방되기까지 3, 4일 동안 무참히 구타당하고 난 후에 지역사회 영향력 있는 장인 덕분에 석방될 수 있었다. 그런데 김대중은 자신을 십 수년 모함했던 홍익선과도 화해를 하면서 이후 홍익선은 자신의 선거참모로 활동하게 되었다.[36] 아무튼 김대중은 이런 사건을 겪으면서도 '보복'정치를 택하기보다는 화해로써 사람의 마음을 움직였다.

둘째, 한국전쟁 당시 김대중은 목포인민위원회에 연행되어 목포형무소[37]에 수감되었다. 6·25당시 사업상의 이유로 출장을 와서 서울에 체류할 당시 인민군에 의해 서울 점령과정에서 소위 '인민재판'을 목격하면서 반공의식을 확실히 하게 되었다고 한다. 가까스로 서울을 탈출하여 20일 만에 목포에 도착했으나 가족과 상봉 직후 인민위원회에 연행되어 그는 목포형무소에 투옥되었다. 9월 28일경, 인민위원회는 후퇴 명령에 따

---

35) 홍익선은 해방후 독립촉성회 청년대장과 민족청년단(소위 족청) 목포 감찰부장을 역임했다. 본의와 무관하게 홍익선의 무고는 김대중에게 '빨갱이'혐의를 씌우는 계기가 되었고, 1980년 5.17 김대중 내란음모사건에서도 김대중에게 좌익혐의를 씌우는데 증거로 채택되기도 했다.

36) 김대중, *김대중 자서전 1*, 64.

37) 한국 행형사에서 1909년 '광주감옥 목포분감'으로 출발하여 1923년 목포형무소로 개칭되었다가 1961년 목포교도소로 명칭이 변경되었다. 한국전쟁 발발 당시 서대문형무소 외에 전국의 여러 형무소의 재소자들은 좌익으로 간주되거나 좌익으로 넘어갈 것을 우려하여 당시 국가에 의해 희생을 당했다. 목포형무소(당시 목포시 산정동 소재)에는 여순사건과 제주4·3사건, 국가보안법 위반자 등을 포함한 잡범이 1,000여명 수감되어 있었다고 한다. 1950년 7월 23일 해군경비사령부의 소개명령에 따라 일반수형자는 일시 석방했으나 '사상범은 군에 인계'되어 포박, 포승되어 트럭에 실려 갔다는 전직 간수의 증언이 있었다. 1기 진실화해위원회의 주장에 따르면 그들은 육지에서 사살되지 않고, 배로 실려나갔을 것-수장의 가능성-으로 추정된다. 임영태, "형무소 재소자 학살사건(2)-광주·전남과 대구·경북, 그리고 부산·경남지역," *통일뉴스*, 2016년 9월 27일. 이 점에 대해서는 김대중의 인터뷰에서도 지적된 바 있다. 김대중(구술)·류상영(면접), "김대중 제5차 인터뷰"(녹취록), 김대중도서관, 2006년 6월 26일.

라 목포형무소에 수감된 180여명을 처리했다. 지방 공산당원들에 끌려간 100여명은 대부분 처형당했다. 형무소에 남아 있던 80여명에 포함된 김대중은 기지 발휘로 같이 수감되어 있던 사람들과 탈옥을 시도하여 다시 가족을 상봉하게 되었다. 그런 생사의 기로에서 김대중은 한국전쟁에 대해 근본적인 회의를 하게 되었다.

즉 김대중의 구술녹취문이나 자서전에서 해방 당시를 보면 그는 건준이나 신민당[38]에 가입했고, 노동자 자주관리제에 기초한 적산 기업 경영에 적극 참여하고, 열정적으로 일을 수행할 만큼, 해방 후 새로운 사회에 대한 강력한 열망을 가졌던 것으로 볼 수 있다. 신민당이 공산당과 합당을 하면서 그는 정당활동을 접게 된 후 그는 한국민주당 목포 부지부장이었던 장인(차보륜)의 권유로 한국민주당에 가입했으나, 정당활동에는 더 이상 관심을 두지 않았다고 한다. 1949년 국민보도연맹 창설 당시에도 가입 요구가 왔으나 거절하고 기업인으로서 운영자금을 후원하는 정도의 입장을 취했다고 한다.[39] 김대중이 정치 입문 후 그가 보였던 진보성은 해방 직후의 진보적 열정과 일맥상통한다. 그러나 그의 반공주의적 사회의식의 형성은 그가 읽었다는 수많은 반공적 서적의 지식의 결과인 것만은 아니다. 그의 반공의식은 한국전쟁의 체화된 경험과 관련이 있다. 그러나 또 하나 놓칠 수 없는 것은 분단과 전쟁 상황에서 그는 반공적 경험만 한 것이 아니라, 우익의 폭력에 대한 심각성도 직접 경험했고, 미군의 민간인 폭력과 같은 잔혹성을 경험하면서 그는 다음과 같이 자신의 생각을 정리하고 있다.

---

38) 김대중은 당시 신민당이 주도하는 좌우합작운동을 지지하는 입장이었다.

39) 보도연맹에 운영자금을 대어준 것을 김대중은 자문위원 정도로 기억하고 있지만, 보도연맹 측에서는 운영위원으로 기록을 남겨 두었다고 한다. 김대중(구술)·류상영(면접), "김대중 제4차 인터뷰"(녹취록), 2006년 6월 19일.

무엇 때문에 싸워야 하고, 무엇을 위하여 죽어야 하는가? 전황이 바뀔 때마다 동족을 죽이는 살육전이 되풀이되었다. 공산군이 물러나면 좌익이, 한국군이 물러나면 우익이 죽어야 했다. 사상이란 도대체 무엇이란 말인가? 사상이 무엇이기에 인간을 야수로 변하게 하는가? 개인과 민족의 행복 위에 사상이 군림해야 한단 말인가? 그때 나는 전쟁을 보았다. 그리고 공산당이 지배하는 세상이 어떤 것인지, 얼마나 우리가 살 수 없는 세상인지도 분명히 알았다. 그래서 평생 민족의 화해와 전쟁이 없는 세상을 꿈꾸며 살았다.[40]

민족의 화해, 남북의 화해를 둘러싼 언급은 당대적 인식이라기보다 세월이 흐른 후 정립된 인식일 수 있다. 그럼에도 불구하고 그는 분단과 전쟁 과정을 거치면서 이념이나 사상보다는 사람의 중요성을 파악하게 된 것으로 보인다. 해방 직후의 남북 분단이 좌우 분열과 대결을 낳았고, 한국전쟁 당시 모든 것을 좌우로 편가르기를 했던 당시, 좌와 우, 노동자와 기업주는 적이 될 수밖에 없었다. 그런 상황에도 그는 어떤 이념보다도 인간이 우위에 있음을 깨달았던 것으로 보인다. 그는 자신이 겪은 시련에 대해 단순히 즉자적 맥락에서 이해하기보다는 객관적으로 사유하며 성찰적 맥락에서 시련과 분노의 상황에 대해 파괴적 길보다는 평화와 화해의 길을 선택하는 인생을 살아왔다.

4. 정치적 시련 속의 용서와 화해의 길

김대중 인생에서 가장 중요한 사건 중 하나이자, 인생의 항로를 결정지은 사건은 1971년 제7대 대통령선거 후보였던 것이라 할 수 있다.

---

40) 김대중, *김대중 자서전 1*, 82.

그는 대선후보로서 파격적인 선거공약, '3단계 평화통일론'을 제시하였다.[41] 그해 4월 27일 선거 당일까지 박정희 정권과 여당은 김대중에 대한 끊임없는 용공조작, 온갖 모함과 방해 공작을 자행했고, 초유의 영·호남을 가르는 지방분열주의까지 조장하며 한국을 수 십년간 지역주의 수렁에 빠뜨리게 하였다.[42]

제7대 대통령 후보로 지명된 이래로 김대중의 정치적 언행 외에도 미소, 건강, 낮잠 등과 같은 소소한 일상조차도 정치적으로 해석되곤 했다. 그때 이래로 그는 공·사 구분이 사라진 삶을 살아야 했던 것 같다. 그는 1971년 1월 27일, 대선 후보가 된 후 집에서의 폭발 사건[43]이나 1971년 총선 지원 유세 과정의 승용차 충돌 전복사고[44]를 당하여 죽을 고비를 겪었다. 또한 1973년 8월, 박정희 정부의 중앙정보부에 의해 납치되어 태평양에 수장되기 직전에 기사회생으로 귀가할 수 있던 사건이나 신군부에 의한 1980년 5·17 '김대중내란음모조작사건'과 사형 선고로 죽음의 문 앞에 다다르기도 했다. 1970년대 이래로 1980년대까지 김대중은 구속과 석방을 되풀이하면서 6년간 감옥살이를 했다. 김대중의 삶과 호남인들의 차별과 지방주의가 완전히 일치하지는 않지만, 김대중의 수난 30년은 호남차별 30년과 거의 동시대적으로 진행되었다고 할

---

41) 대통령 후보 중 최초로 평화통일론을 표명한 사람은 주지하듯 조봉암이다. 조봉암의 '우리의 당면과업'과 진보당(1956년 11월 10일 창당)추진위원회 당론으로 평화통일론을 발표했다. 조봉암은 한반도 분단이 강대국의 패권정치의 결과로 인식하여 민족의 힘만으로는 국제적 제약을 극복할 수 없음을 직시하여 중도민주역량을 통해서 평화통일을 달성해야 한다고 주장했다. 그러나 구체적인 통일안은 밝히지 않았다는 점에서 김대중의 1971년 대선 공약은 조봉암의 그것과는 차별성을 가진다. 김귀옥, "김대중 평화사상의 형성과 정치적 실천," *통일과평화* 12, no. 2 (2020): 21.

42) 위의 글, 24.

43) *동아일보*, "김후보집 폭발물사건, 정국 긴장초래", 1971년 1월 28일, 1.

44) *동아일보*, "신민, 진상조사 촉구 "김대중씨 윤화원인에 의심점"", 1971년 5월 25일, 1.

수 있다.[45]

김대중은 박정희 정권하에서 최소 3번의 죽을 고비를 넘겼다. 그런 상황에서도 김대중은 보복의 정치를 택하지 않았다. 그는 김재규의 박정희 총격사건에 대해서 1983년 미국 망명 중, 일본『세까이(世界)』기자인 야스에 료스케(安江良介)와의 인터뷰에서 다음과 같이 흉금을 털어놓았다.

> 박정희 씨가 죽음으로써 한국은 기로에 섰었는데, 실은 김재규 씨의 암살사건이 없었더라면 한국 사람은 그때 자력으로써 민주 해방이 되었을 것입니다. 그러했었더라면 전두환 씨의 집권은 있을 수 없었을 것입니다. 그런데 유신체제가 그대로 남아서 머리만이 잘려진 셈입니다. 사람은 머리를 잘리면 죽지만 조직은 머리가 잘리면 다른 머리로 갈아 붙입니다. 정권도 그렇습니다. 그리하여 전두환 씨가 제2의 머리로 나온 것입니다.[46]

김대중은 박정희가 자신을 세 번이나 죽음으로 몰아넣었던, 특히 1973년 8월 도쿄에 체류 중인 사람을 납치하여 태평양에 수장시키려고 했던 성석일시라노 그의 죽음에 대해 앙갚음을 했다거나 시원하다는 태도를 전혀 발견할 수 없었다. 훗날에 쓴 자서전이나 인터뷰에서는 말할 것도 없고, 1983년 미국 망명 중임에도 불구하고 박정희의 죽음을 통쾌해하기 보다, 암살사건으로 인해 민주화를 할 기회를 잃게 된 것을 더 안타까워할 만큼 민주주의자였고, 보복보다 더 중요한 가치인 화해와

---

45) 김귀옥, "김대중 평화사상의 형성과 정치적 실천," 33.

46) 야스에 료스케(安江良介)는 당시 일본의 이와나미쇼텐(안파서정) 편집장으로서 1983년 5월 워싱턴에서 체류하고 있던 김대중을 인터뷰하여 그 결과물을 세카이((『世界』) 9월호에 게재했다. 김대중, *한국 현대사가 묻는 것: 우리는 어떻게 살아야 할 것인가?*, 32.

평화를 알고 있었다.[47]

심지어 그는 같은 인터뷰에서 박정희 정권과 전두환 정권을 비교함에 있어서도 객관성을 발휘하여 박정희 정권을 통틀어 악마화하거나 '절대악'으로 설명하지 않았다. 잠시 살펴보도록 하자.

> 첫째로는 박정희의 61년 쿠데타는 적기는 했어도 일부 사람들에게 이 쿠데타는 필요한 것이었다는 이유가 있었습니다. 이(승만) 정권이 무너졌다는 흥분된 분위기의 한편으로는 학생들의 행동에서 오는 혼란과 혁신세력의 혼란이라든가, 여러 가지 혼란에 있어서 그 민주당 정권은 강한 리더십을 발휘할 수 없다. 그러므로 무엇인가 강력한 정권이 필요하다는 기운이 있었습니다. (……)
>
> 둘째, 박정희 씨는 부정선거는 했을망정 적어도 세 번이나 국민의 직선투표의 세례를 받았습니다. 박정희 씨의 제3공화국의 선거는 법률적으로는 민주적인 선거입니다. 그가 법을 지키지 않았을 뿐이지요. 그리고 71년의 선거에서도 상당한 언론의 자유가 있었습니다. (……)
>
> 셋째는, 박정희 씨는 뭐라고 해도 경제 건설에 노력했습니다. 그 경제 건설의 내용은 심각한 모순이 있고, 오늘 문제점을 많이 남기고 있으나, 어쨌든 6,70년대에 걸쳐서 그는 상당한 건설을 했다. 특히 한국민에게 '하면 된다'는 자신을 주었다. (……)
>
> 넷째로, 그 때문에 박정희 씨는 국민에게는 미움을 받으면서도 한편으로는 확고한 지지세력이 있었습니다. 지금 (전두환) 정권은 그것이 전연 없지

---

47) 김대중 정부에서 민정수석비서관을 지냈던 김성재는 2020년 11월 23일 국민대학교 정치대학원에서 개최된 「북악포럼」에서 1973년 당시 중앙정보부장인 이후락에 대해 다음과 같이 증언했다. 그는 1997년 12월 김대중이 대통령에 당선되자 보복이 두려워 출국하려 했을 때 "대통령께서 이후락한테 해외 나가지 말고 국민들과 함께 편히 살라고 한 겁니다. 덕분에 이후락은 편히 살다가 별세"했다고 했다. 김성재는 "(김대중 대통령은) 진정으로 관대하고 강한 사람만이 용서와 화해를 보여줄 수 있다고 생각해요. 사랑의 승자가 되는 거지요."라고 증언했다. 윤진석, "김성재 "김대중 납치사건 이후락도 포용… 그게 DJ리더십"," *시사오늘(시사ON)*, 2021년 11월 25일.

요. 사관학교 출신의 일부 군인과 미·일 양국의 지원으로 버티고 있습니다. (……)[48]

박정희가 암살을 당했기 때문에 이러한 객관적 평가를 하거나 전두환 정권에 의해 내란음모사건으로 조작당했고, 사형 선고를 받았기 때문만은 아닌 듯이 보인다. 객관적 사고력과 역지사지할 수 있는 사고력 훈련을 스스로 단련시킨 결과가 아닐까 싶다. 이러한 정신과 태도가 있어서 스스로를 강하게 만들고, 스스로와의 화해를 할 수 있었던 것은 아닐까 싶다. 구체적으로 말하면 김대중이 박정희에 대해 '용서'나 '화해'를 직접적으로 언급한 것은 아니지만, 정치인으로서 박정희를 객관적으로 평가하고 '민주주의'라는 기준과 입장에서 개인의 고통과 분노를 객관화시키려 했다는 점에서 정치적 화해의 길을 시사했다고 할 수 있다.

이해완은 용서가 이루어지기 위해서는 피해자가 가해자에 품은 부정적 감정들(원한, 분노, 증오, 복수심 등)을 극복하고 그것을 내려놓아야 한다[49]고 지적했다. 또한 그는 부정적 감정의 극복에 더하여, 가해자를 사랑의 대상으로 인식하거나 적어도 한 인간으로서 존중하고 받아들이는 내적 수용에 도달하여야 '용서'를 했다고 할 수 있다[50]고 했다. 김대중이 과연 박정희를 사랑의 대상으로 인식하거나 적어도 한 인간으로서 존중하며 받아들이는 단계로 나아갔는지는 모르겠지만, 박정희의 정치적 행위를 인정할 것에 대해서는 인정하려는 태도만으로도 적극적 용

48) 김대중, *한국 현대사가 묻는 것: 우리는 어떻게 살아야 할 것인가?*, 51-52. 1983년 김대중의 박정희와 전두환에 대한 평가는 2022년 현재 한국인들의 태도에는 여전히 나타나고 있어서 정적임에도 불구하고 객관성을 유지하려 노력했음을 시사하는 바 있다.

49) 이해완, "용서와 화해, 그 불가능에서 가능성으로 가는 길," 전우택 편, *용서와 화해에 대한 성찰* (서울: 명인문화사, 2018), 5.

50) 위의 글, 6.

서의 단계에 접근했다고 볼 수 있다.

김대중의 정치 인생에서 수십 년간 계속된 사적, 공적 핍박과 탄압, 물리적 감시와 투옥 생활 속에서 그의 화해의 사상은 1980년 '김대중내란음모조작사건'을 거치면서 더 구체적으로 빛을 발하는 것 같다. 간략하게 김대중내란음모조작사건을 살펴보도록 한다.

1980년 5·17 전두환·노태우 등의 신군부에 의한 계엄령선포와 함께 '김대중내란음모조작사건'이 발표되었다. 김대중을 포함한 장남 김홍일, 동생 김대현을 비롯한 관련자 24명은 계엄사의 합동수사본부에 의해 연행당했다. 김대중을 포함한 구속자들은 내란음모조작사건에 엮여 중앙정보부 지하 감방에 구속되어 잠 안재우기 고문을 비롯하여 인간으로서 참기 힘든 수모와 고통을 받게 되었다.[51] 그해 9월 13일 군사재판의 최후 진술에서 김대중은 다음과 같이 말했다.

> 나는 아마도 사형 판결을 받고 또 틀림없이 처형당하겠지만, 내가 처형당한다는 것은 처음부터 각오하고 있는 것입니다. 나는 여기서 이 기회를 빌려 공동 피고 여러분께 유언을 남기고 싶습니다.
>
> 내 판단으로 머지않아 1980년대에는 민주주의가 회복될 것입니다. 나는 그걸 확실히 믿고 있습니다. 그때가 되거든 먼저 죽어간 나를 위해서든, 또 다른 누구를 위해서든 정치적인 보복이 이 땅에서 다시는 행해지지 않도록 부탁하고 싶습니다. 이것이야말로 내 마지막 남은 소망이기도 하고 또 하느님의 이름으로 하는 내 마지막 유언입니다.[52]

방청객들은 김대중의 최후 진술이 끝나자 일제히 기립했고, 애국가

---

51) 김대중, *김대중 자서전 1*, 406-407.

52) 위의 책, 422-423.

를 불렀으며, <우리 승리하리라, We shall overcome>을 제창하기도 했다. 그날 함께 피고석에 있었던 한완상 교수는 그 때를 다음과 같이 회고했다.

> 우리 공동 피고 24명이 가장 잊을 수 없는 순간은 아마도 DJ의 최후 진술 때가 아닐까 한다. 그날 우리는 애국가를 불렀다. 법정소음죄에 해당되지만 끓어오르는 의분심을 가눌 길 없어 정말 평생 처음으로 창자로 애국가를 불렀다. (……) DJ는 1시간 40분 가까운 긴 시간 동안 당당히 자기의 의견을 개진했다. 그의 침착함에 나는 놀랐다. 이른바 세인트(saint)의 경지에 들지 않고서는 사형 구형을 받았던 피고인이 그토록 태연하고 침착하게 자기 심경을 말할 수 없을 것이었다. 우리는 비록 힘없이 묶여 있는 처지였으나 도덕적으로나 정신적으로는 이미 승리하고 있었다.[53]

글쓴이는 이번 글을 위해서 한완상을 잠시 인터뷰를 했다. 그는 "나는 그때 그곳에서 세인트(saint)를 봤어. DJ가 자신은 사형을 당하겠으나, 디 이상의 정치보복은 없기를 당부한다는 말에 온몸과 마음에 끓어오르는 전율을 느꼈지"[54]라고 회상했다.

김대중은 사형을 앞두고 희망이 모두 빠져나간 상태에서 감방생활을 했다. 정신적 위기의 시간에 하느님 존재에 대한 의심이 엄습되기도 했고, 플라톤, 아리스토텔레스, 어거스틴, 안셀무스, 데카르트, 칸트 등의 철학자들의 책을 읽으며 답을 구했으나 찾지 못했다. 그는 신앙의 결단, 예수의 부활에 대한 믿음에서 답을 찾았다. 그는 이희호에게 보낸 편지에 다음과 같이 집필했다.

---

53) 위의 책, 423-424.

54) 한완상(구술)·김귀옥(면접), 2022년 2월 25일.

1980년 11월 21일

존경하며 사랑하는 당신에게

(……)

나는 지금까지 나 자신이 어느 정도의 신앙을 가지고 있다고 믿었습니다. 그러나 막상 이제 죽음을 내다보는 한계 상황 속에서의 자기 실존이라는 것이 얼마나 허약한 믿음 속의 그것인가 하는 것을 매일같이 체험하고 있습니다.

(……)

예수님의 부활을 확신하는 것이 현재 나의 믿음을 지탱하는 최대의 힘이며, 언제나 눈을 그분에게 고정하고 결코 그분의 옷소매를 놓치지 않으려고 안간힘을 쓰고 있습니다. 그러면서 항시 '하느님이 저를 사랑하시는 것을 제가 믿습니다. 저의 현재의 환경도 주님이 주신 것이며, 주님이 보실 때 이것이 저를 위하여 최선이 아니면 허락하지 않으셨을 것입니다. 제가 주님의 뜻하심과 앞으로의 계획하심을 알 수는 없으나 오직 주님의 사랑만을 믿고 순종하며 찬양하겠습니다'라고 기도하고 있습니다. 나는 나의 감정이 어떠하든, 외부적 환경이 얼마나 가혹하든, 내일의 운명이 어떻게 되든 주님이 나와 계시며 나를 결코 버리시지 않는다는 소망으로 일관할 결심입니다.

(……) 그리고 당신에게 좋은 남편 노릇을 못한 나의 수많은 잘못을 당신이 관용해줄 것을 다시 한 번 마음으로부터 간구합니다.(……) [55]

글쓴이로서 김대중을 탐구하기 위해 수차례 독서했던 내용이다. 그러나 극한상황에서 집필한 글을 읽는 것만으로도 절절하고 절박한 느낌이 전해져 가슴이 먹먹하고 식은땀이 날 지경인데, 작성했던 당사자나 아내, 가족들은 어떤 느낌이었을까?

같은 해 12월 7일에는 당시 고등학생이었던 막내아들 김홍걸에게

---

55) 김대중, *옥중서신: 편지로 새긴 사랑, 자유, 민주주의. 1, 김대중이 이희호에게* (서울: 시대의 창, 2009), 165-168.

다음과 같은 서신을 보냈다.

> 1980년 12월 7일
>
> (……)
>
> 사랑하는 홍걸아! 아버지는 누구도 원망하지 않고 누구도 미워하지 않는다. 아버지가 이런 마음의 변화를 갖게 된 것은 지난번 3년의 감옥 생활 당시에 하느님의 가르침에 대한 많은 책을 읽고 예수님의 말씀과 행동을 묵상하여 내 것으로 받아들이는 가운데 내가 참으로 예수님의 제자가 되려면 그 길밖에 없다는 것을 깨달았기 때문이다. (……) 우리는 우리가 죄인이기 때문에 남을, 원수조차 용서해야 한다.
>
> 용서는 하느님 앞에 가장 강한 사람만이 할 수 있으며 용서는 모든 사람과의 평화와 화해의 길이기 때문에 기쁜 마음으로 해야 한다. 예수님이 십자가에 못 박히면서 자기를 처형한 사람들을 용서하신 것을 우리는 헛되이 해서는 안 된다. 용서를 위해서는 상대방의 입장에 한 번 서서 이해해보는 것이 아주 효과적인 방법일 수 있다. 나는 네가 일생 동안 남을 이해하고 용서하고 사랑하는 생활을 하려고 노력한다면 반드시 너의 장래는(물질적으로나 사회적 지위와 명성으로는 어떠한 처지에 있건) 결코 후회 없는 평화와 기쁨의 일생을 보낼 수 있으리라고 확신한다. 아버지는 이러한 일을 너무 늦게 깨달은 것을 한스럽게 생각한다.[56]

당시 김대중이 아무리 예수 앞에서 죄인임을 시인하며 기독교 신앙의 결단을 품었다고 하더라도 죽음의 공포를 다 떨칠 수는 없는 상황[57] 이었을 것이다. 전두환을 필두로 한 신군부의 실체를 정확하게는 몰랐다고 하더라도 김재규 중앙정보부장을 10·26사건 이후 1980년 5월 24

---

56) 위의 책, 174-175.

57) 김대중, *김대중 자서전 1*, 430.

일, 단 7개월만에 사형시킨 집단이 아닌가? 그럼에도 불구하고 그는 막내 아들에게 용서의 가치, 평화와 화해의 길을 언급했다. 실로 경이로운 태도가 아닐 수 없다. 앞에서 한완상이 말하듯이 세인트다운 평화주의자로서의 모습이라고밖에 생각이 들지 않는다. 또한 김대중의 기독교 신앙과 독서와 사색을 통한 용서와 화해의 가치를 수용하는 과정에 아내인 이희호와 자녀들에 대한 신뢰와 사랑이 그의 공포와 분노를 극복하는데 실질적인 영향을 미쳤으리라 상상할 수 있다. 또한 그는 감옥뿐만 아니라, 가택 연금이나 일상생활 중에서 신앙 생활, 독서의 오랜 습관, 화초 가꾸기를 통하여 스스로의 분노를 조절하고, 관용과 화해의 가치를 배웠다. 특히 기독교적 사랑의 가치로서 아우구스티누스의 "죄는 미워하되, 죄 지은 사람은 사랑하라"는 말을 김대중은 좋아했다. 강남순식으로 해석하면 '성찰적으로 분노한다는 것은 '잘못'에 대해 분노해야 하며, 그 '잘못을 한 사람'을 악마화하고 증오해서는 안된다'[58]는 뜻을 김대중도 새기기 위해 부단히 노력한 듯하다.

김대중은 전두환이 자신이나 민주세력에게 가했던 범법행위에 대해 용서할 수 없는 것임에도 불구하고 용서하는 방법을 제시하기도 했다. 용서학(Forgiveness studies)에서 주장해왔던 용서와 화해의 원칙으로서 진실 규명과 가해자의 사과에 기반한 피해자의 관용과 화해라는 방법을 뛰어 넘은 김대중 식의 용서와 화해의 방법을 제시했다. 용서의 방법으로 "상대방의 입장에 한번 서서 이해해보는 것", 즉 역지사지(易地思之)를 제안했다. 김대중은 전두환에 대해서도 역지사지하고, 측은지심을 느끼기도 했다. 1983년 그는 미국에서의 야스에 료스케(安江良介)와의 인터뷰에서 그러한 소회를 잘 드러냈다.

58) 강남순, *용서에 대하여: 용서의 가능성과 불가능성*, 56.

그러나 나의 지금까지의 경험으로 보아 고난이 반드시 불행은 아닙니다. 남은 나에게 고난을 줄 수는 있지마는, 행복하게 되는가 불행하게 되는가 하는 것은 나 자신에게 달렸습니다. (……) 나는 박정희 씨를 생각하고, 전두환 씨를 생각하면서 '그들은 나를 투옥할 수 있었다. 나를 죽일 수도 있다. 그러나 역사에 있어서 나는 반드시 그들에 대해서 승리자가 된다.' (……)

지금 나는 전두환 장군에 대해서는 어떤 의미로는 매우 불쌍하게 생각합니다. 그는 얼마나 마음이 불안할까, 어찌하여 그는 단 한 번밖에 없는 자신의 귀중한 인생을 저렇게 쓰고 있을까, 그는 자기가 하는 것을 국민이 어떻게 생각하고 있고 장래 역사에서 어떻게 평가될까를 알고 있을까고, 때때로 생각하곤 합니다. 다만 그러나, 나는 결코 순교자를 의식하지는 않습니다. 나는 결코 이상주의자를 자칭하지 않습니다. (……) 나는 어디까지나 국민을 위하여 실제로 자유를 회복하고, 정말로 통일이 실현되는 것에 협력하고자 생각합니다. 그리고 일본과 한국이 실질적으로 좋은 관계가 되도록 공헌하고 싶습니다. 그것을 위하여 나의 최선을 다하겠습니다.[59] (강조는 글쓴이가)

이 인터뷰의 내용을 보면 김대중이 신앙의 힘에 기반하여 고난 속에서 좌절하거나 보복의 감정만을 키우지 않는 나름의 이유, 또는 확신을 엿볼 수 있다. 그는 역사적 승리를 확신하는 소망과 용기를 가졌기에 최고 권력자였던 박정희나 전두환에 대해서도 객관적으로 볼 수 있었던 게 아닐까 싶다. 심지어 그는 전두환에 대해서 "전두환 장군에 대해서는 어떤 의미로는 매우 불쌍하게 생각"한다며 측은지심을 표명하기도 했다. 결과론적으로 보면, 김대중의 이러한 말은 선지자적 통찰력을 갖고 있다. 실제로 1988년 전두환은 국회 청문회에서 정치적 재판을 받아야 했고, 1995년에는 12.12신군부쿠데타와 5.18사건과 비자금사건으로

59) 김대중, *한국 현대사가 묻는 것: 우리는 어떻게 살아야 할 것인가?*, 104-105.

병합기소되어 사형선고를 받기도 했다.[60] 그리고 1997년 12월 22일, 김영삼 정부 하에서 전격 특별사면과 복권을 확정되어 석방되게 되었고, 이러한 결정에는 김영삼과 김대중 대통령당선자의 합의에 의해서 가능한 것이었다.[61] 전두환은 2021년 별세할 당시까지 신군부쿠데타나 5.17 김대중내란음모조작사건, 5.18광주민주화항쟁에서의 민중 학살과 탄압에 대해 일말의 사과와 반성이 없었다. 나아가 2017년에 출간한 그의 회고록, 『전두환 회고록』(1,2,3, 자작나무숲) 어디에서도 일말의 사과와 반성조차 발견할 수 없었다. 심지어 그의 책에 담겨 있는 심각한 5·18 역사 왜곡, 북한군 폭동 문제, 고(故) 조비호 신부 명예 훼손 문제 등으로 다시금 재판에 오르게 되어 2021년 죽기 직전 그는 징역형(집행유예)를 선고 받기도 했다. 한 때는 하늘에 나는 새도 떨어뜨린다는 무소불위의 권력을 가졌고, 공포정치의 상징이었던 최고 책임자의 비참한 말로에 대해서 김대중은 40년 전에 통찰할 수 있었다. 김대중이 말했듯이 참으로 불쌍한 존재가 아닐 수 없다. 아마도 이것이 역사적 심판이 아닐까 싶다.

---

60) 박래용·강진구, "전두환씨 사형 선고," *경향신문*, 1996년 8월 27일.

61) 김경도, "전두환씨.노태우씨 오늘 사면 석방," *매일경제*, 1997년 12월 22일. 석방 당시 노태우가 국민에게 사과 발언으로 반성적인 태도를 취했던 것과는 대조적으로 전두환은 아무런 반성의 태도가 없었던 것이 크게 회자되었다. 1998년 4월에야 전두환은 석방된 뒤 처음으로 "김대중대통령의 유례없는 구속자 사면복권 조치로 빨리 나올 수 있게돼 큰 은혜를 입었다"는 언급을 한 바 있다. 김한태, "전두환씨 "DJ에 은혜입어"," *경향신문*, 1998년 4월 15일.

5. 남북 갈등과 불신에서 화해와 협력으로의 정치적 실천

1945년 해방과 함께 맞이하게 된 남북 분단을 극복하지 못한 채 1948년 두 개의 분단정부가 수립되면서 한반도는 전쟁을 피할 수 없는 상황을 맞이하게 되었다. 2000년 전까지만 해도 분단과 전쟁 문제는 주로 정치외교사적으로 흔히 다뤄지곤 했다. 그러나 그것은 거시적 수준의 영향력만 작동하는 게 아니라, 개인들의 관계, 개인의 생활세계, 의식과 무의식에도 깊은 영향을 미치고 있다. 더군다나 1953년 7월 27일 정전협정 이후, 70년간 한반도에 내재화된 분단 또는 냉전문화는 사회적 관계나 개인의 삶 속에 뿌리를 내려 심층문화로 자리잡고 있다. 2023년 현재 반공주의 이데올로기는 표면적으로는 약화되었다고 하더라도 법제도적으로는 여전히 국가보안법이 살아 있고, 뜻도 알 수 없는 '좌빨'이나 '좌좀' 같은 말과 의식, 태도로 일송의 프레임을 구사하는 문화가 색깔론과 결합하여 횡행하는 사회문화의 현주소 속에 내재화되어 있다.

앞 장에서 봤듯이 김대중은 해방 이후부터 전쟁 기간까지 좌우 세력 모두로부터 죽을 고비를 넘겼다. 1946년 10월 민중항쟁 중에 있었던 목포 남교동파출소 습격사건에 가담했다는 혐의로 우익의 고발로 불법적으로 연행되어 무참하게 구타를 당하였으나 알리바이 입증과 함께, 장인의 보증이 있어서 10일 만에 석방되었다. 그 때 그에게는 어떤 심정이 들었을까? 또한 1950년 6·25당시 사업차 서울에 있던 중 전쟁을 맞이하게 되었고, 가까스로 서울을 탈출하여 20여일을 걸어 귀가했으나 목포는 이미 인민군의 수중이었고, 그를 기다리는 건 인민위원회였다. 그는 좌익들에게 잡혀서 목포형무소에서 죽을 고비를 넘어 다시금 탈출하여 목숨을 부지하게 되었을 때 그에게는 어떤 심정이 들었을까?

물론 김대중은 법과 질서가 제대로 서는 세상과 민족의 화해와 전쟁이 없는 세상을 꿈꿨다고 했다. 정말 놀라운 관조와 성찰의 힘이다. 그렇다고 하여 김대중이 좌우 이념으로부터 다 초월한 존재는 아니었다. 대부분의 한국 정치가들이 그러하듯 김대중도 정치가로 입문하는 과정에서 반공주의자로서의 정체성을 분명히 했다. 그의 전집인 『김대중 전집 II』 제1권에는 1948년부터 1961년까지 그가 썼던 글들이 실려 있다. 1953년 9월 5일 《민주여론》에 실린 기고문 「네-루 수상에의 공개장」에서 그는 공산주의의 침략과 적화 야욕을 비판하면서 당시 인도 외무부장관이었던 네루가 한국전쟁의 침략자인 이북 괴뢰정권의 죄악을 규탄하지 않았던 점에 대해 통렬하게 비판했다.[62] 또한 1953년 10월 3일과 4일 《부산일보》에 연속 기고된 것으로 발견된 「한일우호의 길(상, 하)」에서는 "오늘날 악독한 공산침략에 직면하여 전(全) 자유진영이 그의 생존을 위해서 굳게 단결하여야 할 차제에 (……) 한일 양국의 반목대립은 아주(亞洲) 반공세력의 강화는 물론 전기 반공동맹의 추진에도 치명적 지장을 초래할 것"이라고 집필하였다. 다시 말해 동아시아에서 한일간의 반공동맹을 돈독히 하기 위해서 한국과 일본 양국이 우호의 노력을 해야 한다는 주장을 폈다.[63] 정전협정 체결 직후라는 점이나 냉전시대적 관점에서 보면 어느 지식인이 기고했다고 해도 이상하지 않는 내용이다. 그러한 기조는 그가 본격적으로 정치 일선에 나섰던 1960년대에도 '용공'을 비판하고 '반공'적 입장을 명백히 하는 식으로 흐르고 있다. 심지어는 1960년 4월 혁명을 평가한 《인물계》에 게재한 기고문,

62) 김대중, "한일우호의 길(상, 하)," 연세대학교 김대중도서관 편, *김대중 전집 II 제1권* (서울: 연세대학교 대학출판문화원, 2019), 16-21.

63) 김대중, "네-루 수상에의 공개장," *김대중 전집 II 제1권*, 10-15.

「4월 혁명의 역사적 의의-반독재 반공의 자유민주혁명-」에서도 4월 혁명은 '철두철미한 반공산주의 성격의 것'이었다고 주장했다. 또한 그런 주장의 근거로서 "맥(아더) 장군 동상의 건재와 헌화, 미대사에 대한 시위 군중의 열광적 환영, 주요 국가건물의 안전 등 이 모든 것이 이번 혁명의 반공적 성격"을 웅변하는 것이라고 보았다.[64] 기본적으로 그는 자유민주주의 신봉자로서 반공주의자이고, 북한에 대해 불신했다. 그런데 김대중을 "빨갱이" 좌익이라는 관점에서 보려는 사람에게는 낯설지도 모르는 사실일 수 있다.

돌아보면 분단과 전쟁은 국가 수준 또는 국제 수준의 폭력과 파괴, 갈등과 대립만 있었던 것이 아니다. 그러한 분단과 전쟁 상황은 개인 수준에서도 수많은 크고 작은 폭력과 상처, 희생과 적대감을 포함한 부정적 감정을 남겼다.[65] 또한 우리편이 상대편에 행했던 모든 폭력과 가해는 상대편에게 원인을 돌리면서 자신의 행위를 정당화시켜왔다.[66] 그런데 북한의 '6·25남침'을 분단과 전쟁에 의해 발생된 모든 파괴와 국가폭력, 희생 문제의 원인으로 돌리게 되면 남과 북은 대화의 문을 열기 어렵게 된다. 대다수의 한국 사람들에게는 북한의 전시폭력에 대해서 익숙할 뿐이고, 북한사람에게는 남한의 전시폭력에 대해 익숙하다. 한 예로 1951년 5월, 국제민주여성연맹(Women's International Democratic Federation, 이하 '국제여맹') 관련 18개국, 21명의 조사위원들이 한국전쟁 중에 조사했던 북한지역은 미국 전투기에 의해 그야말로 완전 초토화되어 있었다. 평양 시가지 건물 중 성한 것은 거의 없

---

64) 김대중, "4월 혁명의 역사적 의의 – 반독재 반공의 자유민주혁명–," *김대중 전집 II 제1권*, 38.

65) 강혁민, "분단적대성의 평화적 전환을 위한 최대주의 화해 연구," *평화학연구* 22, 2 (2021): 38.

66) 김종곤, "'분단적대성 지표'(IKAI)의 개발과 타당성," *통일인문학* 81, (2020): 5–45.

었고, 북한 사람들은 땅속에 움을 파서 살고 있고, 처참하게 죽은 사람들, 대대적인 성폭력당한 여성들의 비탄과 고통은 차마 눈 뜨고 못볼 지경이었다고 그들이 조사한 보고서, 『우리는 고발한다』(We Accuse)에 세밀하게 기록되어 있다.[67] 분단과 전쟁은 사실상 남과 북의 모든 민중을 피해자로 만들면서 대결적 냉전이데올로기를 확대 재생산하면서 서로를 향해 분노와 불신의 골을 깊였다.

이런 상황에서 김대중은 남북 분단이 낳은 반목과 불신, 분노의 팽팽한 긴장을 극복하고자 하는 꿈을 키웠다. 서로에게 파괴적이고 응보적 분노만을 터뜨려서는 한반도의 긴장과 대결은 해결될 수 없다고 보았던 것 같다. 그러한 사상의 발로가 1971년 제7대 대통령 공약으로서 김대중의 평화통일론으로 응집되어 나왔다. 그가 평화통일론을 주창했던 것은 분단과 통일 문제의 정략적 이용이었을까? 아니면 김대중의 실사구시에 입각한 실용주의적 통일문제 접근에 따른 정책 제안인가? 김대중의 북한이나 통일 문제에 대한 구체적 인식전환이 이루어질 수 있었던 배경에는 1960년대 초반의 미국과 구 소련간의 데탕트 분위기가 작용했던 것으로 보인다.

> (……) 최연소 미국 대통령으로 당선된 케네디는 내 우상이었다. 대통령 후보로서 닉슨과 벌인 텔레비전 토론은 선거 문화를 바꿔 놓은 일대 사건이었다. 또한 쿠바 미사일 위기를 맞아 소련 총리 흐루시초프와 세기의 힘겨루기를 했다. 일촉즉발의 대치에도 그는 유연하면서도 단호했다. 미국이 쿠바를 침략하지 않는 대신 소련은 쿠바에서 미사일, 폭격기 등을 철수한다는 대타협을 이뤄냈다. 이를 계기로 부분적인 핵실험금지조약을 끌어냈고, 지구촌

---

67) 상세한 내용은 김태우, *냉전의 마녀들* (서울: 창비, 2021)를 참조바람.

에 해빙 무드가 조성되었다.

> 케네디는 참다운 용기가 무엇인지를 보여 준 신비로운 인물이었다. 그는 우선 젊었고 세상을 변화시키려는 열정을 지니고 있었다. 무엇보다 변화를 외쳐 국민들에게 희망을 안겨 주었다. 바다 건너 먼 나라에 있었지만, 그의 일거수일투족은 나에게 힘과 용기가 되었다. 나도 젊음을 바쳐 우리 민족에게 희망의 길을 제시하고 싶었다. 썩은 세상을 바꾸고 싶었다.[68]

김대중은 1962년 쿠바 미사일 당시 미국과 구 소련간의 일촉즉발의 상황에서 "미국은 쿠바를 침략하지 않는 대신 소련은 쿠바에서 미사일, 폭격기 등을 철수한다는 대타협"을 이뤄낸 것을 떠올리며 한국전쟁 휴전 이래로 갈등과 대결의 골이 깊어가는 남북 문제를 해결하는 데 미소간의 대타협 방식을 활용해보려 한 것 같다. 앞에서도 살펴봤듯이 김대중 자신은 좌우 갈등으로 인해 각각으로부터 모두 피해를 봤고, 특히 한국전쟁 중에는 좌익에 의해 죽을 고비까지 넘기기도 했으므로 김대중에게 북한에 대한 불신과 분노가 있었으리라고 짐작된다. 그럼에도 불구하고 그는 '보복적 정의'로서 북한을 바로 보지 않고, '회복적 정의'의 입장에서 용서와 화해의 방법을 통해 남북 갈등과 대립을 해소하고자 했다. "나도 젊음을 바쳐 우리 민족에게 희망의 길을 제시하고 싶었다"는 심정을 토로했던 점에서 그러한 마음이 잘 나타난다. 1971년 대선후보로서 김대중이 평화통일론을 제창한 데에는 여러 가지 배경과 이유가 작동하겠지만, 1960년대의 미소 데탕트 분위기와 함께 그의 마음에서 작동한 용서와 화해의 가치와 방법론이 작동한 것으로 짐작하게 된다.

---

68) 김대중, *김대중 자서전 1*, 161.

> 제1단계는 전쟁억제·긴장완화, "우리가 무력에 의한 침략은 하지 않는다. 무력에 의한 통일은 하지 않는다. 이북이 전쟁을 해오지 않는 이상은 우리는 전쟁 안한다" 이런 태도를 천명할 필요가 있어요. (……) 제2단계, 우리는 남북간의 교류를 확대시켜 나가야 합니다. 기자교류·체육교류 혹은 편지교환, 예술인들·문화인들 왕래를 해, 이렇게 해서 서로 이북도 가고, 이북서 여기에 오고, 라디오도 서로 듣고, 이러한 가운데에서 우리가 차츰 상대방에 대해서 이해를 갖게 되고 또 적대감이 감소됩니다. (……) 그리고 제3단계로는 정치적 통일을 꾀해야 합니다. 그러나 이것은 지금 현재 남북간의 극단의 대립과 30년 동안 전연 이질적으로 발전되고, 정치적·경제적·사회적 제도, 이러한 여건으로 해서, 또 국제정세로 보아서 아까 말씀한 바와 같이 이 통일이 그렇게 빨리 쉽게 올 걸로는 보지 않습니다.[69]

1971년 김대중의 상호 불가침과 무력 통일 반대 입장을 포함한 3원칙 3단계 평화통일론의 기본 입장은 1990년대 세계적 탈냉전 과정에서 더 분명해졌다. 1992년 대통령선거에서 낙선한 후 그는 영국 캠브리지 대학에서 연수를 하면서 통일 독일과 유럽공동체에 대한 공부를 하면서 한반도 문제에 대한 길을 다시금 성찰하게 되었다.[70] 1993년 귀국 후 그는 "우리가 명심할 것은 독일식 흡수 통합을 꿈꾸어서는 안된다는 것입니다. 흡수 통합을 하게 되면 경제적 부담과 오랫동안 갈라져 있던 정신적 갈등을 막을 길이 없습니다."[71]라고 역설하며 "평화 공존·평화 교류·평화 통일의 3원칙 아래 3단계 방식에 의한 통일" 방식을 제안했다.

---

69) 김대중, *공화국연합제* (서울: 학민사, 1991), 121-122.

70) 김귀옥, "김대중 평화사상의 형성과 정치적 실천," 25.

71) 정진백 편, *김대중 대화록 1973~2008*, 388-389.

그의 아이디어와 정책은 1997년 12월 대통령 당선자 기자회견[72]에서나 2000년 남북공동선언에도 일관성 있게 주창되었다. 즉 김대중의 독창적인 화해 원칙과 방법은 남북간에도 신뢰 회복을 통한 교류 확대가 아니라, 교류를 통해 신뢰를 회복하자는데 있었다. 다시 말해 갈등과 불신이 해소되어야 남북 교류가 지속가능하다[73]고 보는 것이 아니라 남북 교류가 적대감 해소나 신뢰의 회복을 가져다 줄 것이라는 역발상을 볼 수 있다. 연세대학교 김대중도서관 주최로 개최된 2005년 6·15남북공동선언 5주년 기념 국제학술회의에서도 김대중은 자신의 역발상에 의해 교류 확대에 따른 신뢰의 형성이 낳은 남북 교류 협력의 성과를 구체적으로 강조했다.[74] 이러한 김대중의 용서와 화해의 가치와 방법은 해묵은 한일간의 갈등을 푸는 데에도 역할을 했다.

남북분단으로 인한 대결상황이 지속된 것은 80년이 다되었다. 분단으로 그친 것이 아니라 민간인들간의 심각한 갈등을 겪었고, 내전과 국제전을 치렀다. '통일'이라는 의도 하에 남침과 북침이 거듭되는 3년의 전시동안 국가폭력에 의해 수 백만명이 죽고, 더 많은 사람들이 다쳤다. 수 백 만명의 이산 가족이 생기고 남북의 원한이 쌓일 대로 쌓였다. 그 분단과 전쟁의 고통은 여전히 지속되고 있다. 분단과 전쟁 과정에 좌·우익으로부터 다 공격받고, 죽을 고비를 넘긴 사람이 김대중만은 아닐 것이다. 1954년 본격적인 정치 인생을 시작한 이래로 김대중은 계속 지역차별주의와 함께 공산주의자로 매도당했다.[75] 특히 1971년 7대 대통령

72) 연세대학교 김대중도서관 편, *김대중 전집 I 제1권* (서울: 연세대학교 대학출판문화원, 2015), 4.

73) 김귀옥, "6·15남북공동선언의 대북관에 대한 영향," *통일인문학 83 (2020): 7.*

74) 위의 글, 6-7.

75) 김대중, *김대중 자서전 1*, 106.

선거 후보로 등장한 이래로 그는 대통령이 되는 날까지도 한국의 대표적인 '친공', '용공', '빨갱이'라는 낙인으로 괴롭힘을 당해왔다. 1997년 15대 대선 당시에는 한국 대표적인 보수 언론지라 할 수 있는 월간《한국논단》이「대통령 후보 사상 검증 대토론회」를 개최했다. 1시간 10분 동안 김대중은 이념 공세를 당했고, 자신이 공산주의자가 아님과 동시에 반공적 가치를 반대하기는커녕 수호해온 사람이라는 것을 입증해야 했다.[76]

김대중은 자신의 정치 인생 대부분의 시간을 괴롭혀 왔던 이러한 문제를 분노와 보복, 폭력과 파괴 등의 방식으로 해결하려 하지 않고, 용서와 화해, 대화와 교류로 문제를 풀려고 했다. 1997년 12월 19일, 제15대 대선에서 김대중이 당선된 직후의 "대통령당선자 기자회견"에서 이런 점을 명백히 했다.

> 1997년 12월 18일은 국민 전체가 대동단결할 수 있는 역사적 전환점으로 기억될 것입니다. 다시는 이 나라에 정치보복이나 지역차별이나 계층차별이 있어서는 안 됩니다.
> 저는 모든 지역과 계층을 다 같이 존경하고 사랑합니다. 저는 대통령으로서 모든 차별을 일소하고 모든 국가구성원의 권익을 공정하게 보장함으로써 다시는 이 땅에 차별로 인한 대립이 발붙이지 못하도록 할 것입니다. 특히 저는 지역 간 대립과 갈등의 시대를 마감하고 국민화해와 통합을 위한 밑거름이 될 것입니다.[77]

---

76) 이철민, "용공전력-조문파동… 치밀한 '색깔검사'," *조선일보*, 1997년 10월 9일.

77) *동아일보*, "김대중 대통령당선자 기자회견 요지,"1997년 12월 20일, 5.

기자회견 자리에서 정치보복이나 차별을 일소하고 국민화해와 통합의 밑거름이 되겠다고 다짐했다. 또한 1998년 신년사에 김대중은 "여섯째, 국민적 대화합을 실천하겠습니다. 일체의 정치보복을 하지 않겠습니다"[78]라는 약속을 했다. 그런 약속을 실천한 결과는 노벨평화상으로 연결되었다고 할 수 있다. 그는 분단 이후 최초로 2000년 남북정상회담과 남북공동선언을 실현한 결과 노벨평화상을 수상해서만이 위대한 것은 아니다. 그는 인생을 걸고 폭력과 분노의 진정한 원인을 찾아내어 소통과 화해로 깊이 꼬인 갈등이나 문제를 풀려 했던 진정한 평화주의자로서의 삶을 실천했기 때문에 위대한 정치인이라고 본다. 1980년 모진 고초와 사형 선고까지 당하고 감옥에서조차 전두환에 대해 용서를 꿈꿨던 김대중은 북한을 대함에 있어서도 응보적 정의가 아닌 회복적 정의의 자세로서 문제를 풀고 한반도 화해와 협력의 새로운 시대를 열려 했다는 점에서 일관성이 있는 자세가 아닐까 싶다.

김대중은 분단과 전쟁으로 인해 발생한 과거사 문제에 대해서도 뒤에서 살펴보겠지만, 화해와 회복적 정의의 수립 입장에서 관심을 갖고 해결하기 위한 구체적인 노력을 했다. 또한 개인의 수준만이나 남북의 분단과 대치상황뿐만 아니라, 100년 갈등으로 얽힌 일본 문제도 이러한 마음과 자세로 임했던 것으로 보인다. 이제 한일 갈등을 화해의 관점에서 풀어나갔던 과정을 살펴보도록 하자.

---

78) 김대중, "위대한 한국인의 저력을 보여줍시다," *김대중 전집 I 제1권*, 9.

6. 국제적 갈등 해결과 화해

주지하듯 한국이 처한 국가 간 갈등 중 대표적인 것은 한일 갈등이다. 최근 코로나19 팬데믹으로 인해 '2020 도쿄 올림픽' 개막 전, 일본 올림픽에 대한 보이코트 문제가 제기되기도 했고, 문재인 정부에서 한일 관계는 최악이라는 평가를 받기도 했다. 2015년 박근혜·아베 신조의 12·28 위안부 합의[79]에 따라 설립된 화해치유재단 해산을 문재인 정부는 피해자들의 반발에 의해 제 역할을 할 수 없다는 이유로 2018년 11월 21일 공식 해산시켰고, 한국 대법원이 일련의 판결에 의해 일제 강점기 강제노역 피해자가 일본기업 대상 손해배상 청구를 할 수 있는 길을 열어줬다.[80] 그 결과 2019년 7월 일본은 한국에 대한 수출규제로 보복하며, 한일 갈등이 최고조로 치달았다.[81] 돌아보면 1965년 한일 수교를 둘러싼 한일 갈등은 역사적으로 보면, 반제·반일을 외친 1894년 갑오농민전쟁으로부터 시작되었으니 130년의 긴 갈등의 역사가 있다. 한일 관계는 한국에 의한 일본의 식민주의 침략역사를 잠시 거리를 두고 보면, 서로 거울을 보고 있는 듯하다. 일그러진 얼굴로 서로를 바라보며, 상대의 화가 난 얼굴 때문에 내가 더 화를 내고 있는 격이라고 할까?

김대중은 일제 강점기에 태어나고 성장하면서 일제로부터 차별을 당해왔던 터라 일본에 대한 반감은 태생적이라 할 수 있다. 그의 컬럼, 전기문이나 구술생애사 녹취록을 포함한 많은 글을 보면 김대중은 나름

---

79) 2015년 12·28 위안부 합의가 있던 그 해는 한국과 일본이 국교를 정상화한 지 50년이 되는 해였다. 그럼에도 그 즈음 한국 국민에게는 북한 김정은에 대한 반감보다 일본 아베 신조 총리에 대한 반감이 더 컸다. 천자연, "다음 세대를 위한 한일 관계의 새로운 패러다임 화해, 그리고 회복적정의," *일본비평* 12 (2015): 27.

80) 뉴시스, "[단절된 한일 관계]민심 잃은 스가, 정권 유지용 '반한 정치' 몰두," 2021년 7월 15일.

81) 박훈, "점입가경, 일본의 혐한," *경향신문*, 2022년 1월 20일.

객관적으로 세상을 보기 위해 노력하는 모습이 전달된다. 김대중 역시 사회적으로나 역사적 한계가 있는 사람임에 틀림없다. 태어날 때부터 영웅이나 위대한 정치인은 아니다. 부모님과 아내, 가족들의 지원과 헌신, 스스로의 뼈를 깎는 노력, 종교적 신앙과 수양 등이 있어 가능했다.

그는 어려서부터 신문을 보면서 상상하기를 좋아하는 소년이었던 것 같다. 하의도라는 좁은 섬에 살면서 바다를 보면서 넓은 세상을 상상해왔을 것으로 짐작한다. 그는 서당에서 익힌 실력으로 조선총독부 기관지인 《매일신보》를 읽으면서 식민 조선만이 아니라 일본의 정치계, 국내의 여러 지역의 상황이나 한일간의 경제 교역, 새로운 문화 등을 접했고, 1950년대에는 일본의 《세까이》 저널 등을 보면서 국제적 감각을 익혔다. 심지어 한국전쟁 와중에도 목포일보사를 인수했다. 목포일보사는 일제 강점기 일본인이 설립한 《목포신보》를 해방 후 손수겸이 인수해서 《목포일보》로 개칭하여 발행[82]했다가 1950년 10월에 김대중이 인수하게 되었다.[83] 그의 글에는 주장만 담겨 있지 않고, 팩트에 기반한 역사 및 현실 인식과 문제 도출과 해결방안의 제시 등이 구사되어 있다. 그가 좋아했던 실사구시 정신을 언론 기고문 등을 통해서도 실천하려 했다.

우선 김대중의 일본 이해는 어떠했을까를 살펴보도록 하자. 1953년

82) 1899년 일본인 야마모토(山本)가 창간한 《목포신보》는 1941년 《전남신보》를 거쳐, 해방 전 국한문 혼용신문으로 발행되다가 1946년 목포일보사가 설립되면서 제호를 《목포일보》로 발행되었고, 1950년 김대중이 인수했다가 1952년 김문옥이 인수했다고 한다. 목포일보는 이승만 정부의 자유당 집권 아래서 민권투쟁의 역할을 했고, 1965년 제호가 《호남매일》로 바뀌었으나 1973년 유신독재 하에서 전국신문 통폐합조처로 운영난을 견디지 못하고 폐간하게 되었다고 한다. 한국학중앙연구원 편, 「호남매일」, 『한국민족문화대백과사전』 (참고: https://100.daum.net/encyclopedia/view/14XXE0063692).

83) 김대중, *김대중 자서전 1*, 85.

10월 9일, 《부산일보》에 기고된 <한일우호의 길(상, 하>나 <임진왜란·부산해전(상, 하)> 등과 같은 기고문에서 일본 문제에 대한 그의 인식을 접할 수 있다.

> 거듭 강조하거니와 일본은 먼저 자기 과오를 우리 앞에 청산하는 성의를 가져야 한다. 일본이 진실로 여사한 성의를 표할진대 우리도 구태여 지난날의 감정만을 고집할 협량의 민족은 아닌 것 것이다. 다시 이것을 출발점으로 하야 일본은 자기 성의를 표시하는 증거로서 독도 급(及=와) 재한 재산청구의 삼척동자라도 웃을 류의 억설을 마땅히 철회하여야 할 것이다.
>
> 또 한국의 해양평화선[84]은 국제적 선례에 의하여 한국의 안전과 어업보호를 목적으로 설정된 절대로 철회할 수 없는 것임을 재인식하고 평화선을 부인하는 종래의 헛된 고집을 일척하고 쾌히 이를 시인하는 일방 만일 진실로 동(평화)선으로 말미암아 일본이 중대한 타격을 받는다면 그 사리를 설명하고 한국 수산정책에 적극 협조하는 가운데서 특별 조치를 얻도록 노력하는 것만이 문제를 해결할 수 있는 가장 현명한 방법이 될 것이다.
>
> 민족 원한의 6·26동란이 일본을 위하여는 천래의 행운이 되었으니 웃지 못할 운명의 작란이 아닐 수 없다. 사실 일본은 한국전쟁 중 소위 특수 벼락경기[85]의 덕택으로 "패전이 누구의 일이였드냐" 할 정도로 살찌고 기름졌으며 또 상상도 못할 정도의 관대한 구화(媾和)조약[86]을 체결할 수 있었던 것이다. 동시에 한

---

84) '해양평화선'이라 함은 1952년 1월 18일, 대한민국 이승만 대통령이 대통령령 '대한민국 인접해양의 주권에 대한 대통령의 선언'을 공표하여 설정된 대한민국과 주변국가간의 수역 구분과 자원 및 주권 보호를 위한 경계선을 말한다. *동아일보*, "인접해양주권선언," 1952년 1월 20일. 오늘날 배타적 경제수역과도 비슷한 개념인데, 이승만은 이 경계선이 한일간 평화 유지에 그 목적이 있다고 밝히고, 그에 따라 '평화선'으로 명명하였다.

85) 후지메 유키(藤目ゆき), "제2차 세계대전 후 일본의 '여성해방': 섬유노동자의 경험을 통해서," 김귀옥 외, *동아시아의 전쟁과 사회* (파주: 한울, 2009), 153, 187-188. 후지메 유키에 따르면 일본에서 한국전쟁 특수를 통해 이익을 얻은 것은 독점자본과 반공주의에 입각한 노조인 반면, 이에 저항했던 사회단체는 해체당하고, 노동자는 직장을 잃었다고 했다.

86) 구화(媾和)조약은 1951년 조인되고 1952년 발효된 샌프란시스코 강화조약을 의미하는 것임.

국 정부와 민간인으로 이루어진 수입일방의 무역액도 결코 경시할 수 없는 거액이었다는 것은 일본인 자신도 이를 인정하고 있는 것이다.[87]

20대 후반의 청년 사업가, 김대중의 글이 명문이라고 할 수는 없지만, 나름대로 참고자료도 인용하며 자신의 논지를 전개하는 것은 요즘의 기자들의 수준에서 결코 뒤지지 않는다. 더욱이 극단적인 입장을 지양하는 자세는 일관성 있게 나타난다. 1953년 김대중은 한일 친선만을 주장하는 입장이나, 반일만을 강조하여 일본을 불구대천의 원수로 여기는 입장 모두를 비판했다. 또한 이승만을 비판하는 입장임에도 불구하고 긍정적인 정책에 대해서는 지지하는 입장을 표명하였다. 대표적인 예가 1952년 이승만이 제안한 '평화선'을 그는 합리적 제안으로 여겼다는 점이다. 그는 일본이 한국에 저질렀던 식민주의의 문제에 대해서 규명할 것은 규명하되, 현재의 한국과 일본의 정치, 경제적 관계를 직시하면서 "양국의 친선"과 "아주(亞洲) 반공세력의 강화의 견지"에서 현안들을 풀어나가자고 제안했다.

이러한 맥락은 1965년 한일수교에 대한 그의 입장에서도 나타난다. 1960년 4월혁명의 기운을 전복시킨 것은 1961년 5·16쿠데타이다. 박정희는 쿠데타 직후 제임스 하우스만(James Harry Hausman)을 만나 쿠데타의 취지를 설명했고, 케네디 미 행정부에 대한 충성을 다짐했다고 전한다. 1961년 11월 박정희는 국가재건최고회의 의장의 지위로 미국 초청의 형식으로 존 F. 케네디 미 대통령과 민정이양에 관한 회담을 했다고 하는데 이미 10월과 11월 두 차례 도쿄에서는 김종필 중앙정보

---

87) 김대중, "한일우호의 길(하)," *김대중전집 II. 제1권*, 19-20. 『김대중전집 II』에는 1953년 10월 3일 출처미상의 글로 기록하고 있으나 《부산일보》에 1953년 10월 4일 기고된 것으로 조사되었다.

부장이 일본 오히라 마사요시(大平正芳)와 비밀리에 만나 소위 '김·오히라 메모'를 합의했다고 한다. 이 메모에는 "한·일 국교 정상화"의 대가로 "일본은 한국에 무상 경제 협력 3억 달러, 정부 차관 2억, 상업 차관 1억"을 제공하는 내용이 담겨 있었다.[88] 1964년 본격적 한일 회담이 시작되면서, 3월 15일부터 야당을 중심으로 한 '대일굴욕외교반대투쟁위원회'[89]가 만들어져 원외 투쟁을 벌이기로 하면서 전국적으로 한일회담 반대 운동이 확산되었다. 당시 김대중의 태도에서 그의 실용주의적이면서 화해 지향적인 태도를 발견할 수 있다.

> 하지만 나는 윤보선 총재의 '한일회담 무조건 반대'에 동의하지 않았다. 회담을 하는 당사자들을 무조건 매국노라고 몰아붙이는 것은 무리가 있다고 생각했다. 박순천 민주당 총재도 내 생각과 같았다. 나는 국가의 이익을 위해서 일본과의 관계 정상화는 피할 수 없다고 생각했다. 그리고 지구상의 수많은 식민지 국가들도 그들을 침략한 국가들과 다시 국교를 맺고 있다는 사실에 주목했다. 국제 사회는 영원한 동지도 영원한 적도 없는 법이다. 더구나 일본은 여러 가지 교류를 통해 가까운 이웃이 되어 있었다.[90]

그리고 한일회담 반대 시위가 전국으로 확산되었을 당시, 그는 의정보고 연설차 목포에 가서 1만 여명이 운집한 곳에서 위와 같은 생각을 소신대로 얘기했다. 그는 수교 자체는 반드시 이루어야 하는 것이지만, 중요한 것은 내용상의 불이익이 없도록 야당으로서 감시하는 것이라 역

---

88) 김대중, *김대중 자서전 1*, 162. 김종필·오히라 메모는 비밀로 존재했지만, 야당의 반발을 무마하기 위해 극소수 야당 의원에게 공개되었다. 상세한 내용은 다음을 참조바람. 박태균, *사건으로 읽는 대한민국* (서울: 역사비평사, 2013).

89) *동아일보*, "15일 투쟁돌입, 대일굴욕외교반대위 전국유설," 1964년 3월 12일.

90) 김대중, *김대중 자서전 1*, 163.

설했다.[91] 그는 이화여자대학교에서 학생들과 토론하는 자리에서도 다음과 같이 설득했다.

> "(……)나는 박 정권을 돕기 위해 일본과의 관계 정상화를 주장하는 것이 아닙니다. 나라의 앞날을 생각해서 하는 일입니다. 많은 사람들이 지금이 일본과 수교할 적기라고 하는 지금, 무조건 반대만 할 게 아니라 무엇을 얻을 것인가를 고민해야 합니다. 독도 문제와 일본의 침략에 사과를 받아 내야 하는데 이렇듯 반대만 일삼으면 모든 것이 묻혀 버립니다. (……)"[92]

김대중의 이러한 태도는 대단히 냉철한 실용주의적 정치가의 모습이다. 그런데 그가 이러한 결정을 하게 된 데에는 앞에서도 봤듯이 1962년 쿠바 미사일 사태 당시 케네디 미국 대통령이 보여준 용기있는 모습[93]이 작동했다. 즉 그는 국제사회가 이념과 진영 논리를 넘어 화해의 시대로 넘어가는 것을 보며, 한국이 북한이나, 중국, 구 소련, 수교가 되지 않은 일본 등 처해 있는 사면초가 상황에서 벗어나기 위해서는 일본과의 화해는 반드시 이뤄내야 하는 것이라 믿었던 것으로 보인다.

김대중에게 일본에 대한 인식 상의 동요를 줄 수 있는 사건이 1973년 소위 '김대중납치사건'이 아닐까 싶다. 잘 알려졌듯이 그 납치사건은 박정희 정권 하의 중앙정보부에 의해 자행되었다는 것은 당시 김대중도

---

91) 위의 책, 164~165.

92) 위의 책, 165.

93) 그 무렵 김대중은 평소 존경하던 케네디 대통령의 책, *Profiles in Courage*(Harper & Brothers, 1956)을 읽게 되면서 용기를 내었다고 한다. 1956년 케네디의 그 책은 상원 의원이 유럽과 미국 역사에 걸쳐 양심과 정의상의 문제로 부정적인 여론에 도전했던 정치 지도자를 다루었고, 1957년에는 퓰리처 상을 수상하여 더 유명해졌다. 그러나 이 책은 실제로는 케네디의 연설문 작가인 테스 소렌슨(Ted Sorensen)이 집필한 것으로 훗날 알려지게 되었다고 한다.

충분히 알고 있었다. 김대중 납치사건은 외교통상부가 생산 접수된 후 30년이 경과한 외교문서를 공개하여 『김대중 납치사건 관련 자료집-전 5권』(한국학술정보, 2010) 함으로써 일정 정도 대중에도 알려졌다. 김대중의 자서전 등에도 납치 5일간의 상황을 상세하게 기록하고 있다. 심지어, 2020년 11월 19일에는 공중파 T.V. 프로그램인 "꼬리에 꼬리를 무는 그날 이야기"에도 이 납치사건이 상세하게 다루어져 대중적인 관심을 불러 일으키기도 했다.

외교문서를 토대로 한 3만 페이지에 달하는 5권 분량의 방대한 자료집에도 그 사건과 일본과의 관계를 구체적으로 보여주는 기록은 거의 없다. 그런 상황에서 일본과 한국 중앙정보부와의 관계를 의심하는 영화가 일본 감독, 사카모토 준지(阪本順治)에 의해 제작되었다. 그 영화, 『케이티KT』(2002년 상영)[94]는 김대중납치사건을 일본 자위대원의 시선으로 재구성했다. 사카모토 준지 감독은 일본의 전직 자위대를 배경으로 한 정보요원들이 김대중의 소재 정보를 한국 중앙정보부에 건네주는 정도가 아닌, 일본 자위대의 고위층으로부터 중앙정보부를 지원하라는 명령에 따라 움직인 비밀경찰인 것으로 전하고 있다.

김대중 납치사건 문제를 다룬 연구에 있어서 학위논문은 현재까지는 없고, 일반연구논문이 5건 검색되지만, 한정일의 "김대중 납치사건이 한국정치에 미친 영향"은 현재 DB화된 논문은 검색되지 않는다. 그 외 4건은 모두 2000년 이후 연구되었다. 이완범의 「김대중 납치사건과 박정희 저격사건」[95], 김은경의 「냉전 변용기의 한일관계의 전개 _김대

94) 영화 제목의 KT는 Killing the Target을 줄인 말로 'KT프로젝트'에서 왔다.

95) 이완범, "김대중 납치사건과 박정희 저격사건," *역사비평* 80 (2007): 312-355.

사진 7-2
영화 케이티 포스터

사진 7-3
KT프로젝트 보고서 표지

사진 7-4
KT프로젝트 중 납치용 물품 리스트

【 납치용 물품 준비 】

o 유류품 현황

중 납치사건과 박정희 대통령 저격사건을 중심으로」[96], 김영미의 「외교문서를 통해서 본 김대중 납치사건과 한·일 연대」[97]와 이미숙의 「1980년 '일한연대' 활동의 성격과 의미: 일본 시민사회의 광주 5·18과 '김대중 구명운동' 자료를 중심으로」[98] 등이 있다. 이완범과 김영미는 한국현대사 연구자이고, 김은경과 이미숙은 재일 연구자로서 이 연구를 진행하였다. 앞으로도 일본이나 미국 등에서 관련 1자 사료가 공개되는 과정에서 새로운 연구들이 생산될 것으로 생각된다.

이들 연구 가운데 릿교대학 교수로 있는 이미숙의 글은 1973년 납치사건 자체가 주제는 아니다. 그는 우선 1980년 '김대중내란음모조작

96) 김은경, "냉전 변용기의 한일관계의 전개 _김대중 납치사건과 박정희 대통령 저격사건을 중심으로," *일본공간* 7 (2010): 148-182.

97) 김영미, "외교문서를 통해서 본 김대중 납치사건과 한·일 연대," *한국근현대사연구* 58, no.1 (2011): 214-251.

98) 이미숙, "1980년 '일한연대' 활동의 성격과 의미: 일본 시민사회의 광주 5·18과 '김대중 구명운동' 자료를 중심으로," *민주주의와 인권* 19, no. 4 (2019): 59-96.

사건'으로 신군부 정권에 의해 사형선고를 받게 되자 일본에서 전개된 '김대중 구명운동'의 배경에 대해 설명하였다. 그 운동의 배경에는 1973년 김대중 납치사건이 일본 시민사회에 미친 파급력에 있음을 주목했다. 실패로 끝난 김대중 납치사건에과 관련지어 일본 정부의 역할은 거의 없었다는 일본 측의 주장과는 달리, 여러 정부 문서를 조사한 결과 그는 일본 정부가 '정치결착', 즉 정치적으로 해결된 것으로 무마시켰다는 의혹을 품게 되었다. 일본 정부가 정치적으로 해결했다고 강변할수록 일본의 일부 지식인, 시민들은 일본 정부가 진상규명을 포기한 것에 대해 의문을 제시하면서, 그 사건을 통해 일본 민주주의 자체가 시험을 받고 있다고 비판하게 되면서 한국 민주화운동 세력에 연대하는 '일한연대' 활동을 전개해나가게 되었다[99]고 설명하였다.

과연 일본의 '정치결착' 문제에 대해서 김대중은 어떻게 보고 있었을까? 1983년 《세까이》 저널의 야스에 료스케와의 인터뷰에서 다음과 같이 언급하였다.

> 그러나 나의 납치사건을 다룬 일본과 한국의 양 정부의 태도는 참으로 유감이었습니다. 한국 정부는 범죄를 저지른 범인이니까 은폐하려 한 것은 당연한 일이라고 생각하지만, 일본의 역대정부의 태도는 인권문제, 일본측에서 보면 주권문제이기도 합니다만, 이런 점으로 비추어 볼 때 전연 이치에 맞지 않는 것이며, 역사에 대하여 설명할 수 없는 세계 여론에 대해서는 납득되지 않는 방법으로 해결아닌 해결을 해 온 것에 대해서는 매우 유감스러운 일이라고 생각합니다.
>
> 나 자신이 말하기는 뭐하지만 나의 사건은 일본에게는 어떤 의미로서는 매

---

99) 위의 글, 66-70.

우 좋은 사건이었다고 생각합니다. 일본의 민주주의는 자력으로 즉 내재적 요구, 국민의 민주적 성장에 의해서 얻은 것이 아니라 패전의 결과로서 얻은 것입니다. 그러므로 일본의 민주주의에는 여러 가지 문제점이 있을 것이며, 특히 정신적인 면, 무엇보다도 민주주의의 근간인 인권문제에 대하여 일본인의 인식이 어느 정도인가 하는 것은 핵심적인 문제로서 일본인 자신이 자문하고, 논평되고 있을 것으로 생각됩니다.[100]

김대중이 《세까이》저널 야스에와 인터뷰하는 방식을 보면 평소 김대중이 구사하는 언술의 특징이 잘 드러난다. 상대국인 일본에 대한 비판 정신을 분명히 전달하면서도 상대국에 대해 긍정적인 요소를 먼저 드러내면서 비판하는 자세를 취하므로써 상대에 대한 예의를 갖추는 형식을 취하고 있다. 위 인용문에서도 일본은 인권국가와 민주주의국가라는 입장에서 볼 때 자신의 문제에 대한 일본의 태도는 걸맞지 않음을 지적하는 방식을 취함으로써 인권정신과 민주주의적 자세를 분명히 하도록 촉구하는 입장을 취하고 있다. 또한 김대중은 인터뷰 자리에서도 역설했듯이 한국과 미국, 일본의 연대는 '잘못된 군사체제에 대항하면서 한·일·미 3국의 민주적인 국민의 연대를 조성'할 필요가 있다고 역설했다.[101]

1998년 2월 16일, 대통령 취임 직전, 김대중이 일본과의 문제 해결의 방향을 확실하게 시사한 것은 독일 시사주간지 <슈피겔(Der Spiegel)과의 인터뷰>에서 였다.

---

100) 김대중, *한국 현대사가 묻는 것-우리는 어떻게 살아야 할 것인가?*, 12.

101) 위의 책, 101. 김대중이 말했던 한일 민주화 연대 운동은 종교인 차원이나 지식인이나 시민사회 차원에서 형성되었고, 그 절정이 1970년대로부터 1980년대에 이뤄진 것으로 보인다. 그 한가운데 김대중 납치사건과 김대중 내란음모사건이나 수많은 재일 동포 유학생 간첩 조작사건들이 독재 정권에 의해서 만들어지면서 고발과 구명 운동 방식으로 한일연대운동이 전개되었다. 참고: 류상영·와다 하루키·이토 나리히코 편, *김대중과 한일관계: 민주주의와 평화의 한일현대사*, (서울: 연세대학교 대학출판문화원, 2012).

질 문 : 한국 국민들은 과거 식민 세력이었던 일본인들에 대해 좋은 감정을 갖고 있지 않습니다. 과거 양국 간에 우호적 관계가 있었던 적이 있습니까?

김대중 : 우리는 일본인들에 대해 복수심을 갖고 있지는 않습니다. 물론 다수의 한국인들은 일본인들이 과거의 범죄 행위를 아직도 인정하지 않고 있기 때문에 일본인들을 별로 신뢰하지 않습니다. 독일은 나치 정권의 불법 행위를 사죄하고 보상한 반면, 일본은 이를 계속 거부하고 있습니다.

(…) 그렇습니다. 일본이 사죄하는 것은 절대 필요합니다. 일본은 이 점에서 독일을 배워야 합니다.[102]

어느 지도자보다도 김대중은 한일 정부 차원에서 새로운 관계를 만들어나가는 것의 중요성을 일찍이 깨달았던 것 같다. 한국과 일본의 진정한 우호 관계를 수립하기 위한 출발점에는 일본의 사과가 중요함을 역설했다. 한국인들의 마음에 자리잡고 있는 일본인에 의한 범죄적 행위, 그에 따른 상처와 고통이 불신감을 잘 알기에 불신을 해소하기 위해서는 사과를 통한 화해의 중요성을 강조한 것이다.

그런데 김대중은 한일우호 관계라는 정치적 화해에 접근하기 위한 방법에 있어서 피해자로서 화해에 소극적인 입장을 벗어나야 한다고 보았다. 대개 피해자의 관점에서는 가해자가 먼저 사과하면 용서하겠다는 피해자 중심주의적인 태도만으로는 화해 국면으로 접어들 수 없다고 본 것 같다. 일본이라는 가해국의 내면에도 한국에 대한 부정적 감정이 남아 있음을 보았던 것 같다.[103] 대통령으로서의 김대중의 입장을 보자.

---

102) 연세대학교 김대중도서관 편, "독일 시사주간지 <슈피겔(Der Spiegel)과의 인터뷰>(1998. 2. 16)," *김대중전집 Ⅰ. 제1권* (서울: 연세대학교 출판문화원, 2015), 53.

103) 이해완, "용서와 화해, 그 불가능에서 가능성으로 가는 길," 46.

> 두 나라의 20세기 역사에 박혀 있는 원한과 상처를 21세기까지 끌고 갈 수는 없었다. 김영삼 정부 때 악화된 대일 관계를 다시 회복시켜야 했다. 김영삼 대통령은 독도 영유권 문제가 불거지자 "버르장머리를 고쳐 주겠다"는 극언을 서슴지 않았다. 강경 대응은 또 다른 강경책을 불러왔다. 그러다 보니 한일 양국의 외교 채널은 끊겨 버렸고, 정부 간의 신뢰는 완전히 무너졌다. 이는 두 나라 모두에게 불행한 일이었다.[104]

김영삼 전 대통령의 트레이드 마크가 되다시피 한 '버르장머리' 발언은 자신에게 거슬리는 태도를 취하는 정적이나 집단에 대해 사용하면서 세간에 유명세를 탔다. 1992년 14대 대선에서는 "돈으로 권력을 사려는 버르장머리"라는 말로 매표행위를 하는 것으로 몰아댄 정주영 후보를 포함한 대선 후보들을 비난했다.[105] 또한 김영삼은 1995년 11월 14일 한중 정상 석상에서 일본 독도 영토발언에 대해 '문민정부의 당당한 도덕성에 입각해 그런 버르장머리를 기어이 고치겠다'[106]고 발언했던 것이다. 그야말로 1세기의 얽힌 한일 갈등에 의해 붉어진 사건들을 보면서 김대중은 반면교사를 삼고자 했다고 당시 조선일보는 해석했다.[107] 그러나 김대중은 새로운 한일우호관계를 만들기 위해서는 오랫동안의 사유와 철학, 방법의 결과로 도출한 '강 대 강' 식의 응보적 정의가 아닌 회복적 정의의 방법론이 필요함을 잘 알고 있었다.

1998년 10월 7일 김대중은 일본을 방문했다. 그는 상대를 실체적으로 인정하는 것으로부터 한일의 숙원, 교착 상태를 풀려 했다. 그 중의

---

104) 김대중, *김대중 자서전 2*, (서울: 삼인, 2010), 109.

105) *한겨레신문*, "'하루의 선택' 부동표 건지기 온힘," 1992년 12월 17일, 5.

106) 김창기, "'호혜·평등의 동반자' 재확인," *조선일보*, 1995년 1 1월 15일, 3.

107) 이준, "21세기 한-일관계 (상) : 감정보다 이성, 과거보다 미래로," *조선일보*, 1998년 5월 28일, 3.

하나가 일본 '천황'에 대한 호칭도 들어갔다. 그는 "그 나라 지도자의 호칭은 그 나라 국민들이 부르는 대로 불러 주는 것이 좋습니다. 일본 사람은 천황이라 부르는 천황이라 불러 주고, (……) 우리가 고쳐서 부르며 상대를 자극할 필요는 없습니다"고 설명했다. 이러한 말 속에서는 윤여준이 말하는 계몽적 리더십[108]을 발견할 수도 있다. 아무튼 김대중과 일본 천황의 만찬에서 천황은 식민 지배에 대해 사죄의 뜻을 밝혔다고 김대중은 자서전에 기록했다.[109] 곧 이어 진행된 오부치 게이조(小淵惠三) 일본 총리와의 정상회담에서 일본 총리는 대한국 사죄를 했다.

> **[한글 원문 중]** 오부치 총리대신은 금세기의 한일 양국 관계를 돌아보고, 일본이 과거 한때 식민지 지배로 인하여 한국 국민에게 다대한 손해와 고통을 안겨 주었다는 역사적 사실을 겸허히 받아들이면서, 이에 대하여 통절한 반성과 마음으로부터의 사죄를 하였다.
>
> 김대중 대통령은 이러한 오부치 총리의 역사인식 표명을 진지하게 받아들이고, 이를 평가하는 동시에 양국이 과거의 불행한 역사를 극복하고 화해와 선린우호협력에 기초한 미래지향적인 관계를 발전시키기 위하여 서로 노력하는 것이 시대의 요청이라는 뜻을 표명하였다.
>
> 또한 양국 정상은 양국 국민, 특히 젊은 세대가 역사 인식을 심화하는 것이 중요하다는 데 대해 견해를 공유하고 이를 위해 많은 관심과 노력을 기울여야 한다고 강조했다.

---

108) 윤여준, *대통령의 자격* (서울: 메디치, 2011), 447.

109) 김대중, *김대중 자서전 2*, 111.

[일문 원문 중] 小渕総理大臣は、今世紀の日韓両国関係を回顧し、我が国が過去の一時期韓国国民に対し植民地支配により多大の損害と苦痛を与えたという歴史的事実を謙虚に受けとめ、これに対し、痛切な反省と心からのお詫びを述べた。

金大中大統領は、かかる小渕総理大臣の歴史認識の表明を真摯に受けとめ、これを評価すると同時に、両国が過去の不幸な歴史を乗り越えて和解と善隣友好協力に基づいた未来志向的な関係を発展させるためにお互いに努力することが時代の要請である旨表明した。

また、両首脳は、両国国民、特に若い世代が歴史への認識を深めることが重要であることについて見解を共有し、そのために多くの関心と努力が払われる必要がある旨強調した。[110]

이는 1998년 10월 8일 발표된 '21세기를 위한 파트너십' 한일공동선언문 중 일부이다. 이 선언문은 한일 정상 간에 최초로 식민 통치에 대한 동절한 반성과 사죄의 최초 문서를 남겼다는데 의의가 있다. 이러한 화해의 뜻은 지속적인 교류로 이어지게 되어 일본의 대중문화를 한국 시장에 개방하겠다고 결정을 내렸다. 이미 당시 한국에는 일본의 애니메이션이 자리잡혀 있고,[111] 심지어 일본의 저질 문화가 이미 한국 사회에 들어와 있었다.[112] 음성적인 일본 문화를 근절하기 위해서는 오히려 양질의 문화가 공식적으로 들어올 수 있는 길을 열어둬야 사람들이 취사선택할 수 있고, 자정능력도 강화할 수 있다는 취지였다. 그런 분위

---

110) 일본 외무성 홈페이지 https://www.mofa.go.jp/mofaj/kaidan/yojin/arc_98/k_sengen.html (검색일: 2022. 02. 28; 2023년 3월 이후 일본 외무성에서 검색되지 않아, 이 페이지를 삭제한 것으로 추정됨).

111) 김기경, "해적판 일(본) 만화 이미 시장장악," *경향신문*, 1999년 10월 20일, 7.

112) 정중헌, "몰려온 일본 문화… '저질'이 판친다," *조선일보*, 1985년 6월 20일, 7.

기에 즈음하여 한국에서는 일본영화 상영회를 개최하거나 개방문제를 둘러싸고 토론회가 개최되기도 했다.[113] 김대중은 문화개방주의가 일본에 한류붐을 가져오는데 더 큰 역할을 했다고 보았다.[114]

교류가 왕성해지면 상호 이해의 수준도 높아지고 한국인의 마음 속에 두텁게 내재화되어 있는 불신의 벽도 완화시키거나 허물 수 있다고 보았다. 개방 초에는 그런 상황이 가능한 듯이 보였다. 2002년 한일 월드컵 공동 개최 당시 일본에는 한류 붐이 일었고, 일본에는 과거사의 반성에 기초한 역사교과서가 편찬되기도 했고, 한일 간의 공동 역사교과서나 한중일 역사학자와 교사 30여명이 '동아시아 역사 교과서'를 제작하기도 했다.[115] 정말 유례없이 한국과 일본의 정치사회로부터 시민사회에 이르는 다양한 교류들이 활성화되었다. 해방 이래로 한일관계는 가장 좋은 시기였다. 일본의 정치·위기 상황 속에서 야스쿠니 신사 참배와 독도 영유권 등을 포함한 우경화의 심화[116]로 급기야 김대중·오부치의 21세기 한일 파트너십도 해체되고 말았다.

국제 사회에서도 한 번 정치적 화해를 했다고 하여 화해 상태가 계속 유지 되지 않는다. 마치 어렵게 적대국간에 평화협정을 체결했다고 하여 완전한 평화상태에 돌입한 것이 아니라, 언제든 새로운 조건에 의해 평화협정은 파기될 수 있다. 완전한 화해 상태에 이르는 길에는 수많은 난관이 놓여 있다. 국가 또는 집단 간에 화해를 향한 난관을 넘어가

---

113) 연합뉴스, "'영화' 일본영화 상영회 및 개방문제 토론회," 1998년 5월 18일.

114) 김대중, *김대중 자서전 2*, 115.

115) Kim, Gwi-Ok, "Building a Peaceful East Asian Community: Origins of a Regional Concept and Visions for a Global Age," *Asian Perspective* 37, no.2 (2013): 233-254.

116) 김관원, "한일 화해의 허들: 일본 정부의 이중적인 역사인식을 중심으로," 이병택 편, 역*사화해의 이정표 II* (서울: 동북아역사재단, 2021), 297-298.

기 위해서는 정치, 경제, 사회·문화적 요소들이 결합되어야 가능하다. 그중 하나가 리더십이다. 그런데 리더십이 좌면우고, 갈팡질팡하게 되면 화해를 가로막고 있는 난관은 더욱 견고해지고 높아질 뿐이다. 2022년 5월 9일 새로 출범한 윤석열 정부가 한국 정부와 일본 정부를 가로지르고 있는 난관들을 어떻게 넘을지는 커다란 숙제이다. 1965년 한일수교 방식이나 2015년 12월 28일 일본군위안부 합의 방식처럼 당사자의 고통을 외면하는 위로부터의 일방적 협정 방식을 취하게 될지, 김대중식 관용과 교류에 기초한 화해의 문을 여는 방식을 택하게 될지가 놓여 있다.

7. 김대중 용서와 화해를 둘러싼 특징

김대중의 용서와 화해의 문법에는 몇 가지 특징이 보인다. 첫째, 가해 당사자의 사과가 전제조건이 되지 않는, 또는 사과 없는 용서와 화해의 방법론을 실천하려 했다. 둘째, 분노할 만한 상황이 해소되지 않았음에도 본능적 또는 파괴적 보복을 하지 않으려 했다. 셋째, 사과와 용서의 과정이 소통과 화해의 과정과 거의 동시에 이루어졌다. 구체적으로 살펴보자.

1) 사과 없는 용서가 가능한가

흔히 화해는 가해자(개인 또는 집단)의 사과 또는 반성, 진상규명이 있었을 때, 피해자(개인 또는 집단)의 용서 또는 관용을 통해 이뤄진다고 말해왔다. 그런데 사과 없는 용서가 가능한가, 더군다나 용서할 수 없는 일을 용서할 수 있으며 화해가 가능한가의 문제는 대단히 어려운 문제이다. 심리학적 차원이나 사회학적 차원에서는 풀기 어렵다. 1995년 남아프리카공화국에서 진실화해위원회가 고 데스몬드 투투 성공회 대주교의 주도로 설립되어 진실화해위가 가동되던 시기, 프랑스 철학자 쟈크 데리다가 강의했던 주제를 바탕으로 한 글 중 하나가 『용서하다 Pardonner』이다. 이 책의 주요 문제의식은 다음과 같다.

> 용서라는 것이 정말 있다면, 용서할 수 있는 일을 용서하는 것이 아니라 용서할 수 없는 것, '불-가능'을 실현하는 것이라는 말은 화해를 목적으로 용서할 수 없는 일을 용서해야 한다는 뜻일 수 없다. 용서의 궁극적 윤리가 지향하는 바, 궁극적 용서의 무조건성은 사법 영역에 이질적인 만큼, 정치적 계산이 없을 수 있는 '화해의 이름'으로 구성되는 모든 담론과 제도에 이질적이다. 달리 말해, 할 수 있는 일을 하는 것은 엄밀한 의미에서 무언가를 하는 것이 아니다. 즉, 불가능해야 한다.[117]

용서 불가능성, 즉 용서할 수 없는 일을 용서하는 것이 용서라는 말은 인간의 수준에서는 참으로 어려운 문제이다. 또한 그러한 용서가 반드시 화해를 목적으로 하는 것도 아니고, 사법적 영역의 용서, 달리 말해 사면과는 이질적이다. 특히 1990년대 세계적으로 담론화된 반인륜적 범죄에 대한 '시효없음'의 문제를 데리다는 풀고자 했다. 데리다는 '시효없'는 과거사 문제에 발목 잡혀 미래로 나가지 못할 수 있는 모순의 문제를 보면서 용서 불가능성의 용서를 통해 화해라는 미래 전망을 제시하고자 했다.

1980년대 한국에서는 독재 정권 하에서 5·18광주항쟁을 포함한 과

---

117) Jacques Derrida, *용서하다*, 99.

거사 문제가 시민사회에서 들끓고 있고, 분노와 정의, 독재타도, 민주화라는 구호로 계속 사람이 죽거나 다치고 있을 때, 이청준 작가의 소설, 『벌레이야기』(1985)는 조용히 용서 불가능성에 대한 용서라는 주제를 제기했으나 사회적인 공명이 되지 않았다. 2000년대 민주 정부에서야 이창동 감독의 영화, 『밀양』(2007년작)에서 본격적으로 용서 불가능성의 용서가 가능한 것인가가 문제제기 되었다. 소설과 영화에서는 용서 불가능한 가해자의 가해행위가 신에 의해서 '죄사함', 즉 용서를 받고 구원되었다고 하고 표현되어 있다. 현실로 돌아보면, 2차 세계대전 당시의 유태인이나 반나찌자, 반체제자 600만여명을 학살했던 전범이나 5.18 학살자에 대해서 법적 처벌이나 사면 등의 국가의 행위로 피해자의 용서가 가능한 것이냐를 묻는 것이라 볼 수 있다.

김대중과 관련해서 1997년 대통령 당선자로서 5.18 학살자에 대한 사면 문제를 둘러싼 논쟁[118]이 최근까지도 계속되고 있다. 국내 정치적 또는 법제도적 '용서'는 대체로 헌법 제79조의 대통령 '사면권'의 문제로 연결된다. 법학계에서 대체로 대통령의 사면권은 "정의와 법이념의 엄격성 때문에 일어날 수 있는 법이념과 법실서 내부의 긴장관계를 현실적 요구에 따라 합목적적으로 변화시켜 주는 것으로 삼권분립원칙의 예외이며 국민화합 및 오판가능성을 시정하기 위해 신속히 행해지는 대통령의 고도의 정치적 결단인 비상적(非常的) 통치행위"[119]로 보고 있다. 다시 말해 대통령의 사면 행위는 국민화합 또는 통합을 목적으로 행

118) 당시 법학자들 가운데에는 정치적 사면이 가능하려면 전두환, 노태우 본인들의 충분한 사과가 전제되어야 한다고 보아, 1997년의 사면은 시기상조라는 게 중론이었다. 임범, "'정략 사면' 비난 거세," *한겨레신문,* 1997년 9월 2일, 1; 정길근, "전.노씨 사면 배경 피해자의 용서…화합의 '대중시대'로," *경향신문,* 1997년 12월 21일, 5.

119) 박광현, "대통령 사면권의 정당성과 한계," *법학연구* 17, no.3 (2014): 19; 정일형, "국가폭력 이후의 사면: '가해자의 관용'과 '피해자의 용서'," *한국사학사학보* 42 (2020): 79.

해지는 대통령의 비상적 통치행위라고 법은 정리하고 있다.

비근한 예가 2021년 12월 24일, 전격적으로 이루어진 문재인 대통령의 전직 대통령 박근혜 특별사면이다. 보수언론이나 세력들은 박근혜 사면을 대체로 '국민통합'으로 응답했다. 그러나 경향신문이나 한겨레신문, 진보세력들은 "국민 공감대 없는 원칙 없는 사면"으로 보며 유감이나 개탄의 뜻을 표명했다.[120]

사진 7-5 **박근혜 사면에 대한 비판 언론**[121]

한겨레

원칙 허문 문 대통령의 '박근혜 사면', 개탄스럽다

문재인 대통령이 24일 박근혜 전 대통령을 특별사면했다. 국민 통합이라는 대의, 박 전 대통령의 건강 상태 등을 고려했다고 한다. 사면이 비록 대통령의 고유 권한이라고 하지만, 박 전 대통령에 대한 이번 사면은 결코 동의할 수 없다. 부패 범죄 사범에 대해선 사면권을 행사하지 않겠다는 원칙을 문 대통령 스스로 허물었을 뿐 아니라, 사면 취지로 내건 국민 통합도 기대하기 어렵기 때문이다.

문 대통령은 이날 사면과 관련해 "우리 앞에 닥친 숱한 난제들을 생각하면 국민 통합과 겸허한 포용이 절실하다. 박 전 대통령의 경우, 5년 가까이 복역한 탓에 건강 상태가 많이 나빠진 점도 고려했다"며 "이번 사면이 생각의 차이나 찬반을 넘어 통합과 화합, 새 시대 개막의 계기가 되기를 바란다. 사면에 반대하는 분들의 넓은 이해와 해량을 부탁드린다"고 밝혔다. 하지만 문 대통령의 발언은 대통령 후보 시절 약속한 '사면권 최소화' 원칙에 어긋난다. 또 박근혜·이명박 전 대통령 사면 논란이 불거질 때마다 내세웠던 "국민 공감대"라는 선결 기준에도 부합하지 않는다.

문 대통령은 후보 시절 뇌물·알선수재·알선수뢰·배임·횡령을 5대 중대 부패 범죄로 규정하고 여기 해당하는 범죄자는 사면권을 제한하겠다고 공약했다. 문 대통령은 그동안 특별사면에서 이 원칙을 비교적 충실하게 지켜왔다. 사면 횟수가 다섯 차례로 역대 정권에 비해 적은 것도 평가할 만하다. 하지만 박 전 대통령 사면으로 지금까지 쌓아온 공든 탑을 스스로 허물어버렸다. 문 대통령이 약속한 기준에 따르면 뇌물과 직권남용 등의 혐의로 징역 22년을 선고받고 5년째 수감 생활을 이어온 박 전 대통령은 사면 대상이 될 수 없다. 사면을 앞두고 여론 수렴이나 국민의 동의를 구하는 절차가 없었다는 점 또한 그동안 강조해온 '국민 공감대' 원칙에 어긋난다. 박 전 대통령 사면이 '국민 통합'에 얼마나 도움이 될지도 의문이다. 우리 국민은 전두환·노태우 두 전직 대통령 사면이 통합은커녕 더 큰 분열과 갈등의 씨앗으로 작용했던 사실을 생생히 기억하고 있다.

사면의 시점도 문제다. 청와대는 이날 "선거 관련 고려는 전혀 없었다"고 했지만, 대통령 선거일을 75일 앞두고 이뤄진 박 전 대통령 사면이 선거에 아무런 영향을 미치지 않는다고 믿을 국민이 몇이나 되겠는가. 야당이 민감한 반응을 보이는 것도 이해 못할 바는 아니다.

야권 일부에선 박 전 대통령 사면을 이석기 전 통합진보당 의원 가석방과 연결짓는데 얼토당토않은 주장이다. 이 전 의원은 재판 과정에서부터 지은 죄에 견줘 형량이 과도하다는 지적이 있었을 뿐 아니라, 국제앰네스티 등 국제 인권기구들로부터 지속적인 석방 요구가 이어져왔다. 무엇보다 그는 형기의 85%인 8년3개월을 복역하며 가석방의 법적 요건을 이미 채웠다. 사면 자체가 부당한 박 전 대통령과 묶어 시비를 걸 일이 아니다. 억지 부리지 말기 바란다.

2021년 12월 24일 한겨레신문의 사설에서 "사면이 '국민 통합'에 얼마나 도움이 될지도 의문이다. 우리 국민은 전두환·노태우 두 전직 대통령 사면이 통합은커녕 더 큰 분열과 갈등의 씨앗으로 작용했던 사실을 생생히 기억한다"고 했다. 한겨레신문은 박근혜 사면 문제를 통하여

120) *경향신문,* "끝내 사과도 없이 이뤄진 '박근혜 사면', 유감스럽다," 2021년 12월 22일, 23.

121) *한겨레신문,* "원칙 허문 문 대통령의 '박근혜 사면', 개탄스럽다, " 2021년 12월 24일, 10.

1997년 12월의 전두환·노태우 사면 문제를 소환하였다. 1997년 12월은 IMF 외환 위기라는 초유의 위기 상황이었고, 한국 현대사에서는 초유의 민주정권의 수립되는 상황에서 국민통합은 정치적으로도 경제적 위기 극복을 위해서도 필요했다. 그런 맥락과 기존의 동서화합의 위한 사면 의사[122]가 합쳐지면서 대통령 당선 이후 전두환 사면이 이뤄질 수 있었다. 전두환이라는 가해자(세력)의 반성이나 사과가 없었지만, 피해자인 김대중이 용서를 함으로써 '진정한 용서'라는 평가를 받기도 했다.[123]

그렇다면 사과 없는 화해는 가능한가라는 문제에 대해 김대중은 평소 지론이자 "죄는 미워해도 사람은 미워하지 않는다"는 입장으로 김대중의 사면에 비판하며 김대중을 면담하는 자리에서 사면의 부당성을 규탄했던 5·18단체 사람들에게 다음과 같이 응대했다. 그 자리에서 김대중은 "사람마다 입장이 다른 만큼 나는 용서할테니 당신들은 하지 않으면 될 것이 아니나"[124]라고 말했다. 좁게 본다면 김대중 자신이 1980년 '내란음모조작사건'의 피해자이므로 가해자를 용서한 것이라고 말할 수는 있다. 그러나 '김대중내란음모조작사건'이나 5·18민주화항쟁의 피해자 전체를 대신할 수도 없으므로 다른 피해자들은 용서하지 못함을 인정한 것이다. 또한 국가가 국민통합의 차원에서 가해자를 정치적 용서, 즉 사면을 하더라도 '죄' 자체가 없어지는 것은 아님을 뜻하는 것이기도 하다.

1995년 정치계에서도 '5·18관련자에 대한 용서'의 문제가 쟁점으로 부상된 적이 있다. 1995년 전두환·노태우 구속이 임박했던 10월 당

---

122) *동아일보*, "김대중 총재 "전-노 사면결정 김 대통령 임기내"," 1997년 8월 31일, 1.

123) 정일형, "국가폭력 이후의 사면: '가해자의 관용'과 '피해자의 용서'," 102-104.

124) 권복기, "5.18단체 김대중총재 항의방문," *한겨레신문*, 1997년 9월 9일, 27.

시 그들의 구속을 요구하는 교수들의 서명이나 학생 시위가 빗발치면서 5·18문제가 뜨거운 정치 쟁점이 되었을 때 민자당(현 국민의힘의 전신)과 새정치국민회의(김대중계 현 더불어민주당의 전신) 간에는 설전이 벌어졌다. 논쟁점 중 하나는 김대중의 과거 발언과 관련지어져 있었다. 민자당은 1988년 국회의 5·18청문회 당시 관련자처벌과 관련하여 김대중 당시 평민당 총재는 전두환의 국회청문회증언 참석과 정호용 의원의 의원직 사퇴 및 보상법 제정 등으로 종결짓기로 합의했다고 주장했다. 이에 새정치국민회의 의원들은 "당(김대중)의 일관된 입장은 철저한 진상규명과 명예회복 등이고 처벌 문제는 법원의 판단 후 대통령이 사면하는 형식으로 용서해야 한다"는 것이라고 설명했다.[125]

2) 용서로 승화시킨 분노의 성격

그렇다면 김대중은 최소 다섯 번의 죽음의 문턱을 가까스로 넘고 6년의 감금을 당하고도 모자라, 십 수 년의 자택연금 생활을 해야 했고, 수 십 년간 감시당해야 했던 상황에서 가해자의 행위를 용서한 것이 용서할 만한 일이라서 용서한 것일까? 아니면 정치적 욕망이 더 크기 때문에 용서라는 행위로 정치적 포용력을 과장하려 한 것인가? 아니면 용서하기 어려웠으나, 개인적 차원의 종교적 신앙심과 삶의 철학이 마음 속 깊이에서 작동하고 사회적으로는 회복적 정의를 중시하면서, 국가적으로는 국민통합을 우선시했기 때문일까? 글쓴이로서는 이런 질문에 대해 판단하기는 참으로 어렵다. 다만 관찰자의 위치에 있는 글쓴이가 그의 용서와 관련된 사유나 행위를 보며 발견하게 되는 것은 다음과 같다.

첫째, 김대중은 자신에게 가해졌던 반인륜적 가혹행위, 국가폭력에

125) 임채청·윤영찬, ""5·18관련자 용서" 쟁점부상," *동아일보*, 1995년 10월 3일, 3.

대해 본능적 분노에 그치지 않고, 성찰적 분노로 성숙시켰다는 점이다. 강남순은 분노를 세 가지로 나눠 보았다. 즉, 도덕적 성찰이 개입되지 않은 채 육체적 고통이 가해졌을 때 즉각적 반응에 의한 '본능적 분노', 어떤 잘못된 행위에 성찰적. 도덕적으로 분개하는 분노. 분노의 원인을 사유하면서 그 분노가 정당한지, 왜 그러한 분개의 감정을 품게 되는 지 성찰하면서 생기는 '성찰적 분노', 본능적 분노나 성찰적 분노가 지나치게 커짐으로써 증오, 원한, 복수로 전이되는 '파괴적 분노'[126] 등이다.

지금까지 한국 현대사에서 김대중만큼 수 십년간 고난의 길을 걸어간 정치가는 없다. 분단과 전쟁 이래로 좌우갈등 상황에서 무고하게 죽음에 직면하게 된 것이나 정치인으로서의 활약하던 중에 독재 정권의 희생양으로서 죽음의 문턱에 섰다. 1973년 박정희 정권의 중앙정보부에 의해 납치되어 태평양에 수장될 뻔한 사건이나, 1980년 내란음모조작사건으로 사형선고를 받아 투옥되었을 때, 김대중이 본능적 분노감을 표출했거나 보복의 의지를 다짐했다고 하더라도 이상한 일이 아니라 인지상정으로 받아들였을 것 같다. 그럼에도 그는 생사여부를 짐작도 할 수 없는 감옥에서조차 신앙적 차원에서 자신의 시련을 성찰하고, 구조적 차원에서 문제의 원인을 분석하고 인간적 차원에서 가해자들에 대한 연민지정의 자세로 성찰하면서 마음의 지옥에서 벗어나려 했다. 그러한 태도는 앞에서 보았듯이 김대중내란음모조작사건의 최종진술 과정에서도 엿볼 수 있으며, 그러한 김대중의 태도를 한완상은 '세인트'처럼 보였다고 증언하지 않았던가. 따라서 김대중은 자신이 당한 육체적 또는 정신적, 인간적 또는 정치적 폭력에 대해 본능적 분노에 갇히지 않고 성찰적 분노로 성숙시켰다는 특징을 보인다.

---

126) 강남순, *용서에 대하여: 용서의 가능성과 불가능성*, 51-54.

둘째, 김대중의 용서는 가해자의 고의 또는 과실에 대한 잘못이 충분히 또는 제대로 시인되거나 사과조차 이루어지지 않음에도 이뤄졌다는 점에 주목해야 한다. 이해완[127]은 용서의 개념이 네 가지 요소로 구성된다고 보았다.

가. 다른 사람(가해자)의 행위에 의하여 피해를 입은 사람(피해자)이 있을 것이 전제가 된다.[128] 김대중이 겪었던 폭력과 피해에는 피해 사실도 명확하고, 대체로 가해자도 분명한 편이다. 그러나 1971년 대선 당시의 폭발사건이나 대선 직후 총선 당시의 교통사고나 1973년 김대중 납치사건 등의 실질적인 책임자는 규명되지 않은 채 남아 있다.

나. 가해자의 고의 또는 과실 등의 '잘못'이 있어야 용서가 있을 수 있다.[129] 김대중에 대한 가해자의 '잘못'에 있어서 일제의 가해행위는 집단성을 가지지만, 그 외 가해행위는 김대중 개인에 대한 잘못이자, '정부 기관원', '적대세력' 또는 '정치적 반대세력' 등에 의한 구체적 잘못이 존재한다. 또한 그 잘못은 고의건 과실이건 가벼운 잘못이 아니라, 김대중에게는 치명적인 잘못으로서 용서하기 어려운 잘못이었다.

다. 피해자가 가해자에 대해 품은 부정적 감정들(원한, 분노, 증오, 복수심 등)을 극복하고 그것을 내려놓아야 한다.[130] 앞 절에서 보았듯이 김대중 용서의 성격은 '용서 불가능성의 용서'라고 보았다. 그럼에도 근본적으로 글쓴이가 김대중의 마음을 어찌 다 알 수 있을까? 더군다나 그가 겪었던 정권에 의한 폭력은 죽음에 다가가는 치명적 폭력이었다.

---

127) 이해완, "용서와 화해, 그 불가능에서 가능성으로 가는 길," 3-52.

128) 위의 글, 4.

129) 위의 글, 5.

130) 위의 글, 5.

그가 어떤 공포감이나 트라우마에 시달렸는지 충분히 이해하지 못한다. 더군다나 그가 원한, 분노, 증오, 복수심을 다 극복했는지는 결코 알지 못한다. 설령 그의 마음이나 욕망의 차원을 알지 못한다고 하더라도 결과적으로 명확한 것은 그가 복수의 길, 즉 응보적 정의(retribution justice)를 선택하지 않았다는 점이다. 평범한 인간으로 살아오면서 복수심을 내려놓는 것이 얼마나 어려운가를 깨닫는 것은 어렵지 않다. 김대중과 같은 최고의 권력을 획득했던 사람이 복수할 기회를 가졌음에도 불구하고 전두환·노태우를 사면하거나 일본과 새로운 파트너십의 길을 열고, 북한과 화해·협력의 길을 열었다는 점에서 부정적 감정을 내려놓았음을 명확히 볼 수 있다.

라. 부정적 감정의 극복에 더하여, 가해자를 사랑의 대상으로 인식하거나 적어도 한 인간으로서 존중하고 받아들이는 내적 수용에 도달하여야 '용서'를 했다고 할 수 있다.[131] 이해완은 이러한 상태가 되어야 '완전한' 용서의 수준이 된다고 보고 있다. 이는 신앙적 수준의 용서라고 볼 수 있는데, 김대중 자신도 예수의 정신 "원수를 용서하고 그를 사랑하며 그를 위해 기도하라"는 말을 내면화시키려 노력해온 것 같다.[132] 신앙심을 통해 자신의 분노를 극복하고 용서의 마음을 확인하고 다잡아왔다고 읽히지만, 인간의 차원에서 보면 4번째 요소는 내려두어도 용서가 성립되지 않을까 여긴다.

물론 이러한 용서를 이루는 개념의 네 가지 요소가 사안에 따라 골고루 잘 융합되어 있을 수도 있지만, 불균형적으로 혼재될 수도 있지만, 분석적으로 이상과 같이 살펴보았다.

---

131) 위의 글, 6.

132) 김대중, *민족의 새벽을 바라보며*, 38.

3) 김대중의 화해의 실천

셋째, 김대중은 본능적 분노가 아닌 성찰적 분노를 통하여 새로운 미래 지향적 가능성의 길을 열었다. 바로 화해의 길이다. 김대중 역시 인간으로 파괴적 분노를 느끼지 않았다거나 응보적 정의를 세우고 싶은 마음이 없었다고 단정하기는 어렵다. 그러나 그는 응보적 정의는 결국 새로운 보복적 상황을 만들 수 있음을 식민과 분단, 전쟁 과정에서 보았고, 그 악순환을 끊어내기 위해서는 다시는 싸우지 않아도 되는 길, 즉 화해와 평화의 길을 선택했다.

그가 걸어간 화해의 길을 따라가 보기 위해서 박명규가 제시한 세 가지 화해 유형을 중심[133]으로 살펴보기로 한다.

첫 번째 화해 유형으로서 '정치로서의 화해'유형을 들 수 있다. 즉 현재 작동하고 있는 갈등과 대립의 구조를 해체하는 작업으로서의 화해다. 신뢰하기 어려운 상대방과의 긴장이 엄존한 상황에서 갈등의 구조 자체와 대결해야 하는 길이다.[134] 김대중의 대표적인 정치적 화해의 사례로 얘기할 수 있는 것이 일본과 새로운 관계를 만든 것이 아닐까 싶다. 2000년 남북정상회담 전에 미국은 말할 것도 없고 일본을 포함한 주변국들의 동의, 예를 들면 1998년 10월, 김대중은 오부치 총리의 일본과 '21세기를 위한 파트너십' 공동선언을 이끌어 김영삼 정부 당시의 냉기류를 화해로 전환시켰던 점을 들 수 있다. 한일의 화해 분위기는 한일 간의 문화교류를 공식화시키고 2002년 월드컵 공동개최를 이끌어 냈을 뿐만 아니라, 남북정상회담 당시 주변 국가의 협조를 통하여 한반도 평

133) 박명규, "평화와 화해: 책임정치와 심정윤리의 간극," 137-152.

134) 위의 글, 142.

화의 선순환 구조를 만들어 내는데 기여하도록 했다고 볼 수 있다. 물론 김대중의 놀라운 정치적 화해의 노력에 불구하고 근본적인 한계가 있다. 특히 한일관계에서 최소한 과거사에 대한 진상규명을 구체화시키지 못함으로써 한일 간의 정치적 상황이나 각국 내의 정치적 상황, 특히 지도자나 정권에 있어서 정책 상의 일관성이 유지되지 못하거나 일본 우익의 교과서 파동과 같은 예기치 못한 다른 갈등이 생길 때 언제든지 과거로 회귀될 수 있다.

한편 장신기가 말하는 김대중의 '화해통합론' 역시 정치적 화해에 기초한 이론에 가깝다. 장신기는 김대중이 평화적 민주화 이행을 위한 전략적 관점에서 화해통합론을 제시했다고 보았다. 장신기는 김대중이 이미 1960년대부터 평화적 민주화 이행이라는 가치와 목표 하에 대화와 화해를 중시했고, 구체적으로 "정치적 보복을 하지 않"을 것임을 역설했다. 또한 김대중의 화해통합론은 국가안보의 이유로도 제시했다. 시민사회의 견고한 연대의식과 신뢰감이 형성되어야 화해통합이 가능해지고, 그러한 바탕 위에서 국가안보가 가능하다고 보았다. 또한 평화통일 한반도와 동북아 지역 평화 체제 구축을 한국 내 보수 세력, 북한, 일본 등을 향한 전방위적 화해·용서·관용의 정치로서 화해통합이 필요하다고 설명하였다.[135]

두 번째 '정의로서의 화해' 유형을 들 수 있다. 이 유형의 주요 목표는 과거의 잘못을 밝히고 책임을 규명함과 동시에 희생자의 고통에 호응하면서 새로운 질서를 창출하는 것이다. 새로운 질서를 창출하기 위한 방법으로 갈등구조가 해체된 이후에 사회적, 법적 조치가 주된 내용을 이룬다. 남아공에서 만델라와 투투가 강조했던 이 모델의 정신은 가

---

135) 장신기, *성공한 대통령 김대중과 현대사*, 201-203.

해자의 사법적 처벌이나 응보적 정의를 내세우기보다 사실의 정확한 파악과 필요한 책임인정, 사죄와 함께 피해자의 명예회복, 보상, 추모와 기념의 공공화를 통해 집단적으로 존속해 온 트라우마를 해소하는 것을 중시한다.[136]

또한 정의를 실현하는 길은 대개 응보적 정의(Retributive justice)와 회복적 정의(Restorative justice)로 나뉜다. 응보적 정의가 함무라비 법전의 '눈에는 눈, 이에는 이'[137]식의 가해자 처벌에 따른 정의를 구현하는 것이라면, 회복적 정의는 피해자의 명예와 배·보상을 포함한 회복에 초점을 맞추는 것이다. 김대중은 남아공의 진실화해모델을 기초하여 피해사실의 진상을 규명하고 피해자의 회복과 사회적 통합을 구현하는 가치를 우선시하면서 과거사 문제 해결을 하는데 초석을 마련했다. 박정희와 전두환을 용서, 사면을 통하여 보수세력과도 화해를 하려 했다. 대표적인 사례가 박정희대통령기념관 건립을 지원한 것을 들 수 있다.[138] 거기에서 한발 더 나아가, 20세기 한국현대사에서 해결되지 않은 채 남아 있던 과거사 문제 해결의 행보를 일찍이 걸어갔다. 1987년 제13대 대통령선거에서 평민당 후보였던 김대중은 제주 유세에서 제주4·3사건에 대해 다음과 같이 얘기했다.

---

136) 박명규, "평화와 화해: 책임정치와 심정윤리의 간극," 143.

137) 함무라비법전은 응분의 원리와 등가성의 원리에 근거한 최초의 성문법으로 알려져 있다. '눈에는 눈, 이에는 이'라는 명제는 동해보복의 형벌이론으로 정착되어 있다. 동해보복은 복수의 잔혹성을 의미하는 것이 아니라, 과잉 보복을 막는데 목적이 있었다. 그럼에도 불구하고 가해자에게 초점을 맞추고 있어서 피해자의 회복을 목적으로 하는 회복적 정의를 구현하는 데에는 한계가 있다. 조극훈, "응보주의 형벌론과 교정 정의," *교정담론* 15, no.1 (2021): 69-91 참조바람.

138) 장신기, *성공한 대통령 김대중과 현대사*, 223-235.

제주도민은 4·3의 비극을 겪었다. 나는 제주인의 한과 고통과 희망을 함께 하겠다. 나도 용공조작 피해자의 한사람이다. 내가 집권하면 억울하게 공산당으로 몰린 사건 등에 대해 진상을 밝히고 억울한 사람들의 원한을 풀어 주겠다.[139]

김대중의 발언은 그때 이후 대선과 총선, 지방선거 때마다 제주에서 4·3공약이 단골이슈가 되는 계기가 되었다. 1998년 2월 김대중 국민의 정부 출범은 사실상 과거사 문제가 공론화될 수밖에 없는 상황이었다. 제일 먼저 만들어진 법이 '제주4·3사건 진상규명 및 희생자 명예회복에 관한 특별법'(1999년 12월 16일 제정, 2021년 12월 9일 개정[140])이다. 이어 김대중은 사상전향제를 폐지하고 양심수 문제 해결을 위한 석방과 인도주의적 차원에서의 북한 출신의 양심수들의 송환 조치를 취했다. 한국현대사에서 유례가 없는 일이었다. 또한 군사독재 정권 하에서 장준하 선생과 같은 민주화 인사들의 살해나 최종길 교수나 박종철 대학생과 같이 수사 중 고문사 등과 같은 의문사에 대한 진상규명을 위하여 2000년 1월 15일에는 '의문사진상규명에 관한 특별법'이 제정되었다.[141] 나아가 민주화운동 인사에 대한 명예회복 및 보상을 통하여 회복적 정의를 실현코자 했다. 한국현대사에서 최초로 실현한 회복적 정

139) 4·3유족회 홈페이지 자료실, "4·3진실찾기 그 길을 다시 밟다-양조훈 육필기록 <55> 정치권의 4·3 진실찾기," http://www.jeju43.com/bbs/board.php?bo_table=pds&wr_id=235 참고.

140) 2021년 12월 개정안의 주요 내용은 2022년 6월부터 2025년 5월말까지 보상금을 지급하도록 한 것이다. 신윤경, "제주 4·3 보상금 신청 6월부터 시작," *제주방송*, 2022년 2월 14일. 이 개정법안은 한국전쟁 전후 민간인 희생사건 중 최초로 보상금 지급 결정을 담은 것이라는 점에서도 의의가 있다. 이에 대해 문재인 대통령은 "과거사 문제를 풀어가는 교훈이자 유사한 민간인 희생 사건의 입법 기준이 될 것이며, 국제적으로 볼 때도 진상규명, 명예회복, 보상금 지급 등을 평화적으로 진행한 모범 사례로 화해와 상생의 가치를 보여 준다"고 설명하기도 했다. 원민음, "문재인 대통령, 제주4·3보상에 "70년 만에 정의 실현해 다행"," *천지일보*, 2022년 1월 4일.

141) 상세한 내용은 다음을 참조 바람. 장신기, *성공한 대통령 김대중과 현대사*, 209-223.

의는 그 중요성에도 불구하고 배·보상에 기초한 배상적 정의라고 박명림은 보았다. 여기서 더 나아가 회복적 정의와 함께 공동체의 용서와 화해, 통합과 치유를 통해 적과 동지의 구분을 넘어 서로를 인간으로 인식하면서, 과거 극복을 통한 진정한 화해를 이룰 것을 제안[142]하며, 그렇게 실현되는 정의를 창조적 정의(creative justice)[143]로 개념화를 시도하고 있다.

세 번째 화해 유형은 윤리로서의 화해이다. 윤리로서의 화해는 개인이 지닌 내면의 불안, 증오, 우울을 극복하고 평안을 찾는 과정과 관련된다.[144] 어쩌면 타인과의 화해보다 자기 자신과의 화해, 용서, 관용이 더 어려울 수 있다. 많은 사람은 괴로움을 잊기 위하여 분노나 복수를 단념하거나 현실 도피를 선택한다.[145] 그러나 단념이나 도피는 잠시 잊는 것이지 개인이 내면에 깔려 있는 증오, 불신, 트라우마는 합리적 이성의 능력밖의 문제이므로 자기와의 화해가 일어나지 않는다.

김대중의 윤리적 화해는 자신과 함께 일체화되어 있는 아내 이희호와 자녀들로부터 시작되었다. 1980년 내란음모사건 당시 이희호나 아들인 김홍업, 김홍걸 등에게 보내는 옥중서신에는 사랑, 용서, 평화, 화해라는 단어가 가득하다. 1980년 5·17 당시 전국적 지명수배를 받아 8월 30일 체포되어 11월 6일 석방되었던 김홍업(현 김대중평화센터 이사장)에게 보낸 편지를 보자.

---

142) 강효인·박명림, "과거청산과 과거극복: 화해와 치유로의 전환을 위하여," *인문사회21* 11, no.6 (2020): 2781.

143) 박명림, "정의의 회복과 과거 극복의 완전성의 문제: 거창사건을 중심으로," *일감법학* 42 (2019): 44.

144) 박명규, "평화와 화해: 책임정치와 심정윤리의 간극," 142-143.

145) 강남순은 피해를 받은 사람이 잘못을 저지른 사람에 대해 계속 분노를 느끼면서도 용서할 수 있는 상태에서 피해자가 선택하는 방식이 '단념'이라고 정리하고 있고, 통념적 용서라고도 한다. 강남순, "용서에 대하여: 용서의 가능성과 불가능성," 60.

사랑하는 아들 홍업에게

(……)

이웃사랑도 그렇다. 우리 이웃은 모두가 하느님의 자식이다(그가 기독교 신자이건 아니건). 그러므로 하느님 앞에 한 형제인 이웃을 사랑하는 것은 너무도 당연하며 특히 우리의 도움과 위로를 필요로 하는 이웃에의 사랑은 하느님의 계명 중 가장 중요한 것이다.

(……)

사랑하는 데 있어서 어려운 것은 자기가 원치 않는 사람, 심지어 증오한 자를 용서하고 사랑해야 한다는 것이다. 감정이 용납하지 않는 사람을 사랑한다는 것은 인간으로서는 불가능한 일일 것이다. 오직 하느님에게 의존해서 하느님의 도우심을 간구할 때에 가능하다고 믿는다. 그러나 인간적으로 생각하더라도 거기에는 몇 가지 가능한 길이 있다고 본다.

첫째는 나 자신도 죄인이라는 것이다. 만일 내가 일생에 남 몰래 저지른 나쁜 일과 마음에 품었던 악한 생각을 하느님 앞에, 혹은 군중 앞에 양사막에 비치듯이 비친다면 과연 나는 얼굴을 들고 남을 볼 수 있으며 그러고도 남을 용서할 수 없다고 할 수 있을까? 둘째는 남을 용서하지 않고 미워한다는 것은 자기 자신의 마음을 증오와 사악으로 괴롭히는 자기 가해의 어리석은 행동이라는 점이다. 셋째는 용서와 사랑을 거부해 가지고는 인간사회의 진정한 평화와 화해를 성취할 수 없다. 마음 놓고 살 수도 없고 진정한 행복도 없다. 나치즘이나 공산사회를 생각해보면 알 일이다. 넷째로 용서와 사랑은 진실로 너그러운 강자만이 할 수 있다. 꾸준히 노력하며 하느님께 자기가 원수를 용서하고 사랑하는 힘까지 가질 수 있도록 도와주시기를 언제나 기구하자. 그리하여 너나 내가 다 같이 사랑의 승자가 되자.[146]

146) 김대중, *옥중서신: 편지로 새긴 사랑, 자유, 민주주의. 1*, *김대중이 이희호에게*, 169-172.

아버지가 아들에게 쓴 옥중서신이 일반적인 부자간의 대화라고 한다면 낯뜨겁다거나 희귀하다고 할 수 있다. 그러나 위대한 정치가 김대중의 삶이 가족 모두를 비극으로 몰아넣은 상태에서 가족들이 느낄 분노와 억울함 공포심, 수치심을 느꼈을 아들에게 아버지는 괜찮다고 품어주고 있다. 그러한 정서는 막내 아들인 김홍걸에게 쓴 편지에서도 절절하게 흐르고 있다. 사형선고를 받은 아버지의 유언이 될지도 모르는 편지에서 말이다. 어쩌면 아버지의 원수를 갚아달라, 원한을 풀어달라는 말을 했다고 해도 하나도 이상하지 않았을 것이나, 김대중은 용서와 사랑, 화해를 말하고 있다. 놀라운 반전이고 진정한 평화주의자만이 할 수 있는 말이다.

또한 1987년 9월 8일, 김대중은 1971년 5월 제8대 국회의원 지지 유세차 광주를 방문한 이래로 처음으로 광주를 방문했다.

사진 7-6 **5·18민주항쟁 이후 처음 망월묘역을 방문한 김대중과 오열하는 5·18항쟁 유가족**

5·18 민주 항쟁 후 처음 망월동 묘역을 찾아가 유가족들과 오열했다.

"우리의 눈물을 닦아 주십시오"라던 5·18민주항쟁 유족자들을 부둥켜 안아주며 함께 통곡했던 김대중의 눈물은 호남인들의 고통과 원한, 지역차별을 치유하는 눈물이었을 것이다. 1997년 12월 18일, 그는 대통령 당선자가 되어서도 화해를 외쳤다.

> 1997년 12월 18일은 국민 전체가 대동단결할 수 있는 역사적 전환점으로 기억될 것입니다. 다시는 이 나라에 정치보복이나 지역차별이나 계층차별이 있어서는 안 됩니다.
> 저는 모든 지역과 계층을 다 같이 존경하고 사랑합니다. 저는 대통령으로서 모든 차별을 일소하고 모든 국가구성원의 권익을 공정하게 보장함으로써 다시는 이 땅에 차별로 인한 대립이 발붙이지 못하도록 할 것입니다. 특히 저는 지역 간 대립과 갈등의 시대를 마감하고 국민화해와 통합을 위한 밑거름이 될 것입니다.[147]

1997년 12월 대통령 당선인으로 결정되고 나서 한 일성에서도 지역과 계층 차별을 일소하고 모든 사람들이 화해할 수 있기를 주창했다. 또한 민주화운동 과정에서 희생한 사람들을 만나 민주화와 차별없는 화해의 세상을 다짐하기도 했다.[148]

심지어 그는 평생의 정치적 라이벌이라 할 수 있는 김영삼에 대해서도 "김대통령은 30년이상 군사독재에 반대하고 민주화를 위해 함께 싸워온 친구"라며, "때론 라이벌도 됐지만, 더 오랜 기간 합심해 싸워왔다"고 말했다. 미운정 고운정 사이라며 "전(두환)·노(태우)씨도 용서한 마당에 어떻게 김대통령에게 정치보복을 하겠느냐"고 역설하기도 했

147) 연세대학교 김대중도서관 편, *김대중 전집 I 제1권*, 2.

148) 김대중, *김대중 자서전 2*, 15.

다.[149] <DJ "YS는 내친구">라고 제목을 단《경향신문》(1997. 10. 01)의 기사는 김대중이 당시 창원 유세에서 경남도민들의 마음을 얻기 위한 정치적 이해득실에 따른 말이라고 했다. 신문의 논조처럼 정말 그랬을 수도 있을 것이다. 그러나 김대중의 화해 정신은 자기 자신으로부터 시작하여 가족, 공동체와 국민 전체의 용서와 관용, 사랑에 기초한 화해를 지향하고 있다. 회복적 정의에 토대를 둔 화해를 넘어서고 있다. 물론 그가 말했던 모든 사람이 차별과 폭력이 없는 평화와 화해의 대동세상이 말만 한다고 가능하거나 법제도를 만들기만 해서 되는 것은 아니다. 현실적으로 많은 난관이 있다. 2003년 어렵게 노무현 정부로 민주정부가 계승되었으나 2008년 보수정부가 출범되면서 한국 현대사의 축적되어 있는 남남갈등이 얼마나 심각한가 또는 한국의 민주주의가 얼마나 취약한가가 다시금 확연하게 드러났다. 여전히 우리에게는 화해의 꿈과 노력이 필요하다. 또한 참된 화해가 실현될 수 있는 평화의 한반도와 동아시아, 세계를 만들기 위한 노력과 그러한 리더십이 절실하다.

8. 맺음말

이상과 같이 김대중의 화해 사상과 방법론이 형성되어온 과정과 40년 가까운 정치적 수난 속에서 좌절되기 보다는 그의 화해 정신이 더 단련되고 성숙될 수 있었던 원동력을 살펴 보았다. 그러한 과정에서 나타난 김대중의 화해 정치가 보인 특징을 다음과 같이 정리하게 되었다.

첫째, 김대중은 자신에게 가해졌던 반인륜적 가혹행위, 국가폭력에

---

149) 이병광, "DJ "YS는 내친구"," *경향신문*, 1997년 10월 1일, 5.

대해 본능적 분노에 그치지 않고, 성찰적 분노로 성숙시켰다는 점이다. 둘째, 김대중의 용서는 가해자의 고의 또는 과실에 대한 잘못이 충분히 또는 제대로 시인되거나 사과조차 이루어지지 않음에도 이뤄졌다. 셋째, 김대중은 본능적 분노가 아닌 성찰적 분노를 통하여 새로운 미래 지향적 가능성의 길을 열었다. 바로 화해의 길이고 미래로 나아가기 위한 희망이었다.

김대중은 세 가지 유형의 화해를 실천해 나갔다. 우선 정치로서의 화해는 국제적으로는 남북 정상의 화해와 한일 간의 화해를 들 수 있다. 특히 남북 정상 간의 화해는 분단과 전쟁 이후 최초로 이루어진 남북의 정상회담을 통해서 이루어졌고, 6·15남북공동선언을 가져와 2000년대 한반도 평화의 가능성에 성큼 다가가게 했다. 또한 국내적으로는 정치적 보복 없는 화해통합을 제시했다. 남북과 한일 간의 화해는 국내 정치 세력들 간의 화해를 가져오는 선순환을 이룰 수 있는 힘이 됨을 입증했다.

또한 김대중은 정의로서의 화해로서 과거사 문제를 해결하기 위해 노력했다. 그는 가해자에 응징하는 것에 초점을 맞추는 응보적 정의를 내려놓고, 진상규명과 피해자의 명예회복과 배상을 통해 회복적 정의를 실현하기에 힘썼고, 그 이후 최근까지도 진실·화해의 한국형 모델을 정립했다. 회복적 정의에 기반으로 하면서도 배상문제에만 국한되지 않도록 하기 위해서는 피해자들의 고통과 트라우마를 치유하기 위한 노력이나 교육, 문화적 노력과 함께 그러한 노력이 지속적으로 실현될 수 있도록 하기 위한 창조적 정의를 실현하는 노력으로 성숙되어야 할 것이다.

나아가 김대중은 윤리로서의 화해를 실현하기 위해서 한편으로는 자기 자신의 용서를 구하고자 종교적 신앙에 매달리며, 가족들이 사랑, 용서, 평화, 화해 등의 마음을 잃지 않도록 위로하고 용기를 주었다. 또한 5·18 유족들을 뜨겁게 포옹하면서 슬픔과 고통을 나누며, 차별없는 세상이 되도록 노력함을 약속하고 지켜나갔다. 특히 사회적 약자들을 탄압하고 차별했고, 김대중을 죽음으로 몰아넣으려 했던 독재 정치가들에 대해서도 한편으로는 연민하면서, 정치적 보복 없는 화해를 이루기 위해 힘썼다.

화해라는 마음의 현상이 객관적 환경을 다 바꿀 수 있는 것은 아니다. 화해는 마음으로부터 시작하여 사람들의 관계에서 구현되거나, 정치적으로, 때로는 국가 간에도 적용되는 개념이다. 화해의 마음이 현실화되는 데에는 필연적으로 객관적 조건이 작동되기 마련이다. 남북문제나 한일문제에서 보듯 한 번 화해를 이루었다고 하여 계속 화해적 관계가 지속되는 것은 아니다. 법제도적으로든 사회문화적으로든 화해 상황을 역행하지 않고 지속하기 위한 노력이 되지 않으면 일시적일 수밖에 없다. 특히 화해의 정치라면 더욱 그렇다. 해당 사회나 국가가 진정 화해를 원한다면 화해를 유지하거나 그런 분위기를 성숙시킬 수 있는 주체와 노력이 필수적이다. 예컨대 1972년 빌리 브란트 서독 총리와 빌리 슈토프 동독 총리 간에 동서독 기본조약을 체결하여 '동등한 기반 위에서 정상적인 이웃관계'를 약속했다. 또한 상호불가침 문제, 인도적 문제를 해결하기 위해 노력하는 과정에서 화해를 지켜나가기로 했다. 1991년 통일되기까지 두 번의 정권 교체가 있었으나 대체로 기본조약은 지켜졌다. 그러한 일관성 있게 화해 상태를 유지했기에 1972년의 정치적 조약은 동서독 통일로 이어질 수 있었다.[150]

한반도에 진정 평화와 화해가 가능하기 위해서는 한 사람의 위대한 사상이나 정치만으로는 부족하다. 결국 위대한 사람의 정신을 지속적으

---

150) 김영윤, "동서독 교류·협력과 대동독대가지급," *통일정책연구* 10, no.2 (2001): 297-298.

로 계승해 나갈 수 있는 정치체제와 사회문화를 만들면서 주변국들을 이해시키고, 협조할 수 있는 기반을 만들고 정착시켜나가야 한다. 김대중의 화해의 사상과 정치는 21세기 여전히 진행 중인 꿈이자, 한반도 사람들이 미래를 열어나가야 할 전망이자 방법론이다.

참고문헌

[논문]

강효인·박명림. "과거청산과 과거극복: 화해와 치유로의 전환을 위하여." *인문사회21* 11, no.6 (2020).

강혁민. "분단적대성의 평화적 전환을 위한 최대주의 화해 연구." *평화학연구* 22, no.2 (2021).

곽은영. *"김대중 정권기 한일관계: 화해의 리더십과 실리주의 대일정책을 중심으로."* 석사학위, 국민대학교 대학원, 2014.

권오윤. "북한체제의 변화와 김대중 정부의 화해협력정책에 관한 연구." *21세기정치학회보* 11, no.2 (2001).

김귀옥. "6·15남북공동선언의 대북관에 대한 영향." *통일인문학* 83 (2020).

_____. "김대중 평화사상의 형성과 정치적 실천." *통일과평화* 12 no.2 (2020).

김봉진. "반일과 역사 화해." *일본비평* 4 (2011).

김연철. "민주정부 10년의 대북 화해 협력 정책." *내일을 여는 역사* 37, 겨울호 (2009).

김영미. "외교문서를 통해서 본 김대중 납치사건과 한·일 연대." *한국근현대사연구* 58, no.1 (2011).

김영윤. "동서독 교류·협력과 대동독대가지급." *통일정책연구* 10, no.2 (2001).

김영환. *"기능주의 관점에서 본 대북정책의 한계와 대안 : 김대중·노무현·이명박 정부를 중심으로."* 박사학위, 경남대학교 대학원, 2017.

김은경. "냉전 변용기의 한일관계의 전개 _김대중 납치사건과 박정희 대통령 저격사건을 중심으로." *일본공간* 7 (2010).

김종곤. "'분단적대성 지표'(IKAI)의 개발과 타당성." *통일인문학* 81 (2020).

김학재. "김대중의 통일·평화사상." *통일과평화* 9, no.2 (2017).

노명환. "김대중 화해 사상의 특수성과 보편성: 이분법의 극복과 '다양성 속의 통일'의 변증법." *통일과 평화* 12, no.2 (2020).

박광현. "대통령 사면권의 정당성과 한계." *법학연구* 17, no.3 (2014).

박명림. "정의의 회복과 과거 극복의 완전성의 문제: 거창사건을 중심으로." *일감법학* 42 (2019).

박상익. "'김대중의 3단계 통일론'과 통일준비 과제." *군사발전연구* 8, no.2 (2014).

백학순. "김대중정부와 노무현정부의 대북정책 비교." *세종정책연구* 5, no. 1 (2009).

성경륭. "김대중-노무현 정부와 이명박 정부의 대북정책 추진전략 비교 : 한반도 평화와 공동번영 정책의 전략, 성과, 미래과제." *한국동북아논총* 48 (2008).

신정현. *"노태우·김대중 정부의 대북정책 비교 : 국제환경·국내정치·정책결정자 요인을 중심으로."* 석사학위, 북한대학원대학교, 2015.

윤재문. *"김대중정부의 대북 화해협력정책 : 성과와 한계."* 박사학위, 조선대학교 대학원, 2005.

이미숙. "1980년 '일한연대' 활동의 성격과 의미: 일본 시민사회의 광주 5·18과 '김대중 구명운동' 자료를 중심으로." *민주주의와 인권* 19, no.4 (2020).

이완범. "김대중 납치사건과 박정희 저격사건." *역사비평* 80 (2007).

이재욱. *"김대중 정부의 부처간 갈등관리에 관한 연구 : 대북화해협력정책을 중심으로."* 석사학위, 국방대학교 안전보장대학원, 2003.

정일형. "국가폭력 이후의 사면: '가해자의 관용'과 '피해자의 용서'." *한국사학사학보* 42 (2020).

조극훈. "응보주의 형벌론과 교정 정의." *교정담론* 15, no.1 (2021).

조석근. *"김대중정부의 대북화해협력 정책 연구."* 석사학위, 경희대학교 행정대학원, 2003.

천자연. "다음 세대를 위한 한일 관계의 새로운 패러다임 화해, 그리고 회복적정의." *일본비평* 12 (2015).

최용섭. "김대중 정부의 대북 화해협력정책에 대한 평가." *한국동북아논총* 7, no.4 (2002).

홍동현, "1920년대 하의도 농민운동의 전개와 항일 연대," *도서문화* 56 (2020).

[단행권]

강남순. *용서에 대하여: 용서의 가능성과 불가능성 On Forgiveness*. 파주: 동녘, 2021[2017].

김관원. “한일 화해의 허들: 일본 정부의 이중적인 역사인식을 중심으로.” 이병택 편. *역사화해의 이정표 II*. 서울: 동북아역사재단, 2021.

김대중. “Cultural Tradition and Democracy in Korea.” *한국현대사가 묻는 것: 우리는 어떻게 살아야 할 것인가?*. 서울: 갈릴리문고, 1983.

김대중. “4월 혁명의 역사적 의의 – 반독재 반공의 자유민주혁명–.” 연세대학교 김대중도서관 편. *김대중 전집 II 제1권*. 서울: 연세대학교 대학출판문화원, 2019.

김대중. “네–루 수상에의 공개장.” 연세대학교 김대중도서관 편. *김대중 전집 II 제1권*. 서울: 연세대학교 대학출판문화원, 2019.

김대중. “위대한 한국인의 저력을 보여줍시다.” 연세대학교 김대중도서관 편. *김대중 전집 I 제1권*. 서울: 연세대학교 대학출판문화원, 2015.

김대중. “한일우호의 길(상, 하).” 연세대학교 김대중도서관 편. *김대중 전집 II 제1권*. 서울: 연세대학교 대학출판문화원, 2019.

김대중. *공화국연합제*. 서울: 학민사, 1991.

_____. *김대중 자서전 1*. 서울: 삼인, 2010.

_____. *김대중 자서전 2*. 서울: 삼인, 2010.

_____. *민족의 새벽을 바라보며*, 서울: 일월서각, 1987.

_____. *한국 현대사가 묻는 것: 우리는 어떻게 살아야 할 것인가?*. 서울: 갈릴리문고, 1983.

_____. *옥중서신: 편지로 새긴 사랑, 자유, 민주주의. 1, 김대중이 이희호에게*. 서울: 시대의 창, 2009.

김태우. *냉전의 마녀들*. 서울: 창비, 2021.

류상영·와다 하루키·이토 나리히코 편. *김대중과 한일관계: 민주주의와 평화의 한일현대사*. 서울: 연세대학교 대학출판문화원, 2012.

박명규. “평화와 화해: 책임정치와 심정윤리의 간극.” 전우택 편. *용서와 화해에 대한 성찰*. 서울: 명인문화사, 2018.

박태균. *사건으로 읽는 대한민국*. 서울: 역사비평사, 2013.

백학순. *김대중정부와 노무현정부의 대북정책 비교*. 성남: 세종정책연구, 2009.

북한대학원대학교 극동문제연구소. *Prospects for new inter-Korean Relations,* 서울: 북한대학원대학교, 2001.

연세대학교 김대중도서관 편. *김대중 전집 I 제1권*. 서울: 연세대학교 대학출판문화원, 2015.

연세대학교 김대중도서관 편. *김대중 전집 II 제1권*. 서울: 연세대학교 대학출판문화원, 2019.

연세대학교 김대중도서관 편. "독일 시사주간지 <슈피겔(Der Spiegel)과의 인터뷰 (1998. 2. 16)." *김대중 전집 I 제1권*. 서울: 연세대학교 대학출판문화원, 2015

외교통상부. *김대중 납치사건 관련 자료집-전5권*. 파주: 한국학술정보, 2010.

윤여준. *대통령의 자격*. 서울: 메디치, 2011.

이해완. "용서와 화해, 그 불가능에서 가능성으로 가는 길." 전우택 편. *용서와 화해에 대한 성찰*. 서울: 명인문화사, 2018.

장신기. *성공한 대통령 김대중과 현대사* 서울: 시대의 창, 2021.

정상돈. *브란트·슈미트 정부의 대동독 화해정책과 김대중 정부의 햇볕정책 비교연구*. 성남: 세종연구소, 1999.

정세현. *대북화해협력정책의 오늘과 내일*. 서울: 통일부, 2002.

정진백 편. *김대중 대화록 1973~2008*. 광주: 행동하는 양심, 2018.

주돈식. *우리도 좋은 대통령을 갖고 싶다*. 서울: 사람과 책, 2004.

통일부. *국민의 정부 5년간 대북정책 추진성과*. 서울: 통일부, 2002.

한국노동조합총연맹. *금속노동운동 40년사*. 서울: 전국금속노동조합연맹, 2005.

한국통일안보학회·한국언론재단 공편. *통일환경의 변화와 한반도 평화의 모색*. 서울: 한국언론재단, 2000.

한국학중앙연구원 편. "호남매일." *한국민족문화대백과사전,* 성남: 한국한중앙연구원.

[외국어]

Derrida, Jacques. *용서하다 Pardonner.* 배지선 역. 서울: 이숲, 2019.

Kim, Gwi-Ok. "Building a Peaceful East Asian Community: Origins of a Regional Concept and Visions for a Global Age." *Asian Perspective* 37, no.2 (2013).

Koschyk, Hartmut(하르트무트 코쉭) 편. *김대중 대통령과의 만남 : 한반도의 평화, 화해 그리고 통일을 향한 길.* 김소연 역. 서울: 한림출판사, 2003.

Siegel, Daniel J. *마음의 발달 The Developing Mind.* 방희정 외 공역. 서울: 하나의학사, 2018[2012].

高木大三(타카키 다이조). *世紀の和解: びっくり, どっきり「韓國政治入門」.* 東京 : アートヴィレッジ(Art Village), 1997.

藤目ゆき(후지메 유키). "제2차 세계대전 후 일본의 '여성해방': 섬유노동자의 경험을 통해서." 김귀옥 외. *동아시아의 전쟁과 사회.* 파주: 한울, 2009.

西岡力(니시오카 쓰도무). *金正日과 金大中 : 남·북한 화해에 속지 말라.* 박화진 역. 서울: 한국논단, 2000.

徐勝·中戶祐夫 編. *朝鮮半島の和解 · 協力10年 : 金大中 · 盧武鉉政權の對北朝鮮政策の評價.* 東京: 御茶の水書房, 2009.

[정기간행물 및 1차 자료]

김대중(구술)·류상영(면접), "김대중 제4차 인터뷰"(녹취록), 김대중도서관, 2006. 06. 19.

김대중(구술)·류상영(면접), "김대중 제5차 인터뷰"(녹취록), 김대중도서관, 2006. 06. 26.

한완상(구술)·김귀옥(면접), 2022. 02. 25.

권복기, "5.18단체 김대중총재 항의방문," *한겨레신문,* 1997년 9월 9일, 27.

김기경, "해적판 일(본) 만화 이미 시장장악," *경향신문,* 1999년 10월 20일, 7.

김창기, "'호혜·평등의 동반자' 재확인," *조선일보,* 1995년 1 1월 15일, 3.

김한태, "전두환씨 "DJ에 은혜입어"," *경향신문,* 1998년 4월 15일.

박래용·강진구, "전두환씨 사형 선고," *경향신문,* 1996년 8월 27일.

박훈, "점입가경, 일본의 혐한," *경향신문,* 2022년 1월 20일.

신승근, "김대통령 친필휘호 1700만원에 팔려 지팡이 1200만원선… 양복은 350만원 실업대책 바자회," *한겨레신문,* 1998년 4월 27일.

신윤경, "제주 4·3 보상금 신청 6월부터 시작," *제주방송,* 2022년 2월 14일.

신익준, "김수환 추기경 소장 미술품전 열려," *CPBC 뉴스,* 2010년 3월 4일.

원민음, "문재인 대통령, 제주4·3보상에 "70년 만에 정의 실현해 다행"," *천지일보,* 2022년 1월 4일.

윤진석, "김성재 "김대중 납치사건 이후락도 포용… 그게 DJ리더십"," *시사오늘(시사ON),* 2021년 11월 25일.

이낙연. "외동내정의 치밀한 전략가: 김대중," *동아일보*. 1987년 9월 29일.

이동관."김대중후보가 걸어온길," *동아일보.* 1992년 5월 26일.

이병광, "DJ "YS는 내친구"," *경향신문,* 1997년 10월 1일, 5.

이준, "21세기 한-일관계 (상) : 감정보다 이성, 과거보다 미래로," *조선일보,* 1998년 5월 28일, 3.

이철민, "용공전력-조문파동… 치밀한 '색깔검사'," *조선일보,* 1997년 10월 9일.

임범, "'정략 사면' 비난 거세," *한겨레신문*, 1997년 9월 2일, 1.

임영태, "형무소 재소자 학살사건(2)-광주·전남과 대구·경북, 그리고 부산·경남지역," *통일뉴스,* 2016년 9월 27일.

임채청·윤영찬, ""5·18관련자 용서" 쟁점부상," *동아일보,* 1995년 10월 3일, 3.

정길근, "전.노씨 사면 배경 피해자의 용서…화합의 '대중시대'로," *경향신문,* 1997년 12월 21일, 5.

정중헌, "몰려온 일본 문화… '저질'이 판친다," *조선일보,* 1985년 6월 20일, 7.

조현재, "DJ의 강행군," *매일경제신문,* 1998년 6월 15일.

동아일보, "15일 투쟁돌입, 대일굴욕외교반대위 전국유설," 1964년 3월 12일.

동아일보, “김대중 대통령당선자 기자회견 요지,”1997년 12월 20일, 5.

동아일보, “김대중 총재 “전-노 사면결정 김 대통령 임기내”,” 1997년 8월 31일, 1.

동아일보, “김대중사형선고.” 1980년 9월 17일.

동아일보, “김후보집 폭발물사건, 정국 긴장초래”, 1971년 1월 28일, 1.

경향신문, “끝내 사과도 없이 이뤄진 '박근혜 사면', 유감스럽다,” 2021년 12월 22일, 23.

뉴시스, “[단절된 한일 관계]민심 잃은 스가, 정권 유지용 '반한 정치' 몰두,” 2021년 7월 15일.

동아일보, “신민, 진상조사 촉구 “김대중씨 윤화원인에 의심점””, 1971년 5월 25일, 1.

연합뉴스, “'영화' 일본영화 상영회 및 개방문제 토론회,” 1998년 5월 18일.

한겨레신문, “원칙 허문 문 대통령의 '박근혜 사면', 개탄스럽다, ” 2021년 12월 24일, 10.

동아일보, “인접해양주권선언,” 1952년 1월 20일.

김경도, “전두환씨.노태우씨 오늘 사면 석방,” *매일경제*, 1997년 12월 22일.

박세정, “'제5회 한국국제교류재단상' 하르트무트 코쉭 의원”, *재외동포신문*, 2016년 2월 5일.

한겨레신문, “'하루의 선택' 부동표 건지기 온힘,” 1992년 12월 17일, 5.

4·3유족회 홈페이지 자료실, “4·3진실찾기 그 길을 다시 밟다-양조훈 육필기록 <55> 정치권의 4·3 진실찾기,” http://www.jeju43.com/bbs/board.php?bo_table=pds&wr_id=235

Ministry of Foreign Affairs of Japan, “日韓共同宣言 – 21世紀に向けた新たな日韓パートナーシップ–,” 1998年10月8日, https://www.mofa.go.jp/mofaj/a_o/na/kr/page1_001262.html.

8장

김대중의 용서·화해 사상과 분단극복·지구평화[1]

노명환

1. 김대중의 용서·화해 사상과 자유, 민주주의, 공존, 평화, 상생의 원동력

김대중의 용서·화해 사상은 그가 추구한 자유, 민주주의, 공존, 평화, 상생의 사회를 위해 핵심의 가치를 이룬다. 이러한 그의 용서·화해 사상을 이해하기 위해서는 그의 인간과 사회의 본질에 대한 통찰력 그리고 그의 기독교 신앙을 깊이 있게 파악할 필요가 있다. 김대중의 용서·화해 사상의 핵심에는 이분법의 극복과 지속적인 '다양성 속의 통

1) 이 글은 필자가 그동안 이미 연구한 결과들인 아래의 논문들의 내용들과 새롭게 전개하고자 하는 내용을 종합하여 작성한 것이다. 노명환, "초국가주의 민주주의 평화사상과 지역공동체의 추구 및 분단극복 정책: 빌리 브란트의 동방정책과 김대중의 햇볕정책의 비교사적 연구," EU연구 30 (2012): 133-177; 노명환, "분단국의 민주주의와 통일정책의 상호관계: 구성주의 이론과 하버마스의 공론장 개념을 적용한 빌리 브란트와 김대중의 민주주의 이념과 정책, 분단극복 방안에 대한 비교를 중심으로," 역사학연구 49 (2013): 195-240; 노명환, "김대중 화해 사상의 특수성과 보편성: 이분법의 극복과 '다양성 속의 통일'의 변증법," 통일과 평화 12, no.2 (2020): 53-102.

일'의 변증법을 추구하는 바가 들어 있다. 즉, 변증법의 세계관·우주관으로 연결되어 있다.

먼저 우리는 김대중의 이러한 용서와 화해 사상을 보편성과 특수성으로 나누어서 이해해 볼 수 있겠다. 그의 용서·화해 사상의 보편성은 인류 보편의 차원을 뜻하며, 특수성은 이러한 보편성이 그의 시련의 삶과 정치에서 특수하게 융합·구성된 측면을 말한다. 이 특수성은 정치적 보복이라는 가능성을 절대적으로 초극하기 위한 치열한 추구와 관련되어 있다. 물론 이러한 특수성과 보편성은 명확히 구별되지 않고 많은 부분 서로 중첩되어 있다. 둘 사이의 차이점은 다양한 관점들에 따라 다양하게 부각될 수 있고, 이분법적으로 나뉠 수 없는 것으로 변증법적으로 통합되어 갈 수 있다. 즉, 이 특수성과 보편성의 측면들은 고정된 성격들이 아니다. 끊임없이 상호 작용하며 새롭게 융합된다. 이를 이론적으로 그리고 정치·사회 현실 속에서 파악해 내는 것이 대단히 중요하다. 정치 현실에서 그의 용서와 화해 정책은 많은 논란을 야기했다.

이 글에서는 그의 용서와 화해 사상이 자유, 민주주의, 공존, 평화, 상생의 가치 그리고 분단극복·지구평화를 위한 정책들과 어떻게 연결되는지 알아본다. 이와 관련하여 특히, 그의 지구민주주의 개념 및 지식정보 사회 그리고 그와 인연이 있는 한류(韓流)의 의미와 정책을 되새겨 본다. 이러한 정책들이 변증법의 세계관·우주관 속에서 용서와 화해 사상에 기반하여 자유, 민주주의, 공존, 평화, 상생의 가치를 어떻게 추구해 가는지를 살펴본다.

1) 김대중의 용서·화해 사상의 보편성

김대중의 용서와 화해의 보편적 가치에 대한 신념은 삶과 정책에서 일관되게 적용되는 사상체계를 이루었다. 그에게 있어서 진정한 화해와 평화의 전제 조건은 용서와 사랑이었다. 김대중은 이러한 측면을 1980년 육군교도소에서 사형수로서 언제 죽을지 모르는 하루하루를 보내면서 둘째 아들 홍업과 셋째 아들 홍걸에게 보내는 편지들을 통해 명문화한 바 있다. "용서와 사랑을 거부해 가지고는 인간 사회의 진정한 평화와 화해를 성취할 수 없다."[2] "용서는 모든 사람과의 평화와 화해의 길이기 때문에 기쁜 마음으로 이를 해야 한다."[3] 김대중은 그의 대통령 재임 시기 사형을 한건도 집행하지 않았다. 그는 특별 사면을 통해 9명의 사형수를 무기 징역으로 감형시켰다. 그는 사형제도에 동의하지 않았다. "나는 원칙적으로 사형폐지론자입니다. 사람이 사람의 목숨을 빼앗을 권리가 없다고 생각합니다. 아무리 극악한 범죄를 저지른 사람도 다시없이 선한 사람으로 개과천선하는 경우를 많이 보아왔습니다. 그러기에 무한한 가능성을 가진 인간의 목숨을 함부로 빼어서는 안 된다고 생각합니다. 더욱이 한 인간의 목숨을 빼앗는 다고 그 범죄가 없어지는 것도 아닙니다."[4]

각 사람은 관계 맺기와 과정 속에서 존재하고 끊임없는 변화 속에 있다. 악한 사람도 선한 사람으로 변할 수 있다. 그래서 어느 한 순간의 잘못으로 사람을 죽일 수 없다고 생각했다. 이러한 내용들이 그의 용서·화해 사상의 보편성 측면을 잘 나타내 주었다. 이러한 보편적인 특성은 그의 종교적 차원과 연결되었다.

---

2) 김대중, *옥중서신* (서울: 도서출판 한울, 2000), 27-28.

3) 위의 책, 31.

4) 김대중, *다시, 새로운 시작을 위하여. 사랑하는 젊은이와 존경하는 국민들에게 바치는 이야기* (서울: 김영사, 2009), 83-84; 연세대학교 김대중도서관 편, *김대중 전집 II. 제20권, 김대중이 남긴 정책과 철학의 기록들* (서울: 연세대학교 대학출판문화원, 2019), 323.

김대중은 항상 '같은 인간으로서 누가 누구를 단죄할 수 있는가?' 하는 의문을 가졌다. 죄는 미워하되 사람을 미워해서는 안 된다고 생각했다. 사람이 사람을 심판할 수는 없다. 사람의 죄를 심판하는 것은 신만이 할 수 있다. 그에 따르면 사람은 누구나 약하고 잘못을 저지르면서 산다. 그래서 다른 사람의 잘못을 용서해야 한다고 생각했다.

그는 나치와 그리고 공산 치하에서 기독교 종교 신앙으로 인해 감옥살이와 온갖 고문을 받으면서도 슬기롭게 극복해낸 루마니아의 목사, 리처드 웜브란트(Richard Wurmbrand)의 다음과 같은 말을 예로 들면서 이 점을 여러 곳에서 강조했다. "만일 내가 일생 동안 품고 살아온 사악한 마음의 비밀, 남에게 발견되지 않은 갖가지의 잘못한 행동들이 스크린에 드러난다면 나의 아내조차 나와 같이 살지 않으려고 할 것이다."[5] 김대중은 이러한 내용을 앞에서 언급한 둘째 아들, 홍업에게 보내는 편지에서도 쓰고 있다. "나 자신도 죄인이라는 것이다. 만일 내가 일생에 남 몰래 저지른 나쁜 일과 마음에 품었던 악한 생각을 하느님 앞에, 혹은 군중 앞에 영사막이 비치듯이 비친다면 과연 나는 얼굴을 들고 남을 볼 수 있으며 그러고도 남을 용서할 수 없다고 할 수 있을까?"[6]

이와 같이 그의 용서의 사상은 인간이 인간을 벌할 수 없고 온전한 신만이 할 수 있다는 그의 종교적 신념에 기초한다. "당신들 가운데 죄 없는 사람이 있으면 이 여자에게 돌을 던지시오."[7] "하늘 아래 의인(義人)은 없다."[8]와 같은 예수의 말씀을 김대중은 자주 인용했다. 그는 인

---

5) 위의 책, 321.

6) 김대중, 옥중서신, 27-28.

7) 요한복음 8장 7절; 연세대학교 김대중도서관 편, *김대중 전집 II. 제20권, 김대중이 남긴 정책과 철학의 기록들*, 321.

8) 로마서 3장 10절; 위의 책, 321.

간이 의무로서 갖게 되는 '용서'의 덕을 강조했다. "그러므로 용서는 그 어떤 자선이나 권리가 아니고 의무입니다."[9]

2) 김대중의 용서·화해 사상의 특수성

그런데 이러한 용서·화해 사상의 보편성이 아래와 같이 그의 시련의 정치 역정에서 복수를 극복해야 한다는 뜻의 특수성으로 또한 자리 잡아갔다. 1985년 미국 망명 생활에서 귀국한 후 출간한 ≪행동하는 양심으로≫[10]의 서문에서 김대중은 그의 용서에 대한 종교적 신념과 신조에 의거하여 복수를 하지 않고 용서를 하겠다는 뜻을 다음과 같이 썼다. "나는 이와 같이 국민과 나의 양심에 충실하게 살기 위해 목숨을 걸고 싸웠지만, 반면 이러한 나의 투쟁이 우리를 박해한 사람을 포함해서 모두를 구원하겠다는 그리스도의 참 정신에 비추어 어떠한 경우에라도 나를 박해한 사람들에게 박해를 하겠다는 계획을 세운 일이 없다."[11] 이 글에서 그는 또한 귀국 전에 뉴욕과 로스앤젤레스의 교포들 앞에서 어떠한 시련 속에서도 민주주의와 평화통일 운동을 위한 길을 굳건히 가겠다는 의지를 표명했다. 그리고 어떠한 정치 보복도 수행하지 않겠다는 다짐을 굳게 했음을 밝히고 있다.[12]

여기에서 우리는 '일벌백계를 위한 신상필벌은 반드시 정치보복인

---

9) 위의 책, 321.

10) 이 책은 1973년 김대중이 일본에서 출판한 『독재와 나의 투쟁』, (일본 광화당(光和堂) 출판사, 1973) 을 1985년 『행동하는 양심으로』, 라는 제목으로 한국 (금문당 출판사)에서 출판된 것이다. 당시 독재정권의 정부로부터 납본필증을 받을 수 없어서 원제목인 『독재와 나의 투쟁』으로 하지 못했다. 내용은 같으며 [개정판 서문]이 추가되었다. 이 책의 개정판이 2009년에 다시 출간되었다.

11) 연세대학교 김대중도서관 편, *김대중 전집 II. 제20권, 김대중이 남긴 정책과 철학의 기록들*, 8.

12) 연세대학교 김대중도서관 편, *김대중 전집 II. 제20권, 김대중이 남긴 정책과 철학의 기록들*, 8; 노명환, "김대중과 빌리 브란트의 다양성 속의 통일 사상과 남한과 서독의 정치·사회·문화적 토양," *역사문화연구* 75 (2020. 08), 153-154.

가?' 하는 점을 생각해 볼 수 있는데, 김대중은 용서와 일벌백계의 신상필벌 사이에 구별하기 어려운 지점을 다음과 같이 설명했다. "오직 하느님 앞에 죄를 자복하고 원수를 용서하고 이웃을 위해 봉사하는 정신적 초인만이 역사를 통해 영원한 승리자로서 존재하고 있습니다. 그런데 정말로 용서해서는 안 된다고 생각되는 사람도 있을 것입니다. 실제로 흉악한 범죄를 저지른 사람에게 사형이 집행됩니다. 도조 같은 전쟁범죄자에게는 교수형이 처해집니다. 하느님의 입장에서는 인간에게 그럴 권리는 없습니다. 그러나 사람들은 현실 사회의 질서를 지키고, 무고한 사람들의 희생을 막기 위해서 불가피한 조치로 이러한 일을 집행합니다. 하느님의 법률과 사람의 법률 사이의 갈등이 여기서 나타납니다. 이것은 우리에게 던져진 커다란 숙제입니다."[13]

이러한 고뇌 가운데서도 그는 다음의 점을 강조했다. "그러나 여기에서 분명한 것은 어떠한 경우에도 나는 의롭다, 나에겐 죄가 없다는 태도로 증오와 심판자의 교만 속에서 남을 처단해서는 안 된다는 것입니다."[14] 하느님의 법과 사람의 법이 조화를 이루는 구체적인 방법은 사람은 용서하되 죄는 청산하고 그 원인이 되는 구조와 제도를 고치는 것이었다. 때문에 사람에 대한 용서는 무조건 해야 했다. 그렇지 않은 경우 그것은 복수에 해당했다.

우리는 여기에서 용서란 죄지은 자가 잘못을 뉘우치고 용서를 구할 때 가능한 것 아닌가? 그래야 진정한 화해가 가능한 것 아닌가? 하는 문제제기를 할 수 있다. 그런데 김대중은 위에서 소개한 이유들로 먼저 용

---

13) 김대중, *다시, 새로운 시작을 위하여. 사랑하는 젊은이와 존경하는 국민들에게 바치는 이야기*, 83; 연세대학교 김대중도서관 편, *김대중 전집 II. 제20권, 김대중이 남긴 정책과 철학의 기록들*, 323.

14) 김대중, *다시, 새로운 시작을 위하여. 사랑하는 젊은이와 존경하는 국민들에게 바치는 이야기*, 83; 연세대학교 김대중도서관 편, *김대중 전집 II. 제20권, 김대중이 남긴 정책과 철학의 기록들*, 323.

서할 것을 제안하고 있다. 그러면서 사람과 죄를 구별할 필요성과 나쁜 제도를 척결해야 할 당위성을 제기했다. 그의 용서·화해 사상의 특수성이다. "그러나 용서는 사람을 용서하는 것이지 그 죄악과 나쁜 제도를 용서하는 것은 아닙니다."[15] 그는 같은 뜻에서 다음과 같이 또한 강조했다. "우리가 두려워하고 경계해야 할 것은 사람이 아닙니다. 나쁜 일을 저지를 수 있는 법과 제도가 문제인 것입니다. 독재자들은 그것을 무기로 휘둘러서 나쁜 짓을 합니다. 그 무기를 빼앗아 버리면 마치 삼손에게서 털을 뽑아 버린 것과 마찬가지로 무력해 집니다. 그 사람을 그 지위에서 끌어내리기만 하면 그도 우리와 똑같은 보통의 힘밖에는 없는 인간입니다. 그런 보통의 인간을 두려워 할 필요가 없고 용서하지 못할 이유가 없습니다."[16] 이러한 논리에서 그는 용서를 못하는 것을 정치 보복으로 이해했다. "그래도 용서하지 않는다는 것은 국민과 사회를 지키기 위한 것이 아니라 눈에는 눈, 이에는 이로 대하는 부끄러운 보복 행위밖에 되지 않습니다."[17] 이러한 측면은 특히 그의 용서·화해 사상이 종교적 신앙에 의거한 특수성을 갖는다고 할 수 있겠다.

그가 이러한 특수성의 신념을 실천한 것으로서 아래와 같은 사례들을 볼 수 있다. 아래 인용문들에서 보는 바, 그의 종교적 신조, 박해받은 삶 등에 기초하여 신상필벌의 심판을 정치적 복수로 보는 그리하여 용서의 절대성을 주장하는 측면이 분명하게 자리 잡고 있다. 김대중에게 있어서 용서와 화해 사상의 보편성이 그의 시련의 삶과 정치 속에서 정치적 복수를 초극하여 평화와 공존을 가능하게 하고자 하는 특수한 성

---

15) 위의 책, 321.

16) 김대중, *다시, 새로운 시작을 위하여. 사랑하는 젊은이와 존경하는 국민들에게 바치는 이야기*, 115.

17) 위의 책, 115.

격을 띠게 된 것이다. 김대중은 1973년 8월 일본 동경의 한 호텔에서 한국중앙정보부의 사주를 받은 괴한 청년들에 의해 납치되어 바다에 수장될 뻔 했다. 그 죽음의 길에서 구사일생 생환한 뒤 한 기고문에서 다음과 같이 말하면서 그들을 용서했다. “나는 지금 젊은 한국 청년들의 행위를 미워하지 않는다. 배 안에서 청년들은 처음에는 내가 김대중이라는 것조차 몰랐다. 나를 알게 된 그들은 묶여진 손발을 문질러 주고 감싸주고 위로해 주었다. … 아무것도 모르고 나라를 위한다는 순진한 청년들의 마음을 이용한 상부를 미워해도 오히려 나는 청년들의 그 애국심에 나라의 장래에 밝은 빛을 보는 심정이었다.”[18] 그는 후에 철저히 사안을 조사하여 밝히고 재발 방지책을 마련할 것을 촉구하면서도 중앙정보부와 한국 정부의 관계자들에 대해서도 용서의 뜻을 밝혔다. 이러한 뜻은 1980년 12월 육군교도소에서 작성한 “하느님은 아시리라”라는 단상에도 기록되어 있다. “나는 박정권(朴政權) 아래서 가장 가혹(苛酷)한 박해(迫害)를 받은 사람이지만 나에 대(對)한 납치범(拉致犯), 자동차사고(自動車事故) 위장(僞裝)에 의한 암살음모자(暗殺陰謀者)들, 기타(其他) 모든 악(惡)을 행(行)한 사람들을 하느님의 사랑과 용서(容恕)의 뜻에 따라 일체(一切) 용서(容恕)할 것을 선언(宣言)했다.”[19]

가장 절박한 상황인 1980년 9월 소위 김대중 내란음모사건으로 사형구형을 받았을 때, 그는 최후 진술에서 그가 1979년 10월 26일 박정희대통령 시해 사건 이후 일관되게 “정치 보복 없는 국민 화해”를 주장

---

18) 김대중, “태양은 다시 떠오른다.”, 1973년 8월 16일 작성, <자유공화국> 1973년 9월호에 게재됨, 연세대학교 김대중도서관 편, *김대중 전집 II. 제7권. 납치와 연금 속에서 민주화운동의 상징으로 떠오르다* (1972년 10월~1973년) (서울: 연세대학교 대학출판문화원, 2019), 330-331.

19) 연세대학교 김대중도서관 편, *김대중 전집 II. 제9권. 광주항쟁과 사형선고를 넘어 신군부 독재에 대한 저항을 이어가다* (1979년 11월~1982년) (서울: 연세대학교 대학출판문화원, 2019), 245.

했음을 강조했다. 그러면서 한국에서 민주주의 실현을 위한 전제 조건으로서 용서의 필요성을 역설했다. "이 나라에는 분명히 전 대통령을 중심으로 한 유신 세력이 있는 반면, 민주주의를 지향하는 다수의 민주주의 세력이 존재하고 있습니다. 그 어느 한쪽 세력도 다른 세력을 억누르고서는 이 나라를 이끌고 갈 수 없다고 나는 확신합니다. 우리 국민은 이미 민주주의를 해야 하고 또 할 수 있는 능력을 갖고 있습니다."[20] 그는 이 최후 진술에서 박정희 대통령을 따르던 소수의 유신세력과 다수의 민주화 운동 세력 간에 정치적 보복의 악순환이 이루어질 수 있음을 대단히 우려하고 있다. 그리하여 용서가 없을 때 국가와 사회가 분열될 수 있고, 그 결과 민주주의가 실현될 수 없음을 내다보았다. 이러한 맥락에서 그는 이 최후 진술의 끝 부분에서 자신의 동지들인 공동 피고들에게 정치적 보복 없이 민주주의를 실현하고 지키도록 당부하는 유언을 하였다. "내 판단으로 머지않아 1980년대에는 민주주의가 회복될 것입니다. 나는 그걸 확실히 믿고 있습니다. 그 때가 되거든 먼저 죽어간 나를 위해서든, 또 다른 누구를 위해서든 정치적인 보복이 이 땅에서 다시는 행해지지 않도록 부탁하고 싶습니다. 이것이야말로 내 마지막 남은 소망이기도 하고 또 하느님의 이름으로 하는 내 마지막 유언입니다."[21]

그가 예언한 1980년대의 민주주의 회복은 1987년 6월 항쟁과 함께 시작되었다. 그때 그는 그를 박해하고 죽이려했던 전두환과 그의 세력

---

20) 김대중, *김대중 자서전 1* (서울: 도서출판 삼인, 2010), 421-422; 관련 자료: 김대중 내란음모 조작사건 관련 최후진술 (1980년 9월 13일), 연세대학교 김대중도서관 편, *김대중 전집 II. 제9권. 광주항쟁과 사형선고를 넘어 신군부 독재에 대한 저항을 이어가다* (1979년 11월~1982년), 212-218.

21) 김대중, *김대중 자서전 1* (서울: 도서출판 삼인, 2010), 421-422; 관련 자료: 김대중 내란음모 조작사건 관련 최후진술 (1980년 9월 13일), 연세대학교 김대중도서관 편, *김대중 전집 II. 제9권. 광주항쟁과 사형선고를 넘어 신군부 독재에 대한 저항을 이어가다* (1979년 11월~1982년), 212-18.

을 용서해야 한다고 주장했다. 김대중은 1998년 대통령이 되어서 전두환과 그 세력을 사면하고 용서하면서 그의 주장을 실천했다. 이는 김대중의 입장에서 용서와 화해 그리고 민주주의와 평화·상생이라는 자신의 오랜 사상을 실천하는 것이었다. 그러나 현실에서 많은 국민들의 거센 항의를 받았다.

이렇게 항의하는 국민들의 입장에서 보면, 전두환과 그의 세력은 김대중만을 박해한 사람들이 아니었다. 그들은 1979년 12·12의 군 하극상을 일으키고, 국가 안보를 책임지고 있는 전방에 있는 군부대를 빼내어 이 하극상에 참여하게 한 국가적 범죄의 사람들이었다. 이들은 1980년 5·17 쿠데타를 일으켜 국권을 찬탈하고, 김대중 등 민주인사들을 체포·구금·고문하고 서류를 조작하여 가공할 죄명을 씌웠다. 광주민주화운동 참여자들을 폭도로 몰아붙이고 무고한 시민들을 살상하면서 잔인한 진압을 했다. 집권기 내내 인권을 탄압하고 폭압의 독재정치를 했던 국가·사회적 범죄의 사람들이었다. 따라서 김대중의 이들에 대한 용서가 국민들의 큰 반발을 산 것은 당연했다.

그러면 이렇게 많은 국민들에게 고통을 주고 불만을 갖게 한 이러한 용서를 그는 왜 했을까? 여기에서 우리는 그의 용서와 화해 사상의 특수성을 보다 깊이 인지할 필요가 있다. 현실 정치적으로 그는 독재가 횡행하는 시기에 민주화에 헌신했다. 외세의 개입과 이념 간의 대결, 냉전에 의해 국가가 분단된 시기에, 특히 북한 공산주의자에 의한 한국전쟁이 있은 후 반공을 국시로 하는 독재정권하에서 평화 통일을 위해 헌신했다. 그러한 평화 통일 신념과 활동 때문에 그는 수많은 박해와 시련을 겪어야 했다. 그러한 가운데 그는 또한 많은 상처와 트라우마에 시달려야 했다. 때로는 복수의 감정에 사로잡혀 심적 고통을 당하면서 아무

것도 할 수 없는 상황에 이르기도 했다. 이러할 때 김대중은 예수의 생애를 거듭 되새기고, 자신의 신앙의 길을 성찰했다. 그러면서 현실 정치적으로 복수의 악순환을 우려하고 용서와 화해의 길을 위해 고심했다.

이렇게 박해를 받고 시련을 겪는 그가 정상적으로 법에 따른 신상필벌(信賞必罰)을 한다 하더라도 그것은 복수의 감정에 의한 정치보복이 될 수 있었다. 그리고 이것은 국가 사회적으로 정치 보복의 악순환이라는 큰 문제를 일으킬 수 있었다. 복수의 악순환이 이어질 경우, 민주주의는 불가능하고 구성원들이 증오와 복수의 염원으로 서로 죽이고 피해를 주는 잔인한 일만 반복될 것이었다. 그렇다면 누구보다도 국가와 사회의 평화와 민주주의를 위한 대의의 운동을 펼친 김대중은 이러한 비극을 예방하기 위하여 용서 하는 삶을 살아야 했다. 자신의 복수 감정을 단호히 억제하고 실행하는 그의 어떤 정상적인 단죄도 다른 사람의 입장에서 복수로 보일 수 있고, 그것은 복수의 악순환을 불러오고 국가와 사회를 분열시킬 수 있었다. 이와는 반대로 용서를 하면 그만큼 사회와 국가가 평화와 상생의 힘을 얻고 성숙해 질 것으로 그는 보았다.

3) 용서할 수 있는 성숙성의 특수성

그런데 이러한 용서를 실천하는 것은 개인적 의지와 정책적 고려만 가지고 가능하게 될 수 없었다. 용서를 할 수 있는 사람의 그릇이 되어 있어야 했다. 그는 종교적 신앙과 역사에 대한 믿음 속에서 수양을 통해 용서를 할 수 있는 능력을 길렀다. 수양을 통한 감정을 초극할 수 있는 능력을 배양한 것이 김대중의 특수성이기도 하다. 1980년 육군교도소에서 보낸 편지를 통해 둘째 아들 홍업에게 '미워하는 자를 용서하는 것이 얼마나 어려운가' 하는 점을 그는 다음과 같이 말했다. "사랑하는데 있어서 어려운 것은 자기가 원치 않은 사람, 심지어 증오한 자를 용서하고 사랑해야 한다는 것이다. 감정이 용납하지 않는 사람을 사랑한다는 것은 인간으로서는 불가능한 일일 것이다. 오직 하느님에게 의존해서 하느님의 도우심을 간구할 때에 가능하다고 믿는다. 그러나 인간적으로 생각하더라도 거기에는 몇 가지 가능한 길이 있다고 본다."[22] 인간적으로 가능하다고 하는 점 중에는 '나도 죄인이다' 하는 생각, 미움과 복수심을 간직하고 살면 내가 고통을 받는다는 깨달음, 진정한 화해와 평화를 달성할 수 있는 길에 대한 깨달음 등이었다. 특히 '신앙과 수양을 통해 진정으로 강하게 된 자만이 용서할 수 있다.'는 깨달음과 수양이 중요했다.[23] 그는 이러한 수양을 위해 종교적으로, 성·세속의 논리적으로, 생활 실천적으로 진력했다. 그는 강한 자만이 용서할 수 있다고 강조했는데, 그 강함은 이러한 수양과 생활 실천으로 얻어지는 것이었다.

이러한 김대중의 수양과 생활실천의 특수성에 대한 깊은 이해가 필요하다. 그는 불가능할 정도로 힘든 용서를 실천할 수 있어야 민주화와 평화 통일의 길을 완수할 수 있다고 생각했다. 그리하여 자신을 용서할 수 있는 능력의 사람으로 성장시키는 것이 중요했다. 그는 이를 위해 집요한 수양의 노력을 펼쳤다. 신앙심 속에서, 예수의 길을 보면서, 역사에서 자신의 자리를 찾으면서, 국민을 보면서 그러한 자신을 만들고 성숙해 가고자 했다. 그는 이를 위해 지식을 쌓아가는 것만이 아니라 수양을 실천하기 위해 모든 노력을 경주했다. 이러한 그의 용서의 철학과 실천 의지를 사형수로서 감옥에서 치열하게 고민하던 한 인간, 정치가 그

---

22) 김대중, *옥중서신*, 27-28; 김귀옥, "김대중 평화사상의 형성과 정치적 실천," *통일과 평화* 12, no.2 (2020): 7-51; 김귀옥, "김대중의 화해의 사상: 형성과 실천," *통일인문학* 90 (2022): 159-196.

23) 김대중, *옥중서신*, 27-28; 노명환, "김대중과 빌리 브란트의 다양성 속의 통일 사상과 남한과 서독의 정치·사회·문화적 토양," 150-151.

리고 민주화 운동가의 것이라는 관점에서 살펴볼 필요가 있다. 당시 증오와 원망 그리고 절망으로 고통 받던 상황을 그는 가족들에게 보내는 옥중서신으로 그리고 추후 회고의 형태로 여러 지면과 연설을 통해 밝혔다. "'하느님은 과연 존재하는가?'에 대한 회의 다음으로 나를 괴롭힌 것은 '하느님은 선하시고 전능하신데 왜 이 세상에 악이 있는가?' 하는 것이었습니다. '왜 박정희, 전두환 같은 옳지 못한 이가 득세하고, 바르게 살려는 자들이 박해를 받아야 하는가' 하는 의문이었습니다."[24]

온갖 거짓의 조작으로 자기를 죽이려 했던 사람들, 자신의 가정과 인생을 파괴한 사람들을 용서한다는 것이 어찌 말과 신념처럼 쉬웠겠는가? 이것은 수양되어 있는 사람만이 할 수 있는 것이었다. 그것은 지식, 지혜, 정치적 판단력과는 다른 또 하나의 차원이었다. 김대중의 이러한 용서할 수 있는 능력도 특수성에 속한다고 할 수 있겠다. 이는 세계의 위대한 정치가들 중에서도 돋보이는 특수성이다. 이렇듯 김대중의 경우는 피해를 입은 사람이 수양과 성숙성으로 스스로 치유하고 용서할 수 있는 능력을 보여준 것이었다. 그의 일생을 통해 추구해온 용서의 철학을 실천한 원동력이었다. 이것이 누구나 쉽게 할 수 있는 일이 아니었다. 고도의 수양이 없으면 보통의 인간으로서 이러한 마음의 뜻을 실천하기 어려울 것이다. 우리는 이러한 고귀한 역사에 대해, 그 교훈에 대해 그 뜻깊은 가치를 인식할 수 있어야 한다. 귀중한 역사의 유산으로서 간직해 가고 두고두고 국가·사회적으로 교육적으로 활용할 수 있어야 하겠다.

---

24) 연세대학교 김대중도서관 편, *김대중 전집Ⅱ. 제20권, 김대중이 남긴 정책과 철학의 기록들*, 399; 김대중, *다시, 새로운 시작을 위하여. 사랑하는 젊은이와 존경하는 국민들에게 바치는 이야기*, 142-143.

그러면서 동시에 우리는 위에서 언급한 비판의 내용들과 지점들을 통렬히 새기고 역사의 정기를 바로 세우는 일을 적극적으로 지속해 가야 한다. 이 길에서 단죄와 용서 관련하여 소외된 직접 피해자들과 국민들이 적극적으로 참여할 수 있는 길을 열어가야 한다. 단죄의 시기를 한정지어서는 안 된다. 독일에서 나치에 대한 단죄의 시효를 무기한으로 한 점을 참고할 필요가 있다. 이렇게 시효를 무기한으로 하고 용서와 화해에 대한 김대중의 특수성을 새겨보고, 그 위대함을 살리고, 일벌백계를 위한 신상필벌은 국민의 몫으로 완성해 가야 한다. 그가 강조했듯이 용서와 신상필벌 사이에 정반합(正反合)의 변증법이 실현되도록 해야 한다. 이를 다음 장에서 그의 세계관·우주관과 연결하여 이 변증법을 구체적으로 살펴본다.

2. 변증법의 세계관·우주관으로서 용서·화해 사상

김대중에 따르면 사람들은 정반합의 변증법적인 상호 작용과 변화에 대한 생각과 철학을 가져야 했다. 그래서 그는 주역의 음양이론이 '음이면서 양이고, 양이면서 음인' 우주의 본질에 대해 말하는 것에 주목했다. 이러한 사유와 철학을 통해 인간은 '나와 다른 것은 또한 나와 같은 것'이라는 점을 깨달아야 했다. 그에 따르면 '같은 것이면서 서로 다른 것들'이 상호 작용하면서 변증법적으로 새로운 것을 만들어 가는 과정이 세상의 원리였다.

이러한 측면에서 그는 주역의 음양이론, 헤겔의 변증법, 토인비의 도전과 응전의 역사관, 떼이야르 드 샤르댕의 창조적 진화론의 신학에 깊은 관심을 가졌다. 이들의 사상들이 함께 김대중에게 녹아들어서 '창조적이고 변증법적인 통일의 철학'[25]으로 정립되었다. 그가 생각하는 통일은 '정적이고 기계적인 통일이 아니라 모순과 대립 속에 조화 발전하는 변증법적 통일'[26] 이었다. 세상의 모든 것은 모순과 대립 혹은 조화라는 관계 맺기 속에 존재하며, 이러한 존재 양식은 끊임없는 변증법적 통일의 과정 속에서 변화되어 갔다. 이러한 그의 사상의 한 가운데 용서와 사랑, 화해와 공존, 평화와 상생의 역동적인 과정으로서 변증법 철학이 자리하고 있었다. 우리는 김대중의 용서와 화해 사상을 이러한 변증법적 통일의 사상에 입각하여 이해할 수 있어야 하겠다.

제2차 세계대전 후 해방정국에서 그는 헤겔의 변증법의 차원에서 한국의 과거, 현재, 미래를 보았다. 그는 이러한 그의 역사관·세계관을 끊임없이 이어왔다고 20년이 지난 시점에서도 회고했다. 그 이후에도 이러한 사유를 지속적으로 발전시켜 오고 있고, 옳다고 생각하고 있음을 그는 여러 곳에서 확인해 주고 있다. 그에 따르면 해방정국에서 많은 젊은 지식인들의 화두가 유심론과 유물론이었다. 그는 이때에 이미 이 두 상극의 변증법적 통일을 생각했다. 1973년 5월 일본에서 펴낸 『독재와 나의 투쟁』 책에서 다음과 같이 썼나. "나는 헤겔의 변증법 철학이 논하는 바와 같이 유심론과 유물론의 「정(正)」과 「반(反)」 이라는 상극의 대립이, 통합 및 초월하는 경지, 즉 새로운 「합(合)」의 철학을 낳게 하는 그런 단계가 오는 것으로 믿었던 것이다. 그리고 그런 세상이 성립됨으로써 비로소 우리는 행복을 찾게 되는 동시에 정신적인 충족감을 얻을 수 있는 것이라고 생각했다. 지금 되돌아 보건데 그러한 나의 생각은 적절한 것이었다고 확신한다. 이처럼 20여 년 전에 생각한 나의 사상은

---

25) 김대중, *옥중서신*, 33.

26) 위의 책, 33.

지금까지 전혀 흔들림이 없을 뿐 아니라, 갖가지 난관에 부딪쳤을 때 방향 설정을 하게 하는 지침이 되었으며 앞으로도 일관되게 이끌어 나갈 작정이다. 나는 나의 이같은 사고방식을 내 나름대로 '통일철학(統一哲學)' 이라 부른다."[27]

이러한 김대중의 변증법적 통일 철학을 우리는 그 뒤에도 10여년이 지난 1980년 12월 7일 육군교도소에서 그가 셋째 아들 홍걸에게 쓴 편지에서 또한 확연히 볼 수 있다. 당시 김대중은 쿠데타로 집권한 전두환과 그의 세력들에 의해 조작된 혐의에 의해 사형수로서 복역 중이었다. 김대중은 대학에 가서 철학을 전공하고자 하는 고등학생 아들에게 보내는 이 편지에서 다양한 철학 이론들의 상호 대립 관계와 조화로운 변증법적 통일의 방향에 대해 설명했다. 철학 논쟁의 "이러한 대립은 대체로 한 면의 진리로서 양자가 통일되어야 한다고 생각한다. 그러나 그 통일은 단순한 통일이 아니라 본체론은 진화와 향상의 창조적인 관점에서 통일해야 하고, 그 통일이 정적이고 기계적인 통일이 아니라 모순과 대립 속에 조화 발전하는 변증법적 통일이어야 한다고 본다. 굳이 이름을 붙인다면 '창조적이고 변증법적인 통일의 철학'이 장래에 나아갈 철학의 방향이 아닐까 생각한다."[28] 위 두개의 인용문을 통해 우리는 김대중에게 있어서 변증법적 사유가 그의 일생을 통하여 얼마나 중요하게 자리 잡고 있는가 하는 점을 확연히 알 수 있다.

김대중은 특히, '모순과 대립 속에 조화 발전하는 변증법적 통일' 원

27) 김대중, 『독재와 나의 투쟁』, (일본 광화당(光和堂) 출판사 1973), 연세대학교 김대중도서관 편, *김대중 전집Ⅱ. 제20권, 김대중이 남긴 정책과 철학의 기록들,* 25, 노명환, "김대중과 빌리 브란트의 다양성 속의 통일 사상과 남한과 서독의 정치·사회·문화적 토양," 145-146에서 재인용.

28) 김대중, *옥중서신,* 33, 노명환, "김대중과 빌리 브란트의 다양성 속의 통일 사상과 남한과 서독의 정치·사회·문화적 토양," 145에서 재인용; 이동우, *"김대중 대통령의 정치리더십 연구,"* (박사학위, 전북대학교 일반대학원, 2012) 참조.

리를 강조하고 있다. 그는 세상이 다양하게 서로 다른 것으로 이루어져 있다고 보았고, 이들이 끊임없이 상호작용한다고 생각했다. 서로 다른 것은 대립 관계에 있을 수 있었다. 그는 대립과 모순의 관계도 지속적인 상호 작용을 통해 조화와 융합, 상생의 통일 효과를 이루어 낼 수 있다고 본 것이다.[29] 이러한 측면에서 그는 서로 다른 것을 이분법적으로 갈라서 고정시키는 것에 대한 문제점을 가장 크게 경계했다. 그는 서로 다른 것은 근본적으로 같은 뿌리를 가지고 있으며 상호 작용하면서 새로운 것을 만들어 내는 과정 속에서 존재했다. 그는 헤겔의 변증법에서 출발하여 동양적인 음양이론과 결부시켜 '같은 것이면서 서로 다른 것이 상호 작용하여 다양성 속의 통일'의 과정에 있는 인간의 삶, 역사, 우주의 원리를 이론화하고 있다.[30]

그는 1992년 대선에서 패하고 정계은퇴를 했을 때인 1993년에 출판한 『새로운 시작을 위하여』[31]에서 다음과 같이 말했다. "나는 주역에 대해 왈가왈부할 만큼 잘 알지는 못합니다. 다만 만물은 음과 양으로 이루어져 있는데, 음이 있고 양이 따로 있는 것이 아니라 음 속에 양이 있고 양 속에 음이 있으며 그것이 음양설의 핵심이라고 알고 있습니다. …

---

29) 김대중의 이러한 세계관을 필자는 '끊임없는 다양성 속의 통일'이라는 역동적인 변증법 개념으로 표현해 본다. 노명환, "김대중과 빌리 브란트의 다양성 속의 통일 사상과 남한과 서독의 정치·사회·문화적 토양," 146.

30) 동양의 음양오행이기의 성리학 이론과 유사성을 보인다. 성리학에서는 이(理)가 음양오행의 기(氣)운동의 주관자인데, 김대중에게서는 변증법적인 진화의 주관자가 하느님이다. 필자는 이를 '성리학적 구성주의' 개념 속에서 설명해 보았다. 노명환, "'성리학적 구성주의' 관점과 복잡계 이론으로 본 빌리 브란트와 김대중의 평화 사상 및 정책과 제4차 산업혁명의 원리," *역사문화연구* 67 (2018. 08): 121-196.

31) 1998년 대통령이 되고 나서 『다시, 새로운 시작을 위하여. 사랑하는 젊은이와 존경하는 국민들에게 바치는 이야기』의 제목으로 개정판이 출간되었다. 1993년에 출판한 『새로운 시작을 위하여』는 연세대학교 김대중도서관 편, 『김대중 전집Ⅱ, 제20권, 김대중이 남긴 정책과 철학의 기록들』의 259-437에 걸쳐 게재되어 있다.

즉 흑 속에 백이 있고, 백 속에 흑이 있는 것이지 흑백 양단은 있을 수 없다는 것입니다. 완전한 흑이나 절대적인 백을 고집하는 사람은 진리를 모르는 사람이라고 생각됩니다."[32] 음양이론을 가지고 이분법의 문제점을 명쾌하게 지적하고 있다.

이 지점에서 우리는 김대중이 좋아한 떼이야르 드 샤르댕(Pierre Teilhard de Chardin)[33]의 변증법적 진화론의 신학과 연결시켜 이해해 볼 수 있다. 김대중은 삼남 홍걸에게 보낸 그의 변증법적 통일 철학을 설명한 앞의 편지에서 떼이야르 드 샤르댕의 변증법적 진화론의 신학에 대해 읽도록 권했다. 그 외 여러 곳에서 김대중은 떼이야르 드 샤르댕의 변증법적 진화론의 신학 관점들을 소개했다. 특히, 그는 1980-1981년 사형수로서 육군교도소에 수감되어 있으면서 신의 존재에 대한 회의로 큰 고통을 받았고, 기도와 독서·사색을 거듭해 가면서 떼이야르 드 샤르댕의 창조적 진화론의 신학을 통해 답을 찾았다고 했다. "나는 결국 테야르 드 샤르댕 신부님의 말씀에서 해결의 길을 얻었습니다."[34]

그는 샤르댕의 신학 관점을 다음과 같이 알기 쉽게 축약했다. "드 샤르댕 신부님의 진화론적 세계관을 통해서 얻은 나의 신앙의 결론은 대체로 이러한 것이었습니다. '하느님이 이 세상을 만드신 것은 사실이

---

32) 연세대학교 김대중도서관 편, *김대중 전집Ⅱ. 제20권, 김대중이 남긴 정책과 철학의 기록들,* 309쪽; 김대중, *다시, 새로운 시작을 위하여. 사랑하는 젊은이와 존경하는 국민들에게 바치는 이야기,* 60, 노명환, "김대중과 빌리 브란트의 다양성 속의 통일 사상과 남한과 서독의 정치·사회·문화적 토양」 141-142에서 재인용.

33) 샤르댕 신부는 1881년 프랑스에서 태어나 1911년 신부가 되고, 지질학자이자 고생물학자로서(종교학, 과학) 활동하다가 1955년 미국에서 사망하였다. 중국에서 선교사로 활동하면서 지질학, 고생물학 연구를 하였고, 북경원인을 발견하였다.

34) 연세대학교 김대중도서관편,『김대중 전집Ⅱ, 제20권, 김대중이 남긴 정책과 철학의 기록들』, 400; 김대중, *다시, 새로운 시작을 위하여. 사랑하는 젊은이와 존경하는 국민들에게 바치는 이야기,* 143.

다. 그러나 하느님은 완전한 것을 만드신 것이 아니라 미완성의 세상을 만드셨다. 그리하여 이 세상은 지금 완성을 위한 그분의 역사과정에 있다. … 우리 인간은 이 세상에 태어날 때 하느님의 초대를 받고 그 역사에 참가하도록 목적 있게 태어났다. 그리고 이 세상에 사는 동안 무슨 일을 하건 하느님의 정의가 이 세상에 실현되도록 노력을 한다면 그 사람은 훌륭하게 예수님의 역사에 동참하고 있는 것이다. 이렇게 살다가 마지막에는 하느님의 구원을 믿고 죽을 수 있다. … 예수님이 재림하실 때 구원받을 것이다.'"[35] 그러면서 그는 다음과 같이 첨언했다. "이것이 내가 80년 신군부에 의해서 사형 언도를 받았을 때, '악이 승리하고 선이 패배하고 마는가!'하면서 절규하던 나의 물음에 대한 답변으로서 깨달은 것이었습니다."[36]

김대중에게 많은 영향을 미친 떼이야르 드 샤르댕의 창조적 진화론(creative evolution theory)을 변증법의 관점에서 필자는 다음과 같이 요약해 본다. 떼이야르 드 샤르댕에 따르면 세상의 모든 존재는 자유의지에 의한 서로 관계 맺기와 상호 작용, 변화의 통합적 과정, 즉 모순과 대립 속에 소화 발전하는 변증법적 통일 과정 속에 있다. 이 지속적인 상호 작용과 융합의 과정은 끊임없는 소체화(corpusculization) 생산 과정에 해당한다. 소체화는 서로 다른 것들의 상호 작용 속에서 끊임없이 구성되는 작은 단위의 완전체들이다. 이 과정은 끊임없는 물질의 복잡화(complexification of matter) 과정, 즉 서로 다른 것들의 지속

---

35) 연세대학교 김대중도서관 편, *김대중 전집 II, 제20권, 김대중이 남긴 정책과 철학의 기록들*, 400; 김대중, *다시, 새로운 시작을 위하여. 사랑하는 젊은이와 존경하는 국민들에게 바치는 이야기*, 143-144.

36) 연세대학교 김대중도서관 편, *김대중 전집 II. 제20권, 김대중이 남긴 정책과 철학의 기록들*, 400; 김대중, *다시, 새로운 시작을 위하여. 사랑하는 젊은이와 존경하는 국민들에게 바치는 이야기*, 144.

적인 관계 맺기의 복잡성 증식을 초래한다. 그는 자유의지에 의한 이 서로 다른 것들의 상호 작용과 융합의 과정을 사랑으로 표현했다. 여기에서 사랑은 자유의지에 의해 헌신적으로 자기를 내어주면서 상대와 융합하는 것을 말한다. 샤르댕은 남녀가 서로를 내어주는 사랑으로 결합하여 자식을 낳듯이 세상의 모든 존재들이 서로 사랑의 관계 맺기, 즉 상호작용과 융합을 하면서 지속적으로 새로운 것을 창출해 낸다고 보았다. 자유의지에 의한 이러한 과정이 창조적 진화이고, 이 진화의 끝 지점에 오메가 점(Ω point)이 있다고 했다. 그런데 이 오메가 점에 이르기 까지 자유의지에 의한 이 진화의 모든 과정을 신이 관장한다고 그는 말했다. 이 오메가 점이 또한 예수 재림의 하느님 시대의 도래를 뜻했다. 인간은 이 진화의 과정 속에서 시간과 공간으로 끊임없이 우주와 연결되어 있다. 인간은 우주를 나타내 주는 우주의 소체다. 인간과 우주는 부분과 전체의 관계로서 변증법적인 상호 작용 속에 존재한다. 그는 이 끊임없는 진화의 과정이 신의 섭리 속에서 이루어진다고 주장했다. 그에 따르면 물질과 생명의 차이는 이러한 창조적 진화의 정도에 따른 것이었다. 그는 물질과 생명 사이에 본질적인 차이가 없고, 다만 다른 진화의 단계에 놓여 있을 따름이라고 보았다.[37]

이러한 떼이야르 드 샤르댕의 창조적 진화론에 기초하여 김대중의 변증법 역사 사상과 신학 사상, 그리고 그의 신앙이 통일되고 있음을 우리는 알 수 있다. 관계와 과정, 변증법적인 상호 작용, 신의 섭리라는 개

---

37) 노명환, "김대중과 빌리 브란트의 다양성 속의 통일 사상과 남한과 서독의 정치·사회·문화적 토양," 146-147; Pierre Teilhard de Chardin(삐에르 떼이야르 드 샤르댕), *인간현상,* 양명수 역 (서울: 한길사, 1997); Pierre Teilhard de Chardin(삐에르 떼이야르 드 샤르댕), *물질의 심장,* 이병호 역 (왜관: 분도출판사, 2003); Pierre Teilhard de Chardin(삐에르 떼이야르 드 샤르댕), *자연 안에서 인간의 위치,* 이병호 역, (왜관: 분도출판사, 2003); 김성동, "떼이야르 드 샤르댕에서의 인간의 문제," *철학탐구* 29 (2010): 31-61.

념들이 두 사람의 사상에 공히 주 개념으로 들어 있다. 김대중은 샤르댕의 창조적 진화론을 가지고 자신의 사상을 설명하고, 또한 이 과정에서 자신의 사상의 일부로 만들었다고 보아진다.[38] 그러면서 떼이야르 드 샤르댕의 이론에 따라 자신의 고난에 찬 활동과 삶의 의미를 해석하고 방향을 잡았다. 아내 이희호에게 보내는 1981년 3월 19일자 옥중 서신에서 다음과 같이 썼다. "그리스도의 재림을 향한 오메가 포인트(Ω point)에의 진화를 위하여 헌신하는 크리스천의 일생은 무엇보다도 가치 있는 일입니다. 이런 의미에서 우리는 세상의 시련과 고난을 생각해야 할 것으로 믿습니다."[39]

떼이야르 드 샤르댕에서 보듯 삶의 제 관계와 과정 중에는 인간의 의지와 선택이 중요한데, 이 지점에서 김대중은 토인비(Arnold Joseph Toynbee)의 도전과 응전의 역사관과 연결하여 사유한다.[40] 모든 것은 고정되어 있는 것이 아니라 도전과 응전의 원리에 따라 끊임없이 변화·생성되어 간다. 그래서 주어진 도전에 어떻게 응전하느냐와 함께 어떻게 새롭게 도전하고 응전하는가가 대단히 중요하다. 변증법의 변화 과정은 이러한 도전과 응전의 과정 속에 있는 인간의 자유의지와 선택에 의해 영향을 받는다. 김대중은 주어지는 도전에 대해서 어떠한 응전을 하느냐가 중요하다는 토인비의 관점에 전적으로 동의하며 응전의 방식과 과정이 역사의 관건이라고 보았다. 그는 이 응전의 방식과 과정에서

38) 노명환, "김대중과 빌리 브란트의 다양성 속의 통일 사상과 남한과 서독의 정치·사회·문화적 토양," 147.

39) 김대중, *옥중서신*, 57.

40) 연세대학교 김대중도서관 편, *김대중 전집 II. 제20권, 김대중이 남긴 정책과 철학의 기록들*, 308; 김대중, *다시, 새로운 시작을 위하여. 사랑하는 젊은이와 존경하는 국민들에게 바치는 이야기*, 58; 김대중, *옥중서신*, 94.

민주주의 제도의 가치를 강조했다. 즉, 그는 가장 최선의 응전은 민주주의 제도 속에서 다양성 속의 통일 원리로 가능하다고 보았다. 그는 또한 민주주의 발전 자체가 도전과 응전의 역사 속에서 이루어지는 것임을 설파했다.[41] 그는 이러한 도전과 응전의 역사를 '모순과 대립 속에 조화 발전하는 변증법적 통일' 과정으로 파악하였다. 이러한 역사 인식을 그는 '창조적이고 변증법적인 통일의 철학'[42]으로 명명했다. 그의 신앙과 역사관의 통합이 이렇게 이루어지고 있다.

김대중에게 토인비의 『역사의 연구』에 나타난 변증법적 통일' 과정으로서 도전과 응전의 역사관은 삶의 방향키였다. 그는 훌륭한 응전의 가치를 다음과 같이 앞에서 말한 주역의 음양이론과의 연결 속에서 또한 강조했다. "우리의 인생을 가만히 살펴보면, 주역의 가르침에 공감할 수 있습니다. 도저히 헤쳐 나갈 수 없는 역경도, 지나고 나면 그렇게 힘든 것만은 아니었다는 것을 알게 됩니다. 그리고 대응여하에 따라서는 오히려 그것이 큰 이득을 가져오는 경우도 많습니다.

그런가 하면 커다란 행운이 굴러 들어온 것으로 알고 기뻐했던 일이 오히려 불행의 씨를 잉태하는 경우도 없지 않습니다. 대응을 잘못해 복이 화근으로 변할 수도 있다는 말입니다. 우리말에 하늘이 무너져도 솟아날 구멍은 있다는 속담이 있습니다. 우리 조상들의 지혜입니다. 또한 동양에서는 '전화위복'이라는 말이 있습니다. 결국 우리의 대응 여하에 따라 행과 불행이 결정된다는 뜻입니다."[43] 이러한 그의 설명은 자유의지를 가진 인간의 주체의식이 신의 섭리 속에서 작동함을 말해준다고

---

41) 위의 글; 김대중, *옥중서신*, 93–99.

42) 위의 책, 33.

43) 연세대학교 김대중도서관 편, *김대중 전집 II. 제20권, 김대중이 남긴 정책과 철학의 기록들*, 309; 김대중, *다시, 새로운 시작을 위하여. 사랑하는 젊은이와 존경하는 국민들에게 바치는 이야기*, 60.

하겠다.

그가 그렇게 큰 역경과 고난을 이겨내는 데 있어서 신앙의 힘과 변증법적인 역사에 대한 믿음이 융합적으로 크게 작용했던 것이다. 여기에서 우리는 주역의 음양 원리의 지혜와 함께 샤르댕과 토인비의 철학이 김대중의 시련의 삶을 지탱해 주고, 방향을 제시하면서 이끌어 준 두 스승이었다고 볼 수 있다. 김대중에 따르면 우리의 삶은 끊임없이 공존하면서 대결하고, 대결하면서 공존하는 모양을 띤다. 그래서 그는 공산주의 북한과 공존하면서 경쟁하고, 경쟁하면서 승리할 생각을 했다. 그리하여 "공산주의와 오로지 공존하며 오로지 대결해 나가야 하는데도",[44] 그가 보기에 독재자들은 정 반대의 길인 극단적인 증오와 전쟁의 정책을 추진해 갔다. 그는 이러한 현실을 안타까워하면서 정면에서 비판하고 투쟁했다. 이러한 내용과 과정이 그가 반독재 투쟁의 시련 속에서 발전시킨 햇볕정책 사상의 요체라고 할 수 있겠다.

김대중은 부분과 전체의 관계를 변증법적으로 보는데 천착했다. 부분 속에 전체가 있고, 전체 속에 부분이 있다. 부분이 전체이고 전체가 부분이다. 부분과 전체는 상호 작용하면서 변증법적으로 변화되는 과정 속에서 존재한다. 그래서 사람은 나무도 보고 숲도 보고, 즉 나무를 보면서 숲을 볼 수 있어야 하고, 숲을 보면서 나무를 보아야 한다.[45] "숲도 보고 나무도 보되, 숲과 나무를 따로따로만 보는 것이 아니라 밀접한 상호연관 속에서 통합해서 보는 변증법적 사고를 갖추려고 노력했습니다. 나는 그래야만 사물을 올바르게 판단할 수 있으며, 성공률을 높이

---

44) 연세대학교 김대중도서관 편, *김대중 전집 II. 제7권, 납치와 연금 속에서 민주화운동의 상징으로 떠오르다* (1972년 10월~1973년), 90.

45) 김대중, *다시, 새로운 시작을 위하여. 사랑하는 젊은이와 존경하는 국민들에게 바치는 이야기*, 62-71.

고 실패를 줄일 수 있다는 사실을 경험을 통해 알았습니다."[46] 다른 곳에서 다음과 같이 말한다. "나는 사물을 전체와 부분을 같이 보고, 과거와 미래를 연결해서 예측하며, 시대의 흐름 속에서 내일의 변화를 보려고 애씁니다."[47] 그에 따르면 부분의 관점에서는'정의'이나 전체의 관점에서는 아닐 수 있다. 현 시점에서는'정의'이나 시간이 지나면서는 아닐 수 있는 것이다. 우리는 그 역의 경우들도 생각해 볼 수 있겠다. 김대중의 용서·화해 사상을 평가하면서 우리는 그가 강조한 모순과 대립 관계의 두 차원이 상호 작용·변화해 가면서 조화로운 통일의 합을 이루어내는 측면을 생각할 수 있어야 하겠다.

3. 용서·화해의 정치와 분단극복 및 세계·지구평화

1) 남북분단 극복과 세계의 공존과 평화

앞에서 보았듯이 김대중에 따르면 증오와 사랑, 단죄와 용서는 이분법을 극복하고, 이러한 변증법을 실현하는 과정 속에서 수행되어야 했다. 그는 용서와 일벌백계 사이, 용서와 화해의 특수성과 보편성 사이에 신의 뜻에 의한 조화로운 통일의 합의 상황이 전개될 것으로 보았다. 이것은 전체와 부분 사이의 변증법적 진화 과정을 뜻했다. 그에 따르면 용서와 화해는 단지 과거를 청산하는 것이 아니었다. 이는 끊임없는 변증법적 변화 생성의 과정이며 미래로의 진화 방향이었다. 이러한 그의 '지속적인 다양성 속의 통일'의 변증법 사상 체계 속에서 우리는 그의 남북

46) 위의 책, 66.

47) 위의 책, 106.

한 관계에 대한 생각을 읽을 수 있다. 이러한 방식으로 상호 이해와 상호 작용, 용서 화해 공존, 평화 상생이 남북한 관계에서 지속적으로 이루어져 가야 했다. 우리는 그의 3단계 통일 방안, 햇볕정책 등을 이러한 측면에서 이해할 수 있다.

이러한 측면에서 김대중은 무엇이 되느냐 하는 결과보다 어떻게 사느냐 라는 과정이 중요하다고 생각했다. 인생의 의미는 결과보다 인간의 의지와 선택에 의한 관계 맺기와 그 속에서 이루어지는 상호 작용의 과정에 있음을 강조했다. 이런 의미에서 그는 헤밍웨이(Ernest Hemingway)의 명작 『노인과 바다』를 흥미롭게 읽었다고 했다. 김대중에 따르면 바다에서 대어를 낚은 노인은 상어 떼와 싸웠다. 온갖 싸움을 하여 대어를 끌고 육지로 왔다. 그때의 대어는 뼈만 남았다. 김대중은 이 고기잡이의 결과로서 뼈만 남은 대어가 중요한 것이 아니라 대어를 낚아 육지로 가져오는 노인의 투쟁의 과정이 진정한 삶이었다고 보았다.[48] 그가 보기에 이러한 인생살이는 음양이론에서와 같이 서로 같은 것이면서 다른 것들의 정반합의 변증법적 통일의 과정이었다. 이것은 '모순과 대립 속에 조화 발전하는 변증법적 통일' 과정이었다. 인간들이 모인 사회의 역사가 그러했다.

이러한 사상을 발전시켜 가는 김대중이 거듭되는 잔인한 복수로 점철되는 악순환을 처절하게 경험한 것은 한국전쟁의 시기였다. 그는 당시 전쟁을 일으킨 공산주의 체제 북한을 통렬히 비판하고 반공주의 이념을 강화했다. 이러한 그의 관점과 태도를 전쟁 중 그리고 전쟁 직후

48) 연세대학교 김대중도서관편, *김대중 전집Ⅱ. 제20권, 김대중이 남긴 정책과 철학의 기록들*, 308; 김대중, *다시, 새로운 시작을 위하여. 사랑하는 젊은이와 존경하는 국민들에게 바치는 이야기*, 58; 김동노, "김대중의 민족주의와 세계주의," *통일과 평화* 12, no.2 (2020): 103-140.

많은 글에서 격렬하게 표현했다.[49] 그러면서 김대중은 일단 전쟁이 일어나면 사람들이 이성을 잃고 잔인한 살육전을 자행함을 다음과 같이 기록했다. "이 비참한 한국전쟁을 통해 뼈에 사무치게 느끼게 된 것은, 당시 무엇 때문에 동포들끼리 그토록이나 심하게 싸움질을 해야만 했던가, 그리고 무엇 때문에 그토록 서로를 죽고 죽이는 살육전을 되풀이해야만 했던가 하는 점이다.

전쟁이 여러 차례 밀고 밀리는 상황을 반복하는 가운데 그때마다 비극은 더욱 번져만 갔다. 한국군이 퇴각할 때는 공산당에 가담한 것으로 보이는 많은 사람들을 죽였다. 그리고 공산군이 쳐들어 왔을 때는 수많은 우익 사람들을 죽였다. 이같은 민족의 비극을 눈앞에 보면서 나는 사상이란 도대체 무엇인가, 사상을 위해 우리는 살고 있는가, 과연 인간의 행복을 위하고 민족의 행복을 위한 사상이 있는 것인가라는 강한 의혹을 통렬하게 느꼈다. 인간이라는 것은 한번 톱니바퀴가 어긋나면 본래의 자기 자신의 목적을 잃게 되는 동시에 목적을 위한 수단이 크게 부각된다. 그리하여 인간은 도깨비가 되고, 그리고 또 이성을 잃은 것과 같은, 정상적인 사회 통념으로는 생각할 수 없는 일이 생긴다."[50] 같은 민족끼리 사상과 정치체제의 다름 속에서 이러한 복수의 악순환은 형언할 수 없는 비극의 경험과 기억, 트라우마로 그에게 자리 잡았다. 그가 보기에 이 시기 사람들은 무엇을 위해서 그렇게 하는지도 모르고 오로지 분노와 증오와 복수의 감정에 사로 잡혀 그렇게 행동했다. 각 사람들은 자신들이 옳고 절대 선의 입장에 서있다고 생각하면서 그렇게 행

49) 이에 대해서는 노명환, "역사의 관점에서 보는 김대중의 대중경제론과 햇볕정책: 모델로서 서독의 사회시장경제제도와 동방정책," *역사학연구* 81 (2021): 6-10.

50) 연세대학교 김대중도서관 편, *김대중 전집 II. 제20권, 김대중이 남긴 정책과 철학의 기록들*, 32-33.

동하는 것 같았다. 그 현장은 그저 복수와 살육 전쟁의 악순환만이 있는 아수라장이었다. 그는 이러한 상황을 다시는 반복하지 않아야 한다는 굳은 결의를 다졌다. 그 가운데서 그는 무엇보다도 당시와 같은 공산주의 북한의 도발을 다시는 허용하지 않아야 한다고 생각했다. 이를 위해 그는 공산주의와 북한 체제의 문제점을 냉철히 파악하고 이에 기반한 투철한 반공주의 정신을 견지하고 남한 사회의 견고한 안정과 발전을 실현해 가야 한다고 생각했다. 이러한 바탕 위에서 평화와 용서, 화해, 교류, 협력의 통일을 이룩해야 했다. "어쨌든 나는 한국전쟁을 통해 국토의 평화적 통일과 전쟁의 절멸(絶滅), 그리고 민족의 화해가 무엇보다도 긴요한 것임을 절감했다."[51] '자신의 이데올로기, 자신의 입장을 절대 선으로' '타인의 생각과 행위를 절대 악으로' 보는 절대 선과 절대 악의 이분법이 무서운 것이었다.

김대중은 저 멀리 조선 시대의 당쟁의 비극을 또한 이러한 이분법의 사고와 행동에 의한 복수의 악순환이라는 측면에서 이해하고 극복의 길을 생각했다. "우리나라의 역사(歷史)를 볼 때 가장 슬픈 것 중의 하나가 다른 민족(民族)에게 예(例)를 보기 드문 잔인(殘忍)하기 짝이 없는 당쟁(黨爭)이다. 사색당파(四色黨派), 동인(東人), 서인(西人), 남인(南人), 북인(北人), 대북(大北), 소북(小北), 노론(老論), 소론(小論) 온갖 당파(黨派)가 뒤엉키면서 서로 권세(權勢)만 잡으면 반대당(反對黨)의 씨를 말렸다. 싸운 당자(當者)만 죽이는 것이 아니라 남자(男子)는 삼족(三族)을 멸(滅)하고, 여자는 모조리 데려다 노비(奴婢)로 삼았다. 중국(中

51) 위의 책, 33; 박재민, "김대중 정부 시기 남북한 간 상호성에 관한 연구," *국제정치논총* 43, no.1 (2003. 04): 317-338; 백학순, "김대중정부와 노무현정부의 대북정책 비교," *세종정책연구* (2009): 277-354.

國)에도 일본(日本)에도 없던 일이었다."[52] 당쟁의 역사에 대한 이러한 비판적 성찰을 통해서도 김대중은 용서하고 공존하는 것이 필수적으로 중요함을 거듭 자각했다. 이러한 자각과 실천 행동과 삶은 당시 시점에서 앞으로 이룰 남한 사회의 민주주의와 번영에 기초하여 용서와 화해 교류·협력 속에서 남북관계를 해결하고자 했다. 이러한 사유들과 함께 한국전쟁 직후 그는 정치가의 길을 갈 것을 결심했다.

그가 링컨을 위대하게 보고 존경하는 결정적인 이유도 링컨의 용서할 줄 아는 능력과 국가의 분열을 막고 통합을 이루어낸 데에 있었다. "나는 이 용서와 화해의 교훈을 링컨에게서 얻었습니다. 그는 용서할 수 없는 것을 용서한 사람입니다. 가장 철저히 적을 관용으로 대한 사람입니다. 남북전쟁이 끝났을 때, 미국인들의 마음은 남북을 가릴 것 없이 증오와 울분으로 가득 찼습니다. 전쟁에서 패한 남부 사람들은 여전히 복수에 불타 있었고, 북부 사람들도 남부 사람들을 징벌해야 한다며 증오와 분노의 마음을 거두지 않았습니다.

링컨은 자기가 속한 북부 공화당의 주장에 대해서까지 반대하면서 남부 사람들을 용서해야 한다고 역설했습니다. 그의 생각은 노예제도를 폐지했으면 됐지, 사람을 처벌할 필요는 없다는 것이었습니다. 링컨은 유명한 말을 남겼습니다. '누구에게도 악의를 품지 않고 모든 사람에게 자비를 베푼다(Malice toward none, Charity for all)⋯'."[53] 김대중이 보기에 이것이 참으로 쉬운 일이 아니었다. 그래도 링컨은 이를 해

52) 연세대학교 김대중도서관 편, *김대중 전집 II. 제9권. 광주항쟁과 사형선고를 넘어 신군부 독재에 대한 저항을 이어가다* (1979년 11월-1982년), 226.

53) 김대중, *다시, 새로운 시작을 위하여. 사랑하는 젊은이와 존경하는 국민들에게 바치는 이야기*, 77-78; 연세대학교 김대중도서관 편, *김대중 전집 II. 제20권, 김대중이 남긴 정책과 철학의 기록들*, 319-320.

냈다. 이 점에서 링컨은 그에게 한 모델이 되어 주었다. 남북전쟁 후 남부에 대한 이러한 용서와 화해를 하지 않는 경우, 미국의 분열을 초래할 것을 링컨은 확신했다. 그는 목숨을 걸고서라도 국민들의 반대를 넘어서서 용서를 해야 했다. 링컨은 그것을 해낼 수 있는 능력을 소유한 사람이었다. 김대중은 링컨의 이러한 점을 정치 지도자의 롤 모델로 보았다. "링컨의 이러한 태도는 그가 속한 당과 북부인들로부터 맹렬한 규탄을 받았습니다. 당시의 신문은 링컨을 가리켜 '거짓말쟁이', '위선자', '사기꾼', '살인자보다 조금 나은 자' 등으로 매도했습니다. 그러나 링컨의 신념은 흔들리지 않았습니다. 그가 거기서 흔들리면 수년간에 걸친 전쟁은 그 의미가 없어진다고 생각했을 것입니다."[54]

김대중은 링컨이 이렇게 남부 사람들을 용서하지 않고 보복을 단행했다면 남과 북은 영원히 분열되었을 것으로 평가했다. 그는 링컨이 무엇보다도 이 점 때문에 용서의 길을 택했을 것으로 보았다. 이 길을 위해서 링컨은 목숨까지 바쳤다고 생각했다. 그리하여 김대중은 링컨의 이러한 용서의 정치를 "분단의 위기를 넘기고 오늘과 같은 위대한 미국을 건설할 수 있게 한 큰 원동력"[55]으로 평가했다. 그러면서 아래와 같이 링컨에 대한 최대의 경의를 표했다. "링컨이 민주·공화 양당과 온 국민이 모두 존경하는 정치인으로 손꼽히게 된 것도 노예해방만이 아니라 오히려 그의 용서의 정신 때문입니다. 그는 용서의 정치로 승리한 가장 훌륭한 모범입니다. … 사람이 자기에게 처참한 피해와 쓰라린 배신을 안겨준 그런 잘못을 저지른 사람을 용서한다는 것은 결코 쉬운 일이 아닙니다. 그러나 더 어려운 것은 나의 지지자들과 동지들로부터 극도의

---

54) 김대중, *다시, 새로운 시작을 위하여. 사랑하는 젊은이와 존경하는 국민들에게 바치는 이야기*, 77.

55) 위의 책, 78.

오해를 받아가면서 적을 용서한다는 것입니다."[56] 이러한 링컨에 대한 경의는 김대중 자신의 앞길과 미래의 정치에 대한 자신과의 약속이라고 볼 수 있겠다. 물론 그는 이러한 용서·화해 정책을 위해 현실적으로 강력한 힘의 보유를 생각했다. 강력한 경제, 국방, 한미동맹 등 우방과의 결속 관계 등을 대단히 중시했다.

2) 용서와 화해 사상 그리고 세계평화와 공동체

김대중은 평화 사상의 핵심으로서 민주주의를 제시했다. 통일정책의 이념적 기초로서 민족주의를 상정했다. 평화 통일 정책이라는 관점에서 그는 민주주의와 민족주의를 결합시켰다. 그는 닫힌 민족주의의 위험성을 경고하면서 열린 민족주의, 민주적 민족주의의 필요성을 설파했다. 즉, 김대중은 처음에 통일을 통한 민족국가의 완성과 민주화에 역점을 두었으나 점차 국가를 넘어서서 아시아 지역과 세계의 민주화에 깊은 관심과 애정을 갖게 되었다. 그는 그 안에서 한국의 분단극복과 발전을 꿈꾸었다. 김대중은 민족과 민족 그리고 국가와 국가 사이의 용서와 화해의 중요성을 강조했다. 21세기에는 국가를 넘어서서 세계 공동체의 역사가 진행될 수밖에 없음을 그는 생각하기 시작했다. 무엇보다도 그는 교통과 통신의 발달과 지식·정보 사회의 출현으로 세계는 국경 없는 시민사회를 이룰 수밖에 없음을 내다보았다. 자신의 민족만을 생각하는 닫힌 민족주의가 더 이상 가능하지 않음을 그는 직시했던 것이다. 초국가주의·초민족주의 개념을 발전시켜 갔다.

1980년대 초 감옥 생활을 하던 그는 가족들에게 보내는 편지에서

---

56) 위의 책, 78; 연세대학교 김대중도서관편, *김대중 전집 II. 제20권, 김대중이 남긴 정책과 철학의 기록들*, 320.

이미 21세기를 '지구촌 시대'로서 '즉각적인 통신이 가능'해지는 시대로 내다보았다. 그러면서 그는 이 시대를 '세계시민의 시대'로서 '대량 이주로 모든 인종이 한 나라에 공존하는 시대'로 예측했다.[57] "민족주의는 교통과 통신의 발전이 민족 단위로 운영되는 것이 가장 효과적이고 가능했던 발전 단계와 일치해서 일어났던 것이다. 그러나 이제 세계는 달라지고 있다. 민족 단위의 경제로는 이러한 세계의 변화에 적응해 나갈 수 없다. 그동안 세계는 교통과 통신에 있어서 엄청난 변화를 가져왔다. 무엇보다도 결정적인 것은 정보화 시대가 다가온 것이다. 거대한 양의 정보가 순식간에 전 세계로 전파된다. 세계 어느 곳에서든지 세계 모든 나라의 정보를 순식간에 입수할 수 있게 되었다. 민족 단위가 아닌 세계가 하나의 단위가 된 시대가 온 것이다."[58] 그는 이미 오늘날 우리가 정보·통신 기술에 의거한 4차 산업혁명 시대 초연결 사회라고 부르는 지구촌을 분명하게 내다보고 있었다.

김대중은 민주주의적인 민족주의에 만족하지 못했다. 국민국가 안의 민주주의 폐해를 다음과 같이 지적했다. "지금까지는 국민국가 안에서 민주주의를 해왔는데, 그렇게 되니까 자연히 자기 국민국가의 이익만을 생각하게 되고, 남의 나라에 대해서 배타적이 되고,"[59] 라고 비판했다. 그는 민주적으로 민족주의가 실현되는 국가가 다른 국가를 존중하지 않는 제국주의 현상을 지적했다. 즉, 그는 자신의 국가는 민주주의 가치를 실현하고자 하면서 다른 국가의 민주주의는 부정하는 국가 이기주의 현상에 주목하였다. 국가이기주의는 전체 세계의 관점에서 볼 때,

---

57) 김홍균·한기홍, *김대중, 희망을 위한 여정* (서울: 고즈윈, 2006), 115.

58) 1998년 11월 6일자 코리아 타임즈 기고문, 위의 책, 111에서 재인용.

59) 김대중, *나의 길 나의 사상* (서울: 한길사, 1994), 102.

반민주적인 것이었다.[60] 그는 이를 통렬히 비판했다. 그는 지속적으로 초국가주의의 정체성 단위를 확장해 가는 민주주의 발전의 가치를 중요하게 생각했다. 앞장에서 보았듯이 '지역 연방의 민주주의', '세계 연방의 민주주의', '지구 민주주의' 등 지속적으로 그 단위가 확장되는 방향으로 민주주의 공동체를 만들어 가야 함을 강조했다.[61] 그리하여'국민국가 내에서의 민주주의', '지역 연방 같은 체제 속에서의 민주주의', 그리고 '유엔 속에서의 세계적 민주주의'를 '다양성 속의 통일' 차원에서 동시에 실현해야 한다고 생각하였다.

그리하여 그는 세계적 차원의 민주주의 실현의 가치를 강조했다. 김대중은 민주주의를 초국가적으로 실현함으로써 세계의 평화와 번영을 보장할 수 있다는 입장을 가졌다. "이제는 민주주의가가 국경을 넘어서 이웃과 세계를 포함한 민주주의가 되어야 합니다. 통신·교통의 발달이 이것을 가능하게 합니다. 민주주의는 국민국가의 민주주의로부터 주변 국가들을 포함한 연방제 민주주의 그리고 전세계를 포함하는 세계적 민주주의, 이렇게 3중의 구조로 발전해 나가야 할 것입니다. 유럽에서는 EC를 거쳐 유럽연방의 정치적 통합까지 나아가고 있는 과정입니다."[62] 그는 이와 관련한 내용을 다른 글에서 다음과 같이 표현했다. "내 국민의 자유, 내 국민의 복지만 생각하는 민주주의는 이제 한계에 온 것입니다."[63] 그는 지식·정보 사회의 기초위에 동아시아 및 유라시아, 세계 공동체, 자연을 포함하는 글로벌 공동체를 실현하기 위한 디지털실크로드

---

60) 위의 책, 102.

61) 아태평화재단, *김대중의 3단계 통일론: 남북연합을 중심으로* (서울: 한울, 1995), 34-38.

62) 김대중, *나의 길 나의 사상,* 52-53.

63) 위의 책, 53. (1993년 강만길 교수와의 대담).

개념을 개발하였다. 이 가운데서 남북통일을 실현하는 그의 통일정책의 중요한 요소로 상정했다. 이는 용서와 화해 사상에 기반한 변증법적 남북통일과 세계평화의 추진을 의미했다.

3) 지구민주주의를 통한 자연과 인간 사이의 용서·화해와 지구평화·상생

김대중은 인간이 자연에 용서를 구하고 화해해야 할 필요성을 생각했다. 이러한 생각은 '지구민주주의(Global Democracy)'라는 개념과 정책으로 정립되었다. 1992년 대통령 선거에서 그는 환경정책과 함께 공약으로 신인도주의를 제시했다. 1998년 대통령이 되었을 때는 이러한 철학을 가지고 환경부를 신설했다. 그는 인간이 그동안 자연과 인간의 관계를 인간 중심의 시각에서 이분법의 대립적인 것으로 생각해왔음을 지적했다. 그리하여 자연을 이용과 착취의 대상으로만 생각해 온 점을 비판했다. 특히 서양의 근대화 속에서 이러한 문제점이 야기되었음을 지적했다. "근대 민주사회에서 사람은 인간의 존엄성은 생각했지만 우리의 어머니인 이 지구에 함께 생존하는 자연의 모든 생물과 존재들에 대해서는 그 권리를 전혀 인정하지 않았다. 그들은 자연을 파괴하고 자연을 수탈하는 것 등을 인간의 당연한 권리로 생각해 왔다."[64] 그는 이를 치열하게 반성하고 상호 작용에 의한 변증법적인 조화를 생각해야 한다고 제창했다. 인간은 자연에 용서를 구하고 화해하면서 조화의 관계를 만들어 가야 한다고 주장했다. 그렇지 않고는 진정한 친환경 정책을 펼칠 수 없다고 판단했다. 인간이 그동안 자연을 함부로 대한 것은 하나님의 뜻을 거역한 것이라고도 보았다. "그들은 창세기에 하나님

64) 김대중, *나의 길 나의 사상*, 405-408.

이 인간을 만드시고 자기가 창조한 만물을 다스리라고 한 것을 그들의 건전한 생존과 발전을 위한 책임의 부과로 생각지 않고 만물을 인간이 멋대로 처리해도 좋다는 것으로 오만한 사고방식을 가졌던 것이다. 물론 요즘 환경 문제가 인간의 안전과 존립에 중대한 위협이 되니까 환경 보존을 들고 나오지만, 근대에는 기본적으로 자연 자체를 생각하는 철학이 미약했다고 본다."[65]

김대중은 이에 반해 동양의 자연관을 가지고 신인도주의에 기초하여 그동안의 서양 문화에 뿌리를 둔 민주주의를 일신하면서 융합적으로 지구민주주의(Global Democracy)를 발전시켜야 한다고 강조했다. "아시아 문화는 자연과 인간을 분리할 수 없는 하나로 파악하는 특징이 있다. 서로 아끼고 같이 살아가야 할 동반자로 생각을 했다. 자연을 공경하고 자연을 어머니 같이 생각하면서 아끼고 보호해 왔다. 노자·장자의 가르침은 이러한 점에 있어서 특히 두드러진다. 부처님은 자연과 인간의 구별조차 하지 않았다. 자연 속에 생존하는 모든 존재들 속에서도 불성을 인정한 것이다."[66] 이러한 동양 사상에 기초하여 그는 인간을 위한 도구로서 자연이 아니라 그 자체의 생명권에 주목하고 이를 존중해야 한다고 주장했다. 즉, 그는 "이 지구상에 있는 들짐승·날짐승·물고기·공기·물·흙·나무와 들판에 자라나는 풀에 이르기까지 모든 존재들의 생존권을 사랑과 속죄의 심정으로 보장"해야 한다고 제안했다.[67] 이렇게 자연의 생존권을 보장함으로써 그동안 인간이 자연에게 향한 자세와 행위에 대해 용서를 구하고 화해해야 했다. 그러면서 그동안 서구 중

---

65) 위의 책, 405-408.

66) 위의 책, 405-408.

67) 위의 책, 407-408.

심으로 이루어진 민주주의를 동양의 사상과 융합하여 변증법적으로 지구민주주의를 새롭게 정립해 가야 한다고 주장했다. "이제 21세기 인류의 최대의 과제는 이토록 참담하게 파괴되고 상처받는 자연을 어떻게 치유하고 회생·발전시킬 것인가 하는 문제다. 이것은 인간을 위한 일만은 아니다. 자연 그 자체를 우리의 어머니요, 형제요, 분신으로 생각하는 마음이 없이는 오늘의 이 상태에서 자연과 화해하고 자연과 더불어 번영해 나갈 수 없다. 인간을 위한 환경보존이 아니라 우리는 자연의 공생과 공영을 추구해야 한다. 이러한 정신적 일대 혁명을 수반하는 민주주의는 수천 년 내 모든 천하를 구별 없이 포용해 왔지만 자연과 일체 속에 살아온 사상적 토양을 가진 아시아에서 창조되고 재정립되어야 한다고 나는 생각한다."[68] 그에 따르면 이러한 지구민주주의는 아시아의 천인합일(天人合一), 사람이 곧 하늘이라는 인내천(人乃天), 사람을 하늘처럼 대해야 하는 경천애인(敬天愛人), 사인여천(使人如天) 등의 우주와 인간의 조화 사상에 기초해야 했다. 이는 불교에서의 '천상천하 유아독존(天上天下 唯我獨尊)', '모든 만물이 불성을 가지고 있다(萬有佛性)'는 사상과도 일치하는 것이었다. 이러한 지구민주주의는 또한 "국가 내에서의 자유와 정의의 완전한 실현"을 꾀하고, "제3세계의 모든 민족과 국민에게 선진국과 똑같은 자유와 번영과 정의를"실현해야 했다.

당시 이 지구민주주의는 추상적인 이상향처럼 들리기도 했으나, 인류가 전 세계적 코로나 전염병으로 큰 고통을 당하고 있는 2019-2022년의 현 시점에서 모든 사람들에게 절실히 다가온다. 왜냐하면 코로나의 근본적인 원인을 인간이 자연에 대한 가해로 인해 자연이 인간을 위한 역할을 제대로 수행하지 못하게 된 데서 찾을 수 있기 때문이다. 즉,

68) 위의 책, 407-408.

인간과 야생 동물 사이에 자연이 완충 역할을 제대로 못해 줌으로써 코로나 같은 바이러스가 창궐한다고 볼 수 있기 때문이다. 현재 기후 변화가 다양한 양태로 지구의 생존과 인간의 삶을 커다랗게 위협하고 있다. 이러한 문제들은 세계 공동체적인 차원의 협력을 통해서만 해결될 수 있다. 인간과 자연의 화해를 통한 지구민주주의를 실현해야 한다는 김대중 사상의 적실성이 큰 울림을 주고 있다. 이 지구민주주의는 그의 변증법적 통합의 괴정에 기반한 용서와 화해 사상에 기초하고 있다.

4) 지식정보화 시대의 남북관계 세계·지구평화를 위한 실천전략

김대중이 보기에 지식정보 시대의[69] 초연결 사회에서 용서와 화해의 정신은 필수적이었다. 왜냐하면 초연결 사회에서 증오를 해소하지 않는 경우, 다양한 형태의 극히 위험한 재앙들이 나를 포함 전체 사회에 미칠 수 있기 때문이었다. 초연결 사회에서 좌절과 증오에 찬 사람들이 '너죽고 나죽자'하고 나오면 어떻게 할 것인가? 내가 아무리 나를 잘 보호한다 해도 나의 안전이 보장되지 않을 것이다. 나를 위해 다른 사람들의 좌절과 증오를 해소해 줄 수 있어야 했다. 즉, 이러한 초연결 사회에서는 다른 사람을 배려하면서 나를 위하는, 즉 이타주의적(利他主義 的) 이기주의(利己主義), 그리고 나를 위해 남을 배려하는, 즉 이기주의적(利己主義的) 이타주의(利他主義) 정신이 중요했다. 이러한 초연결의 지식 정보, 즉 4차 산업혁명 시대에 김대중의 용서와 화해의 사상과 지구민주주의 개념을 실현하는 것이 절실히 필요했다. 김대중이 보기에 4차 산업혁명 시대 정보통신의 기술과 구조가 지구민주주의 실현을 용이하

69) 그의 시대 지식정보화 시대라고 부르던 것을 오늘날 4차 산업혁명 시대라고 부르게 되었다.

게 할 수 있었다. 지구민주주의 사상은 4차 산업혁명을 지구를 위한, 친환경의 방향으로 발전시킬 수 있는 것이었다.

이를 현 시점의 논리로 설명해 보면 예를 들어, 앞에서 언급한 2019-2022년 현재의 코로나 바이러스 전염병은 초연결 사회의 문제점을 명료하게 보여주고 있다. 어느 한 곳에서 발생하면 삽시간에 전 세계적으로 퍼지고 있다. 그래서 각 국가는 국경을 통제하고 확산을 차단하고자 하는데, 이는 궁극적인 해결책이 될 수 없다. 이미 되돌릴 수 없는 상태의 세계화와 초연결 사회에서는 초국적인 국제 공동체의 차원에서 협력하여 문제를 해결해 가야 한다. 그러기 위해서는 국제 사회의 시민들이 서로를 이해하고 배려할 수 있어야 한다. 이를 위해 국가 사이에 과거의 상처들로 인해 서로 갈등 관계에 있는 상황에서도 용서와 화해를 통해 협력의 길을 열어 가야 한다. 이렇게 하여 세계 공동체 차원에서 초연결 사회의 문제점들에 대처해야 한다. 이것이 또한 앞에서 설명한 김대중의 지구민주주의(Global Democracy)의 개념이기도 하다. 김대중은 지구민주주의와 지식정보 사회를 상호 깊은 연관 속에서 보았다.

김대중은 1981년 청주교도소에서 토플러(Alvin Toffler)의 『제3의 물결』을 읽으면서 지식 정보 사회의 새로운 시대가 도래하고 있음을 깨닫고 깊은 감명을 받았다. 이후 그는 이와 관련한 저작들에 대한 독서와 사색을 더욱 집중적으로 하고 한국과 세계의 미래를 설계해 갔다. "나는 청주교도소에서 앨빈 토플러의 『제3의 물결』을 읽고 깜짝 놀랐다. 그때의 충격이 아직도 생생하다. 몇 번을 정독했다. 말할 수 없을 정도의 감명을 받았다. '미래에는 전혀 다른 새로운 세상이 오는구나.' 감옥에서 깊이 생각했다. 아무것도 없는 독방에서 인류의 미래를 설계했다. 부수고 다시 짓는, 즐거운 상상이었다. 그러면서 관련 서적들을 읽어 나갔다.

피터 드러커(Peter Drucker)가 쓴 책들도 흥미로웠다. 빠져들수록 경이로웠다. 감옥은 꿈꾸기에 좋았다."[70]

그가 청주교도소 독방에서 설계한 인류의 미래는 어떤 것이었을까? 그는 세계의 평화와 상생을 위한 한국의 역할을 중시했고, 지식 정보 사회의 강국이 됨으로써 이를 실현할 수 있다고 보았다. 그는 1997년 12월 대통령에 당선되자마자 토플러, 게이츠(Bill Gates), 손정의 등 전문가들을 한국으로 초대하여 자문을 구했다. 재임 기간 동안 한국의 지식 정보 사회를 위한 괄목할 업적을 남겼다. "나는 정보화 시대에 한국을 지식과 정보의 강국으로 만들고 싶었다. 그것은 오래된 꿈이었다.··· 지식과 정보의 강국, 대통령에 당선되어 비로소 그 꿈을 현실로 바꿀 수 있는 기회를 얻었다."[71] 숫한 외세의 침략과 식민지 경험, 분단과 한국전쟁의 내전 등의 비극을 겪은 한국이 자신의 문제를 해결하면서 세계의 용서와 화해 평화와 상생을 이끌어 갈 수 있을 것을 꿈꾸었다. 이를 위한 실질적인 힘을 지식 정보 강국에서 찾았다.[72] "나는 우리가 지식과 정보, 문화 창조력이 중심이 되는 21세기에 가장 알맞은 민족임을 의심하지 않았다. 과거 조선 왕조 말엽 강대국에 둘러싸인 우리의 지정학적인 위치가 제국주의 하에서는 가장 불리한 위치였다. 따라서 청일·러일 전쟁이 끝난 후 일본에 합병되었다. 그러나 지금은 제국주의 시대가 지났다. 소프트웨어가 중요한 시대가 되었다. 이에 따라 4대국에 둘러싸인 지정학적인 위치가 오히려 유리한 조건으로 바뀌었다. 미·중·일·러와 몽골이란 방대한 무역시장, 투자 대상자가 바로 옆에 있다. 지식 정보 강국을 건설한다면 우리나라는 대국

70) 김대중, *김대중 자서전 2* (서울: 삼인, 2010), 159.

71) 위의 책, 159.

72) 위의 책, 438-439; 연세대학교 김대중도서관 편, *김대중 전집 Ⅰ. 제4권. 민주주의와 인권 신장으로 국격을 높이다* (1999년 12월~2000년 5월) (서울: 연세대학교 대학출판문화원, 2019), 317.

의 한가운데서 탑처럼 높아질 것이다."[73]

용서와 화해에 의한 공존·평화·상생·공동번영의 남북한관계 개선도 이러한 국력의 신장과 함께 추구했다. 김대중은 2000년 6월 남북정상회의를 위해 북한을 방문하여 최고인민회의 상임위원장 김정남을 만났을 때, 다음과 같이 말했다: "21세기에는 세계화, 지식 정보화 도전을 이기지 못하면 어떤 민족과 국가도 비참해집니다. 문화 창조력을 조상들로부터 물려받았습니다. 우리 민족은 지식 산업 시대에 중요한 지식과 교육 기반, 문화 창조력을 물려받았습니다. 남북이 힘을 합치고 유산을 잘 활용한다면 선진 민족이 될 것이나 그렇지 못하면 민족 역량을 소모함으로써 퇴보할 것입니다."[74]

다른 한편에 그의 여러 저작들과 정책들을 보면 그는 이 초연결 사회에서 사람들이 무엇을 해야 하고 할 수 있는지를 인지했다고 말할 수 있다. 그는 이 초연결 시대를 위해 그의 용서와 화해의 철학의 당위성을 확인하고, 이를 실천해 갈 수 있는 다양한 방법들을 상상했다고 볼 수 있다. 물론 그는 이 지식정보 시대의 위험성에 대해서도 깊이 통찰했다. 그러나 그는 이러한 엄정한 도전에 대한 인류의 창의적인 응전의 힘을 믿었다. 다음 장에서 설명하는 것처럼 그는 사람이 주어진 도전을 어떻게 인식하고 어떻게 응전하느냐가 중요하다고 생각했다. 정보통신 기술에 의거하여 인류에게 주어진 초연결 사회는 유용한 득이 될 수도 있고, 위험한 해가 될 수도 있는 것이었다. 이러한 지식정보 사회를 위해 인류가 최선을 다하면 오웰이나 헉슬리가 예견한 그러한 인류 사회의 파괴

---

73) 위의 책, 438-439; 연세대학교 김대중도서관 편, *김대중 전집 I. 제4권. 민주주의와 인권 신장으로 국격을 높이다* (1999년 12월~2000년 5월), 317.

74) 김대중, *김대중 자서전 2*, 273-274.

적인 측면이 아니라, 긍정적인 방향으로 실현해 갈 수 있음을 그는 확신했다. 『제3의 물결』을 읽은 직후 일 것으로 추정되는 1981년 9월 청주 감옥에서 가족들에게 보낸 서한에서 그는 다음과 같이 말했다: "21세기에는 지금 생각하기 어려운 정치적, 사회적 변화가 올 것 같습니다. 그러나 올더스 헉슬리가 그의 유명한 소설 『아름다운 신세계』에서 그린 것 같은, 인간이 기계 앞에 파멸되고, 노예적 통제사회가 이루어질 가능성은 희박한 것으로 봅니다. 오히려 그보다는 인간이 처음으로 평등한 교육과 경제적 생활, 안정의 조건 속에서 자기의 개성과 자질을 마음껏 발휘하는 대중적 자유와 정의의 시대가 올 가능성이 더 크다고 믿습니다. 그러기 위해서는 물론 우리들의 후손을 위한 노력과 헌신이 필요함은 더 말할 것이 없겠습니다."[75] 이렇듯 그는 정보통신 기술에 의한 지식 정보화 사회의 위험성을 충분히 인지하면서도 인류의 노력과 헌신이라는 창의적 응전의 전제와 함께 평등, 안정, 개성, 자유, 정의의 실현을 내다보았다.

그는 지식 정보 사회의 도래에서 대립과 모순의 시대를 넘어 협력의 시대로, 영토 등 유형적 물질의 하드웨어 시대로부터 소프트웨어 시대로 인류 역사의 대 전환이 이루어지고 있음을 인지했다. "세계는 지금 대격변의 시대를 맞고 있습니다. 20세기를 보내고 21세기를 맞으면서 우리는 인류의 문명사에도 유래가 없는 커다란 변화를 경험하고 있습니다. 유형적 물질 중심에서 인간과 지식 중심으로, 산업 사회에서 정보화와 생명 사회로, 영토 국가의 대립 시대에서 조화와 협력의 새로운 시대

---

75) 김대중, *옥중서신*, 109.

를 향해 역사는 빠른 속도로 나아가고 있습니다."[76] 그리하여 각종의 다양성들이 조화를 이루는 즉, '다양성 속의 통일'이 변증법적으로 이루어지는 지구공동체 시대가 올 것으로 보았다. 이 지구촌 공동체는 차후 그가 정립하는 지구민주주의 개념과도 연계될 것이었다. "21세기에는 문자 그대로 지구촌 시대가 올 것입니다. … 인류는 공통의 세계어로 대화하게 될 것이며, 인간의 대량적인 이동이 행해져서 어느 나라든지 각 민족이 혼재하고 국제결혼이 성행할 것입니다. 민족의 특성은 보존되고 문화는 존중되겠지만, 이기적 민족주의 시대는 가고 세계주의 시대가 올 것입니다."[77] 따라서 그는 나의 이익을 위해서도 다른 문화를 존중하는 일이 무엇보다도 중요하다고 강조했다. 소위 앞에서 언급한 이기주의적 이타주의, 이타주의적 이기주의의 생활 자세가 중요한 시대가 오고 있었다. 그래서 그는 다양성의 가치를 더욱 크게 강조했다. "이러한 때에 세계가 더불어 잘사는 공동번영을 이룩하기 위해서는 무엇보다 '다양성의 존중'이 필요합니다. 다른 국가, 다른 민족, 다른 문화를 서로 이해하고 존중하는 노력이 어느 때보다 절실히 요청되고 있습니다."[78]

그는 대통령으로서 지식 정보 사회를 구축해 가면서 평화와 조화, 상생을 위해 구체적으로 초연결 사회의 다양한 융합의 정책들을 구상하고 추진해 갔다. 예를 들어, 세계 각 지역 간의 그리고 남북한 간의 관광산업의 활성화를 통한 평화적 협력 관계의 상호 파급효과를 일으키는

---

76) 김대중, *김대중 자서전 2,* 361-362, 노명환, "초국가주의 민주주의 평화사상과 지역공동체의 추구 및 분단극복 정책: 빌리 브란트의 동방정책과 김대중의 햇볕정책의 비교사적 연구," 169에서 재인용.

77) 김대중, *옥중서신,* 107-108, 노명환, "분단국의 민주주의와 통일정책의 상호관계: 구성주의 이론과 하버마스의 공론장 개념을 적용한 빌리 브란트와 김대중의 민주주의 이념과 정책, 분단극복 방안에 대한 비교를 중심으로," 230에서 재인용.

78) 김대중, *김대중 자서전 2,* 361-362.

정책을 생각했다. 이러한 관광산업을 구조적으로 다시 정보통신 기술과 융합시킴으로써 새로운 활로를 찾고자 하였다. “관광이 단순한 경제적 행위로서만이 아니라 인류의 상호 이해와 평화증진에 크게 기여할 수 있다는 점입니다. 우리 인류는 지난 세기 두 차례의 세계대전을 비롯하여 국가·이념·종교·인종 간의 첨예한 대립 속에 많은 희생을 치러야 했습니다. 세계는 이제 지난 역사의 교훈을 새기면서 상호이해와 평화에의 길을 향해 적극 전진해야 하겠습니다. 이러한 목적을 달성하는 데 관광이야말로 가장 효과적이고 광범위한 수단이 될 것입니다.

이를 위해서는 21세기 관광산업이 세계인의 우호 친선을 촉진하고 이질적인 사회와 문화 간의 상호이해와 교류를 증대시키는 쪽으로 발전해야 합니다. 그래서 인류의 공존과 세계평화에 이바지해야 합니다.”[79]

그는 이러한 지역 간 상호 융합과 파급효과의 사례로서 금강산 관광 사업의 가치를 강조하고, 이를 다시 지식 정보 기술과 연결하여 초연결 사회에서의 효과를 극대화 하는 방안을 제시하였다. “그 대표적인 사례가 금강산 관광이라고 생각합니다. 저는 3년 전에 시작한 금강산 관광이 남북 교류와 협력의 물꼬를 터 주었던 사실을 여러분께 환기하고자 합니다. 얼마 전 남북 간에 재차 합의한 금강산 육로 관광과 남북을 잇는 철로 개설이 추진되면 남북 교류와 남북 간의 관광교류는 더욱 활기를 띠게 될 것입니다.

관광을 통한 남북 간 교류는 한반도의 평화 정착은 물론 동아시아와 세계 평화 증진에도 크게 기여할 것으로 확신합니다.

… 각 나라가 관광에 필요한 지식·정보·기술·인적 자원을 공유하고

---

79) 연세대학교 김대중도서관 편, *김대중 전집 I. 제7권. 지식정보화 강국의 꿈을 이루다* (2001년 8월~2002년 2월) (서울: 연세대학교 대학출판문화원, 2019), 54.

교류함으로써 관광산업을 육성하고 이를 통해 인류번영을 실현하는 일입니다. 21세기는 지식정보의 시대입니다. 모든 분야에서 지식과 정보와 기술이 경쟁력의 핵심 요소가 되고 있습니다. 따라서 세계 각국은 관광과 관련된 지식과 정보와 기술을 공유하고 공동으로 발전시켜 나가야 할 필요가 있습니다."[80]

김대중은 북한을 국제 사회로 인도하여 국제 공동체 차원에서 남북 간에 문제를 풀어가는 것도 바로 이러한 지식 정보 초연결 사회에서 더욱 용이하다고 생각했다. 만약에 지식 정보 사회에서 인류의 미래를 위해 한국이 강국이 되면 이웃 국가들과의 관계, 특히 미국과의 관계도 주도적으로 설정하고, 북한과의 관계를 합리적인 방향으로 만들어 갈 수 있을 것이었다.

이를 오늘날의 관점에서 보면, 4차 산업혁명 시대의 초연결 사회에서 남북한이 앞에서 언급된 지구민주주의를 공동으로 추진해 볼 수 있겠다. 남북한 간의 세계적 전염병에 대한 방역과 친환경 정책 협력은 매우 큰 의미를 갖는다. 동시에 동북아·동아시아 차원의 방역협력 공동체도 추진할 수 있다. 전염병이 매우 심각해지는 상황에서 이러한 정책 추진은 그 실효성이 더욱 커질 수 있겠다. 접경지역에서의 공동 방역은 노력 여하에 따라 공동의 자연보호를 동반할 수 있다. 즉, 김대중 개념의 지구공동체를 공동으로 실현해 갈 수 있겠다. 그런데 방역에서 그리고 친환경 정책에서 첨단의 4차 산업혁명 기술들이 매우 유용하다. 예를 들어, 우리는 이러한 점을 이 기술들을 통한 코로나 전염병의 감염 여부에 대한 진단과 전염경로 추적에서 이루는 성과에서 확인하고 있다. 접경지대에서 공동의 친환경 정책을 위해 동식물의 유전자 감식과 보존을

80) 위의 책, 54-55.

위해 이러한 기술들을 적용할 수도 있겠다. 이러한 방역 및 환경 협력 정책은 4차 산업혁명 분야의 협력으로 발전해 나갈 수 있겠다.

물론 이러한 측면들은 보안 및 정치적 악용 등 예민한 문제들을 유발할 수 있다. 이러한 도전에 대해서는 창의적인 응전을 통해 해결해 가야 할 것이다. 이러한 초연결 사회 속의 융합적인 협력은 새로운 남북한 관계와 세계적 국제관계를 위해 더욱 발전적으로 확대될 수 있을 것이다. 이는 소프트웨어 차원에 기반한 것으로 그동안의 강대국들에 의존하는 하드웨어(토지, 노동, 자본) 구조에 대한 분명한 혁명적인 대안이 될 것이다. 김대중은 1981년 청주교도소에서 『제3의 물결』을 읽으면서 이러한 하드웨어 프레임을 소프트웨어 패러다임으로 바꿀 수 있음을 인지하고 그렇게 깊은 감명을 받았다. 그는 이 소프트웨어 패러다임에서 한국이 주체적으로 한반도 문제를 해결하면서 자신의 운명을 개척하고, 인류의 미래를 위해 주도적인 역할을 행사할 수 있음을 예견하고 확신했다. 이는 용서와 화해를 통해 공존·평화·상생의 지식 정보 사회를 제대로 실현하고, 이러한 지식 정보 사회를 통해 용서와 화해를 더욱 진정으로 깊이 실천해가면서 달성할 수 있는 한국의 주도에 의한 인류의 미래 목표들이었다.

그는 2002년 월드컵 개최 시기에도 IT기술과의 접목을 통해 정치·경제·사회·문화를 첨단 기술과 융합하고자 하였다.[81] 전자상거래를 활성화하여 디지털 경제의 체계를 발전시킴으로써 국가의 경제·산업 경쟁력을 새로운 차원으로 강화하고자 했다. 그 목표는 앞에서 설명한 다양한 민주주의와 평화적 협력의 파급 및 융합 효과를 꾀하는 것이었

81) 연세대학교 김대중도서관 편, *김대중 전집 I. 제7권. 지식정보화 강국의 꿈을 이루다.* 2001년 8월~2002년 2월, 48-49.

다.[82] 이렇듯 그가 그 많은 시련 속에서 추진해 온 민주주의와 평화통일 운동은 지식 정보 사회의 새로운 차원과 환경에서 다양한 융합의 정책으로 추진되고 실현될 수 있었다. 그것은 일본과의 관계 등 이웃 국가들 그리고 세계적인 국제관계에서도 마찬가지였다.

이렇듯 김대중의 용서와 화해 사상과 실천의 유산은 현재 인류가 직면한 4차 산업혁명 시대에 중요한 보물로 원동력으로 작용할 수 있다. 서로 다른 데이터들의 끊임없는 상호 작용 속에서 새로운 의미와 가치를 만들어 가는 4차 산업혁명의 정보화 사회에서 앞에서 설명한 그의 용서와 화해, 평화·공존·상생의 철학은 더욱 빛나게 발현될 것이다.

5) 용서·화해 사상과 한일관계, 한류 그리고 세계평화

그의 용서·화해 사상은 일본과의 관계에서도 일관되게 나타났다. 그는 일찍부터 일본과 상호 이해와 용서 그리고 화해를 통해 상생의 미래의 길을 열어가고자 했다. 그는 1960년대 초 야당의원으로서 박정희 정부가 추진하는 한일국교 정상화에 찬성하였다. 이로 인해 당시 자신이 속한 정당인 민정당은 물론 사회에서 큰 비난을 받아야 했다. '사쿠라'의원이라는 딱지가 붙여져서 큰 어려움을 감수해야 했다. '사쿠라'의원은 여당에 의해 매수된 야당의원이라는 뜻이었다. 그러나 그는 서로에게 이익에 되는 한일관계의 새 출발을 위해 일본은 반성하고 한국은 용서할 수 있어야 한다고 주장했다. 일본은 진정으로 한국에 배상·보상하고, 두 국가 사이에 공히 이익이 되는 교류·협력 증진을 추진해 가야 한다고 보았다.[83]

---

82) 위의 책, 51-52.

83) 김대중, *김대중 자서전 1*, 162-168.

그는 일본이 한국과 한국민을 제대로 이해할 수 있도록 10년이 지난 시점인 1973년 『독재와 나의 투쟁』을 일본에서 일본어로 출판했다. "내가 통감하는 것은 일본의 많은 국민들이 어느 나라보다도 가깝고 역사적으로 가장 관계가 깊은 한국의 과거에 대해서는 물론, 현재 벌어지고 있는 정치 정세 그리고 한국민이 무엇을 생각하고, 무엇을 하고 있는가에 대해 너무나도 모르고 있다는 점이다. 나는 한일 양국 관계를 정상적으로 발전시키기 위해서도 많은 일본인에게 우리나라의 참모습과 실정을 널리 알려야 된다고 생각했다. 그래서 일본으로부터 해방된 이후의 한국 정세에 관해서 나의 모든 것을 동원하여 일본 국민에게 자세히 알려주기로 결심한 것도 있다. 일본인에게 우리나라의 실정을 정확히 알려준다는 것은 앞으로의 한일 양국 관계에만 그치는 것이 아니라 일본이 모든 아시아 국가에 대한 외교정책을 결정하는 데 크게 도움이 되리라고 생각한다."[84]

이러한 그의 의지와 뜻은 1998년 대한민국 대통령이 되어서 같은 해 10월 일본을 국빈으로 방문하여 오부치 수상과 함께 "21세기 한일 파트너십" 공동선언문을 발표하였을 때 더욱 구체적으로 나타났다. 여기에서 서로에게 이익에 되는 한일관계의 새 출발을 위해 일본은 반성하고 한국은 용서하는 결의가 표현되었다. 여기에서 그들은 서로를 더욱 잘 알고 좋은 가까운 이웃이 되어 풍요로운 공동의 미래를 열어가도록 대중문화 교류를 활성화하기로 하였다. 그리하여 그때 그는 당시 많은 우려와 반대에도 불구하고 일본 대중문화에 대해 한국을 개방했다. 그것이 결과적으로 한국의 문화와 상호 작용하여 한국의 한류를 만들어

84) 연세대학교 김대중도서관 편, *김대중 전집 II. 제20권. 김대중이 남긴 정책과 철학의 기록들*, 16.

내는데 큰 역할을 하였다.[85] 당시 일본 왜색 문화가 들어와 판치는 것에 대한 우려가 컸다. 그때 그는 다음과 같이 생각했다고 자서전에서 밝히고 있다. "선진 문화를 받아들이더라도 우리 것으로 재창조하는 독특한 능력이 우리에게 있다. 해방 이후 그 많은 이질적 문화들이 물밀 듯이 들어왔지만 이내 버릴 것은 버려서 우리 것으로 만들었다."[86]

그의 예견대로 일본에 대한 문화개방은 한국인의 문화·예술 창의성이 국제화되는 계기가 되었다. 소위 한류의 시발점이 되었다. 그는 문화교류를 시공을 초월해서 서로가 서로를 배우는 과정이라는 탁견을 가졌다. 그는 자서전에서 다음과 같이 회고하고 있다. "문화를 역사의 어느 한 시점의 우열로만 판단하여 교류할 수는 없다. 문화는 과거, 현재, 미래를 잇는 끝없는 상호 학습을 통해 형성되기 때문이다. 그렇게 볼 때 문화 교류는 서로를 배우는 과정이다. 일본 문화를 막는 것은 우리에게는 수치스러운 일이다.

더 이상 문화쇄국주의는 의미가 없다고 판단했다. 우리 문화는 우리 스스로가 생각해도 자랑스럽다. 나는 일본 문화 개방에 조금도 거리낌이 없었다. 내 예측은 빗나가지 않았나. 일본 문화를 개방한 이후 오히려 일본에서 '한류(韓流)'가 일어나지 않았는가."[87]

김대중과 일본 지도자들 사이에 한류가 좋은 외교적 소재가 되었다. 예를 들어, 고이즈미 준이치로 총리는 한류에 대대해 문화 교류와 융합에 대해 관심을 크게 보였다. 당시 <겨울연가>는 일본에서 폭발적인 인기를

---

85) 노명환, "김대중과 빌리 브란트의 다양성 속의 통일 사상과 남한과 서독의 정치·사회·문화적 토양," 152.

86) 김대중, *김대중 자서전 2*, 114.

87) 김대중, *김대중 자서전 2*, 115.

얻은 '한류'의 원조였다. 그는 국립국악원을 방문하였다.[88] 2000년 9월 22일 2박 3일 일정으로 일본을 방문 모리 총리와 회담을 하였는데, 연설에서 다음과 같이 말했다. "최근 들어서는 긴자(銀座) 거리의 최신 유행이 불과 며칠 안에 서울에서 그대로 재현되고 있습니다. 서울 동대문 시장의 패션이 매일 같이 일본으로 직수입되고 있습니다. 한국 영화 <쉬리>가 일본에서 100만 관객을 동원하고 있으며, 일본의 인기 남성 듀엣 '차게 엔 아스카'는 서울 공연에서 수많은 한국의 젊은이들을 열광시켰습니다."[89] 그는 이어서 다음과 같이 말했다. "한일 양국의 문화가 가까워질수록 두 나라 국민 간의 교류와 친선은 더욱 확대되고 신뢰는 더욱 깊어질 것입니다. 전문가들은 상호 신뢰의 확대야 말로 국가 내에서 저비용과 고효율의 공동체 운명을 촉진시킬 것이라 말하고 있습니다."[90]

이러한 한일 간의 문화교류는 한국의 민족문화와 일본문화의 상호작용과 변증법적 통합을 통해 세계문화를 일구어 가는 방향일 수 있었다. 그가 생각하기에 이러한 과정에서 능동적으로 그리고 주도적으로 일본의 반성을 더 잘 이끌어 낼 수 있는 것이었다. 반드시 반성이 있은 연후에만 이러한 화해와 상생의 과정을 전개해 갈 수 있는 것이 아니었다. 이는 앞에서 설명한 김대중의 용서와 화해 사상의 특수성이 적용된 대표적 사례라고 할 수 있겠다. 일본에 과거 제국주의 시대를 동경하고 한국을 혐오하는 뿌리 깊은 세력들이 많이 있음을 볼 때, 이러한 김대중의 용서·화해·평화·상생 사상의 특수성이 본질적인 효과를 얻을 수 없을 것으로 생각할 수 있다. 그러나 이것은 시간을 두고 인내하면서 가야

88) 김대중, *김대중 자서전 2*, 472.

89) 김대중, *김대중 자서전 2*, 336.

90) 김대중, *김대중 자서전 2*, 336.

할 길일 수 있겠다. 이것은 지금까지 설명한 김대중의 용서·화해 사상의 보편성과 특수성의 변증법적 통일의 길일지 모른다.

그는 이러한 한일간의 문화교류와 함께 한국의 경제를 위해 문화·예술 분야를 적극적으로 산업의 영역으로 포괄하면서 문화산업을 육성하고자 하였다. 이를 위해 그는 앞에서 설명한 것처럼 일찍부터 한국인의 문화 창의력에 일직부터 주목해 왔고 자신감을 가지고 있었다. 그가 보기에 한국인들은 한을 문화·예술로 승화시키는 뛰어난 능력을 가지고 있었다. 이 문화 창의력은 분단 시대의 한을 쌓아오면서 더욱 융성하게 발전했다. 분단의 한이 햇볕정책과 함께 문화 창의력으로 만개할 수 있다고 생각했다. 그래서 일본보다 경쟁력 우위를 가질 수 있다고 보았다. 이 문화교류는 한일관계 뿐만 아니라 남과 북 사이에 화해와 평화를 위한 좋은 매개가 될 수 있었다. 한국의 문화 창의력은 남과 북이 협력·융합할 수 있는 좋은 소새가 될 수 있었다.

실제로 그가 보기에 햇볕정책과 함께 남북정상회담 및 남북화해가 지속되고 이념의 제약을 받지 않게 되자, 서로 다른 이념들이 만나는 곳에서 소재의 제한을 받지 않고 창의적 창작늘이 활발해졌다. 예를 들어 <쉬리>, <공동경비구영JAS> 과 같은 영화들이 만들어 졌다. 분단의 아픔 속에서 한국인들은 다른 국가에서는 사람들이 갖기 쉽지 않은 창작 소재들을 갖게 되었다. 이념적인 제약들이 극복되고 예산 지원이 원활해지면서 한류가 자리 잡아 갔다.[91] <쉬리>는 일본에서 100만 관객을 넘어섰다.

김대중은 문화부문 예산이 전체 예산의 1%를 점유하도록 하는 것이 그의 선거 공약이었는데, 이를 실현하였다. 이는 이러한 창작활동 및

---

91) 김대중, *김대중 자서전 2*, 214.

문화산업을 더욱 촉진시켰다. 그는 다음과 같이 회고했다. “역시 우리는 내가 믿었던 대로 문화강국이었다.

또 한 가지 특기할 점은 남북 화해로 소재의 제한이 없어졌다는 것이다. 분단을 소재로 한 많은 영화들이 제작되었다. <쉬리>, <공동경비구영JAS>, <태극기 휘날리며>, <실미도> 등이 관객들에게 많은 사랑을 받았다. “[92] 그는 월드컵 개막행사에서 전통문화와 최첨단 IT 기술 접목을 이루어 한국의 이러한 창의성의 진면목을 유감없이 보이고자 하였다.[93] 한일공동 주최의 월드컵의 의미를 더욱 살리고자 하였다. 한류의 세계적 전개는 그가 집중한 지식정보 사회의 인프라에 힘입은 바 컸다. 한국인의 융합·창의성이 지식정보 사회의 인프라조화를 이루었다.

김대중은 1993년 가을 케임브리지에서 돌아온 시기에 정치인이 아닌 일반 시민으로서 문화행사들에 참여하고 즐겼다. 그는 당시 한국인의 삶의 고달픔과 역경을 예술로 승화시키는 능력에 거듭 감탄했다. 예를 들어, 안숙선 명창의 판소리에서 이러한 감동을 많이 받았다. 1993년 12월 영화 서편제를 보고 배우와 제작자에게 다음과 같은 소감을 피력하였다. “‘영화 속에 담긴 한은 원한도 절망도 아니며 민중이 포기하지 않고 무엇인가를 해보려는 것으로 보입니다.’”[94] 이렇게 한을 문화·예술로 승화시키는 능력은 용서와 화해, 융합과 창발, 공존 평화 상생을 이루어 갈 수 있는 원동력이었다.

그는 서태지의 노래를 통한 사회 참여, 즉 사회 문제를 노래에 담아 전달하는 열린 의식을 높이 평가하였다. 예술과 사회를 융합해 내는 음

---

92) 김대중, *김대중 자서전 2*, 534-535.

93) 김대중, *김대중 자서전 2*, 484.

94) 김대중, *김대중 자서전 1*, 630.

악 장르의 개발에 주목했다. 그는 서태지에게 말했다. “록 음악을 우리 음악에 접목시킨 것이 대단히 돋보입니다. 대중 음악사에 남을 것입니다.”[95] 그는 스스로 서태지의 노래를 배우고 팬임을 공개적으로 밝혔다. 안숙선 판소리 명창, 이미자, 신형원, 이선희 등의 대중가요 가수들과 교류하였다.[96] 그의 생각에 한과 승화로 농축된 한국의 역사와 문화로서 한류는 세계 시민의 참여와 공유 속에서 지속적인 융합·창발의 역동적인 과정을 견인하고, 세계시민사회를 만들고 그 방향을 이끌어 가야 했다. 이러한 세계시민사회는 지구민주주의를 실현할 수 있고, 이러한 세계시민사회는 지구민주주의 사상에 기초해야 했다.

4. 현재와 미래를 위한 김대중 사상과 정책의 의미

이 글에서 살펴 본 것처럼 그의 용서와 화해 사상의 특수성은 그의 독실한 기독교 신앙과 오랜 민주화 및 평화통일 운동으로 인한 박해와 시련의 생애와 깊은 연관을 가지고 있다. 그러나 궁극적으로 용서와 화해 사상의 보편성과 그의 특수성은 끊임없는 변증법의 상호 작용의 과정 속에서 융합적으로 변화·생성되어 갔다. 김대중의 용서와 화해의 사상은 이러한 변증법적인 역사의 역동성 속에서 이해되고 지속적으로 승화되어야 한다. 용서와 화해가 지속적인 엄정한 단죄의 과정과 함께 변증법적인 과정을 통해 완성될 수 있도록 해야 한다. 이를 현재와 미래의 우리가 실천하고 완성해 가야 한다. 즉, 용서와 화해, 민주주의, 평화와

---

95) 김대중, *김대중 자서전 2*, 535.

96) 김대중, *김대중 자서전 2*, 536.

상생의 길을 위한 김대중의 몫과 국민의 몫이 역사 속에서 변증법적으로 조화를 이룸으로써 최상의 과거사 청산이 이루어지도록 해야 한다.

그의 용서와 화해 사상은 크게 보아 동양의 전통적인 음양사상의 우주 철학 같은 성격의 인간과 사회의 본질에 대한 이해에 기초했다. 그는 이를 헤겔의 변증법 철학, 토인비의 도전과 응전의 문명사관, 떼이야르 드 샤르댕의 변증법적 진화론의 신학과 융합하면서 체계화하고 발전시켜 갔다. 그에 따르면 우주의 존재 그 어느 것도 고정된 것은 없고 상호 작용하면서 끊임없는 변화의 과정 속에서 존재한다. 그는 용서와 화해가 이러한 우주의 원리 속에서 필수적이라고 강조한다. 그리하여 용서와 화해는 민주주의, 공존, 평화, 상생의 세상을 위한 기본 전제 조건이 된다고 말한다.

그의 국내 정치적 용서와 화해의 실천, 북한과 화해·협력의 햇볕정책, 일본과의 미래 지향적 동반자 정책, 지구민주주의 등이 모두 이러한 그의 용서와 사랑, 화해 사상에 기초를 두고 있다. 이러한 변증법적 진화의 과정 속에서 그는 인간 세계의 민주주의를 넘어서는 조화로운 자연과 인간 사이의 용서와 화해, 소통, 사랑의 지구민주주의를 추진했다. 그의 지구민주주의에서 용서와 화해의 보편성과 특수성은 끊임없는 변증법으로서 변화·생성의 역동성을 기본 원리로 가졌다. 그는 특히, 지식 정보 사회의 도래에 제대로 응전함으로써 이러한 지구민주주의를 꽃피울 수 있다고 생각했다. 이러한 정책들의 연장선상에서 일본과 추진한 대중문화 교류를 실현했고, 이는 세계적 한류를 만들어 내는데 기여했다. 이러한 한류는 세계시민사회를 이루어가고 지구민주주의를 실현하는데 기여할 수 있어야 했다. 남북분단 극복을 위해서 그리고 세계·지구평화를 위해서 기여할 수 있어야 했다. 우리는 그의 용서·화해 사상과 남북분단 극복, 세계·지구 평화의 정책을 이러한 관점에서 이해할 수 있어야 하겠다.

참고문헌

[1차 문헌]

김대중. *김대중 자서전 1.* 서울: 삼인, 2010.

_____. *김대중 자서전 2.* 서울: 삼인, 2010.

_____. *옥중서신.* 서울: 도서출판 한울, 2000.

_____. *나의 길 나의 사상.* 서울: 한길사, 2009.

_____. *다시, 새로운 시작을 위하여. 사랑하는 젊은이와 존경하는 국민들에게 바치는 이야기.* 서울: 김영사, 1993.

_____. *독재와 나의 투쟁.* 일본 광화당(光和堂), 1973.

_____. *행동하는 양심으로.* 서울: 금문당, 1985.

연세대학교 김대중도서관 편. *김대중 전집 Ⅰ. 제1권. 외환위기로부터 나라경제를 구하다.* 서울: 연세대학교 대학출판문화원, 2015.

_____. *김대중 전집 Ⅰ. 제7권. 지식정보화 강국의 꿈을 이루다.* 서울: 연세대학교 대학출판문화원 2015.

_____. *김대중 전집 Ⅱ. 제7권. 납치와 연금 속에서 민주화운동의 상징으로 떠오르다 (1972년 10월~1973년).* 서울: 연세대학교 대학출판문화원, 2019.

_____. *김대중 전집 Ⅱ. 제9권. 광주항쟁과 사형선고를 넘어 신군부 독재에 대한 저항을 이어가다 (1979년 11월–1982년)* 서울: 연세대학교 대학출판문화원, 2019.

_____. *김대중 전집 II. 제20권, 김대중이 남긴 정책과 철학의 기록들.* 서울: 연세대학교 대학출판문화원, 2019.

[단행본]

장신기. *성공한 대통령 김대중과 현대사.* 서울: 시대의 창, 2021.

최영태. *빌리 브란트와 김대중. 아웃사이더에서 휴머니스트로.* 서울: 성균관대학교 출판부, 2020.

[논문]

김귀옥. "김대중 평화사상의 형성과 정치적 실천." *통일과평화* 12 no.2 (2020).

_____. "김대중의 화해의 사상: 형성과 실천." *통일인문학* 90 (2022).

김동노. "김대중의 민족주의와 세계주의." *통일과 평화* 12, no.2 (2020).

노명환. "초국가주의 민주주의 평화사상과 지역공동체의 추구 및 분단극복 정책: 빌리 브란트의 동방정책과 김대중의 햇볕정책의 비교사적 연구." *EU연구* 30 (2012. 02).

_____. "분단국의 민주주의와 통일정책의 상호관계: 구성주의 이론과 하버마스의 공론장 개념을 적용한 빌리 브란트와 김대중의 민주주의 이념과 정책, 분단극복 방안에 대한 비교를 중심으로." *역사학연구* 49 (2013. 02).

_____. "반공주의와 화해·협력의 분단극복정책. 김대중의 햇볕정책과 빌리 브란트의 동방정책에 대한 비교." 김동춘·기외르기 스첼·크리스토프 폴만 외. *반공의 시대, 한국과 독일, 냉전의 정치.* 서울: 돌베개, 2015.

_____. "'성리학적 구성주의' 관점과 복잡계 이론으로 본 빌리 브란트와 김대중의 평화사상 및 정책과 제4차 산업혁명의 원리." *역사문화연구* 67 (2018. 08).

_____. "김대중과 빌리 브란트의 다양성 속의 통일 사상과 남한과 서독의 정치·사회·문화적 토양." *역사문화연구* 75 (2020. 08).

_____. "김대중 화해 사상의 특수성과 보편성: 이분법의 극복과 '다양성 속의 통일'의 변증법." *통일과 평화* 12, no.2 (2020).

_____. "역사의 관점에서 보는 김대중의 대중경제론과 햇볕정책: 모델로서 서독의 사회시장경제제도와 동방정책." *역사학연구* 81 (2021).

_____. "한류를 위한 김대중의 기여와 미완의 김대중 사상 정책의 완성을 위한 한류의 의미와 역할: 민주주의 평화 상생 한반도의 분단극복과 세계시민주의를 위하여." *역사문화연구* 83 (2022. 08).

박재민. "김대중 정부 시기 남북한 간 상호성에 관한 연구." *국제정치논총* 43, no.1 (2003. 04).

백학순. "김대중정부와 노무현정부의 대북정책 비교." *세종정책연구* (2009).

신종대. "김대중 · 노무현 정부의 대북정책과 국내정치: 문제는 '밖'이 아니라 '안'이다." *한국과 국제정치* 29, no.2 (2013).

이동우. *"김대중 대통령의 정치리더십 연구."* 박사학위, 전북대학교 일반대학원, 2012.

이재남·최은수. "평생학습 관점에서의 김대중의 리더십 개발 사례연구 - ACS 모델을 중심으로 -." *평생교육·HRD연구* 12, no.1 (2016).

홍을표, 공자인가, 존 로크인가. 김대중의 생각. 서울: 들녘. 1999.

Han, Sang-Jin, Dunn, John, Baek, Jeong-Hun. Asian Tradition and Cosmopolitan Politics. USA: Lexington Books. 2019.

9장

김대중의 연합과 통합의 정치

박 명 림
연세대학교 교수
인간평화와 치유연구센터 소장

1. 문제의 제기[1]

현대 한국의 정치, 특히 민주주의 역사에서 제15대 대통령 김대중(金大中)은 한 정점과 한 상징을 차지한다. 국가형성과 이승만이, 산업화와 박정희가 그러하듯, 민주화와 김대중은 분리 가능하지 않다. 그는 권위주의 정부의 강력한 탄압과 장구한 민주화 운동에 뒤이은 민주화 이후 최초의 평화적 정권교체, 최초의 정치연합과 연립정부 수립, 최초의 남북정상회담, 그리고 한국인 최초의 노벨평화상 수상을 기록한 정치인이었다. 객관적으로 말해 이 중 '최초' 사례들은 앞으로도 변하지

1) 본고는 필자의 최근 몇몇 관련 연구와 발표들을 크게 수정·보완한 논문임을 밝힌다. 특히 박명림, "연합정치, 정권교체, 대통령 리더십", 박명림 편, *1987년 민주헌정체제의 등장과 운영 II: 김대중* (카오스북, 2017), 23-71을 참조하였기에 해당 논문의 내용은 따로 인용을 명기하지 않았다. 그러나 본고는 필자의 또 다른 논문 ["김대중의 용서와 화해의 정치." 2021. 미간행]과 내용상 서로 짝을 이루기에 추후 두 글의 통합본을 통해 하나로 완성될 예정이다. 통합과 화해 정치의 해외 부분 역시 대폭 보완될 예정이다.

않는 위치를 차지할 것이다. 정치적 지지와 반대를 넘어, 그리고 그의 정치가 남긴 영향에 대한 긍정적인 또는 부정적인 평가를 넘어 이는 객관적 사실의 영역에 속한다.

그러한 여러 '최초'의 기록들을 갖는 김대중 정치의 요체는 연합과 연립, 연대와 통합에 있었다. 1997년 대통령 선거에서 김대중-김종필 연합에 의한 정부교체는, 그때까지 현대한국의 정치가 보여준 폭력에 의한 정권교체와 정당 내 정부교체를 넘어 선거를 통한 최초의 정당 간 정권교체를 의미한다. 민주주의와 민주공화국은 한 정당과 개인에 의한 권력 독점의 종식과 주기적 정부교체를 통해 비로소 완성을 향한 가장 결정적인 문턱을 넘는다고 할 때 1997년 대선은 한국민주주의 역사에서 그러한 분명한 위상을 지닌다. 연합과 연립의 힘이었다.

게다가 연합정치는 국가발전과 도약의 가장 중요한 계기를 이룬다. 미국, 네덜란드, 스웨덴, 핀란드, 독일, 오스트리아, 이탈리아, 남아프리카 공화국의 국가도약의 계기에 대한 역사적 경로들에 비추어 정치연합은 위기극복과 국민통합, 민주주의와 국가발전, 그리고 평화와 통일의 결정적인 계기로 해석된다. 그러나 한국에서 연합정부의 사례는 김대중-김종필을 제외하면 아직은 전무하다. 전체적 견지에서 볼 때 한국은, 비록 국가형성연합, 산업화연합, 민주화연합을 통해 거시적인 발전의 경로를 보여주었으나, 1945-48년 건국 전후의 좌파-우파, 이승만-김구 분열, 1960년 4월혁명 직후의 민주당 구파-신파 분열, 1987년 6월항쟁 직후의 김영삼-김대중 분열을 포함해 결정적인 중대 계기에 연합정치의 지혜와 경험은 크게 부족하였다. 우리는 이러한 세 번의 결정적 분열이 어떠한 결과를 초래하였는지를 잘 알고 있다.

그 점에서 1990년의 노태우-김영삼-김종필 합당에 이은 1997년 김대중-김종필 연합은 한국정치에서 연합정치의 가장 대표적인 사례가 아닐 수 없다. 그것은 산업화세력과 민주화세력의 정치연합, 중도 진보와 보수 우파의 이념연합, 호남과 충청의 지역연합의 복합적인 3중 의미를 갖는다. 나아가 이러한 3중연합은 최초의 정당 간 정권교체를 비롯해 외환위기 극복, 국민통합, 사회적 대타협, 대북 온건정책, 전방위외교를 가능하게 한 결정적인 요소였다.

특히 국민통합에는 진보-보수인사의 균형적 등용을 통한 정치적, 이념적 통합 뿐만 아니라 지역균형발전을 통한 지역통합, 그리고 노사정위원회를 통한 노사대화, 국가를 위한 유공과 국가에 의한 피해를 동시에 보상하고 포용하는 역사통합·과거통합을 포함하였다. 다층적 다면적 다성적(多聲的. polyphonic) 국민통합이었던 것이다. 금모으기운동, 남북정상회담, 한일 월드컵 역시 두드러진 국민통합의 계기들이었다. 물론 김대중의 국가리더십은 내각제 개헌합의 추구의 시도 부재, 구조조정 과정에서의 재벌체재 개혁의 소홀과 노사정 불균형, 사회타협·남북관계·외교관계의 제도화와 연속성의 확보에 실패하는 한계를 노정하였다.

근대 국가에서 지도자의 국가운영책·국정운영역량·국가통치술(virtù. leadership, statecraft. presidency)은 한 나라의 명운과 성쇠를 좌우한다. 제도의 문제이건 개인의 문제이건 이 문제는 근대정치(학)의 한 핵심이다. 오랫동안 우리에게 <<군주론>>으로 알려져 온, 근대 정치학을 개창한 정치학의 고전 중의 고전은 담고 있는 주제와 내용에 비추어 기실 <<통치론>>, 또는 <<통치자질론>> <<통치역량론>>으로 번역하는 것이 가장 합당하다. 우선 마키아벨리 자신이 사용한 책의 제목[The Prince : Il Principe]이 그러하다. 그것은 본래 '가계'·'혈통'·'고귀한 혈족'의 의미를 담는 좁은 의미의 '세습 왕'이 아니라 '최고 능력자', '최고 지도자' '일인자'를 뜻하는, '최고' + '능력'이라는 말의 합성어[*princeps : primus(prime)+capabilis* (capable/capability)]에서 발원한 것이다. 제목 자체가, 근대 정치의 제일 요체인 국가통치역량을 다루고 있다.[2]

오늘의 한국 민주주의, 국민통합, 발전과 안정, 외교안보와 평화는 다시 중대 기로에 서 있다. 어디에서 해법의 단초를 찾을 것인가? 간단하게 말해 국가운영의 제일 요체, 즉 정치연합과 국민통합을 가능하게 할 수 있는 국가리더십의 건설 문제라고 할 수 있다. 특별히 정당, 대통령, 의회정치의 연합과 연대와 협치의 능력에 달려있다. 1948년 이후의 현대한국의 정치를 돌아올 때 이념대결의 분단국가에서 연합과 연대의 정치를 멀리한다는 점은 이해할 수 없는 것이다.

1919년 망국의 시점에 출범한, 독립을 위한 첫 번째 임시 민주공화국이 좌우연합에 근거하였음을 고려할 때 이후 망국 종료 직후는 물론 모든 정부에서 드러난 좌우, 보수-진보연합의 부재는 정녕 이해를 초월한다. 1948년 대한민국과 조선민주주의 인민공화국 두 정부수립은 가장 대표적이다. 민족주의와 근대성의 결합, 즉 근대국민국가의 관점에서 보더라도 그러하였다. 제국 대 제국, 문명 대 문명의 경계국가로서 외부제국의 점령 욕망에 따른 1592-98, 1894-95, 1904-05 전후의 절박한 분단위험[3]을 잘 알고 있는 한국인들이 1945-48년 동안 보여준, 세계 최고 수준의 이념갈등은 전혀 이해할 수 없는 것이었다. 세계적으로도

---

2) Niccolo Machiavelli, 최장집 엮음, 박상훈 옮김, *군주론* (후마니타스, 2014).

3) 이완범, *한반도 분할의 역사* (한국학중앙연구원, 2013)이 매우 상세하다. 이밖에 채규철. "구한말 '한반도 분할'안이 제기된 배경 및 원인 : 국내의 파벌적 갈등 과 외세의존 성향을 중심으로," *사회과교육*, 34 (2001), 88-109: 이완범 "한반도 분할의 국제정치학," *국제정치논총*, 42:4 (2002), 191-215.

전범국가가 아니면서 세계보다 먼저 격렬한 갈등을 앞서간 한국인들의 좌우 상호 증오와 상호 공방은 끔찍한 자해행위였다.

강조할 필요도 없이 이승만은 1945년 귀국 직후에 평양을 방문해야 했다. 분단을 방지하기 위한 연대와 연합의 필수요건이었다. 이승만에게 정치적 패배가 확실해지자, 그때서야 자신이 정통정부·통일정부라고 불렀던 대한민국을 단독정부·분단정부라 비판하며 공산주의자들과 협상하겠다면서 1948년에야 평양을 방문한 김구는 말할 필요도 없었다. 김구 역시 당연히 1945-46년에 평양을 방문하여 분열과 분단을 막아야했다. 그러나 그는 찬탁운동주도자들을 배제하고 증오하였을 뿐만 아니라 죽이려까지 하였다. 운명적인 초기에 연합정치의 개념은 없었다. 그것은 김일성·박헌영 역시 마찬가지였다. 그들은 어떻게든 우파와 연합하려 시도했어야했다. 그러나 아무도 그렇게 하지 않았다.

1997년, 건국 이래 최초의 정치연합을 통한 김대중의 승리로 인해 현대한국정치에서 선거를 통한 최초의 정권교체가 실현되었다. 민주주의에서 선거를 통한 권력교체 문제가 왜 그리 결정적으로 중요한가? 1997년의 제도적 정부교제는 1948년 건국 이래 반 세기만에 처음이었다. 1987년과 1992년의 두 번의 정부교체는 비록 제도와 선거를 통한 교체였으나 같은 집권세력 내부의 교체였다. 즉 '정당 간 교체'가 아니라 '정당 내 교체'였던 것이다. 전두환 정부로부터 노태우 정부로, 노태우 정부로부터 김영삼 정부로의 교체를 말한다.

이러한 한국 현대정치사가 보여주는 분명한 사실은 한국에서 선거를 통한 정당 간 평화적 정부교체가 얼마나 힘든가, 그를 통한 민주주의와 민주공화국의 명실 일치가 얼마나 지난한가 하는 점이었다. 어떻게 하여 제도와 절차를 통한 합법적 정부교체가 가능하였을까? 정부교체의 가능성과 교체 이후의 승복은 정치적 도전과 퇴진의 핵심을 구성한다. 즉 제도를 통한 정부교체의 반복이 없다면 민주제도는 완성되었다고 볼 수 없다. 그것이 부재할 때 정치는 제도를 이탈하며 폭력의 영역으로 전이한다. 정치의 위축과 소멸을 말한다.

타협과 연합이야말로 정치소생의 요체이다. 1960년, 1961년, 1979-80년, 1987년에 이르기까지 한국에서 모든 정권교체는 혁명, 쿠데타, 암살, 항쟁과 같은 폭력과 투쟁의 산물이었다. 여기에 1997년 대통령 선거의 현실적이며 이론적인 의미가 존재한다. 더욱 중요한 문제는 그가 이러한 연합과 연대의 통합적 국정운영 방식을 집권 이후에도 지속적으로 견지하려하였다는 데에 있다.

2. 현대한국과 최초의 연합적 정권교체

1948년 정부수립 이래 민주화 이후까지 한국에서 정부교체의 역사는 항상 폭력적이었다. 단 한 번도 평화적인 제도적 절차적 정부교체는 없었다. 그렇지 않으면 정권연장의 반복뿐이었다. 건국 이래 최초의 정부교체는 1960년 4월혁명이라는 유혈적인 투쟁으로 가능하였다. 폭력적 퇴진과 권력 교체였다. 그 이전까지는 헌법을 개정하거나 위반한 이승만 개인의 장기집권이었다. 헌법과 법률은 정부교체에 관한 한 이승만 개인 아래에 있었다.

1961년의 두 번째 정권교체는 군사쿠데타로 인한 폭력적인 교체였다. 이 이후 한국은 1987년까지 오랫동안 군사권위주의 통치를 지속하였다는 점에서 박정희가 주도한 61년의 군사쿠데타가 갖는 거시적 의미는 결정적이었다. 동시에 이는 한국에서 본격적인 민주 대 반(反)민주,

산업화 세력 대 민주화 세력의 양자 대결 구도를 정초하였다는 점에서도 구조적 지반을 초래한 사태였다. 1963년의 제5대 대통령 선거로 인한 정부이양은 정부교체가 아니라 군사쿠데타의 연장행위에 불과하였다.

세 번째는 가장 유혈적이었다. 부마항쟁과 박정희 암살, 12.12쿠데타, 광주학살의 연속된 폭력을 딛고 나서야 박정희 정부는 전두환 정부로 교체되었다. 전두환 정부 역시 군부권위주의였을 뿐만 아니라, 1961년의 쿠데타와는 달리 12.12와 5.17이라는 2단계 쿠데타를 거친데다 광주항쟁이라는 격렬한 유혈저항을 딛고 집권하였다는 점에서 5.16쿠데타와는 크게 달랐다. 한국에서 집권의 과정이 가장 폭력적이었던 정부는 전두환 정부였던 것이다.

그러나 등장과정의 이 유혈은, 1987년의 정부이양과정에서는 집권세력이 직접적인 폭력을 행사할 수 없도록 만드는, 그리하여 물리력이 아닌 제도에 승복할 수 밖에 없는 중대한 구조적 압력요인으로 작용하는 역할을 수행하여 인치를 법치로 전환하는 결정적 계기로 작용하였다. 그동안 헌법과 법률 위에 군림하였던 통치자들은 처음으로 법의 지배를 받지 않을 수 없게 된 것이었다.

표면적 제도로 존재하는 민주공화국을 실질적 내용을 갖추도록 전환시킨 요소는 민주화운동으로부터 발원하였다는 점이다. 이는 민주화운동이, 제도로서만 존재해온 민주공화국의 내실을 완성한 가장 중요한 요인으로 역할하였음을 의미한다. 말을 바꾸면 1987년 6월항쟁의 성공과 12월 대선을 통한 권력포기가 평화적 방법으로 가능할 수 있었던 이유는 민주화운동의 성장으로 인하여 제2의 광주유혈이 구조적으로 불가능한 조건 때문이었다는 점이다. 요컨대 민주공화국의 완성은 민주화운동으로 인해 가능하였다.

그런데 깊이 주목할만한 현상은 한 가지가 더 있다. 이승만, 박정희, 전두환에 이르기까지 한국에서는 정권교체와 특정 자연인의 진퇴가 함께 하였다는 점이다. 주지하는바 이것은 거의 현대적 군주정의 모습이 아닐 수 없다. 공화정의 근본 원칙은 개인과 국가를 제도적으로 뿐만 아니라 실질적으로 분리하는 데로부터 출발한다. 국가가 군주의 사적 소유가 아니라 국민 모두의 공적 소유라는 원리야말로 공화국과 공화주의의 출발원리를 구성한다. 그러한 점에서 권력의 사적인 개인적 소유를 공적인 국민적 소유로 전환하는 투쟁은 근대 공화주의 사상과 실천의 제일 원리였다.

이승만, 장면, 박정희, 전두환으로부터의 권력교체는 항상 폭력적인, 또는 강제적인 진퇴 방식이었다. 전술한 유혈혁명, 망명, 쿠데타, 암살, 쿠데타, 유혈의 반복, 즉 법과 제도에 의한 정권교체가 아니었음을 이보다 더 잘 증거하는 사실은 없다. 즉 권력교체에 관한한 1987년 이전 한국의 민주주의 역사는 법치가 아니라 인치였던 것이다. 권력교체를 인치에서 법치로 전환·착근·공고화하는 문제는 그만큼 한국 민주주의의 골간이었음을 알 수 있다.

나아가 이 문제는 민주주의를 넘어 사실상 민주공화국 명실의 상부문제였다. 권력의 예상 가능한 절차적 교체(에 대한 완전한 법적 승복)의 문제만큼 민주공화국이 국민 모두의 소유라는 점을 증명하는 방법은 없다. 근대 민주주의에서 그 핵심은 주기적 선거였다. 이것은 말할 필요도 없이 특정 개인의 집권문제를 넘어선다. 제도는 언제는 개인을 초월해야하기 때문이다.

그렇다면, 어떻게 하면 이 지난한 민주공화국의 제도적 최종 완성의 첫 문을 열 수 있을 것인가? 정치연합 외에는 없었다. 이것은 사실 김대중의 오랜 라이벌 김영삼이 이미 3당 합당을 통해 성공사례를 보여준 바 있었다. 김영삼 역시 자유주의 보수야당 민주세력 출신의 정치인이었다. 그는 보수여당과의 합당을 통해 정권쟁취에 성공한 바 있었다. 그러나 노태우로부터 김영삼으로의 정부교체는 정당 내 교체였다. 또 그는 연합보다는 합당을 통해 각자의 정치적 독자성과 정체성을 탈색하는 선택을 하고 말았다.

또한 김영삼의 정치연합과 김대중의 그것은, 전자가 집권 보수세력에게 변형주의적으로 합류한데 반해[4], 자유주의 개혁파를 대변한 후자는 집권 보수세력에게 대항하기 위해 민주개혁세력 주도로 보수 소수파와 정치연합을 형성했다는 점에서 달랐다. 전자에서는 정치연합이 부차 변수였다면 후자는 중심 변수였다. 그 점에서 둘의 정치연합은 거의 정반대에 가까웠다. 그러나 김영삼은 집권 후 사실상 정당 간 정부교체에 가까울 만큼, 전두환·노태우 쿠데타 세력처벌과 광주민주화 운동 진상규명을 비롯한 군부권위주의 청산과 개혁조치를 단행하였다. 즉 김영삼의 집권은 제도적 정부연장과 내용적 정부교체의 성격을 함께 지니고 있었던 것이다.

정당 간의 명실상부한 평화적 정권교체는 1997년에서야 가능하였다. 민주제도를 통한 정부교체의 주기적 반복과 승복이 처음으로 완성된 것이었다. 즉 민주공화국으로서 대한민국은 제도와 실질, 명(名)과 실(實)이 비로소 상부하기 시작하였다. 김영삼의 절반의 정부교체와 김대중의 완전한 정부교체로 인해 민주공화국의 핵심 요소인 권력교체는 최종 완성되었던 것이다. 김영삼과 김대중은 각각 절반의 이행방식으로 민주주의와 민주공화국의 절차적 제도적 완성에 결정적으로 기여했던

---

4) 최장집, *한국 민주주의의 조건과 전망* (서울: 나남, 1996), 203-240.

것이다. 시민들의 민주화운동에 더하여 이들의 선거를 통한 절차적 집권의 성공이 없었다면 대한민국 민주공화국의 완성은 거의 불가능하였다는 점에서 이들의 기여는 중요하게 기억되어야할 것이다.

최초 승리의 집단경험이 제공해준 '정치적 효능감'은 이후 노무현의 정권재창출로 이어지는 최대 요인이었다. 김대중 정부는 지금까지도 한국에서 정권 재창출에 성공한 유일한 중도 개혁정부로 남아있다. 즉 당시까지 한국사회의 이념과 지역과 지지계층 분포에 비추어 도저히 불가능할 것 같았던 야당의 최초 집권은 이후 국민과 민주세력에게 정권교체의 가능성에 대한 기대와 확신을 심어주었다. 그런 점에서 김대중-김종필 연합의 구축성공은, 마키아벨리(Niccolò Machiavelli) 가 말하는 바의 포르투나(fortuna)에 해당되는 구조적 제약요건을 극적으로 타파한 일종의 정치적 비르투(virtú)요 돌파능력이라고 할 수 있었다.

말을 바꾸면 하나의 정치적 기예이자 가능의 예술로서의 정치연합이 창출한, 한국에서는 도저히 불가능해 보였던 구조의 극복이었다. 김대중의 집권성공은 노무현과 문재인의 집권을 포함한 이후 야당의 승리 가능성을 최초로 실증한 사례라는 점에서 선거를 통한 첫 번째 '구조돌파'였던 것이다. 따라서 외환위기에 이은, 한국 보수세력이 창출한 두 번째의 결정적 국가위기였던 박근혜 국정농단 사태가 다가왔을 때, 정부교체는 이미 기정사실화되어 있었다. 외환위기와 국정농단은 모두 단순한 '보수의 위기'를 넘어 '국가의 위기'상황이었기 때문이다.

3. 정치연합, 그리고 민주주의, 국민통합, 국가발전

민주공화국은 권력의 분립과 견제의 원리에서 출발한다. 따라서 현대 대의민주주의 하에서 정치연합은 정치학의 고전들이 오랫동안 말해온 혼합정체(mixed polity)의 대표적인 경로의 하나라고 말할 수 있다. 수평적 정치타협·정당타협과 수직적 사회타협·노사타협을 동시에 초래하는 경로를 산생함으로써 정치연합은 민주주의와 공화주의의 이상적 결합에 기여한다.

오랫동안 진보-보수, 좌우 사이에 심각한 진영 갈등에 빠져있는 한국과는 전혀 다른 길을 가며 정치연합과 사회협약을 통해 국가개혁과 선진국가 건설을 성공시켰던 경로의 몇몇 사례들을 살펴보자. 민주주의와 복지, 평화와 통합을 포함하여 국가개혁과 발전의 경로는 곧 정치연합의 성공 여부와 성격에 달려있다는 점을 금방 알 수 있다. 김대중이 가장 크게 배우거나 서로 가까웠던 외국 정치인들도 이 범주에 속해있다는 점이 매우 흥미롭다. 여기에는 아래의 링컨, 브란트, 만델라가 포함된다.

먼저 오늘날 복지국가의 모델로 불리는 스웨덴에서 사회민주주의 노선의 첫 정부참여는 1917년 자유-사민연합을 통해서였다. 정치연합의 역사적인 출발이었다. 이후 사민주의 정부가 단독 집권했을 때 그들은 살트셰바덴 협약(1938년)을 성공시켜 노동포용을 통한 노사합의주의의 원형을 창출하였다. 임금인상 자제와 완전고용-복지개혁을 교환하는 이른바 스웨덴 모델의 출발이었다. 유럽에서 가장 파업이 많은 국가의 하나였던 스웨덴은 이후 임금·고용·복지·국가경쟁력·경제성장을 함께 추구하는 나라로 완전히 변모하였다.

자유-사민연합, 살트셰바덴협약, 스웨덴모델의 창출에는 각각 칼 얄마르 브란팅(Karl Hjalmar Branting)과 페르 알빈 한손(Per Albin

Hansson)이라는, 보수주의와 급진주의의 양극단을 모두 거부한 복지민주주의-사회민주주의 지도자들의 역할이 결정적이었다. 이후 반세기 동안 스웨덴은 복지국가와 사민주의의 황금기를 열었다. 스웨덴 국가발전을 타협정치, 연합정치의 산물로 보는 이론들은 정확한 해석이 아닐 수 없다.

연합과 타협의 정치에 대한 가장 탁월한 저술의 하나로 불리는 연구에 따르면[5], "정치는 반드시 함께 살아야한다는 확실한 원칙과 어떤 조건에서 함께 살 것인가 하는 불확실성 사이의 타협의 예술"[6]이라고 할 수 있다. 오랫동안 "스웨덴의 정치는 단지 타협으로부터만 긍정적 결정들을 얻을 수 있는 상황들에 계속 직면해왔다. 브란팅은 스웨덴을 '타협이 지배하는 나라'(ett kompromissarieridetland; compromise-ridden country) 라고 명명하였다. 스웨덴에서는 다른 어떤 나라에서보다도 타협의 기술(technique)이 인간들이 함께 살아갈 수 있는 조건들을 만들어내는 예술(art)에 있어 가장 필수적인 요소였다."[7] 이 뛰어난 연구자에 따르면 "스웨덴의 탁월한 정치인들, 즉 보스트롬(Gustaf Bostrom), 빌링(Gottfrid Billing), 린드만(Arvid Lindman), 에크만(Carl Ekman), 페르 알빈 한손 등은 그러한 기술의 통달한 장인들(accomplished masters)이었다."[8] 갈등과 대결을 넘어 타협과 연합의 역사를 거의 갖고 있지 못한 우리는 과연 그러한 '타협에 통달한 장인들'을 갖고 있는가?

---

5) Dankwart A. Rustow, *The Politics of Compromise – A Study of Parties and Cabinet Government in Sweden* (London: Princeton University Press, 1955).

6) 위의 책. 226.

7) 위의 책. 230.

8) 위의 책. 231.

그럴 때 "정책은 '정치적 타협의 산물'에 지나지 않는다. 정책은 단지 그것이 공동체를 승자와 패자로 나누지 않을 때만이, 또 모든 쪽에 의해 받아들여진 정의의 표준을 구체화할 때만 지속될 수 있을 것이다."[9] 이 말은, 연합정부들이 정책의 지속성을 통해 국가를 크게 발전시켜왔다는 점에 비추어 전적으로 타당하다. 연속적인 타협의 결과 스웨덴 정치에서 정쟁의 영역은 정당의 최초 등장 이래 현저하게 좁아졌다. 일례로 1907년과 1918년의 도달한 기본적인 헌법적 의제에 대한 합의는 더 많은 접근으로 열려졌다. 즉 이후 스웨덴 정당타협과 합의의 역사는 견해들 - 정책과 의견 -- 사이의 더 많은 타협과 더 가까운 일치를 위한 토대를 놓았다.[10]

오늘날 세계 최강대국으로 도약하는데 있어 건국 이래 두 번의 가장 결정적인 국가위기를 넘긴 미국 역시 그 힘은 정치연합이었다. 국가분열의 대위기상황에서 링컨(Abraham Lincoln)은 예상을 완전히 뛰어넘는 정치연합을 통해 내각을 구성함으로써 전쟁을 승리로 이끌고 연방부열의 절체절명의 위기를 넘겼다.[11] 링컨이 미국 역사상 가장 위대한 대통령으로 평가받는 소이였다.

내각의 세 사람은 자기와 대통령직을 경쟁하던 쟁쟁한 당내 라이벌들[시워드 (William H. Seward) 국무장관, 체이스 (Salman P. Chase) 재무장관, 베이츠 (Edward Bates) 법무장관]이었고, 세 사람은 아예 반대당 민주당의 막강한 경쟁자들[스탠턴 (Edwin M. Stanton) 전쟁장관, 기디언 웰스 (Gideon Welles) 해군장관, 몽고메리 블레어

---

9) 위의 책. 232.

10) 위의 책. 233.

11) Doris K. Goodwin, *Team of Rivals: The Political Genius of Abraham Lincoln* (New York: Simon & Schuster, 2005).

(Montgomery Blair) 우정장관]이었다. 그는 특히 임박한 전쟁위기에도 불구하고 군대지휘를 맡을 전쟁장관과 해군장관을 민주당 쪽에 맡겼다. 이 링컨연합은 곧 남북분열에 맞선 연방유지와 승리의 정치연합이었다. 김대중은 분단을 방지한, 그리하여 최강국을 만든 링컨의 통합 정치를 상세하게 직접 언급한다.[12]

세계대공황 시점에 미국 루스벨트(Franklin D. Roosevelt)는 뉴딜협약과 뉴딜연합을 통해 위기 극복을 넘어 전후 미국 사회의 틀을 정초하며 자본주의의 황금시대와 미국의 세기를 창출하였다. 루즈벨트연합으로 불릴만한 뉴딜연합은 자유주의 정부가 노동·농민·흑인·빈민세력과 연대한 미국판 자유-노동연합, 자유-사민연합이었다. 뉴딜연합은 세계의 경제공황을 극복하고 미국을 세계 최강대국으로 만든 동시에 훗날 나치즘-파시즘과 공산주의 위협으로부터 인류를 구출한 동력이었다. 만약 당시 공황극복에 실패하였다면 나치즘-파시즘과의 대결의 결과는 예측하기 어려웠다.

뉴딜연합은 '사적 사회주의'(private socialism)와 '정부 사회주의'(governmental socialism)를 모두 거부한 사민주의적 자유주의 지도자 루스벨트가 없었으면 불가능한 일이었다.[13] 뉴딜연합의 출발 역시

---

12) 연세대학교 김대중도서관 편, 김대중 전집I *제3권: 복지국가와 사회통합의 초석을 세우다 (1999년 5월 ~ 1999년 11월)* (서울: 연세대학교 대학출판문화원, 2015), 35.

13) '사적 사회주의'와 '정부 사회주의'는 모두 루즈벨트 자신의 표현이다. "A Recommendation for the Regulation of Public Utility Holding Companies"(March 12, 1935), *The Public Papers and Addresses of Franklin D. Roosevelt. Volume four, The Court Disapproves, 1935: with a special introduction and explanatory notes by President Roosevelt. [Book 1]* (Ann Arbor, Michigan: University of Michigan Library, 2005), p. 101.: Franklin D. Roosevelt: "Message to Congress Recommending Regulation of Public Utility Holding Companies.," March 12, 1935. Online by Gerhard Peters and John T. Woolley, The American Presidency Project. http://www.presidency.ucsb.edu/ws/?pid=15019.

대공황을 초래한 세력과의 부분적인 정치연합이었다. 특별히 당시 루즈벨트는 공황 극복을 위해 가장 중요한 재무장관(William Hartman Woodin)과 농업장관(Henry A. Wallace)을 공황을 야기한 공화당측 인사로 기용하였다.

이른바 '네덜란드 병'(Dutch disease)을 치유하고 복지와 성장을 함께 성취한 '네덜란드 기적'을 이루어 강소국을 만든, '유연 안정성'과 '폴더모델'을 창출한 네덜란드의 출발 역시 1982년 바세나르협약(Wassenaar Accord)부터였다. 이때도 정치와 경제[기업]와 노동을 각각 대표한 뤼트 뤼버르스(Ruud Lubbers), 크리스 판 페인(Chris van Veen), 빔 코크(Willem Wim Kok)의 정치적 리더십과 타협이 결정적이었다. 뤼버르스와 코크는 협약 이후 타협과 연합에 힘입어 20년간 네덜란드를 이끌었다. 뤼버르스의 12년 집권은 네덜란드 역사상 최장 기록이었다.[14]

오늘날 한국에서 크게 배우려 시도하고 있는 독일의 사례는 더욱 상징적이다. 패전국가 독일은 전후 연립정부 구성을 반복하며 예술에 가까운 정치연합의 기술을 보여줬다. 결과는 민주주의, 성장과 복지, 외교·안보·통일 모두의 성공으로 나타났다. 아데나워(Konrad Adenauer)-에르하르트(Ludwig Wilhelm Erhard)-키징거(Kurt Kiesinger)-브란트(Willy Brandt)-슈미트(Helmut Schmidt)-콜(Helmut Kohl)-슈뢰더(Gerhard Schröder)-메르켈(Angela Merkel)-숄츠(Olaf Scholz)정부로 이어지는 전후 정부 구성에서 가장 놀라운 점은 25번 모두가 연합정부였다는 점과, 그에 바탕한 정부교체

14) Friso Wielenga, Translated by Lynne Richards, *A History of the Netherlands: From the Sixteenth Century to the Present Day* (Bloomsbury Publishing, 2015).

를 뛰어넘는 정책 원칙과 내용의 고도의 일관성이었다.

놀랍게도 모든 수상과 모든 정부내각이 연합정부였다. 국정의 연속과 지속성에 바탕한 정책 성공은 무엇보다 기독교민주연합, 사회민주당, 자유민주당, 기독교사회연합 사이의 정치연합의 교체 반복에서 비롯된 것이었다. 예컨대 '사회적 시장경제'와 '동방정책', '독일통일'의 성공은 각각의 핵심주역인, 서로 다른 정당 소속의 에르하르트, 브란트, 겐셔가 정치연합을 통해 서로 다른 정부에 연속 참여하지 않았다면 불가능한 것이었다.

전후 독일의 부흥, 안정, 복지, 통일, 유럽통합 주도의 제일 동력은 정치연합으로부터 나왔던 것이다. 전후 독일정치의 요체는 한마디로 연합정치라고 할 수 있다. 다시 강조컨대 제2차 세계대전 종전 이후 건국 이래 지금까지 독일은 모든 정부가 연합정부였다. 아데나워, 에르하르트, 키징거, 브란트, 슈미트, 콜, 슈뢰더, 메르켈, 올라프 숄츠 총리에 이르기까지 1949년 이후 현재에 이르기까지 25번이나 정부를 구성하는 동안 단독정부는 단 한 번도 없었다. 그 사이에 무려 66번이나 개헌을 성공하여 가장 안정적으로, 가장 모범적인 연합정부 아래에서, 가장 지속적인 국정 연속성을 보여주면서도 평균 2.75년에 한 번씩 개헌에 성공을 하였다. 개헌은 결코 국정의 블랙홀이 아닌 것이다.

단독정부가 가능할 때조차 독일은 연합정부를 구성하였다. 실로 놀라운 일이다. 독일의 사례는 안정성과 최고성에 바탕한 내부의 연립-연합의 정치가 정책의 지속성을 담보하여 통일을 달성한 확고한 준거 경로로 삼을 만하다. 특히 소련과 동독에 대한 동방정책을 앞두고 나치출신 키징거 정부와의 내부 대연정을 실시한 브란트의 사례는 특별히 깊

이 고구될 필요가 있다.[15]

대연정(1966년) 당시 나치 출신의 키징거가 총리가 되자 많은 독일인들이 강력하게 반대 운동을 벌였다. 브란트는 도덕적으로는 그들에 동의하였으나 현실적으로는 달랐다. 훗날 브란트는 자신의 회고록에서 대연정 당시 자신의 '마음'과 최고의 '해결책'을 대조하며 그는 다음과 같이 말한다 : "대연정은 내 마음에 결코 들지 않았다. 그렇지만 더 좋은 해결책은 어디에 있겠는가?"[16] 대연정은 심정적으로는 마음에 들지 않았지만 최선의 현실적 해결책이었다는 것이다. 우리의 경우 (김영삼과) 김대중의 보수포용과 대북 온건정책 구상, 특히 김대중의 DJP연합과 햇볕정책은 브란트의 경로와 깊은 비교통찰을 요구한다.

이런 브란트에 대한 김대중의 평가는 매우 높아서 "20세기 우리 시대가 낳은 가장 위대한 인물 중의 한 분", "인류 역사에 대한 심오한 철학", "자유를 지키기 위한 용감한 투쟁", "적대관계에 있는 동족과의 화해", "대담한 정책적 결단과 뛰어난 실천력", "따뜻한 인류애와 정의감을 가진 사람", "진심으로 존경하고 이해하는 친구", "독재, 공산주의, 분단과 싸우고, 민주주의에 대한 신봉, 정의에 대한 열정, 분단된 민족의 통일을 위한 신념과 열정 공유"와 같은 최고의 표현으로 깊은 우정과 존경을 드러낸다.[17]

김대중의 브란트와의 개인적 우정은 매우 길고 깊었다. 1971년 대선

---

15) Hélène Miard-Delacroix, translated by Isabelle Chaize, *Willy Brandt: Life of a Statesman* (NY: I.B. Tauris, 2015, 2016) 너무도 중요한 주제인 브란트의 (내부)연립정책과 (동서)동방정책의 관계는 아직 거의 연구되지 않았다.

16) 빌리 브란트, 정경섭 역, *빌리 브란트: 동방정책과 독일의 재통합* (서울: 하늘땅, 1990), 170.

17) 연세대학교 김대중도서관 편, *김대중 전집I 제10권: 국가 원로와 국제 평화지도자의 길을 걷다 2 (2007년 4월 ~ 2009년 8월)* (서울: 연세대학교 대학출판문화원, 2015), 737-740

출마 당시 미국 방문하여 워싱턴 내셔널프레스클럽에서 기자회견 시 김대중은 빌리 브란트 수상의 동방정책을 지지하고 공감한다고 주장하였다. 1980년 사형선고를 받았을 시, 브란트는 전두환 장군에게 친서를 보내 항의 및 사형선고 취소 요구하였다. 1983년 김대중의 미국 망명시, 브란트가 김대중을 독일로 초청했으나 군사정권의 여권발급으로 무산되었다. 1984년 김대중은 브란트에게 서신을 보냈다. 1987년 브란트 수상과 사민당 의원들이 김대중을 노벨평화상 후보로 추천하였다.

1989년 김대중은 브란트를 한국에 초청하여 만찬연을 베풀었다. 1990년 7월과 10월 김대중은 브란트에게 서신을 보냈다. 1991년 10월. 김대중은 독일을 방문하여 브란트를 집무실에서 만나고, 브란트의 "우리는 동독으로부터 일어난 사태로 조속히 통일했지만 한국은 반드시 평화적 점진적 통일을 추진하라"는 말을 전달받았다. 11월에는 브란트에게 서신을 보냈다. 1992년 5월 브란트에게 서신을 보냈다. 10월 브란트의 서거 시에는 아내 이희호 및 자녀들을 독일에 보내 장례식에 참석하게 하였다. 1993년 김대중은 베를린을 방문하여 브란트의 묘소를 참배하였다.[18] 둘의 이러한 오랜 우정과 교류에 비추어 김대중이 브란트의 연합정치를 깊이 사유했을 것이라는 점은 어렵지 않게 추론할 수 있다.

다음으로 오스트리아, 이태리, 핀란드의 사례 역시 정치연합과 타협, 안정, 통일, 평화, 발전, 복지를 이룩한 대표적인 경로가 아닐 수 없다. 간략히 살펴보면, 오스트리아는 1945년 칼 레너(Karl Renner)의 대결단과 대연합-대연정을 통한 집중정부(*Konzentrationsregierung*)의 수립과 분할점령·분단의 극복 이래 좌우합작의 대연정은 확고한 전통이 되었다. 이는 레오폴드 휘글(Leopold Figl), 율리우스 라브(Julius

18) 위의 책, 737-740을 기초로 *김대중전집II*의 여러 해당 권들을 참조, 보완하였다.

Raab), 알폰스 고르바흐(Alfons Gorbach), 요제프 클라우스(Josep Klaus)....를 거치면서 '영원한 대연정'이라는 말을 창출해내었고, 이른바 '오스트리아 모델'로 이어졌다. 대연정과 노사정협의체제의 상호 상승적인 이중적 타협체제, 이중적 합의체제인 합의민주주의 모델이었다.[19] 이 때 대연정의 시작인 오스트리아 모델의 초기 창출이 연합점령 상태에서 분단을 방지하고 통일을 이룩한 원동력이었다는 점은 매우 강조될 필요가 있다. 내부의 정치연합이 외부의 분할점령을 극복하였던 것이다.

평화와 민주주의와 복지를 함께 달성한 핀란드 역시 마찬가지였다. 전전 격렬한 내부갈등과 내전, 장구한 외부의 침략 및 주권상실의 역사를 갖는 핀란드 역시 2차 대전 이후 칼 구스타프 만네르하임(Carl Gustaf Mannerheim), 유호 쿠스티 파시키비(Juho Kuusti Paasikivi), 우르호 케코넨(Urho K. Kekkonen), 마우노 코이비스토(Mauno Koivisto)로 이어지는 서로 다른 노선 및 정당 사이의 타협의 정치와 계속되는 연합정부 수립을 통해 안보·평화문제, 민주주의, 복지체제의 창출을 함께 성공시키는 놀라운 정치 여정을 보여주었다.

무엇보다도 특히 서로 다른 정당 소속의 대통령과 총리가 연합정부를 결성한 뒤 총리가 후임 대통령을 이어받는 정치연합의 계승적 연속성은 민주주의, 의회주의, 복지는 물론 외교·안보·평화 부문의 탁월한 통합정책을 가능하게 하였다. 그리하여 핀란드 내정의 연합정치는 자기의 평화와 유럽의 평화공존 및 냉전해체의 정초를 놓은 국제정치의 이른바 '핀란드의 길'(*Finlandization. Suomettuminen/*

---

19) 오스트리아에 대한 탁월한 설명은 안병영, *왜 오스트리아 모델인가* (서울: 문학과지성사, 2013) 참조.

Finnlandisierung)을 창출하였다.[20]

전후 이탈리아의 경우 유명한 반파시즘 투쟁의 지도자이자 공산당 당수 톨리아티(Palmiro Togliatti)는 유명한 이른바 '살레르노의 대전환'(*la Svolta di Salerno*/Salerno turn)을 통하여 역시 이탈리아 내전과 분열을 방지하고 극적인 대타협을 이루어낸 바 있다.[21] 그는 분열과 내전을 초래할 체제건설의 문제를 뒤로 미룬 채 국민통합정부(national unity government)의 수립을 추진하였다. 이것은 보통의 정당노선과 이념대결이라면 상상할 수 없는 일대 결단이었다. 체제의 문제를 뒤로 돌리고 일단 국가통일을 이룩하기 위한 역사적 대타협이었다. 공산당수인 그는 자신이 직접 보수정부의 주요 각료를 맡았다. 1945년 2차대전 종전 직후의 한국으로서는 상상도 할 수 없는 대전환과 통일국가 수립이었다. 이후 전후의 이탈리아는 온건 유로코뮤니즘이, 가

---

20) 김대중을 참조로 오늘의 한국문제를 해결하기 위한 '핀란드의 길'에 대해서는 아래를 참조. 김진호. "핀란드 중립외교정책에 대한 고찰과 교훈," 통일문제연구, 15권 1호 (2003), 239-262; 김진호, "핀란드의 편승적 중립외교정책." 세계정치, 30권 1호 (2009), 89-126; 김진호·강병철, "스웨덴과 핀란드의 중립화의 정치-국제-지역-국내정치의 다이내믹스," *유럽연구*, 25권 3호 (2007), 49-87; Efraim Karsh, "Finland: Adaptation and Conflict." *International Affairs* 62:2 (1986), 265-278; Jussi M. Hanhimaki, *Containing Coexistence: America, Russia, and the 'Finnish Solution', 1945-1956* (Kent, Ohio: Kent State University Press, 1997).; Timo Kivimäki, "Finlandization and the Peaceful Development of China." *Chinese Journal of International Politics*, 8:2 (2015), 1-28.: Tuomo Polvinen, Edited and Translated by D. G. Kirby and Peter Herring, *Between East and West; Finland in International Politics, 1944-1947* (University of Minnesota Press, Minneapolis, 1986).

21) 동아시아와 한반도에서 유사한 극적인 통합의 전환계기를 갖지 못하였다는 점에서 전후 유럽의 주목할 만한 사건인 살레르노의 전환에 대한 가장 탁월한, 따라서 커다란 논쟁을 불러일으킨 연구는 Elena Agarossi and Victor Zaslavsky, *Stalin and Togliatti: Italy and the Origins of the Cold War* (Stanford University Press, 2011)를 참조. 저자들은 살레르노 전환에서의 톨리아티와 스탈린(몰로토프)의 밀접한 관계를 특히 주목한다. 살레르노 전환에 대한 간략한 소개와 의미 해석은, 최장집, "이탈리아 공산당의 노선분석" *경제와 사회*, 제2권 제1호 (1989년 봄), 14-22을 참조.; Pablo Del Hierro Lecea, *Spanish-Italian Relations and the Influence of the Major Powers, 1943-1957* (NY: Palgrave Macmillan, 2016), 60-61: Aldo Agosti, *Palmiro Togliatti* : A Biography (NY: I.B. Tauris, 2008), 151-154.

장 허약한 것이 아니라, 가장 강력한 나라였다. 연합의 힘이었다.

현대에 들어 연립과 연합의 가장 상징적인 사례는 남아프리카 공화국의 넬슨 만델라(Nelson Mandela)였다. 그는 자신을 가장 혹독한 인종차별정책(Apartheid)으로 인해 27년이나 감옥에 가두었던 백인들을 처벌하고 보복하는 대신 그들과 함께 국민통합정부를 수립하여 남아프리카 역사상 최초의 흑인 집권을 가능케 하였을 뿐만 아니라 악독한 인종차별 정책을 종식시키고 국가분열을 막는 동시에 재건과 회복, 화해와 통합의 새로운 역사를 썼다.[22] 그런 만델라에 대해 김대중은 직접 "남다른 존경과 흠모의 정", "민주주의와 인권을 향한 이념적 동지", "화해와 관용의 정신"으로 표현하며 존경을 드러낸다.[23]

4. 현대 한국정치와 정치연합(1): 초기의 간개와 역사

세계에서 가장 높은 수준의 정치갈등을 특징으로 하는 건국 이래 현대한국은 독특한 정치변동의 동학을 보여왔다. 즉 억압과 연합, 이완과 분열의 반복을 말한다. 한국정치를 일별할 때 거시적으로는 아래와 같은 주목할만한 정치연합의 시도와 성패가 존재해왔음을 알 수 있다. 한국에서 정치연합과 분열 문제는 건국 직후부터 민주주의와 사회경제 개혁 및 통일문제 향방의 중대 요소였다.

---

22) 이에 대해서는 Nelson Mandela and Mandla Langa, *Dare Not Linger: The Presidential Years* (Thorndike Press, 2017)을 참조.

23) 연세대학교 김대중도서관 편, *김대중 전집I 제6권: 한반도 평화를 위한 실용주의 외교을 펼치다 (2001년 1월 ~ 2001년 7월)* (서울: 연세대학교 대학출판문화원, 2015), 159-160.

이승만-김구의 분열 이후 이승만-김성수-조봉암 연대로 출발한 국가형성 연합은 최대의 사회의제인 국가건설(대한민국 건국) - 국가안보(한국전쟁방어) - 사회경제개혁(토지개혁)을 성공시켰다. 그러나 이승만 체제의 독재화로 정치균열 계선이 공산 대 반공에서 독재 대 민주로 전이하였을 때, 민주파의 연합은 필수였으나 민주당은 조봉암과의 연대를 끝내 거부하였다. 민주당-조봉암 연대는 한국판 초기 자유(주의)-사민(주의) 연합을 가능케 하여 정당배열, 체제성격, 사회경제개혁의 향방을 크게 바꿔놓았을 것임에 틀림없었다. 그러나 자유-사민 연합의 불발은 이승만 독재의 지속-조봉암 처형-민주당 노선의 협애화-2공화국의 파벌투쟁과 실패로 이어지는 거시적 토대가 되고 말았다.

박정희 체제 아래에서도 정치연합의 문제는 결정적이었다. 1971년 대선에서 김대중-김영삼 연대는 박정희로 하여금 대통령 직선제 폐지와 유신독재를 결행하게 할 만큼 강력하였다. 유신체제와 전두환 독재를 종식시킨 매개요인 역시 정치연합이었다. 79년 5월 신민당 전당대회에서 김영삼-김대중 연대와 선명야당 복원 및 강력한 반유신투쟁은 YH사건-김영삼 의원직 박탈-부마항쟁-유신독재의 강경 대 온건 내부분열-박정희 암살-유신체제붕괴로 이어지며 박정희 체제의 조종을 고하였다.

전두환 체제에 맞서 김영삼이 단식투쟁을 결행하였을 때 미국 망명 중인 김대중은 지지시위와 비밀서신 교환을 통해 연대를 복원하였다. 둘의 연대는 민주화추진협의회의 결성과 신민당 복원 및 85년 총선 돌풍, 그리고 강력한 직선제 개헌투쟁, 야당-재야-학생의 연대, 민주헌법쟁취 국민운동본부 결성으로 연결되었다. 실제로 재야-학생-시민과의 연대를 통한, 6월항쟁 시의 최대 민주연합은 군부연합을 제압할 만큼 강력하였다. 연대를 통한 군부연합과 민주연합, 독재연합과 저항연합의 힘의 결정적인 역전이었다.

건국 이래 안보국가 - 발전국가 - 민주국가 - 복지국가로 이어지는 국가의제에 비추어 볼 때 첫째 연합은 국가형성연합이었다. 이승만 - 한국민주당(김성수) - 조봉암의 연합을 말한다. 이를 통해 강력한 공산세력에 맞서는 보수-중도-진보의 광범한 정치연합이 가능했고, 이는 대한민국의 건국과 토지개혁-전쟁방어-한미동맹-안보국가 구축을 가능하게 했다.

둘째 의제는 산업화 연합이었다. 산업화 연합은 박정희(군)-관료-기업 사이에 결성되었는바 군부의 주도하에 관료와 기업이 연합하여 권위주의적 방법에 의한 급속한 산업화를 성취할 수 있었다. 전두환-노태우 역시 박정희 산업화 연합의 사실상의 연장이었다. 한국에서의 산업화 연합은 권위주의연합이었던 것이다.

셋째 의제는 민주화 연합이었다. 여기에는 몇 번의 단속적 시도가 존재한다. 먼저 이승만정권의 독재화에 따른 민주당-조봉암의 국가형성 연합 이탈과 야당화, 그리고 민주당-조봉암의 정치연합 실패의 사례다. 조봉암과의 연합에 실패한 반면 민주당은 학생 및 혁신세력의 참여하에 이승만정권을 붕괴시켰다. 그러나 4월혁명과 민주당 정부의 출범은 조봉암세력 배제에 더해 민주당 신파 대 구파, 민주당 대 혁신세력, 정당 대 대학생들의 분열이 중첩되면서 구체제붕괴를 넘는 신체제건설 능력의 허약성을 노정하였다.

이 당시 실패의 문제는 훗날 김대중 정치연합-정권교체의 성공과 비교되기 때문에 약간 상세하게 논의될 필요가 있다.[24] 조봉암은 민주

---

24) 이하의 논의는, 박명림, "'한반도 복지', '한반도 평화': 21세기의 선구자 조봉암 사상과 의미"의 해당 부분을 축약 인용. 새얼아침대화 300회 기념강연(2011년 3월 9일), *시대의 아침을 여는 사람들* (새얼문화재단, 2011), 391-437의 해당 내용의 수정 보완임.

당으로부터 1950년대 중반 추진된 반이승만 연합전선에의 진입거부를 당하였다. 이 진입거부는 한국민주주의의 발전경로에 심대한 영향을 끼쳤다. 김대중이, 김종필과의 연합에 앞서, 또는 못지않게 재야와 연합한 것은 1950년대 민주당-조봉암 연합의 실패에 이은 2공화국의 붕괴와 극적으로 대비된다.

만약에 민주당과 조봉암세력의 연대가 가능하였다면 한국적 자유주의(liberals)-사회민주주의(social democrats)의 연합의 형성, 이른바 복지국가나 사회민주주의발전에서 고전적 경로인 자유-사민연합(liberal-social alliance) 또는 자유-노동(lib-lab) 연합의 민주주의노선라고 할 수 있었을지 모른다. 물론 진보당의 창당도 없었을 것이다. 그러나 한국에서 자유-사민연합은 사민주의자들의 강경노선 때문이 아니라 자유주의자들의 진입거부 때문에 실패하고 말았다. 이점은 중요하다. 왜냐하면 만약 성공했다면 1950년대의 자유-사민연합을 통한 권력교체는 4월혁명이라는 시민혁명을 거치지 않고도 민주주의의 발전을 이룰 수 있는 가능성을 크게 높였을 것이기 때문이다. 그러나 '자유민주파'의 조봉암진입에 대한 거부의사는 완강한 것이었다. 그들은 조병옥, 장면, 김도연, 김준연, 정일형, 이철승 등 대표적인 자유민주주의 주창자들이었으며, 나중에 2공화국의 핵심인물이 되는 사람들이었다. 조봉암노선 조차 수용할 수 없었던 제2공화국의 이념적 협소성과 지지기반의 협애는 예정된 도정이었던 것이다.

민주당의 조봉암 진입거부는 뿌리깊은 역사적 기원을 갖는다. 즉 민주주의를 둘러싼 투쟁지형은 그러한 지형이 형성되기 이전의 정치균열에 결정적인 영향을 받는다. 조병옥은 가장 강경한 반공만이 애국이라는 의식으로 무장한 인물이었다. 그에게 공산주의와 사민주의는 초록

동색으로서 조봉암은 '본질적으로 공산주의자'였기 때문에 '신당 가입을 완강히 거절하였다.[25] 조병옥과 장면은 가장 완강했다. 그러나 김성수, 신익희, 장택상, 서상일 등은 조봉암이 반독재연합전선에 합류하여야 한다고 주장하였다. 이들의 이념적 수용의 폭은 전자보다 훨씬 넓었으며 민주주의에 대한 이해 역시 넓었다. 전자는 '자유민주'를, 후자는 '민주대동'을 주장한데서도 이들의 핵심적 차이는 잘 드러난다. 후자는 반독재세력의 단결이라는 '최소강령주의'을 추구한데 반해 전자는 협소한 자유민주주의이념이라는 '최대강령주의'를 추구하였던 것이다.

김대중은 당연하게도 자신의 지론인 연합정치의 관점에서, 조봉암과의 연합을 주장하는 민주대동의 입장이었다.[26] 우리는 여기에서 그의 연합정치 철학과 노선이 얼마나 뿌리가 깊은지 알 수 있다. 동시에 그가 청년 정치인 시절부터 자신의 선배 야당 지도자들이 추구하였던, 협애한 이념적 정치적 최대강령주의와는 얼마나 다른지도 알 수 있다. 한국 민주주의 발전사가 보여주는 핵심 특징은 좌우를 막론하고 최대강령주의들 추구한 정치노선은 실패한다는 교훈이었다. 전자가 민주혁명의 과실을 독점적으로 수혜하여 4월혁명 이후 혁명정부를 수립했다는 점은 한국민주주의의 구조적 한계였다.

민주당의 전신인 한민당-민국당은 1948-50년의 토지개혁국면에서 조봉암과 정면으로 대립하였다. 건국 직후의 핵심의제가 토지개혁이었다면 휴전 이후 정권의 권위주의화 시점에서 핵심의제는 민주주의였다. 즉 반독재연합의 형성문제였다. 반독재 연합전선을 구축하는데 있어 민

25) 조병옥, *나의 회고록* (민교사, 1959), 372-374.

26) 연세대학교 김대중도서관 편, *김대중 전집II: 제1권, 청년 김대중, 세상과 역사에 나서다(1948년 ~ 1961년) (연세대학교 대학출판문화원, 2019), 69-72.*: 장신기, *성공한 대통령 김대중과 현대사* (시대의 창, 2021), 78.

주당의 완강한 조봉암 진입거부가 의미하는 바는 민주당은 이념적으로 조봉암보다는 이승만에 가까웠다는 점이었다. 이 연합의 실패는 세 가지의 의미를 담는 것이었다. 하나는 자유-사민 연합의 시도 이전의 대립이 중요했다는 점이었다.[27] 즉 토지개혁에서 민주당의 전신인 한민당은 조봉암과 가장 격렬한 투쟁을 벌이지 않으면 안 되었다. 민주당은 조봉암의 축출에 앞장을 서면서까지 그의 축출을 통한 개혁노선좌절을 기도했었던 전력이 있었다.

1952년 8월 5일에 실시된 제2대 대통령 선거과정에서도 민국당은 이승만과의 대결보다는 오히려 조봉암에 대한 비난에 열중하였다.[28] 조병옥은 조봉암에 대해 "공산주의자가 아니라고 증명할 만한 아무런 태도표명도 하지 않고 있다." "근로층의 좌경화를 기도하려는 그런 행동은 참을 수 없다." "만약 .... 그를 국민 다수가 지지하는 경향이 보인다면 일시 헌법을 유리한(유린하는) 과오는 있을지라도 이승만 박사에게 표가 집중되도록 노력할 것이다." "조봉암씨에게 대통령의 자리를 맡길 것이라면 차라리 김일성과 타협했을 것이다."[29] '헌법유린'을 불사하겠다는 조병옥은 발언은 그와 민주당이 민주주의원칙보다는 반공 이념을 절대시하고 있음을 보여준다. 그러나 "차라리 김일성과 타협했을 것"이라는, 조봉암보다 더 친공적인 국가보안법 위반 발언은 그가 극우반공주의자라는 점 때문에 문제되지 않았다.

두 번째는 통일문제였다. 민주당은 이승만과 함께 2대 국가형성세력이었다. 조봉암 역시 남한긍정-북한부정을 전제로 참여하였다. 남한

---

27) 조봉암과 한민당 계열의 반목은 이미 1920년대 민족해방운동 경험을 통해 형성되었다는 주장도 있다. 박태균, *조봉암연구*, 181.

28) 위의 책, 201

29) 이영석, *죽산 조봉암*, (원음출판사,1983), 198

과 북한의 건국노선은 양측 모두가 상대에 대한 절대부정과 자신에 대한 절대긍정을 추구하는 것이었고 그로부터 상대에 대한 부인에 기초한 투쟁의 정당성이 도출되는 것이었다. 따라서 민주당은 조봉암의 평화통일주장을 결코 수용할 수 없었다. 적대하는 대상에 대한 부인의 정도가 클수록 그를 인정하려는 어떤 노력도 마찬가지로 투쟁의 대상이 되지 않을 수 없다. 철학적으로 말해 양분법적 생사투쟁의 세계관에서 조봉암의 평화통일주장은 그러한 부정의 부정을 의미했다. 그러나 사실 그의 인식은 북한논리에 대한 강한 부정을 포함하는 것이었다. 따라서 그의 '부정의 부정'의 철학은 분단현실을 인정한 '통일의 철학'이었던 것이다. 북한부인과 남한부인의 남한과 북한의 양분법적 인식은 기실 모두가 분단=상대=평화공존을 인정하지 않는 자기모순을 내포한다. 보편적 사고체계와 논리에서는 당연한, 그리고 오늘의 시점에서는 상식적인 조봉암의 선구적 시민정신=통일노선이 전쟁 직후의 당시 시점에서는 수용불가를 넘어 타도의 대상이 되었던 것이다.

세 번째는 '승계의 문제'(succession problem)였다. 조봉암의 합류는 민주당 지도자들로서는 강력한 대중적 지지기반을 갖는 조봉암이, 이미 고령에 접어든 이승만 이후의 정권승계 경쟁에 본격적으로 참여한다는 것을 의미했다. 따라서 이승만 이후 집권의지를 갖는 민주당 지도자들로서는 정권교체와 민주주의를 바라는 국민들의 의사보다는 당내 경쟁구도에서의 승리 가능성이 일차적 과제였다. 따라서 그들로서는 조봉암의 합류저지는 중대한 사활문제가 아닐 수 없었다. 조봉암의 합류를 거부한 채 많은 파벌들로 형성된 민주당의 성급한 창당은 승계문제에서 독점적 위치를 선점하려는 조급성의 반영이었다. 1956년 대통령 선거에서 자당 후보 신익희의 급작스런 사망으로 인한 대통령후보 부재시에도 민주당은 정권교체를 단념하고 조봉암보다는 이승만을 지지하는 입장을 분명하게 취하였다.[30] 조봉암 처형이 제도정치권에서 저항없이 진행된 이유는 민주당의 묵시적 동의와 협조 때문이었다. 그러한 민주당이 집권 후 지지기반의 분리와 이탈로 자멸하고 붕괴되는 것은 그리 어려운 예측이 아니었던 것이다.

서구의 의회민주주의 발전사가 선거를 계기로 자유주의자와 급진주의자, 또는 자유주의자와 노동계급의 연대를 통해 의회정치의 정치적 이념적 영역이 확장되었음을 고려할 때 1950년대 민주당의 연대거부는 민주주의와 국민통합에 크게 반(反)하는 행위였다. 그것은 조봉암의 합류의사가 완강했는데도 불구하고 그러했다는 점에서 민주당은 진보당 사건의 공동연출자라고 할 수 있었다. 1960년 집권 이후 민주당정권의 실패가 다른 무엇보다도 학생 및 중산층이라는 자신들의 정권을 형성한 정권형성연합(regime-building coalition)과의 보수-진보, 보수-혁신 사이의 분열 때문이었다는 점은 조봉암의 합류를 거부한 역사적 선택의 후과가 자신들의 정권을 몰락시키는데에 까지 긴 자장을 미쳤다는 점을 깨닫게 해주는 것이다. 조봉암이 합류하였을 경우 민주당 정권의 이념적 스펙트럼은 훨씬 더 넓었을 것이고 그랬다면 보수와 혁신으로 이루어진 정권형성연합의 급격한 해체는 막을 수 있었기 때문이다. 물론 5.16쿠데타의 명분도 없었을 것이다. 민주당의 붕괴는 협소한 지지기반을 가지려는 자신들 스스로의 역사적 선택의 결과였던 것이다.

민주당은, 사민주의의 거부는 자유주의 정권의 유지조차 어렵게 한다는 점을 깨달았아야 했다. 참여에 대해 높은 진입의 장벽을 설치하거나 주요 반대세력을 배제할 경우 미래에 실제 위기에 직면했을 때 정치

30) 정태영, *조봉암과 진보당*, 217-218; 박태균, 앞의 책, 241-242.

연합의 형성을 어렵게 하기 때문이다.[31] 그러나 그렇게 하기에는 민주당 지도자들의 민주주의발전사에 대한 이해는 너무 조야했으며, 이념적으로 너무 보수적이었고, 조봉암에 대한 경계가 너무 컸다. 사회민주주의 세력이 허약한 상태에서도 그들은 독자적인 자유주의세력만으로 민주주의의 쟁취와 유지가 가능하다고 판단하였는지 모르지만 정권의 창출조차 학생-중산층의 민중혁명이 있었기 때문에 가능했듯, 그들이 지지를 철회하자 붕괴는 피할 수 없는 도정이 되어버리고 말았다.

이 시점에서 조봉암의 합류를 주장한 김성수가 생존해있었다면 문제는 다르게 전개되었을지 모른다. 최고의 지주이자 한민당의 지도자였면서도 토지개혁요구를 수용한데서 드러나듯 그는 계몽된 근대지주였다. 전쟁의 와중에서 체제의 독재화에 맞서 부통령직을 사임했던 그로서는 당시 시점에서는 민주세력의 결집이 무엇보다도 중요하다고 여기고 있었다.[32] 그러나 그의 사망 이후 한국에서 자유-사민연합의 가능성은 사라졌다. 한국 자유주의 야당의 초기를 정초한 김성수의 폭과 포용성을 보여주는 실례가 아닐 수 없다.

5. 현대 한국정치와 정치연합(2): 박정희, 김대중, 김영삼, 5.18민주화운동

다음으로는 민주화연합이었다. 여기에는 박정희 시기와 전두환 시

31) Juan J. Linz, *The Breakdown of Democratic Regimes:Crisis, Breakdown and Reequilibration* (Baltimore and London: The Johns Hopkis University Press, 1978), 44.

32) 인촌기념회, *인촌 김성수전* (인촌기념회, 1976), 673-677.

기 두 번이 존재한다. 전술한 김영삼-김대중의 71년 및 79년 정치연합은 각각 당시 재야와의 연대를 촉진하며 각각 유신체제 시도 및 붕괴를 불러올만큼 강력한 도전세력을 형성하였다. 그러나 박정희의 붕괴 이후 반독재정치연합은 분열하였다.

그러나 당시에 크게 주목할만한 점은, 김대중이 내부 대화 및 민주주의로의 평화적 이행을 적극 추진하였다는 점이다. 먼저 1972년 9월 4일 발표한 남북적십자회담에 대한 성명 역시 내부 대화를 강조한다. 김대중은 선거에서 46%의 지지를 받은 야당을 남북대화에서 배제·독점하려고 한다고 정부를 비판한다. 심지어 여당과 행정부도 배제한 채 대통령과 정보부가 독점을 하고있다고 비판한다. 대신 그는 "적십자 회담과 남북조절위원회의를 여야당 추천자로 구성, 거족적인 태세를 갖출 것을 요구"하였다.[33] 이것을 보면 김대중은 사실 국내정치의 연장으로서 안보와 외교문제에 대한 초당적 대처를 요구하고 있음을 알 수 있다. 그가 집권 이후 보수인사들은 대거 등용한 내각구성이 오랜 신념의 산물이었음을 보여준다.

1975년 4월 19일 김대중은 정곡을 찌르고 있다. 남북대화와 남북화해에 앞서 내부 대화와 내부화해, 즉 남남대화와 남남화해가 먼저라는 것이다. 그를 위해 박정희와의 대화를 요구하고 있다.

"나는 박정희 대통령에 대해서 우리가 서로 만나자 이겁니다. 어째서 같은 한국사람인데 그렇게 못 만나느냐 말이에요. 김일성이 보고는 맨날 만나자고 하면서 어째서 우리끼리는 안 만나느냐 이겁니다. 그래

33) 연세대학교 김대중도서관 편, *김대중 전집 II 제6권: 제7대 대통령 선거에서 정책대결의 장을 열다 (1969년 ~ 1972년 9월)* (서울: 연세대학교 대학출판문화원, 2019), 708-709.

서 대통령이 말하는 안보 얘기 우리 충분히 듣겠다 이것이에요. 우리가 납득하면 다 협력하겠다 이 말입니다. 그 대신 우리가 말하는 민주회복이라든지 이런 얘기도 좀 들어라 이거예요... 만나서 얘기 좀 하자, 나 이것을 대통령에게 제안하고 싶습니다."[34]

1979년 봄에도 그는 당시 박정희 대통령을 만나고자 요청하였다. "서로 의견이 다를수록 만나서 얘기를 해야하는 건데, 이렇게 남이 볼 때 원수같이 지내는 것은 원통한 일 … 대통령을 한 번 만나게 해달라. 박정희 대통령 하신 말씀 다 듣겠다. 나한테 비난을 하건 비판을 하건 뭐든지 다 듣겠다. 그 대신 박정희 대통령도 내가 하는 얘기를 충분히 들어달라."[35] 그러나 결과적으로 만남은 불발되었고, 10.26사태 이후 김대중은 생전에 맞대고 얘기했으면 "역사를 바꾸는 전기를 마련할 수 있었을지도 모른다"며 안타까워하였다.[36] 김대중의 대화 제의는 폭력이 아닌 평화적 민주화와 연결된 것이었다.

박정희 측근들의 증언들에 따르면 당시 박정희는 헌법을 개정해놓고 물러나려 구상하였다. 복수의 증언들에 비추어 박정희가 헌법개정과 함께 그만둘려고 추진했었던 사실 자체는 존재했었다고 볼 수 있을는지 모른다. 당시 대통령경제담당 특별보좌관 남덕우에 따르면 박정희는 1979년 대통령 특보들과의 식사 자리에서 "내가 봐도 유신헌법의 대통

---

34) "안보의 정자세"(1975년 4월 19일), 연세대학교 김대중도서관 편, *김대중 전집II 제8권: 반유신 투쟁으로 군부독재의 종식을 이끌다 (1974년 ~ 1979년 10월)* (서울: 연세대학교 대학출판문화원, 2019), 147.

35) "김대중 대통령 육성 술회 – 박정희와의 역사적 화해"(1999년 5월 13일), *김대중 전집I 제3권: 복지국가와 사회통합의 초석을 세우다 (1999년 5월 ~ 1999년 11월)* (서울: 연세대학교 대학출판문화원, 2015), 28.

36) 위의 책, 29.

령 선출방법은 엉터리야. 그러고서야 어떻게 국민들의 지지를 얻을 수 있겠어? 헌법을 개정하고 나는 물러날거야"라고 말했다. [37] 이 말에는 네 가지의 핵심적인 인식이 들어있다. 첫째 박정희 자신이 보기에도 유신헌법에 따른 대통령 선출은 엉터리다, 둘째 국민의 지지를 받지 못하고 있으며 그것은 당연하다, 셋째 헌법을 개정한다, 넷째 개헌 후 나는 물러난다.

10.26사태 당시 현장에 있던 경호원 중 유일한 생존자인 박상범 당시 청와대 경호계장은 "박 전 대통령이 집권 18년 정도 됐을 때인데 '1~2년 뒤에는 하야를 해야하지 않겠나.'라는 말을 사석에서 했던 걸로 기억한다"며 "박 전 대통령은 1~2년 뒤에 하야하려는 생각을 확실하게 갖고 있었다"고 증언한다.[38] 그러나 이러한 구상은 실제로 이행되지 않았음은 물론 그 구상의 대상들에게 전달되지 않았다. 심지어 다른 핵심 측근 유혁인은 당시 박정희는 "무슨 일이 있어도 헌법은 절대 손대지 않는다는 확고한 입장을 고수하고 있었다". 즉 권력 내부의 연구조차 금기시되어있었다.[39] 상반되는 두 증언 중 어느 것이 맞는지는 좀 더 정밀한 검증을 요한다.

전술했듯 당시 김대중에 따르면 79년 여름 박정희 체제는 그가 제안한 한 번 만나자는 연락조차 거절할 정도였다.[40] 김대중은 예춘호, 양순직, 박종태를 청와대로 보내 차지철을 통해 박정희에게 만남을 요청하였다. 그러나 청와대의 응답은 거절이었다. 김대중은 "차 실장이 내

---

37) 남덕우, *경제개발의 길목에서* (서울: 삼성경제연구소, 2009), 181-182.

38) *서울신문*, 2009년 10월 26일.

39) 유혁인, *滿月紅顔-경주 유혁인 유고*집 (서울: 전통과현대, 2000), 21-22.

40) 김대중, 나의 삶 나의 길 (산하, 1997), 223-226; 김대중, *김대중 자서전1* (서울: 삼인, 2010), 381-382.

뜻을 성실하게 전했는지 아님 자신이 판단해서 적당히 물리쳤는지는 알 수 없었다"고 기록하고 있다." 박준규 역시 박정희에게 김대중을 국무총리로 입각시키자고 제안하였을 때 그가 김대중과의 공존을 추호도 고려하고 있지 않음을 증언한 바 있다.[41]

여기에 이르면 우리는 하나의 중요한 경험적 사실에 눈뜨게 된다. 즉 박정희 체제 붕괴는 1979년 김영삼 제명 및 김대중 면담 거절이라는 반대당 지도자와의 대화거절과 제도정치영역에서의 축출이, 민중저항에 더해 가장 결정적인 요인의 하나였음을 보여주고 있다. 제도 정당 사이의 대화의 단절이 민중과 반대당의 결합을 촉진하고 이는 결국 정권의 붕괴로 연결되었던 것이다. 만약 김영삼 제명의 중단, 또는 김대중과의 대화가 성사되었다면 그것은 반대당과 민중의 연대형성 차단, 정권과 반대당의 적대완화, 정권과 민중의 직접 충돌 회피, 정권 내부 강경-온건 대립 해소라는 다층적 복합적 파상(波狀)효과를 초래하였을 것이라는 점에서 이 단절은 어쩌면 박정희체제 붕괴의 가장 중요한 단서의 하나였다고 말할 수 있을는지 모른다.

1979년 10.26 사건 직후 김대중이 발표했던 애도 성명서를 보자. 애도 성명은 영문으로 작성되었으며 미국에서 발표되었다. 당시 김대중은 동교동 자택에 머물고 있었다. 그러나 김대중은 연금을 당하고 있었기 때문에 자택 바깥으로 나가지 못했고 외부인의 출입도 제한되었다. 당시 김대중은 언론에서 거론되는 것조차 강제로 금지된 상황이었다. 결국 김대중은 박정희 대통령에 대한 애도 성명을 영어로 미국에서 발표할 수밖에 없었다. 날짜는 10월 28일이다.[42]

---

41) 김진배, *사람을 알고 사람을 말하라* (중앙기획, 1992), 420.

42) "박정희대통령 서거 이후 발표한 성명"(1979년 10월 28일), *김대중 전집II, 제8권*, 543.

"고(故) 박정희 대통령의 서거에 대해 깊은 애도의 뜻을 표합니다.

저는 정치적인 차이를 떠나 한국 국민 전체가 단합되어 있다는 점을 강조하면서 북한이 현 상황을 오판하지 말 것을 경고하는 바입니다.

우리는 모든 형태의 내부 혼란을 피해야 합니다. 그러나 현재의 어려움은 오로지 우리 국민이 원하고 있는 민주주의 제도의 회복을 통해서만 해결될 수 있습니다. 모든 국민의 지지와 협력을 확보할 수 있는 민주 정부만이 국민의 행복과 안전을 보장할 수 있습니다. 김대중. 한국, 서울"

성명의 내용은 주목할만하다. 먼저 김대중은 자신의 당시 최대의 정적(政敵)의 급서에 깊은 애도의 뜻을 표하고 있다. 내면적인 용서와 화해의 마음이었던 것이다. 오랜 탄압을 당한 위치로서 이러한 즉각적인 반응은 쉽지않은 1차 반응이었다. 둘째는 분열과 혼란이 아닌 한국 국민의 전체의 단합을 강조하고 있다. 국가 위기의 순간 일체의 공격성과 파당성을 배제하고 있다. 셋째는 북한의 오판을 경고하고 있다. 지도자 부재 상태에서의 국가안보의 중요성을 언급하고 있는 것이다. 끝으로는 필생의 과제인 민주주의의 회복을 간과하지 않고 있다는 점이다. 언명의 순서도 애도, 단합, 안보, 민주회복의 순서였다. 그리고 박정희 사망과 관련하여 또 한가지 주목할만한 점은 그가 당시 반대당과 민주진영의 일반적인 평가와는 달리 김재규의 박정희 살해를 결코 높게 평가하지 않는다는 점이었다.

다음으로 전두환 독재 하에서의 한국의, 그리고 김대중의 민주화 연합의 문제는 5.18민주화 운동의 의미와 위상에 대한 정확한 이해가 필요하다. 의심의 여지없이 박정희 정부 붕괴 - 서울의 봄 - 5.18 광주민주화

운동은 한국민주화의 결정적인 분수령이자 전환점이었다. 그러나 광주에서의 비무장 국민에 대한 유혈진압은 한국에서 제2의 군사쿠데타로서 민주화에 대한 최악의 역진이었다. 이후 5.18 민주화운동은 한국민주주의의 소진되지 않는, 가장 결정적인 자양분이자 역사적 자원이 되었다.

80년대의 한국 민주화 운동이 무엇보다도 광주의 비극에 대한 진상규명으로부터 출발한 연유였다. 그것은 민주화 저항의 정신적 원천이자, 국내-국제 연대의 중심이자, 반전두환 투쟁의 출발점이 되었다. 따라서 광주 대 전두환, 5.18 대 전두환 군사독재처럼 선명하게 대치의 계선을 형성한 것도 없었다. 후자의 붕괴로 인한 이 대치선의 해체가 곧 한국의 민주화를 의미할 정도였다. 즉 80년대와 6월항쟁 당시 한국에서 민주주의는 전자의 실현과 후자의 패퇴의 의미를 지니는 것이었다.

즉 5.18은 훗날 6월항쟁을 통해 평화적 민주화 이행을 초래한 최고의 현재적 역사 및 기억 자원 역할을 수행하였다. 광주에서의 유혈이 제2의 전두환 쿠데타와 광주 유혈을 막고 민주화 이행을 가능케 한 것이었다. 첫째는 아래로부터의 국민적 결집과 전국적 군부제어 역할이었다. 둘째는 이로 인한 군부의 불가피한 병영으로의 후퇴와 출동불능이었다. 6월항쟁에서까지 군부투입을 통한 제2의 광주유혈을 불러올 수는 없었던 것이다. 셋째는 미국의 개입과 견제였다. 광주에서의 미국의 책임에 대한 한국 민주화 운동과정에서의 강력한 비판은 6월항쟁에서의 미국의 개입을 통한 군부견제와 평화적 이행의 한 요인이 되었던 것이다.

주체적 관점에서 볼 때 전두환 정권이 들어선 이후 민주화 운동 진영에서는 1980년 당시 김대중 김영삼 두 민주파 지도자의 분열이 전두환 신군부의 5.17 쿠데타의 한 명분이자 원인을 제공하였다는 인식이 강하였다. 이러한 반성에 기반해 전두환 독재의 억압이 절정에 달하였을 때인 1983년 김대중과 김영삼은 공동으로 민주화 투쟁을 전개하기로 약속하였다. 이는 김대중과 김영삼 세력의 연합으로 이어졌다.

1983년 두 민주파 리더의 상호 연대와 협력을 통한 투쟁약속은 민주연합의 복원을 의미했다.[43] 이는 민주화추진협의회(민주협) 및 신한민주당 결성과 2.12 총선돌풍으로 이어졌고 더 나아가 87년 6월 항쟁의 한 튼튼한 지반을 놓았다. 그러나 "80년에 하나 되지 못한데 대한 자책과 참회, 백의종군의 약속"은 87년 다시 민주적 공간이 열렸을 때 또다시 지켜지지 않았다. 여기에서 민주화추진협의회는 김대중과 관련해서도 중요하기 때문에 조금 상세히 살펴보기로 한다.[44]

전두환 정권이 들어선 이후 민주화 운동 진영에서는 1980년 당시 김대중 김영삼 두 민주파 지도자의 분열이 전두환 신군부의 5. 17 쿠데타의 한 원인이라는 인식이 팽배하였다. 이러한 반성에 기반해 전두환 집권 초기 시절 억압이 절정에 달하였을 때인 1983년에 김대중과 김영삼은 공동으로 민주화 투쟁을 전개하기로 약속하였다. 이에 기반해 김대중과 김영삼 세력이 연합한 민추협은 1984년에 결성되었다. 김대중은 1982년 12월 하순 석방된 직후 미국으로 건너가서 민주화 운동을 전개하였으며 김영삼은 1983년 5월 단식 투쟁을 전개하면서 국내 민주화 운동의 불씨를 되살리는 데에 돌파구를 열었다.

김대중과 김영삼은 1960년대 야당 시절부터 오랫동안 정치적 동지

---

43) 1983년 6월 9일 김대중의 김영삼 단식지지 <<뉴욕 타임스>> 기고, 김영삼의 [김대중에게 보낸 편지] (1983년 8월 9일), 김대중 김영삼의 「8.15 선언: 민주화 투쟁은 민족의 독립과 해방을 위한 투쟁이다- 38번째의 8.15를 맞으면서」 (1983년 8월 15일) 8개항 공동선언은 민주연합복원의 중요한 계기였다.

44) 이하는 박명림, "한국 민주주의와 연합의 정치: 민추협 30주년에 부쳐: 하나의 해석적-전망적 성찰", 민주화추진협의회·김영삼민주센터·김대중도서관 공동주최, <민주화추진협의회 창립30주년 기념 심포지엄 기조연설> (2014년 5월 15일. 국회헌정기념관)을 참조.

이자 경쟁자로서 협력과 갈등을 반복해왔고 둘이 연합했을 때 이른바 충성스런 야당이 아닌 강력한 야당이 등장하곤 했다. 1983년 두 민주파 리더의 상호 연대와 협력을 통한 투쟁약속은 민주연합의 복원을 의미하며 이는 1984년 민추협 결성으로 이어졌다. 민추협은 기존 재야 민주화 운동 조직들과는 달리 정치인들이 주축이 된 조직으로서 후에 신한민주당 결성과 2.12 총선돌풍의 주역이 되었고 더 나아가서는 1987년 6월 항쟁의 주체 세력의 하나가 된다는 점에서 정치사적 의의가 컸다.

김영삼은 민주화를 요구하면서 1983년 5월 18일부터 1983년 6월 9일까지 23일간 단식투쟁을 전개하였다. 김영삼의 단식 역시 5.18광주 3주년을 계기로 시작한 것이었다. 5.18광주는 민주화 세력의 모든 것을 모으는 핵이자 집결처로 부상한 것이었다. 당시 미국에 머물고 있던 김대중은 김영삼의 단식투쟁 소식을 듣고 김영삼의 투쟁을 지원하였다. 김대중은 1983년 6월 6일과 12일에 단식투쟁 지원 궐기대회를 열어서 미국에서 김영삼의 활동을 지원하였고, 1983년 6월 9일에는 <<뉴욕 타임스>>에 김영삼의 단식투쟁의 내용과 의의를 설명하는 글을 기고하기도 하였다. 이와 같은 김대중의 활동은 미국 조야에 한국의 민주화 투쟁의 열기와 의미를 알리는 데에 큰 역할을 하였다. [김대중에게 보낸 편지](1983년 8월 9일)에서 김영삼은 김대중에게 서울시간 8월 13일 오전 8시 30분에 발표를 할 것을 알리면서 워싱턴에서도 같은 시간에 발표를 부탁하고 있다. 또한 김영삼과 김대중이 협력을 하게 되면 국민들에게 희망을 줄 수 있고 한국의 민주화도 앞당길 수 있다는 점을 강조하고 있다. 이 편지를 보면 김영삼은 공동 메시지 발표를 8월 13일에 할 것을 제의하고 있음을 알 수 있다.

「8. 15 선언: 민주화 투쟁은 민족의 독립과 해방을 위한 투쟁이다-

38번째의 8. 15를 맞으면서』(1983년 8월 15일)라는 이름의, 광복절을 맞이해서 발표한 김대중 김영삼의 공동 선언은 총 8 가지 사안에 관해서 언급하고 있으며, 메시지 끝 부분에는 '서울에서 김영삼, 워싱턴에서 김대중'이라는 친필 서명이 들어가 있다. 직접적인 연대의 확증을 위해서였을 것이다. 김영삼이 먼저 서명을 한 후, 이를 미국으로 들고 와서 김대중이 서명을 한 것으로 판단된다.

내용에 관해서 살펴보면 우선, 국민들을 향해서 던지는 메시지가 있다. 글에서는 해방 후 38년을 장기독재에 의한 반인간적 통치가 자행되었기 때문에 진정한 의미의 해방은 민주화가 이뤄졌을 때 가능하다고 주장하고 있으며 민주화 투쟁은 민족 해방 투쟁과 그 성격이 같다고 주장한다. 또한 독재 정권은 일제의 통치와 유사하며 오히려 일제의 탄압보다도 심한 경우가 있다고 지적하고 있으며 민족해방 운동은 전민족이 하나로 뭉쳐서 가능한 경우처럼 민주화 투쟁 역시 해외 투쟁과 국내 투쟁이 하나가 되어야 한다는 점을 강조하고 있다. 또한 민주화는 국민의 힘으로 이뤄야만 한다는 자주적 민주화론을 내세우고 있다.

그 다음은 정치인에게 보내는 메시지가 있다. 군사 독재 정권이 한정한 질서 속에서 안주하려고 하는 정치인에게 반독재 민주화 투쟁을 촉구하는 내용을 담고 있다. 그리고 언론인을 향해서는 언론의 비판적 기능의 상실을 우려하면서 자유언론을 실현하기 위한 언론인들의 적극적 투쟁을 촉구하고 있다. 그리고 법관들에게는 사법권의 독립을 촉구하고 있다.

한미관계에 관해서도 언급하고 있는데 독재 정권을 지지하는 미국 정책의 문제점을 지적하면서 미국의 그와 같은 정책이 한국 내에서 반미 운동을 초래하게 된다는 점을 강조하고 있다.

그러면서 민주주의의 의의에 대해서 언급을 하고 있는데 민주화를 통해서 통일의 길을 열 수 있고 노동자 농민의 권익이 보장되는 경제체제 구축이 가능하며 국민의 기본권 보장과 국제 사회에서의 위신 회복을 이룰 수 있다고 주장하고 있다. 특히 현 시점에서 중시할 점은 민주주의에 대한 희망을 갖고 끝까지 투쟁하는 일이며 이것이 민족의 해방과 독립 투쟁의 정신을 되살리는 것이라는 점을 지적하고 있다. 끝으로 두 사람의 다짐이 있는데 김대중 김영삼 두 사람은 공동 투쟁을 할 것을 강조하고 있다. 그러나 "80년에 하나 되지 못한데 대한 자책과 참회, 백의종군의 약속"은 훗날 지켜지지 않았다.

1979년의 박정희 시해를 불러온 10.26사건 이래, 12.12쿠데타, 서울의 봄, 군부의 재등장(신군부), 광주항쟁, 전두환 집권의 격동적인 안티클라이막스가 보여주는 가장 중요한 교훈은 열린 민주주의 공간에서 아래로부터의 열기를 흡수하여 대안정부를 꾸릴 통일적 연합 리더십의 부재였다. 따라서 민추협과 이어지는 민주헌법 쟁취 국민운동본부(국본)의 의미는 과거의 패배에 기초해 그러한 연합세력/단일세력의 구축을 시도하여 성공하였다는 점이다.

그러나 '독재 하의 연대'는 다시 '독재퇴진 뒤의 분열'로 연결되었다. 전두환 체제가 종식된 87년 김영삼과 김대중은 끝내 분열하였다. 87년 분열은 민주화 이후 한국의 거시적인 정당배열, 체제성격, 정치연합, 개혁방향을 좌우할 만큼 중대하였다. 대선 패배와 노태우 집권, 지역정당체제, 3당 합당은 민주파 분열의 한 결과였다. 정치지형 역시 보수 우위로 정렬되었다.

김영삼-김대중 분열의 결과인 87년-88년의 네 가지 중첩 분열상은 거시적으로 볼 때 한국사회에게는 역사적인 분열이었다. 첫째는 노동의 진출 시점의 자유-노동 분열과 시민-민중 세력의 분열, 둘째는 제도 야당과 재야 민중운동세력의 분열, 셋째는 온건 민주파와 강경 민주파의 분열, 넷째는 호남민주세력과 영남민주세력의 분열이 그것들이었다.

이 네 가지 분열은 김대중-김영삼 정치연합이 지속되었다면 저지가 가능하였다는 점에서 민주연합 지속의 실패는 한국 민주주의와 국가 발전의 경로, 균열구조의 정렬, 보수세력과 진보세력의 힘의 배분, 군부독재 유산의 청산, 지역대결구도의 지속 또는 극복문제에 상당히 구조적인 영향을 끼쳤다. 말을 바꾸면, 민주화 이후의 한국사회 주요 균열의 상당한 책임은 민주적 개방 직후인 87년-88년의 민주파 분열에 있다는 점이다. 그런 점에서 역설적으로 분열의 연속적인 부분적 역전이라는 점에서 3당합당과 김영삼 집권, 그리고 DJP연합과 김대중 집권의 의미는 크다.

각각 상대에 맞서기 위한 김영삼과 김대중의 연속적인 정치연합의 선후와 대상의 문제이다. 만약 1987년의 김대중-김영삼 분열이 없이 정치연합이 가능하였다면 90년의 3당합당 및 97년의 김대중-김종필-박태준(DJT)연합은 불필요했다. 두 사람이 대타협에 실패한 87년의 역사적 분열은 90년과 97년 정치연합의 주요 배경이자 한 원인이었다. 심지어 두 사람은 6.29 선언 직후 6월항쟁을 주도한 민주헌법쟁취 국민운동본부에서 분열이 아닌 통합을 굳게 약속하기까지 한 상태였다. 당시 개헌운동의 중심 기구인 민주헌법쟁취 국민운동본부가 노태우의 6.29선언을 수용한 것은 김대중 김영삼 두 정치인이 국본에 후보단일화를 약속했기 때문이었다.[45] 그만큼 한국민주화 과정에서 김대중-김영삼, 김영

45) 당시 국본의 정책기획실장이자 민주통일민중운동연합(민통련)의 사무처장이었던 성유보의 증언. "6월 항쟁 20돌, 끝나지 않은 6월 1부-1987, 그 후 20년(3) 다큐 6월." *한겨레* (2007. 06. 11.).

삼-김대중의 연합은 중요한 문제였다.

따라서 둘의 분열은 단순한 지도자의 분열과 권력투쟁을 넘어, 한국에서 군부독재에 맞서던 야당·재야운동·학생운동·지역·문화·종교(계)의 깊은 분열과 내상을 의미했다. 현대 한국 정치에서 87년은 반독재 민주화 운동의 극적인 승리와 분열과 좌절을 극히 짧은 시간 동안 거의 동시에 체험하였다는 점에서 매우 특징적인 안티 클라이막스였다. 따라서 90년과 97년의 정치연합 및 권력장악의 성공이 87년의 분열에 대한 책임을 면제시켜주는 것은 아니라는 균형적 인식이 필요하다. 그것은 그들 정부의 성취와 업적에 달려있는 것이었다.

민주화 이후 박근혜 대통령의 탄핵 이전까지 민주세력은 보수파와의 연합 없이는 집권할 수 없었다. 문재인 정부는 시민참여를 통한 탄핵이라는 사태를 통하여 집권하였다. 김영삼은 노태우-김종필과의 합당을 통해, 김대중은 김종필·박태순과의 연합을 통해, 노무현과 정몽준과의 단일화를 통해 집권하였다. 집권을 위해 보수파와는 연합한 김영삼과 김대중이 1987년에 민주파 상호 간에는 왜 연합하지 않았는지 묻게 된다. 둘의 분열이 한국사회의 민주화 경로와 민주주의 모델과 정당체제에 끼친 영향은 매우 거시적이었기 때문이다.

6. 김대중-김종필 정치연합의 의미와 영향

한국 현대정치에서 최초의 선거를 통한 정권교체를 가능케 한, 김종필과의 연대를 통한 김대중의 연합정치는 몇 가지 의미에서 특별히 주목할만하다. 이 문제는 그동안 운위된 정권교체의 차원을 넘어, 국정운영 및 정부성격과 관련하여서도 그러하다.

첫째는 민주화세력과 산업화세력의 연합이었다. 한국에서 가장 장구하게 억압-탄압의 대면 조합을 지속해온 두 세력 사이의 정치연합은 획기적 전환이었다. 김대중은 박정희세력에게 가장 강력하게 탄압을 받은 정치지도자였다. 그가 박정희 세력의 정통 후예와 연합을 형성한 것이었다. 민주화 세력이 산업화 세력을 용서하고 포용하기 시작하였음을 뜻했다.

둘째는 민주개혁파와 보수우파의 이념연합이었다. 김대중은 한국사회에서 가장 오랫동안 용공 친북 좌경 반미성향의 정치인으로 왜곡된 공격을 받아온 정치인이었다. 그런 그의 정권도전은 항상 이념적 공격과 장애를 겪어야했다. 그러나 보수우파와의 연합은 이를 극복하게 해주는 버팀목이 되었다. 정통 보수 김종필의 김대중에 대한 이념적 보증효과였다. 그 보증은 어음이 아니라 정치적 현금인 투표로 즉각 나타났다.

셋째는 지역연합이었다. 이점은 박정희 이래의 장구한 영남패권에 대한 도전이라는 점에서 두 소수파 지역 호남과 충청 사이의 연합이었다. 주목할 만하게도 박정희 이래 김대중은 비영남 출신 정치인으로서는 최초의 집권이었다. 정확하게 말하면 민주화 이후 현재에 이르기까지 김대중을 제외한 모든 대통령은 전원 영남지역 출신이었다. 그것은 김대중이 얼마나 강고한 지역주의의 벽을 넘었는지를 상징한다.

1997년의 김대중의 승리는 외환위기 상황이었다. 2017년 문재인의 승리는 대통령 탄핵사태라는 비상상황에서였다. 1997년의 외환위기와 2016-17년의 탄핵사태가 아니었다면 과연 민주개혁진영의 후보가 승리하였을까? 결코 쉽지 않은 일이었다. 아래의 네 가지 결정적으로 유리한 상황에다가, 김대중-김종필-박태준(DJT)정치연합의 구축에도 불구하고 김대중은 민주화 이후 최소 표차인 겨우 40만표 이하로 승리하였을 뿐이니 한국에서 선거를 통한 최초 정권교체의 성공이 거의 불가능에 가까운 정치실험이었음을 증거한다.

첫째는 외환위기라는 절체절명의 국가경제위기상태다. 건국 이래 초유의 환란상태는 보수세력의 국가경제운영의 대실패를 증거한다는 점에서 집권여당 후보에게는 가장 불리한 점이었다. 국가부도상태는, 이후의 사태가 보여주듯 심각한 민생파탄으로 연결되었기 때문이다.

둘째는 여당의 분열이었다. 당시 여당에서는 이회창 후보와 이인제 후보가 모두 출마하여 결정적으로 표가 분산되는 상황이었다. 특히 이인제 후보는 선거 운동 기간 상당 동안 이회창 후보를 앞서기도 하였다.

셋째는 당시 이회창 후보는 제일 보수정당의 후보로서는 처음으로 영남출신 후보가 아니었다. 박근혜 대통령 탄핵사태로 치러진 예외선거를 제외할 때, 1987년 민주화 이후 지금까지 패배한 영남 출신의 보수진영 대표 후보는 전무하였다. 노태우, 김영삼, 이명박, 박근혜는 모두 승리하였다. 제일 보수정당 후보로서 패배한 사람은 충청지역 출신의 이회창이 유일하였다.

넷째는 선거과정의 안보이슈의 역전이었다. 전통적으로 안보의제는 보수세력의 일방적인 득표 요소요 전유물에 가까웠다. 그러나 집권여당의 후보로 출마한 이회창은 아들의 병역문제로 인한 거센 비판여론으로 인해, 진보개혁적인 김대중 후보의 출마에도 불구하고, 보수여당 후보에게 일방적으로 유리한 안보의제를 활용할 수 없는 상황에 직면해 있었다. 군사쿠데타 이후 처음 치러진 1963년 대선에서 박정희-윤보선 안보논쟁 구도를 제외하면, 안보이슈에서 여야, 민주개혁세력과 보수우파세력이 역전된 최초의 선거였다.

여기서의 핵심 문제는 외환위기, 여당분열, 출신지역, 안보의제 역전이라는 절호의 기회에 더해, 김대중-김종필 연합을 더했는데도, 즉 김대중은 이러한 여러 가지가 중첩된 유리한 조건에도 불구하고 겨우 1.5%(39만557표)를 승리했을 뿐이라는 점이다. 정말로 막상막하의 긴박한 승부였던 것이다. 이는 한국에서 선거를 통한 최초 정권교체가 얼마나 어려운가를 가장 잘 보여준 징표였다. 노무현-정몽준 연합에 바탕한 노무현도 단지 2.3%(57만980표)를 승리하였을 뿐이었다.

네 가지의 유리한 조건에 정치연합을 더하였음에도 불구하고 김대중의 득표가 민주화 이후 대선에서 거의 최하 수준이었음을 보여주는 아래의 표가 의미하는 바는, 민주개혁파 후보가 연합이 아니고는 승리할 수 없었던 보수우위의 민주화 이후 한국 선거지형을 증거한다.

표 9-1 **민주화 이후 역대 대통령 선거의 득표상황**

	유효투표 대비 득표율	선거인수 대비 득표율	2위 후보와의 표차
노태우(13)	36.6%	32.96%	8.7%
김영삼(14)	42%	34.79%	8.1%
김대중(15)	40.3%	31.98%	1.5%
노무현(16)	48.47%	34.33%	2.32%
이명박(17)	48.67%	30.52%	22.52%
박근혜(18)	51.55%	38.93%	3.53%
문재인(19)	41.08%	31.6%	17.05%
윤석열(20)	48.56%	37.09%	0.73%
평균	44.65%	34.03%	8.06%

김대중-김종필 정치연합의 최초 효과는 강조할 필요도 없이 선거를 통한 최초의 정권교체와 집권이었다. 모두에서 언급했듯 이점은 재삼 강조할 필요도 없다. 민주화 이후를 넘어 건국 이후 최초의 정치적 사건이었던 이것이야말로 가장 큰 의미였다.

두 번째로 그에 못지 않게 중요한 것은 산업화-민주화, 진보-보수 세력의 연합이 창출하는 국민적 단결과 통합의 힘이었다. 정치연합이 없었을 경우 한국 사회 특유의 심각한 갈등으로 인해 외환위기극복은 쉽지 않았을 것이었다. 연합은 외환위기의 극복을 위한 국민적 단결과 응집으로 연결되었던 것이다. 용공좌경 정치인으로 근거없이 매도·오해받아온 그로서는 최초의 남북정상회담에 대한 광범한 지지 역시 보수와의 연합으로부터 발원한 것이었다.

셋째로 그동안 거의 지적되어오지 않던 점을 하나 언급해할 것 같다. 그것은 타당 출신 총리와의 연정을 통해 연정을 구성한 총리에게 자기당 출신 장관의 추천권을 완벽하게 보장함으로써 의도하지 않게 민주화 이후 처음으로 헌법을 준수하려한 대통령이 되었다는 점이다. 우리 헌법은 국무위원과 행정각부의 장을 국무총리의 제청을 통해 대통령이 임명하게 되어있다.[46] 김대중과 김종필은, 총리 인준이 정상적이었다면 이 헌번조항을 처음으로 준수할 수 있었던 것이다. 그러나 현실정치에서는 정권을 상실한 야당의 반대로 인해 총리인준이 6개월이나 늦어져 완벽한 헌법준수는 불가능하였다.

넷째는 온건 대북정책인 햇볕정책의 부드러운 시작이었다. 보수와의 정치연합으로 인해 남북관계의 근본기조를 전환하는 햇볕정책은 격렬한 초기 저항없이 출항할 수 있었다. 남북문제에서 진영과 이념의 초월은, 대한민국 건국세력과 산업화 세력의 -- 독재와 인권탄압을 제외한 -- 국가건설과 경제발전의 업적을 인정하지 않고는 불가능한 것이었다.

따라서 햇볕정책의 설계와 시도로 인해 김대중은 특별히 빌리 브란

46) 대한민국 헌법 제87조 1항 "국무위원은 국무총리의 제청으로 대통령이 임명한다." : 제94조. "행정각부의 장은 국무위원 중에서 국무총리의 제청으로 대통령이 임명한다."

트를 연상시킨다. 그러나 브란트가 동서공존-동방정책 이전에 서서연합-국내 연합과 통합을 먼저 추구하였음을 아는 사람은 많지 않다. 그는 특히 기민당과의 대연정을 먼저 성사시켰는바 그의 대연정 상대는 앞에서 살펴보았듯이 바로 나치 출신의 키징거 총리였다. 김대중이 군부쿠데타의 주역과 남남연합을 먼저 성취한 뒤 북한과의 정상회담과 남북화해 및 한일화해를 추구한 경로와 매우 유사하였다. 무엇보다도 내부 연합을 통해 최초로 집권세력을 교체하였다는 점에서 둘은 동일하였다.

위의 표가 보여주는 바는 명확하다. 한국에서 모든 대통령은 원천적으로 허약한 지지기반을 갖고 출발한다는 점이다. 유효투표대비 득표율이 절반을 넘은 후보는 단 한 명 밖에 없으며, 선거인수 대비 득표율이 40%를 넘은 후보는 아무도 없다는 점이다. 이런 상태 하에서 선거 이후 승자독식과 권력독점을 통해 100% 권력을 행사하는 것은 민주주의 원리에 위배되며, 따라서 전혀 맞지 않는 것이다. 민주주의 원리로 보나 안정적인 국정운영을 위해서나 연립과 연합이 필수라는 점을 보여준다.

7. 김대중의 통합적 국정리더십(1)

통합적 리더십과 국민통합은 김대중 국정운영의 가장 주목할만한 덕목이요 요체였다. 가장 먼저는 이념통합과 정책통합이었다. 김대중-김종필 연합에 합의할 때에 이미 경제부문의 각료를 김종필과 자유민주연합 측에게 양보하기로 한 뒤였음에도 불구하고 김대중은, 외교·안보·통일 분야를 거의 전부 보수인사들로 임명하는 파격적 인사정책을 단행하였다. 전혀 예상 외의 놀라운 선택이었다. 외교·안보·통일 영역은 그가 가장 오래도록 준비하고 가장 깊이 훈련한 국정영역이었다. 그만큼 김대중이 자신의 꿈을 가장 잘 펼칠 수 있는 분야였다. 우리는 앞의 독일, 핀란드, 오스트리아, 이탈리아의 사례를 통해 내정이 곧 외정임을 보았다. 내부정치의 연장이 외교인 것이다.

먼저, 외환위기를 극복하기 위해 한미관계를 개선하는데 중요한 역할을 수행해야할 주미대사는 보수정당의 당 대표와 보수정당 정부의 총리를 지내고 당내 대선후보 경선에 출마했던 이홍구를 임명하였다. 위기의 시점에 미국 정부와 사회에 넓은 네트워크를 갖고 미국을 잘 알며, 미국을 안심시킬 수 있는 친미인사가 필요했던 것이다. 이홍구는 한국사회의 대표적인 자유주의와 개혁적 보수이념을 대표하는 최고 엘리트였다. 게다가 그는 대한민국에서 미국을 가장 잘 아는 인사의 한 명이었다. 그는 김대중으로부터 "외환위기를 극복하기 위해서는 미국이 가장 중요하니 꼭 주미대사를 맡아달라"는 부탁을 직접 받았다. 당시 김대중은 상호 협력이 없다면 여야 혼자로는 누구도 외환 위기를 극복하기 어렵다고 판단하였다. 더욱 중요한 점은 이홍구의 주미대사 임명은 김대중의 제안과 김영삼의 동의의 결과였다는 점이다.[47]

통일부 장관에는 정보기관에서 북한문제를 담당한 보수 인사인 강인덕을 임명하였다. 강경보수에 속하는 그가 김대중 정부의 초기 대북정책을 담당하리라고 본 사람은 없었다. 외교부 장관은 보수정당 출신의 박정수, 국가안전기획부장(국가정보원장) 역시 정보기관과 보수정당 출신의 이종찬을 임명하였다. 그도 김대중으로부터 선거 이후 정보기구 수장직을 직접 제안을 받았다. 게다가 그는 서울시장 출마를 결심한 상태에서, 자신이 김대중에게 직접 다른 개혁파 인사를 추천하기까지 한

47) 필자와의 면담에서 이홍구의 수차 증언이다. 김대중 역시 이를 거듭 확인하였다.

상태였다.[48] 중앙정보부와 국가안전기획부를 거치는 동안 중앙정보기관은 미행, 납치, 고문, 감금, 도청을 포함해 김대중을 가장 가혹하게 탄압한 역사를 갖고 있었다. 그로서는 강한 적대감과 원한이 있을 수 밖에 없었음에도 불구하고, 자신의 편에서 함께 탄압을 받은 민주파 출신이 아닌 보수인사를 임명하였다.

이종찬은 단순한 보수정당 출신이 아니라 박정희 정부와 전두환 정부의 중앙정보부 간부를 거쳐, 전두환 정부 이래 보수정부에서 국회의원 4선, 집권당 원내총무, 정무1장관, 사무총장을 비롯한 핵심적 역할을 맡아오던 사람이었다. 기실, 전술했듯 김대중 납치사건[49]의 경험으로 인한 정보기관에 대한 예상가능한 그의 적의와 원한을 고려할 때 그가 그 기관으로부터 감시·탄압·고문을 당한 강경 민주인사가 아닌 그곳 출신 보수인사를 기관책임자에 임명한다는 것은 근본을 혁신하되 보복과 복수를 방지하려는 온건 개혁 의지로 읽혔다.

대통령 보좌와 정책에 중요한 영향을 끼치는 비서실장은 영남지역과 보수정당 출신의 김중권이었다. 통일문제에 대한 국민여론을 수렴하고 대통령께 의견을 제시하는 민주평화통일자문회의 수석 부의장에는 보수정당의 총리와 당내 대통령 경선을 출마하였던 이수성을 임명하였다. 그의 초기 통일외교안보국가정부 고위직위는 전원 보수인사 및 정당 출신이었다.

총리와 경제각료를 보수지도자와 보수정당 자유민주연합에 맡긴데 이어 정보기관 수장을 포함한 거의 모든 외교·정보·통일 부문 각료들을

---

48) 이종찬, *숲은 고요하지 않다-이종찬 회고록2* (한울, 2015), 417-422.

49) 김대중 선생 납치사건 진상규명을 위한 시민의 모임 편, *문헌·증언·자료- 김대중 납치사건의 진상* (서울: 푸른나무, 1995)를 참조.

모두 보수정당 출신들에게 맡긴 것이었다. 이 통합리더십은 거의 경이에 가까웠다. 그는 자신에 대해 행해진 집요한 색깔론을 정통 보수를 정보·외교·통일 부문의 고위직에 임명하여 정면으로 부정하고 돌파하는 방법을 택하였다. 한국에서 보수우파가 집권을 하였을 때 이 정도로 민주개혁파에게 경제는 물론 외교·안보·통일·정보 부문의 정부 핵심직위를 양보한다는 것이 얼마나 불가능한지를 상상한다면 김대중의 사실상의 통합정부 구성은 획기적인 것이었다. 민주화 이후 지금까지 이러한 인사배치를 한 대통령과 정부는 아직 없었다.

다시 강조컨대 4대국 안전보장론을 포함해 외교·안보·통일역역은 김대중이 가장 강력하게 오해받고 비판받은 영역인 동시에 가장 구별되는 분야가 아닐 수 없었다. 그는 자신이 가장 오래 준비한 강점분야를 보수정당 출신들에게 전부 양보하고 있었던 것이다. 자신감의 표현이었다.

두 번째는 수직적 통합으로서 노사합의, 사회적 대타협의 추구였다. 1998년 노사정 위원회의 설치는 최초의 사회적 대타협기구였다. 한국사회에서 노동이 전국단위에서 자율성을 갖고 정부 및 기업과 대화하는 것은 처음이었다. 이는 수평적 정치연합과 수직적 노사정타협을 동시에 시도하고 있음을 보여준다. 그러나 심각한 경제위기라는 조건은 처음부터 노동에게 크게 불리한 상황이었다.

세 번째는 지역통합이었다. 오랫동안 모든 정권들이 오해를 받아온 부분이라서 조금 상세하게 규명될 필요가 있다. 먼저 국민통합을 위해 경제적으로 호남을 특별히 편중 지원하지 않은 것은 김대중의 한 혜안이었다. 독재시대 선거에서 김대중이 집권하면 호남만을 챙기고 영남은 배려하지 않을 것이라는 공세는 허위였던 것이다. 초기 영남출신 군부정권들이 영남지역에 대한 투자를 집중하였던 점과 비교할 때 김대중을 포함한 민주화 이후 한국의 민주지도자들의, 적어도 국가재정 운용과 예산배분 문제에서, 높은 수준의 부패면역과 지역 균형의식은 매우 높이 평가할만 하였다.

물론 투표는 지역발전이나 예산배분과는 직접적인 상관이 없었다. 지역투표를 지속한다고 해서 지역경제가 나아지는 것은 결코 아니었다. 아래 표를 보면 매 정권종료시점 1인당 지역별 총생산 규모 및 성장속도에서 영남지역이 다른 지역보다 결코 높지 않다는 점을 알 수 있다. 전국 어디보다도 특별히 높은 울산을 제외하면, 커다란 경제적 이익의 제공도 없이 영남지역 주민들은 자기지역 후보들에게 일방적 지지를 보내고 있음을 알 수 있다. 하나의 예로 노태우, 김영삼, 김대중, 노무현, 이명박 정부를 거치며 대구 시민들은 한 번도 광주시민들보다 잘 산 적이 없었다. 광주와 부산의 규모도 아주 비슷하다.

민주화 직후 1987년의 민주세력 분열과 90년의 3당합당은 자주 한국의 선거정치에 구조적인 거시효과를 결과하였다. 87년 분열, 90년 3당합당 이후 인구의 다수를 차지하는 영남지역의 보수정당에의 몰표는, 업적과는 유리된, 거의 항상적으로 승자 예측이 가능한 선거결과를 귀결하였다. 즉 정책경쟁과 업적수행 심판은 불가능하였다. 1987년 이후 대통령 선거에서 영남 보수후보는 100% 승리하였다. 노태우, 김영삼, 이명박, 박근혜는 모두 승리하였다.

영남 기반 보수정당이 제1당 위치를 상실한 것도, 노무현 대통령 탄핵 시점이 처음이었다. 심지어 외환 위기 이후의 첫 번째 총선거에서조차 보수정당은 상당한 의석수 차이로 제1당을 유지하였다. 이 격차는 영남의 몰표(와 득표수에 불비례하는 의석배분이라는 제도적 왜곡) 덕분이었다. 당시 한나라당은 영남지역에서 모두 64석을 얻었다. 반면 새천

년민주당은 호남지역에서 모두 25석을 얻었다. 두 지역에서 두 당의 의석격차는 39석이었다. 그러나 실제의 총 지역구의석 차이는 16석에 불과하였다. 영호남을 제외한 곳에서는 새천년민주당은 한나라당을 23석이나 더 이겼던 것이다.

8. 김대중의 통합적 국정리더십 (2)

정치연합은 한 사회의 사회갈등과 이념갈등을 줄이는 절호의 기회였다. 지금은 일반화한 '남남갈등'이라는 용어는 언론을 통하여서는 1997년 8월 2일 『한겨레』에 '남, 민간통일운동 뿌리못내려'라는 제목의 기사 내용에 처음으로 등장했다.[50] 주목할만한 시점이다. 왜냐하면 남남갈등 용어가 김영삼정부 시기부터 존재했었다는 점은, 이러한 특정한 갈등현상에 대한 한국사회의 인식은 그에 앞서 이미 광범하게 존재하고 있었음을 알 수 있기 때문이다. 하나의 언어개념이 사회적으로 소용되기 시작하였다는 점은 그에 앞서 이미 실제 현상이 존재한다는 점을 뜻하기 때문이다.

기존 담론들이 주장하는 것과는 달리 남남갈등이라는 용어가 김대중 정부시기에, 특히 남북정상회담 이후에 등장한 것이 아니었다.[51] 이

50) "남, 민간통일운동 뿌리 못내려." *한겨레* (1997. 08. 02.).

51) 근래 여러 논문에서는 남남갈등의 기원에 관해 '2000년 6월 15일 남북정상회담 이후' 『조선일보』의 2000년 7월 13일 기사에 처음으로 등장했다'는 기록이 등장하나 이는 사실이 아니다. 마인섭·차문석·윤철기, *북한 문제와 남남갈등: 기원과 전개* (서울: 성균관대학교 출판부, 2012), 23. : 손호철, "남남 갈등의 기원과 전개과정," 경남대 극동문제연구소 편, *남남갈등: 진단 및 해소방안* (서울: 경남대학교 출판부, 2004),.14; 함인희. "남남갈등해소와 여성의 기여방안," *분단, 평화, 여성*, 통권 6호 (2002), 62. 물론 손호철은 "남남갈등이 김대중 정부 들어 생겨난 것이라는 말은 결코 아니다"고 이미 지적하고 있다. 언론보도를 중심으로 남남갈등에 대한 정밀한 경험적 분석에 대해서는 김재한. "북한 및 미국 관련 남남갈등의 변화추세," *통일과 평화*, 2호 (2009), 140-161을 참조.

러한 담론들은 암묵적으로 남남갈등이 김대중 정부의 진보적 대북 정책 때문에 등장한 것으로 가정하기 때문이다. 남남갈등은 민주화 이후 여러 계기를 거치면서 초기 건국시기의 좌우갈등이 다시 호명되며 김영삼 정부 시절부터 점차 심화되어왔던 현상인 것이다.

남남갈등과 관련하여 김대중의 대한민국 인식, 대북정책 및 이념문제는 보수세력들에게는 가장 중요한 가상적 준거의 하나였다. 인권과 민주주의를 크게 제고하여 북한과는 가장 크게 차이가 나는 나라를 만드는데 기여하였음에도 불구하고, 거꾸로 그가 반(反)대한민국 노선을 가진 친북반미 정치인이라는 오랜 날조와 왜곡을 말한다. 일본과 미국을 비롯한 해외에서의 반(反)박정희 독재反)전두환 독재 투쟁을 하고 있던 그로서는 반한과 친북으로 오해받을 수 있는 노선에 빠져들 수도 있었을 것이다. 특히 망명시에는 더욱 그러했을 것이다.

그러나 김대중은 이점에 대해 단호하였다. 그는 1980년 법정최후 진술을 통해 다음과 같이 언명하고 있다. "나는 대한민국을 절대 지지하였으며, 미국 한민통 결성 준비회 때는 망명정부 수립을 주장하는 사람의 제안을 철회시켰던 사람이다."[52] 김대중의 진술은 군사정부에 의해 받아들여지지 않았다. 이점에 대한 역사적 사실이 원문 필사 자료로서 존재한다.

1973년 7월 6일 한국민주회복 통일촉진 국민회의(한민통) 미주본부 결성 당시 김대중은 "대한민국 임시정부"라는 망명정부 수립을 주장하는 견해에 대해 "이 투쟁목표는 망명정부 구성이 아니다"고 분명하게 잘라 말했다. 대한민국 지지, 독재정권 반대라는 노선을 고수하였던 것이다. 그는 민주화운동은 대한민국을 강화시키기 위한 구국운동이라는

52) "김대중 내란 음모사건 법정최후 진술." 1980년 11월 9일.

점을 분명히 했다.[53]

재일본 조선인 총연합회(조총련)의 존재로 인해 심각한 의심과 첨예한 노선투쟁을 전개했던 일본 교포사회에서의 한국민주화운동과 관련해서 김대중은 더욱 분명한 의사를 표명하였다. 1975년 12월 21일 한국에 머무르던 김대중은 일본내 연락역할을 담당한 김종충에게 다음과 같은 내용의 편지를 썼다. 김대중은 급진민족주의세력의 선통일 후민주론이 군사 정권에 악용될 가능성에 대해서 깊이 우려하고 있었고 이를 제어하기 위해서 지속적인 노력을 당부하고 있다. "… 제가 日本 있을 때 屢屢히 말한대로 「韓民統」은 大韓民國(지지)의 立場을 뚜렷이 하고 共産主義와의 一線을 明白히 그어가는 姿勢를 언제나 堅持해나가야 합니다. … 萬一 本意 아니게 라도 日本서의 努力이 反大韓民國으로 國民에세 烙印찍이면 모처럼의 애쓴 것이 逆으로 되어버릴 것입니다. … 제가 너무 자주 이런 말을 해서 或 짜증스러울는지 모르오나 이 点은 우리의 豫測에서 보나 實際現實에서 보나 너무도 重要하기 때문에 또 危險性이 至大하기 때문에 거듭 强調합니다."[54]

사실이 아닌데다가 보수 일각과의 연합을 통한 집권으로 인해 김대중과 그의 정부에 대한 친북좌파라는 공격은 약화될 수밖에 없었고 국민통합의 정도는 높아졌다. 물론 김대중 개인에 대한 의혹도 상당 부분 사라졌다. 강조컨대 남남갈등 현상과 개념의 등장과 심화는 민주화에 대한 보수파의 저항이 민주개혁을 둘러싼 경쟁이 아니라, 이념적 자원을 동원하여 시대착오적인 공세를 펴려는 목표와 시도의 산물이었다.

게다가 남남갈등은 정확하게 말하면 민간 진보 대 민간 보수의 갈

---

53) 김대중 도서관, *김대중 1차 미국망명 관련 사료*.

54) 김대중 도서관. *김대중-김종충 서간집*.

등, 즉 민민갈등(民民葛藤)도 아니었다. 최근의 정밀한 심층조사에 따르면 남남갈등을 심화시키는 영역과 주체로 전문가들은 1위 언론, 2위 정당, 3위 대통령을 들고 있고, 일반인들은 순서대로 1위 정당, 2위 정부, 3위 언론이었다. 다음으로 남남갈등을 해결할 책임을 가진 영역과 주체를, 전문가들은 언론 1위, 2위 대통령, 3위 정부로 들고 있다. 일반인들은 정부 1위, 2위 대통령, 3위 정당이었다.[55] 심화와 해결의 책임 어디에도 1-3위 내에 시민단체와 민간은 전연 들어있지 않았다. 대통령, 정부, 정당, 언론들이 남남갈등을 심화시키고, 해소의 책임도 그들에게 있음을 알 수 있다. 남남갈등의 실상을 드러내주는 이것은 사실을 말하는 것임에 틀림없다.

향후에도 민주주의의 기본조건인 사회통합과 국민적 통일성[56]이라는 점에서 민족문제가 야기하는 내부(남남)갈등은 민주주의에 대한 큰 저해요소가 될 것이다. 타협이 이끄는 나라라는 별명을 갖는 스웨덴 역시 사회의 기본적 통일성이 타협을 가능케 하였다.[57] 인종적 종족적 지역적 종교적 이념적 균열의 존재와 타협의 가능성은 반비례하기 때문이다.

사실 민족통일운동, 민족통일정책과 같은 민족국가정책은 민주주의원칙 및 정책과 다른 논리를 갖고 있다.[58] 따라서 시민사회의 자율적 담론의 존중은 민주주의의 기본적 전제가 되나 좌-우, 보수-진보라는 날

---

55) 송인한·전우택·박명림. *사회치유로서의 평화통일 연구*, 연세대학교 산학협력단 연구용역 최종보고서 (2015), 22-23. 47-48.

56) Adam Przeworski, Philippe C. Schmitter, Jang Jip Choi, Guillermo O'Donnell, Alfred Stepan et. al.. Sustainable Democracy, (Cambridge: Cambridge University Press, 1995), 110-112.; Dunkwart A. Rustow, "Transition to Democracy: Toward a Dynamic Model." *Comparative Politics*, 2 (1970), 350-352.

57) Rustow(1995). 위의 책, 226.

58) Juan Linz and Alfred Stepan, *Problems of Democratic Transition and Consolidation* (Baltimore and London: The Johns Hopkins University Press, 1996), 24-26.

카로운 이념적 대치선을 안고 있는 민족문제에서 통합을 위한 국가의 이니셔티브는 불가피하다. 국가의 능력이 정지되는 지점에서는 사적 폭력이 분출하며 그러한 조건에서는 민주주의만이 위협받는 것이 아니라 사회적 통합의 기초 자체가 위협받게 된다.[59] 민주화 이후 국가의 통합적 역할이 다시 강조되는 소이는 여기에 있다.

김대중에게 화해와 용서는 갈등을 낮추고 타협을 높인 기저정신이었다. 이를테면 강경 민주화 투쟁 지도자로서 박정희 기념관 건립사업의 지원은 하나의 상징에 가까웠다. 전두환·노태우 사면 역시 김대중의 용서와 타협의 정치를 간취케 하는 사례라 할 수 있다. 그것은 "두 전직 대통령의 사면 복권은 앞으로 더 이상의 정치보복이나 지역적 대립은 없어야한다는 내 염원을 담은 상징적 조치"[60]라는 김대중 자신의 표현에서 볼 수 있듯 탄압과 저항, 억압과 도전의 정치사를 단절하려는 의지의 산물이었다.

두 전직 대통령의 사면 의지는, 사면권을 가진 현직 대통령으로서 지속적으로 사면의사를 표출하는 일방 최종적으로 대통령 당선자 김대중과의 면담에서 두 사람에 대한 사면의사를 표출하고 "좋습니다"는 그의 동의를 얻은 뒤 실제 사면을 결행한 김영삼도 사실 같았다.[61] 김대중의 경우 전두환으로 인해 자신이 받았던 사형선고와 탄압, 그리고 광주항쟁에서 학살당한 시민들을 생각할 때 용서와 화해는 결코 쉬운 게 아니었다. 물론 국내적으로 국가인권위원회 설치는, 그가 화해를 추구하되 민주주의 국가로서의 인권 가치를 제고하기를 결코 주저하지 않았음

59) Przeworski, et al., 앞의 책, 110-112.

60) 김대중, 김대중 자서전2 (서울: 삼인, 2010), 18-19.

61) 김영삼, *김영삼 대통령 회고록 (하)* (서울:조선일보사, 2001), 331-333, 375-377.

을 알 수 있다.

박정희, 전두환, 노태우의 용서는 한국전쟁 참전자 보상, 김종필과의 연합, 주요 정부 고위 직위의 보수인사 임명, 남북정상회담과 북한 포용, 제주 4.3사건, 국가인권위원회 설치와 인권증진과 함께 일련의 좌우, 남북 및 진보보수의 양면 타협과 양면 화해에 기초한 공존의 추구를 의미했다. 성공 여부를 떠나 그의 철학과 시도는 남남갈등이 극심한 오늘의 한국정치에 던지는 시사가 매우 크다.

이념문제에 대한 시대착오적인 왜곡은 그가 가장 친미적인 국제주의 노선을 추구한 정치인이었다는 점에서 중화된다. 김대중 리더십의 큰 특장은 국제주의였다. 이점은 민주화 이후 모든 지도자들을 통틀어 김대중의 최대 장점이었다. 한국문제는 기본적으로 국제문제였다. 특히 미국과의 관계가 결정적이었다. 김대중은 이를 1동맹(한미동맹) 3우호(한중, 한일, 한러) 관계로 압축한다.[62] 거시역사적 관점에서 볼 때 이 점은 특별히 지역질서변동, 외침, 전쟁, 분단과 같은 한국의 대위기국면에서 더욱 두드러진다. 한국의 지정학적 위치로 인한 불가피한 요인이었다. 그러한 위기 국면에서 세계를 판독하는 국제적 리더십을 갖는 지도자가 나타나지 않는다면 한국의 위기극복은 난망할 것이었다.

김대중은, 분단, 건국, 전쟁의 소용돌이를 타파해온 이승만 이래 가장 탁월한 국제감각과 국제지명도를 갖는 한국의 지도자였다. 국제사회에는 그 자신이 한국과 동아시아의 인권과 평화와 민주주의의 브랜드이자 상징처럼 인식되어오고 있었다. 즉 국제주의와 관련해 김대중 자신이 대한민국의 인권, 평화, 민주화 운동의 한 표상인 점이 중요했

62) 김대중·박명림, "김대중 전대통령 특별 인터뷰 -- 민주적 시장경제와 평화공존에의 여정," *역사비평*, 통권 84호 (2008년 가을호), 17-66.

다. 강조컨대 그 점에서 그는 빌리 브란트(Willy Brandt), 넬슨 만델라(Nelson Mandela)와 함께 20세기 후반 유럽, 아시아, 아프리카를 대표하는 인권과 평화, 화해와 공존의 세계 지도자로 충분히 자리매김할 만 했다.

그것은 특히 인권투쟁과 반독재민주화 저항에 대한 경의와 존경의 전통을 갖는 서구사회를 움직여 친한(親韓)으로 돌려놓는데 중요한 자산으로 작용하였다. 집권과 동시에 그는 미국 및 일본과의 관계를 급속하게 개선하였고, 이는 외환위기를 극복할 수 있는 초기 계기로 작동하였다. 이른바 '지도자요인'(leadership factor/CEO factor)이었다. 우리는 김대중 이후 대한민국의 여러 혼선으로부터 김대중의 통합적 국정운영이 갖는 역사적 의미를 다시금 무겁게 반추하게 된다.

일본 문화의 개방은 보수도 하지 못한 것을 시도하여 성공한 외교 득책이었다. 사실 김대중의 통합적 국정리더십의 또다른 백미는, 국민통합-남북화해에 이어 무엇보다도 국제관계였다. 건국 이래 한일관계를 포함해 한중관계, 남북관계, 한러관계, 한미관계 등 한국외교의 핵심 주변 5국과의 관계가 가장 좋았던 시기는 노태우 정부와 함께 김대중 정부 시기였다. 게다가 외환위기 상황에서 대립하는 두 요소인 한미관계도 좋은 상태에 더해 한중관계까지 좋다는 것은 결코 쉬운 게 아니었다. 상반되는 두 대립물 한미관계와 남북관계가 함께 좋은 것 역시 지난한 과제였다. 왜냐하면 한미동맹은 바로 남북적대에 기반한 대응물이었기 때문이다.

이 점은 국내통합이 없었다면 불가능하였다. 김대중은 정치연합에 기초하여 극단들을 중화하여 봉합과 양보와 평화로 안내하는 외교의 중용지도(中庸之道)·중견지로(中堅之路. *modo mezzano*)를 알고 있었음에 틀림없었다.[63] 이는 김대중에 앞서 노태우가 매우 잘 구현하였던 국제노선이었다. 김대중은 박정희가 물품수출과 무역의 측면에서 탁월하게 시현한 5대양 6대주의 '전방위 진출전략'을, 외교와 국제관계의 측면에서 역시 탁월하게 달성하였던 것이다. 오늘의 한국은 앞선 이들 두 전방위 국가전략에서 가려배울 지혜가 절실하다.

연합정치의 위기극복과 경제발전효과를 짚어보자. 독일의 연합정치가 없었을 경우 정치안정으로 인해 가능하였던 라인강의 기적을 비롯한 독일경제의 장기 성장과 복지국가의 구축은 쉽지 않았다. 물론, 그리고 동시에, 동방정책이 없었을 경우에도 독일의 안정적인 복지와 성장 ... 역시 불가능하였다. 여기에서 우리는 정치연합과 내부 안정, 동서독 평화공존, 서독의 복지와 성장의 3자 선순환 관계를 알게 된다. 그 최종 결과는 동독인민들의 민주혁명과 서독선택이었다.

마찬가지로 남한이 만약 북한관리에 실패하여 코리아 리스크가 컸었다면 당시 외환위기 극복은 매우 어려웠을 것이다. 즉 외환위기와 안보위기가 한꺼번에 도래하였다면 국가위기극복은 결코 용이하지 않았을 것이다. 두 위기의 중첩이 초래하는 이중압력은 영역별 단일 위기와는 비교조차 하기 어려웠을 것이기 때문이다. 우리는 이 점에서 김대중이 보여주었던 바의 남북관계 안정을 통한 위기관리와 경제위기 극복의 능력을 높이 평가하게 된다.

외환위기 직후의 위기상황을 고려하면, 김대중 정부의 경제성적은 결코 나쁜 것이 아니었다. 아니 외려 민주화 이후 물가상승률을 제외하

63) 한국 국가전략과 외교를 위한 중견지로와 중용지도(modo mezzano)에 대해서는, Nathalie Rivere de Carles ed. 2016. *Early Modern Diplomacy, Theatre and Soft Power: The Making of Peace* (London: Palgrave Macmillan, 2016), 5, 12, 15, 20n 211, 63n 18, 99.의 개념을 약간 변용하여 적용한 것이다.

고는 매우 양호한 성적을 나타내고 있다. 외환위기 직후인 98년을 제외하면, 전체 정부 시기 동안 경제성장율, 취업자 증가율, 소비자 물가상승률은 김대중 정부가 1등이었고, 수출증가율, 주가상승률, 최저임금인상률은 노무현 정부가 1등이었다.[64] 경제와 민생의 거의 모든 지표를 보수우파정부가 아닌 두 민주개혁파 정부가 우월한 것이다. 놀라운 점이 아닐 수 없다. 게다가 김대중 정부의 경우 위기극복의 업적에 바탕한 정권재창출의 업적도 무시할 수 없을 것이다.

결국 민주주의, 안보평화, 경제복지의 3축이 얼마나 밀접하게 맞물려 돌아갔는지 알 수 있게 된다. 출발은 민주주의였다. 물론 그리고 민주적 연합정치였다. 향후 한국의 국가발전이 위의 세 과제에 집중되어야한다는 점에 비추어 볼 때, 김대중의 선례는 충분히 학습할만한 가치가 있는 것이다.

끝으로 김대중이 시도한 국민통합과 화해의 한 대표적 상징은 한국전쟁 참전 명예수당의 제공과 제주 4.3사건의 진상규명이었다. 그동안의 담론에서 이 둘의 동시 시행이 갖는 의미는 아직 전혀 언급되지 않았다. 그러나 충분히 함께 조명 분석될 필요가 있다. 김대중은 실제 사실과는 반대로 오랫동안 친북좌파 정치인으로 왜곡된 공격을 받았다. 그런 그가 북한의 침략에 맞서 대한민국을 위해 싸운 한국전쟁 참전자 수당을 최초로 만든 대통령이고, 최초로 실시한 정부라는 것을 아는 사람들은 많지 않다. 기실 이것은 보수와 진보 모두 그러하다.

국가가 한국전쟁 참전자에 대한 예우를 처음 고려한 것은, 반공으로 날이 새로 반공으로 날이 저무는 군부정권들이 아닌 민주정부였다. 김

64) 박명림. *인간국가의 조건*, I권 제2장(근간).

영삼 정부 들어 1993년 12월 「참전군인 등 지원에 관한 법률」[65]을 제정하면서 부터였다. 참전군인들의 명예선양과 복리증진을 위한 원칙을 처음으로 규정한 것이었다. 대체 반공 정권들은 반공투쟁을 위해 애국과 희생의 최일선에 섰던 애국자들에게, 애국의 대가로 반공집회와 동원 이외에, 정신적 물질적인 무엇을 보상하였던 것인가?

김대중 정부는 급박한 외환위기의 상황이었음에도 불구하고 -- 고속성장을 지속한 박정희, 전두환, 노태우 정부 누구도 시행하지 않았던 것을 -- 2000년 1월 「참전군인 등 지원에 관한 법률」[66] 전문 개정(2000년 10월 시행)을 통해 처음으로 65세 이상 생활이 곤란한 참전군인에 생계보조비(월65천원)를 지급하기 시작하였다. 나아가 의료지원, 국립묘지 안장지원, 장제보조비 지급, 고궁 이용지원 등에 대한 실질적인 지원근거를 마련하였다. 2002년 1월에는 「참전유공자 예우에 관한 법률」 개정(2002년 10월 시행)을 통해 '참전군인 등'을 '참전유공자'로 명칭을 변경하였다. 참전자들은 국가로부터 빨갱이라고 조작 공격을 받은 진보 대통령으로부터 처음으로 국가유공자의 예우를 받기 시작한 것이었다. 이를 통해 70세 이상 참전유공자들에게 참전명예수당(월50천원)이 지급되었다. 국가를 위한 유공자에 대한 최초의 실질적 보상이었다.

제주 4.3사건의 경우는 국가에 의해 피해를 받은 국민들을 포용한 통합정책이었다. 전자가 보상이었다면 이는 포용이었다. 김대중은 97년 대통령 선거에서 제주4.3사건의 진상규명과 명예회복을 공약으로 내세웠다. 그리고는 마침내 1999년 12월 16일 국회에서 [제주4.3사건 진상규명 및 희생자 명예회복에 관한 특별법]을 통과시켰다. 특별법은 2000년

65) 법률 제4658호, 참전군인 등 지원에 관한 법률 (1993. 12. 27. 제정).

66) 법률 제6649호, 참전유공자예우에관한 법률 (2002. 01. 26. 개정).

1월 11일 김대중의 서명을 거쳐 다음날 공포되었다.[67] 그리고는 2000년 8월 28일 국무총리를 위원장으로 하는 [제주 4.3사건 진상규명 및 희생자 명예회복 위원회]를 설립하였다.[68] 위원회는 곧바로 적극적인 활동에 착수하였다. 한국사회에서 분단, 건국과 전쟁을 둘러싼 시기의 이념갈등과 인명피해에 대한 최초의 본격적인 과거규명과 회복, 치유의 노력이었다. 그는 국가를 위한 유공과 국가에 의한 피해를 동시에 보상하고 포용하고 있음을 알 수 있다. 좌우통합이자 국민통합이었다. 정치연합의 연장으로서의 국민통합으로서 상당한 놀라움이 아닐 수 없다.

9. 맺음말

김대중의 연합·연대·통합의 정치는 고난과 고난극복으로 점철된 그의 생애를 통하여 형성된 정치철학의 산물이었다.[69] 김대중의 정치철학은 첫째로 개인적 내면적 차원에서는 용서였다. 필자가 이해하기에 용서와 관용은, 그의 종교와 결합하여, 김대중 정치의 기저바탕을 이루고 있는 근본 신념이자 가치였다. 그는 자신을 탄압한 정적들은 물론 자신을 죽이려했던 북한 공산주의자들 및 자신의 납치를 방조하여 국제인권 규범을 위반한 일본도 용서를 하였다.

---

67) 법률 제6117호, 제주4.3사건 진상규명 및 희생자 명예회복에 관한 특별법 (1999. 12. 16. 제정).

68) 제주4·3사건진상규명및희생자명예회복위원회, *제주4·3사건진상조사보고서* (서울: 제주4.3사건진상규명및희생자명예회복위원회, 2003); 제주4·3사건진상규명및희생자명예회복위원회, *화해와 상생: 제주4·3위원회 백서* (서울 : 제주4·3사건 진상규명 및 희생자 명예회복위원회, 2008).

69) 이하 내용은 박명림, "6.15 남북정상회담 20주년 학술회의 기조연설: '장기 6.15시대'와 '단기 6.15시대'의 자장 아래에서 ---사상과 철학, 행위와 구조, 그리고 사건과 시대" (2020년 6월 15일. 플라자호텔 다이아몬드 홀)을 참조 요약.

둘째로, 공동체적 세계적 차원에서는 정의의 추구였다. 그는 개인적 차원의 용서를 추구하면서도 공동체의 민주주의와 인권과 평화를 향한 정의를 포기하지 않았다. 정의를 위해 용서를, 용서를 위해 정의를 추구한 것이었다. 자유, 인권, 평화, 주권, 민주주의라는 정의를 위해 자기 내면으로부터는 용서를 간구하고 기도하였던 것이다.

셋째는 화해였다. 그것은 용서와 정의의 결합이었다. 내면적 용서와 전체적 정의가 결합된 일종의 역사적이고 실존적인 화해라고 할 수 있었다. 그를 통해 그는 적대하는 정치 주체들 사이의 상호 인정과 공존, 대화와 협력을 추구하였다. 화해가 발원하는 공존과 대화와 타협의 정치였다.

성공과 실패 여부를 넘어 그는 전생애를 통해 가능한 한 이 셋 중 어느 하나도 포기하지 않으려했던 정치인이자 사상가였다. 그것은 그가, 전쟁과 달라야하는, 정치의 본질은 대화와 타협, 연합과 연대라는 점을 내면 깊숙이 체험적으로 간파했기 때문이었다. 그 점에서 그는 링컨(Abraham Lincoln)과 루즈벨트(Franklin D. Roosevelt), 그리고 만델라(Nelson R. Mandela)와 브란트(Willy Brandt)의 정치와 유사하였다.[70] 물론 스웨덴, 독일, 핀란드, 오스트리아, 네덜란드에서는 일반적인 연립과 연합의 정치가 한국에서는 김대중이 최초이자 적어도 현재까지는 마지막일만큼 갈등적이라는 점 때문에도 그의 연합의 정치는 더욱 두드러졌다.

사상은 행위와 정치로, 이어서 정책으로 나타났다. 여기에서는 그의 화해 철학과 사상의 결과인 김대중의 4대 화해 접근과 정책을 살펴보고

---

70) 이는 필자가 김대중-브란트-만델라를 함께 연구하는 국제학술회의를 계속 주최해온 한 이유이기도 하다.

자 한다. 첫째는 가장 중요한 내부화해였다. 자신을 탄압했던 산업화 세력과의 화해, 특히 박정희 및 전두환과의 화해를 바탕삼아 김대중 정부는 1948년 이승만 정부 이래 한국에서는 최초로 등장한 연합정부였다. 그러나 이 연합에 대해 지역연합이라는 기존의 해석들은 맞지 않는다. 그러한 측면이 없었던 것은 아니지만, 가장 중요한 점은 정치연합, 즉 현대 한국의 두 중심 정치세력이었던 산업화 세력과 민주화 세력 사이의 상호 정치적 인정과 연합이었다. 두 번째는 이념연합으로서 진보와 보수의 연합이었다. 정통 보수와의 연합으로 인해 김대중에 대한 용공·빨갱이라는 왜곡된 이념 공격은 상당 부분 불가능하였다. 이를 통해 일정 부분 상호 간의 이념갈등을 극복할 수 있었다. 셋째는 지역연합이었다. 즉 호남과 충청을 대표하는 정치 지도자 사이의 연합의 의미를 지녔다. 이는 그동안의 장구한 호남배제의 구도를 끝내는 의미가 있었다.

둘째는 한일화해였다. 이는 1948년 한일관계, 1965년 한일관계에 이은, 건국 이래 세 번째 한일관계의 전환점이라고 할 수 있는 1998년 김대중-오부치 게이조(小渕恵三) 선언으로 대표된다. 개인적 차원에서 얼마든지 문제를 삼을 수 있었던 김대중 납치문제를 외교적 국제법적으로 제기하지 않음으로서, 김대중은 일본의 깊은 과거사 사과 및 상호 양보를 통해 건국 이래 가장 본질적인 차원의 한일 간 화해를 이끌어낼 수 있었던 것이다. 이를 통해 한일관계는 제2차 대전 이후 가장 가까운 관계로 진입할 수 있었다. 또한 심각한 국가적 위기상태였던 외환위기를 극복하는 데에도 크게 기여하였다. 오늘날 일련의 K-모델의 시초로 여겨지는 한류(K-wave)의 토대를 놓은 것도 당시의 적극적인 한·일 문화 개방 때문이었다.

셋째는 남북화해였다. 그것은 남북정상회담과 6.15공동선언을 말한다. 오늘에 이르기까지 최초의 남북정상회담과 공동선언은 남북화해의 절정처럼 간주되고 있다. 이를 통해 김대중은 한국에서 가장 화해하기 어려운 세 영역들인 내부의 진보와 보수, 그리고 남한과 북한, 한국과 일본을 모두 화해로 이끄는 화해정치의 정점이자 절정을 보여줬다. 그것은 훗날의 한계를 포함하여 그렇다.

화해의 기저 밑바탕은 가장 소중하고 가장 가상하였다. 네 번째이지만 이것은 그가 추구한 화해의 근본 중의 근본이었다. 아래로부터의 적극적인 국민통합을 말한다. 그는 한편으로는 6.25 한국전쟁 참전 군인들의 명예를 회복하고 수당을 설정하여 지급하는 일방 다른 한편으로는 제주 4.3사건의 진상을 규명하고 명예회복을 위한 법령과 기구의 설치를 가능케 하였다. 이는 둘 모두 건국 이래 최초였다. 필자의 오랜 표현을 빌면 '국가를 위한 충성'과 '국가에 의한 희생'의 동시 포용이었다.

용서, 정의, 화해의 정치 철학에 근거하여 김대중은 정치연합을 통해 정권교체에 성공하였고, 그를 통해 통합적 리더십을 발휘하여 민주주의 발전, 국가위기극복, 국민통합, 사회적 대타협, 남북화해를 추구하여 상당 부분을 성취하였다. 나아가 전방위 외교관계의 구축도 달성하였다. 연합과 연대의 정치가 초래한 주목할 만한 다면적 다층적 다성적(多聲的) 파상(波狀)효과였다.

특별히 그의 국정운영 리더십의 요체는, 의도를 넘어 결과에 책임을 지는 책임정치와 책임윤리의 실현이었다.[71] 무엇보다도 국가위기 극복을 포함한 결과에 대한 책임윤리를 민주적 리더십을 통하여 달성하였다는 점에서 그는 전후 그에 앞선 한국의 권위주의 리더십들, 또는 실패한 리더십들과 뚜렷이 구별된다. 그것은 노무현을 제외한, 이후의 리더십

71) 책임윤리에 대해서는 Max Weber, 박상훈 옮김, *소명으로서의 정치*, 210-214.

들과도 구별된다. 우리는 종종 '정치'(politics)가 이미 다면, 다성, 다층의 의미를 처음부터 갖고 있다는 점을 잊는다. 즉 독임정치, 단독집권이 마치 책임정치인 것처럼 오해하고 있는 최근 한국의 민주개혁세력들은 김대중의 통합적 국정운영이 바로 책임정치의 요체라는 점을 깨닫지 않으면 안된다.

김대중에 관한 한 아래로부터의 통합 역시 마찬가지다. 특별히 김대중 집권 시기 동안의 세 번의 국민통합은 주목할 만하였다. 첫 번째는 외환위기 극복을 위한 전국적인 금모으기 운동이었다. 금모으기로 상징되는 이 때의 경제위기극복과 고통분담을 위한 전국민적 참여열기는, 마치 박정희 시대의 '하면된다'(can-do-ism-spirit)는 응집된 집합정신(élan)을 떠올리게 하였다.

두 번째는 남북정상회담이었다. 당시 국민 모두는 정상회담과 6.15 공동선언을 열렬하게 지지하였나. 과연 보수세력과의 정치연합이 없었어도 정상회담에 대해 그토록 열렬한 지지를 얻을 수 있었을까는 회의적이다. 국내화해와 연합이 남북접근과 화해를 가능하게 한 지름길이었던 것이다. 핵심은 국내정치에 있었던 것이다.

세 번째는 2002년 한일 월드컵이었다. 당시 월드컵은 아시아에서의 첫 월드컵이었을 뿐만 아니라 한국의 성적 역시 월드컵 참가 최초의 4강진출이라는 최고라서 거리응원, 붉은 악마, 히딩크 신드롬과 함께 온 국민을 열광의 도가니로 몰아넣었다.

이상의 그의 국정리더십과 운영철학, 방향은 이후 한국사회에서, 마치 미국의 프랭클린 루즈벨트처럼 그의 그늘에서 이후 미국 역사가 전개되었듯(In the Shadow of FDR) "김대중의 그늘 아래에서"(In the Shadow of KDJ)라고 불릴 정도로 거시적인 영향을 끼쳤다. 그의 통치

자체가 하나의 산이 아니라 무수한 준봉들을 품는 거대한 산맥이었던 것이다. 따라서 김대중의 영향은, "루즈벨트의 영향 아래에서"(In the Shadow of FDR)라는 한 저명한 저서의 제목을 빌려, 미국 외교에서의 프랭클린 루즈벨트의 위상과 비교 가능할 것이다.[72]

즉 "루즈벨트의 영향 아래에서"와 비유하여 "김대중의 영향 아래에서"를 상념할 때 그의 후임 대통령들은, 루즈벨트의 후임들의 운명처럼, 김대중과 비교되어야 한다는 점에서 불행한 지도자들이었을지도 모른다. 루즈벨트와 김대중의 공통점은 뚜렷하였다. 첫째 대화와 타협의 중시, 둘째 국가위기 국면에서의 사실상의 연합·연립정부, 셋째 뉴딜로 대표되는 구조개혁과 위기극복, 그리고 최고 적국 상대와의 외교 및 국제관계의 전환과 거시 방향의 구축이 그것들이었다.

루즈벨트는 집권 첫 해인 1933년 11월 16일 미소 관계 정상화를 이루었다. 미국으로서는 볼셰비키 혁명과 러시아 내전 이후 처음으로 소련과의 적대관계를 청산한 것이었다. 미국과 소련 두 제국, 자유주의세계와 사회주의 세계 두 진영의 장기 공존이 시작된 것이었다. 물론 그는 소련을 인정한 최초의 미국 대통령이었다. 필자는 이것을 '루즈벨트의 대전환'이라고 부르곤 한다. 그에 비견하여, 한·미 동맹강화, 한·중-한·소 수교, 한·일관계 개선, 남북관계 돌파, 남남합의와 초당적 외교를 포함하는, 한국 국제관계와 외교의 절정기라고 할 수 있는 남북기본합의시대 -

72) William E. Leuchtenburg, *In the Shadow of FDR: From Harry Truman to Ronald Reagan* (Ithaca and London: Cornell University Press, 1983) 이후 부시 시기까지 다룬 3판, 오바마 시기까지 다룬 4판이 계속 출간되었다. 부제만 바뀌었다. 매우 흥미로운 부제변경이 아닐 수 없다. 이는 시대의 진행에 따라 계속될 현상 — "루즈벨트의 영향 아래에서" 라는 현상 -- 의 암시로 이해된다. *In the Shadow of FDR: From Harry Truman to George W. Bush* (Ithaca and London: Cornell University Press, 3rd ed. 2001) ; *In the Shadow of FDR: From Harry Truman to Barack Obama* (Ithaca and London: Cornell University Press, fourth ed. 2009).

장기 6.15시대와 단기 6.15시대는 '김대중의 대전환'이었다. 일부는 실행의 측면에서, 일부는 비전제시의 측면에서 그러하였다. 물론 이점에 관한 한 노태우 정부 시기의 기여는 김대중 정부시기만큼이나 컸다.

미소는 1917년 12월 6일, 러시아의 10월 혁명 직후부터 외교관계가 단절된 바 있었다. 그러나 루즈벨트는 집권하자마자 바로 1933년 3월 미소관계 정상화를 추진하였다. 국내적으로도 루즈벨트 이후 민주당은 1933-1969년까지 36년 중 무려 28년이나 소위 장기 '민주당 시대'를 열었다. 이는 국력, 경제, 기술, 국방의 거의 모든 면에서 세계를 주도한 '황금의 미국 시대'와 사실상 일치한다. 단지 8년을 빼놓고는 전부 민주당이 집권한 시대로서 루즈벨트의 밝은 그늘이 얼마나 컸었는지를 보여준다. 말할 필요도 없이 세계질서 역시 그가 정초한 범주에서 크게 벗어나지 않았다.

이제 김대중 연합정치의 몇몇 한계를 지적하면서 마무리하고자 한다. 첫 번째는 내각제 개헌에 대해 합의하였으면서도 임기 동안 개헌을 추구한 적이 없었다는 점은, 타협의 핵심 고리에 대한 신뢰의 문제를 제기하였다. 특별히 그에게 내각제 개헌의 합의는 정치연합 형성과 정권교체의 골간 요소였다는 점에서 애초에 개헌을 시도하지 않은 것은 이해하기 어려웠다. 게다가 훗날 그는 대통령제 뿐만 분권형 대통령제, 내각제 개헌도 이제 고려할 때가 되었다고 주장한[73] 점에 비추어 정치연합의 기저 형성조건이었던 개헌을 임기 동안 추진하지 않은 것은 동의받기 어려운 것이었다. 물론 국민의 지지가 없었기 때문에, 또 외환위기 극복이 화급하였기 때문에 결국 내각제 개헌이 불가능하게 되어 현실적인 최종 결과는 같았을 것이다. 그렇더라도 약속의 실현을 위한 시도 자

---

73) 김대중, *김대중 자서전2*, 586-587.

체는 다른 차원이었다.

두 번째는 외환위기 극복을 위한 구조조정과정에서 재벌체제 개혁에 소홀히 한 점이었다. 이 점은 이후 한국사회가 노사정 사이의 균형이 붕괴된 신자유주의체제로 진입하였다는 점에서, 즉 정부와 노동과 기업의 균형에 바탕한 좀 더 정교한 노사정 타협 모델을 창출했어야한다는 점에서 더욱 그러하였다. 훗날 정치연합과 사회적 대타협의 이중적 타협체제의 구축 시도, 즉 동시 진행이 내용적으로는 모두 해체되었기 때문이었다. 물론 김대중-김종필 정치연합도 집권의 기간 중에 이미 해체되었다. 수평적 정치연합과 수직적 사회타협을 임기 내내 지속하여 착근시키지 못한 것이다.

끝으로 정치적 거인 김대중 자신이 물러났을 때에도 작동 가능한 정치연합 및 사회타협, 그리고 남북관계와 외교관계의 제도화와 연속성의 확보에 성공하지 못했다는 점이었다. 물론 이 점은 김대중의 잘못은 아니었다. 그러나 자기 임기 내에 정치연합이 붕괴된 것은 뚜렷한 한계였다. 또 임기 내에 실현했던 한·미, 남북, 한·중, 한·일, 한·러 관계의 최절정의 시기에 북핵문제와 남북관계, 그리고 한반도평화의 제도적 안전장치를 마련하지 못한 아쉬움도 크다. 이후 국내-남북-국제를 잇는 김대중과 같은 넓고 깊은 시야와 통합능력을 갖는 지도자를 다시 갖기란 쉬운 문제가 아니었다는 점에서 더욱 그러하였다.

다시 강조컨대 한국은 정치연합이 거의 불가능한 승자독식의 헌법구조를 갖고 있다. 민주화 이후 한국사회는 세계 최고 수준의 갈등을 노정하며 문제의 민주적 해결에 실패해오고 있다. 그에 따라 자살과 저출산을 포함해 거의 모든 인간지표들은 OECD 최악 수준을 노정하고 있다. 이러한 인간실존 상황에서 현행 국가헌정제도는, 정치와 경제의 각각의 과두구조가 만나 극단적인 갈등과 불평등을 상호 강화하는 대통령제와 재벌체제를 넘어, 시민의 의사가 비례적으로 반영되는 의회책임제와 반대통령제의 방향으로 변화되지 않으면 안된다.

향후 김대중과 같은 큰 정치인이 나오기 매우 힘든 조건에서, 아니 김대중과 같은 큰 정치인조차 걸어갔던 연합·연대·통합의 정치가 항상 가능하도록 하기 위해, 한국에서 왜곡된 대표체계를 통한 승자독식 권력구조와 대통령 권력독점의 필수적인 해체는 권력분립, 분산, 자치, 타협, 공존의 정치를 가능하게 할 것이다. 가장 중요한 문제라고 할 수 있다. 정치적 타협은 사회적 타협과 삶의 안정의 제고로 연결된다. 그리하여 한 인간공동체로서 현재 감당할 수 없는 수준인 인간적 비용 역시 크게 저감되며 인간실존의 조건은 크게 개선될 것이다. '인간조건'의 발전을 '인간실존'의 안녕으로 연결시킬 수 있는 리더십을 최대한 발양할 제도가 반드시 공구되어야하기 때문이다.

참고문헌

김대중 도서관, *김대중 1차 미국망명 관련 사료*.

김대중 도서관. *김대중-김종충 서간집*.

김대중 선생 납치사건 진상규명을 위한 시민의 모임 편. *문헌·증언·자료- 김대중 납치사건의 진상*. 서울: 푸른나무, 1995.

김대중, *나의 삶 나의 길*. 산하, 1997.

김대중. *공화국 연합제*. 학민사, 1991.

김대중. *김대중 옥중서신*. 연세대학교 김대중도서관, 2000.

김대중. *김대중 자서전1*. 서울: 삼인, 2010.

김대중. *김대중 자서전2*. 서울: 삼인, 2010.

김대중·박명림. "김대중 전대통령 특별 인터뷰 -- 민주적 시장경제와 평화공존에의 여정." *역사비평*, 통권 84호 (2008년 가을호).

김대중·이희호. *옥중서신* 1·2. 시대의 창, 2019.

김영삼. *김영삼 대통령 회고록 (하)*. 서울:조선일보사, 2001.

김재한. "북한 및 미국 관련 남남갈등의 변화추세." *통일과 평화*. 2호 (2009).

김진배. *사람을 알고 사람을 말하라*. 중앙기획, 1992.

김진호. "핀란드 중립외교정책에 대한 고찰과 교훈." *통일문제연구*. 15권 1호 (2003).

_____. "핀란드의 편승적 중립외교정책." *세계정치*. 30권 1호 (2009).

김진호·강병철. "스웨덴과 핀란드의 중립화의 정치-국제-지역-국내정치의 다이내믹스."『유럽연구』25권 3호 (2007).

남덕우. *경제개발의 길목에서*. 서울: 삼성경제연구소, 2009.

Niccolo Machiavelli, Niccolo. 최장집 엮음, 박상훈 옮김, *군주론*. 후마니타스, 2014.

마인섭·차문석·윤철기. *북한 문제와 남남갈등: 기원과 전개*. 서울: 성균관대학교 출판부, 2012.

Max Weber, 박상훈 옮김, *소명으로서의 정치*.

박명림, "'한반도 복지', '한반도 평화': 21세기의 선구자 조봉암 사상과 의미". 새얼아침대화 300회 기념강연(2011년 3월 9일), *시대의 아침을 여는 사람들*. 새얼문화재단, 2011,

_____. "6.15 남북정상회담 20주년 학술회의 기조연설: '장기 6.15시대'와 '단기 6.15시대'의 자장 아래에서 ---사상과 철학, 행위와 구조, 그리고 사건과 시대." 2020년 6월 15일. 플라자호텔 다이아몬드 홀.

_____, "한국 민주주의와 연합의 정치: 민추협 30주년에 부쳐: 하나의 해석적-전망적 성찰", 민주화추진협의회·김영삼민주센터·김대중도서관 공동주최, <민주화추진협의회 창립30주년 기념 심포지엄 기조연설> (2014년 5월 15일. 국회헌정기념관).

_____,"21세기 한일관계: 화해와 상생, 인권과 평화, 선린과 협력의 세계 보편문명관계를 향하여", 제13회 평화와 번영을 위한 제주포럼(2018년 6월 26-28일, 제주 International Convention Center), 특별세션 [김대중-오부치 공동선언 20주년 기념, 한일 양국 우호협력 증진방안] 기조연설.

_____. "연합정치, 정권교체, 대통령 리더십", 박명림 편, *1987년 민주헌정체제의 등장과 운영 II*: 김대중. 카오스북, 2017.

박태균. *조봉암연구*. 서울: 창작과비평사, 1995.

빌리 브란트 저. 정경섭 역. *빌리 브란트: 동방정책과 독일의 재통합*. 서울: 하늘땅, 1990.

손호철, "남남 갈등의 기원과 전개과정." 경남대 극동문제연구소 편, *남남갈등: 진단 및 해소방안*. 서울: 경남대학교 출판부, 2004.

송인한·전우택·박명림. *사회치유로서의 평화통일 연구*. 연세대학교 산학협력단 연구용역 최종보고서 (2015).

안병영. *왜 오스트리아 모델인가*. 서울: 문학과지성사, 2013.

연세대학교 김대중도서관 편. *김대중 전집I 제3권: 복지국가와 사회통합의 초석을 세우다 (1999년 5월 ~ 1999년 11월)*. 서울: 연세대학교 대학출판문화원, 2015.

_____ 편. *김대중 전집I 제10권: 국가 원로와 국제 평화지도자의 길을 걷다 2 (2007년*

4월 ~ 2009년 8월). 서울: 연세대학교 대학출판문화원, 2015.

_____ 편. *김대중 전집I 제6권: 한반도 평화를 위한 실용주의 외교을 펼치다 (2001년 1월 ~ 2001년 7월)*. 서울: 연세대학교 대학출판문화원, 2015.

_____ 편. *김대중 전집II: 제1권, 청년 김대중, 세상과 역사에 나서다 (1948년 ~ 1961년)*. 연세대학교 대학출판문화원, 2019.

_____ 편. *김대중 전집 II 제3권: 정책과 비전의 정치를 꿈꾸다 (1964년 10월 ~ 1966년 3월)*. 서울: 연세대학교 대학출판문화원, 2019.

_____ 편. *김대중 전집 II 제6권: 제7대 대통령 선거에서 정책대결의 장을 열다 (1969년 ~ 1972년 9월)*. 서울: 연세대학교 대학출판문화원, 2019.

_____ *편. 김대중 전집 II 제8권: 반유신투쟁으로 군부독재의 종식을 이끌다 (1974년 ~ 1979년 10월)*. 서울: 연세대학교 대학출판문화원, 2019.

유혁인. *滿月紅顔-경주 유혁인 유고집*. 서울: 전통과현대, 2000.

이영석. *죽산 조봉암*. 원음출판사, 1983.

이완범, *한반도 분할의 역사*. 한국학중앙연구원, 2013.

_____. "한반도 분할의 국제정치학," *국제정치논총*, 42:4 (2002).

이종찬. *숲은 고요하지 않다-이종찬 회고록2*. 한울, 2015.

이희호. 나의 사랑 나의 조국. 명림당, 1992.

인촌기념회. *인촌 김성수전*. 인촌기념회, 1976.

정태영. 조봉암과 진보당. 서울: 한길사, 1991.

제주4·3사건진상규명및희생자명예회복위원회. *제주4·3사건진상조사보고서*. 제주4.3사건진상규명및희생자명예회복위원회, 2003.

_____. *화해와 상생: 제주4·3위원회 백서*. 제주4·3사건진상규명및희생자명예회복위원회, 2008.

조병옥, *나의 회고록*. 민교사, 1959.

채규철. "구한말 '한반도 분할'안이 제기된 배경 및 원인 : 국내의 파벌적 갈등과 외세의존 성향을 중심으로," *사회과교육*, 34 (2001).

최장집, "이탈리아 공산당의 노선분석" *경제와 사회*, 제2권 제1호 (1989년 봄).

_____. *한국 민주주의의 조건과 전망*. 서울: 나남, 1996.

함인희. "남남갈등해소와 여성의 기여방안." *분단, 평화, 여성*, 통권 6호 (2002).

Agarossi, Elena and Victor Zaslavsky. *Stalin and Togliatti: Italy and the Origins of the Cold War*. Stanford University Press, 2011.

Agosti, Aldo. *Palmiro Togliatti : A Biography*. NY: I.B. Tauris, 2008.

Carles, Nathalie Rivere de ed. *Early Modern Diplomacy, Theatre and Soft Power: The Making of Peace.* London: Palgrave Macmillan, 2016.

Goodwin, D. K.. *Team of Rivals: The Political Genius of Abraham Lincoln.* New York: Simon & Schuster, 2005.

Hanhimaki, Jussi M. *Containing Coexistence: America, Russia, and the 'Finnish Solution', 1945-1956*. Kent, Ohio: Kent State University Press, 1997.

Karsh, Efraim. "Finland: Adaptation and Conflict." *International Affairs* 62:2 (1986).

Kivimäki, Timo. "Finlandization and the Peaceful Development of China." *Chinese Journal of International Politics*. 8:2 (2015).

Lecca, Pablo Del Hierro. *Spanish-Italian Relations and the Influence of the Major Powers, 1943-1957.* NY: Palgrave Macmillan. 2016

Lessig, Lawrence. *They Don't Represent Us: And Here's How They Could - a Blueprint for Reclaiming Our Democracy.* HarperCollins Publishers, 2021.

Leuchtenburg, William E. *In the Shadow of FDR: From Harry Truman to Barack Obama.* Ithaca and London: Cornell University Press, fourth ed. 2009.

_____. *In the Shadow of FDR: From Harry Truman to George W. Bush.* Ithaca and London: Cornell University Press, 3rd ed. 2001.

_____. *In the Shadow of FDR: From Harry Truman to Ronald Reagan.* Ithaca and London: Cornell University Press, 1983.

Linz, Juan and Alfred Stepan, *Problems of Democratic Transition and Consolidation.* Baltimore and London: The Johns Hopkins University Press, 1996.

Linz, Juan J. *The Breakdown of Democratic Regimes;Crisis, Breakdown and Reequilibration.* Baltimore and London; The Johns Hopkis University Press,

1978.

Miard-Delacroix, Hélène. translated by Isabelle Chaize. *Willy Brandt: Life of a Statesman.* NY: I.B. Tauris, 2015. 2016.

Nathalie Rivere de Carles ed. *Early Modern Diplomacy, Theatre and Soft Power: The Making of Peace.* London: Palgrave Macmillan, 2016.

Polvinen, Tuomo. Edited and Translated by D. G. Kirby and Peter Herring, *Between East and West; Finland in International Politics, 1944-1947*. University of Minnesota Press, Minneapolis, 1986.

Przeworski, Adam and Philippe C. Schmitter, Jang Jip Choi, Guillermo O'Donnell, Alfred Stepan et. al.. *Sustainable Democracy.* Cambridge: Cambridge University Press, 1995.

Roosevelt, Franklin D. "A Recommendation for the Regulation of Public Utility Holding Companies"(March 12, 1935). *The Public Papers and Addresses of Franklin D. Roosevelt. Volume 4, The Court Disapproves, 1935/with a special introduction and explanatory notes by President Roosevelt. [Book 1].* Ann Arbor, Michigan: University of Michigan Library, 2005.

Rustow, Dankwart A. "Transition to Democracy: Toward a Dynamic Model." *Comparative Politics*, 2 (1970).

Rustow, Dankwart A. *The Politics of Compromise – A Study of Parties and Cabinet Government in Sweden.* London: Princeton University Press, 1955.

Wielenga, Friso. Translated by Lynne Richards, *A History of the Netherlands: From the Sixteenth Century to the Present Day.* London: Bloomsbury Publishing, 2015.

"6월 항쟁 20돌, 끝나지 않은 6월 1부-1987, 그 후 20년(3) 다큐 6월." 「한겨레」 (2007. 06. 11.).

"남, 민간통일운동 뿌리 못내려." 『한겨레』 (1997. 08. 02.).

"김대중 내란 음모사건 법정최후 진술." 1980년 11월 9일.

대한민국 헌법

법률 제4658호, 참전군인 등 지원에 관한 법률 (1993. 12. 27. 제정).

법률 제6117호, 제주4.3사건 진상규명 및 희생자 명예회복에 관한 특별법 (1999. 12.

16. 제정).

법률 제6649호, 참전유공자 예우에 관한 법률 (2002. 01. 26. 개정).

통계청, "지역소득" "장래인구추계"

저자 약력

박명림

현재 연세대학교 지역학협동과정 교수로서 정치학, 사회인문학, 평화학, 한국학, 동아시아국제관계학을 가르치고 있으며, 연세대학교 인간평화와 치유연구센터 소장을 맡고 있다. 고려대학교 정치외교학과와 동 대학원 석사, 박사를 졸업하였다. 고려대학교 아세아 문제 연구소 연구 교수(1994-1999), 하버드대학교 하버드-옌칭 연구소 협동 연구학자(1999-2001), 프랑스고등사회과학원과 베를린자유대학교 초빙교수(2013-2014)로 재직하였다. 주요 저서로는 <한국 전쟁의 발발과 기원 1,2>(1996), <한국 1950: 전쟁과 평화>(2002) 등이 있다.

백학순

서울대학교 영어교육학과를 졸업하고 동 대학교 대학원 정치학과, 미국 University of Georgia를 거쳐 University of Pennsylvania에서 정치학 박사를 받고, Harvard University에서 박사후연구원을 지냈다. 현재 김대중학술원(The Academy of Kim Dae-jung Studies) 원장과 김대중평화회의(The Kim Dae-jung Peace Forum) 집행위원장을 맡고 있으며, 김대중평화센터, 김대중기념사업회, 김대중노벨평화상기념관의 이사로 있다. 제10대 세종연구소 소장을 지냈고, 한국정치학회 부회장, 북한연구학회 부회장, 통일부 남북관계발전위원회 위원, 통일부 자체평가위원장, 외교통상부 정책자문위원, 민화협 정책위원장, 서울-워싱턴포럼 사무총장으로 활동했다. 저서로는 *한반도 평화대전략 (공저, 2022), North Korea's Foreign Policy: The Kim Jong-un Regime in a Hostile World (공저, 2022), 박근혜정부의 대북·통일정책 (2018)을 포함하여 역대 남한정부의 대북·통일정책을 다룬 저서 5권, 김정은 시대의 북한정치 2012~2014: 사상·정체성·구조 (2015), 제2기 오바마정부 시기의 북미관계 2013~2014: '핵무기 사용 위협'과 관계의 파탄 (2014), 북한 권력의 역사: 사상·정체성·구조* (2010) 등이 있다.

임혁백

임혁백 교수는 현재 고려대 정치외교학과 명예교수이다. 서울대에서 정치학 학사, 시카고대에서 정치학 석사, 박사를 받았다. 그는 광주과학기술원 (GIST)에서 석좌교수, 세계정치학회 (IPSA) 집행위원, 고려대 정책대학원 원장 등을 역임했다. 이화여대, 조지타운대, 듀크대, 스탠퍼드대에서 강의를 했고 존스 홉킨스대 SAIS와 National Endowment for Democracy 에서 연구를 했다. 그는 김대중대통령과 노무현대통령의 정책자문위원이었고, 통일부, 국방부, 국회 입법조사처에서 자문을 하였다. 임혁백 교수는 대한민국학술원 학술원상 (2015), 한국정치학회 학술상 (2010), ICAS (아시아학자세계총회) 우수학술도서상 (2017)을 수상하였고, 홍조근정훈장(2003)을 받았다. 최근에 출판된 임교수의 저서는 Democratization and Democracy in South Korea, 1960-Present (Palgrave Macmillan, 2020); 민주주의의 발전과 위기 (김영사, 2021); 비동시성의 동시성: 한국 근대정치의 다중적 시간 (고려대 출판부, 2014); The Possibility of Peace in the Korean Peninsula (SNU Press, 2017) 등이 있다.

최영태

전남대학교 사학과를 졸업하고 동 대학원에서 문학박사를 받았다. 전남대학교 사학과 교수와 교무처장, 인문대학장, 한국독일사학회장을 역임했다. 현재 전남대학교 명예교수이다. 독일 보훔대학에서 연구했으며, 미국 아이오와 대학 방문학자를 역임했다. 주요 저서로는 『빌리 브란트와 김대중: 아웃사이더에서 휴머니스트로』 (성균관대학교 출판원, 2020), 『독일 통일의 3단계 전개과정 : 동방정책에서 내적통합까지』 (아침이슬, 2018) 등이 있다.

황인구

보스턴 칼리지(Boston College) 국제학 프로그램의 한국학 강의전담 조교수와 아시아학 프로그램 이사회 멤버로 활동하면서, 현대 한국과 동아시아 민주주의, 인권, 안보, 발전에 관한 강의와 연구를 하고 있다. 연세대학교 국제학대학원 한국학 전공으로 석사 학위를 졸업하였고, 이어서 시카고 대학 역사학과에서 우수 학위 논문상과 함께 박사학위를 취득하였다. 시카고 대학 인권 센터에서 박사 후 연구와 강의를 진행한 후, 보스턴 칼리지에 한국국제교류재단 방문학자로 한국 현대사와 정치에 관한 강의를 제공하였다. 2022년 3월 1970년대 한국의 민주화 과정을 글로벌 인권사의 관점에서 저술한 첫 단행본 『인권과 한국의 초국적 민주주의』가 한국학 중앙 연구원의 해외 한국학 단행본 출판 지원을 통해서 펜실베이니아 대학 출판부 인권학 시리즈에서 출간되었다. 현재는 1980년대 후반 이래 한반도 글로벌 개입 정책과 정치에 대한 연구를 진행하고 있다.

장훈각

현재 연세대학교 국가관리연구원 전문연구원으로 재직중이다. 연세대학교 정치외교학과를 졸업하고 동 대학원에서 정치학 석사·박사 학위를 받았다. 한국정치, 한미관계, 남북관계를 연구하고 있다. 주요 편저로는 「한국대통령통치사료집VIII 박정희(5): 주한미군 철수」 (2010), 「한반도 핵문제의 태동과 전개, 1974-1993: National Security Arichive 수집사료를 중심으로」 (2019) 등이 있다. 연구논문으로는 "이승만 대통령과 한미동맹" (2011), "노태우 정부의 북방정책과 남북관계" (2011), "김대중의 3단계 통일론의 철학: 민주주의와 평화" (2019) 등이 있다.

정현백

정현백은 1953년 4월 9일 한국 부산 출생으로 여성가족부 장관(2017. 7 - 2018. 9)을 지냈고, 현재 성균관대 사학과 명예교수로 있다. 1984년 이래 성균관대 사학과 교수로 재직하였고, 주로 독일노동사, 여성사분야 연구로 많은 저서를 출간하였다. 그 외에도 정현백은 열정적인 시민운동 활동가이다. 한국여성운동의 우산조직인 한국여성단체연합의 공동대표를 역임하였고, 이어 대표적인 시민단체인 참여연대의 공동대표로 활동하였다. 주로 여성문제와 통일 평화운동에 많은 관심을 가지고 있다. 저서로는 노동운동과 노동자문화(한길사, 1991), 민족과 페미니즘(당대, 2003), 여성사 다시 쓰기(당대, 2007), 주거유토피아를 꿈꾸는 사람들: 독일과 오스트리아의 주거개혁과 주거정치(당대, 2015), 연대하는 페미니즘(동녘, 2021), The History of Korean Women(공저, 한국학중앙연구원, 2022) 등 다수가 있다.

김귀옥

현재 한성대학교 교수로서 사회학, 인권교육, 평화교육 등을 가르치고 있고, 한성대 학술정보관장을 역임했다. 서울대학교 사회학과에서 학사, 석사, 박사를 마쳤다. 일본 도시샤대학의 방문학자, EHESS(프랑스 사회과학고등연구원) 초빙교수를 역임했고, 한국구술사학회장으로 재직중이며, 서울대 사회과학대학 우수논문상(1999), 한성대 Best Researcher상(2007, 2010, 2015)을 수상하였다. 저서로는 『사회를보는 새로운 눈』(제3판, 공저, 2021), 『그곳에 한국군'위안부'가 있었다』(2019), 『분단의 역사인식과 사유를 넘어』(공저, 2019), 『촛불 이후 사회운동의 과제 및 전망』(2019), 『식민주의, 전쟁, 군'위안부'』(공저, 2017),『고통의 공감과 연대』(공저, 2016), 『구술사연구』(2014), 『우리가 큰 바위얼굴이다』(2014),『군대와성폭력』(공저, 2012), 『朝鮮半島の分斷と離散家族』(2008) 등 다수가 있다.

노명환

필자 노명환은 한국외국어대학교 학부에서 아랍어 전공과 함께 중동의 역사와 평화 문제를 공부하기 시작하였다. 이어서 독일 뮌스터대학교 사학과의 학부·석사 과정에서 유럽현대사, 이슬람학, 정치학을 공부하면서 기독교 유럽과 이슬람 중동 지역의 대립과 평화의 문제에 대해 천착하기 시작했다. 전쟁을 극복하고 영구 평화를 실현하기 위한 유럽통합 운동사, 이와 깊은 관련이 있는 독일의 분단·통일의 역사와 빌리 브란트에 대한 연구로 이어가면서 독일 두이스부르크-에센대학교 사학과에서 박사학위를 취득하였다. 한국외대 사학과와 대학원 정보·기록학과에서 교수로 재직해 오고 있으며 세계적인 디지털 아카이브 플랫폼에 의거하여 위의 주제 의식들을 연계·융합하면서 한반도와 세계의 평화와 상생을 위한 연구와 실천을 추구하고 있다. 이러한 연장선상에서 특별히 김대중의 정치와 사상에 주목해 오고 있다.